土地法の研究

小野秀誠 著

信山社

はじめに

　本書は，私の土地法（財産権の私有化，賃貸借法，農地法）に関する論文を集めたものである。とくに，財産権の返還と私有化の問題を中心としている。研究の当初の動機は，1990年代初頭の在外研究において，おりからのドイツ再統一のプロセスで生じた東ドイツ地域の諸変革に興味をもったことにある。
　1989年に始まる東ヨーロッパの民主化の結果，1990年に東西ドイツが再統一された。その後10年以上も，東ドイツ地域（ひいては東ヨーロッパ）においては財産法の変革が続いている。変革の対象は多様であったが，財産法の検討の過程で，比較的容易と思われた不動産制度の変革，財産法の根本的な修正が，意外にも種々の問題を含み，またその後長期にわたる変革の出発点にすぎないことがわかった。そして，統一条約によって効力を維持する旧東ドイツ法がかなり多数存続することから，統一前には西側ではほとんど意味のなかった旧東ドイツ法の解釈学的検討が，かえって統一後に必要とされる事態も生じた。さらに，わがくにおいて，そのような継続的な変革の動向が必ずしもそう周知なものでもないことから，その後も継続的に検討を続けてきたのである。また，この研究に手を染めたのは，かねてからわがくにの農地法の変容に興味をもっていたことにもよる。
　当時べつにテーマとした東ドイツ地域の大学の再建問題，これと並んで行われた西ドイツ地域での大学改革については，すでにまとめる機会があった。ここで注目するべきことは，東ドイツ地域の改革は，たんにそれ自体にとどまらず，しばしば西地域の改革をも先取りしていることである。変化はつねに周辺から現れる。これは，かねてドイツの大学改革，登記簿のコンピュータ化あるいは賃貸借法の改正，古くは公序良俗の規制にもみられた現象である。
　財産法の改革は，利用と所有の関係，財産権に対する公的負担，制限の関係をも，根本的に考えなおす機会を与えた。これらは，わがくにでは，農地改革や賃貸借法の理念，農地法の変遷の問題と連続した議論となる。また，わがくにとは異なり，土地と建物を別個の不動産とすることは，欧米ではまれであるが，東ドイツでは，特殊な建物所有権を認めて，土地と別個の存在

i

はじめに

とする関係が存在した。これは，土地所有権を無価値にしようとする意図から出発したものであったが，その解消のプロセスにおいて，不動産の独立性の意義を再考させるべき論議もみられた。さらに，その後，構造改革の論議から，わがくにでも民営化論が多数行われるようになった。今日では，財産権の私有化は，世界的な問題の1つとなっている。

東ヨーロッパでは，不動産問題に関する変革はなお途上にある。しかし，再統一からほぼ10年を経過したこの時期に，従来の成果をまとめておくことには意義があろう。

なお，本書をまとめるにあたっては，一橋大学大学院博士後期課程の田中謙一君，同山本弘明君，一橋大学法学部の寺田麻佑さんには，校正のお手伝いをいただいた。お礼を申しあげたい。

2003年2月25日

小 野　秀 誠

目　　次

序　　説 …………………………………………………………………… 1

第1部　ドイツの法統一と財産法の改革 ………………… 11

第1篇　東ドイツ地域における不動産所有権の返還問題 ……… 12

第1章　はじめに ………………………………………………………… 12
1　ドイツ再統一と未解決の財産問題（12）
2　土地改革（Bodenreform）と収用（13）
3　対象の限定（16）

第2章　統一までの諸改革（1990年10月以前）………………………… 24
1　統一までの諸過程（24）
2　東西ドイツの共同宣言（29）
3　返還申請法──返還申請の期間制限（35）
4　信託法（39）

第3章　統一後の状況（1990年10月以降）…………………………… 45
1　財産法の運用（45）
2　投資法，および障害除去法による修正（1991年4月）（55）
3　第2次の財産法改正およびこれに関連する法規の改正（1992年7月）（65）

第4章　連邦憲法裁判所判決 ………………………………………… 76
1　連邦憲法裁判所・1991年4月23日判決〔いわゆる第1判決〕（76）
2　連邦憲法裁判所・1991年7月9日判決（87）
3　判決の評価（91）

第5章　むすび ………………………………………………………… 96
1　概　観（96）

iii

目　次

　　　　　2　統一の影響（98）

　　　　　3　被害者救済法（101）

第2篇　財産権の返還と投資の保護―投資と利用権の保護―……109

第1章　はじめに ……………………………………………………109

　　　　　1　本稿の目的（109）

　　　　　2　再統一と財産関係の清算（109）

第2章　戦後の財産収用とその回復 …………………………………110

　　　　　1　土地改革（110）

　　　　　2　私有化（111）

　　　　　3　返還申請法と財産法（112）

　　　　　4　返還の例外（114）

第3章　投資の優先 ……………………………………………………115

　　　　　1　投資の優先に関する特別法（115）

　　　　　2　投資優先条項（116）

　　　　　3　財産法の改正（118）

第4章　1994年改正・建物に対する投資（利用者）の保護 …………119

　　　　　1　利用権の保護（119）

　　　　　2　旧東ドイツの利用権の位置づけ（120）

　　　　　3　物権整理法（122）

　　　　　4　債務関係の調整法（123）

第5章　むすび―財産権の返還と投資 ………………………………124

　　　　　1　返還とその制限（124）

　　　　　2　登記中心主義（125）

　　　　　3　日本法との比較（125）

　　　　　4　投資の保護（126）

第3篇　財産権の返還と私有化・民営化
　　　　　―東ヨーロッパにおける私有化― ………………………133

第1章　はじめに ………………………………………………………133

目　次

- 1　概　観 ……………………………………………………………133
- 2　本稿の目的 ………………………………………………………134

第2章　私有化の類型 ……………………………………………………135
- 1　私有化の2つのモデル …………………………………………135
    - (1)　「小さな私有化」（Kleine Privatisierung）（135）
    - (2)　「大きな私有化」（Große Privatisierung）（136）
- 2　大きな私有化の中の諸類型 ……………………………………137
    - (1)　商業型（Kommerzielle Privatisierung）（137）
    - (2)　人民・大衆所有型（Volks-od. Massenprivatisierung）（137）
    - (3)　従業員分与型（Belegschaftsprivatisierung）（140）
    - (4)　混合型（Kombinationsmodell）（141）
- 3　私有化の基本課題 ………………………………………………142
    - (1)　返還か価値補償か（142）
    - (2)　東ヨーロッパの潮流（143）
    - (3)　農地の私有化（144）
    - (4)　基幹産業（144）

第3章　旧東ドイツ地域の財産権の返還に関するプロセス …………145
- 1　はじめに …………………………………………………………145
    - (1)　財産権の返還（145）
    - (2)　再統一（1990年10月3日）までの動き（146）
- 2　統一後の進展 ……………………………………………………147
    - (1)　最初の立法・投資の保護（147）
    - (2)　統一後の処理の状況（150）
- 3　利用権の保護・1994年改正法 …………………………………151
    - (1)　利用権の保護（151）
    - (2)　1994年改正（152）
    - (3)　登記簿の公信力の回復（153）
- 4　1998年改正 ………………………………………………………154
    - (1)　財産法整理法（154）

　　　　　(2) 投資優先法の延長 (155)

　第4章　むすび……………………………………………………………156

　　1　返還のプロセスと主義の変容……………………………………156

　　　　　(1) 返還の原則 (156)

　　　　　(2) 返還から補償へ (157)

　　　　　(3) 2000～01年改正 (158)

　　2　財産権の返還と私有化・むすび…………………………………160

第4篇　財産関係の改革と現代化
　　　　―2002年改正法・利用権保護の後退―……………………170

　第1章　はじめに…………………………………………………………170

　　1　問題の所在 (170)

　　2　未解決の財産問題の処理の状況 (172)

　第2章　人民所有地と私有化……………………………………………173

　　1　財産帰属法 (173)

　　2　財産帰属法の修正 (176)

　第3章　私有地の公的利用の解消………………………………………176

　　1　土地所有権の整理に関する法律 (176)

　　2　1998年・憲法裁判所判決 (177)

　　3　土地と建物の関係 (178)

　第4章　債務法調整法の改正……………………………………………182

　　1　1999年・憲法裁判所判決 (182)

　　2　論　点 (184)

　第5章　むすび……………………………………………………………190

第2部　農地法，賃貸借法，判例研究……………………………………197

　第1篇　賃貸借法における保護規定と投資，労働流動性，
　　　　　環境保護―ドイツ賃貸借法の2001年現代化法―……………198

　第1章　賃貸借法の2001年改正…………………………………………198

　　　　　1　はじめに (198)

2　改正法の背景（198）

　　　3　新たな視点（199）

　　　4　日本法との比較（200）

　第2章　賃貸借法の骨子 …………………………………………201

　　　1　民法と特別法（201）

　　　2　賃料の規制（202）

　　　3　暴利の禁止，刑法（203）

　第3章　賃貸借法の現代化 ………………………………………204

　　　1　賃料改定のシステム（204）

　　　2　賃料の調整（204）

　　　3　告知期間の保護（207）

　　　4　運営費（209）

　　　5　賃貸借の承継（211）

　　　6　定期賃貸借（212）

　第4章　むすび……………………………………………………212

　　　1　新たな視点―賃貸借と投資，労働の流動性，環境保護―（212）

　　　2　隣人紛争（213）

第2篇　農地に対する課税額が小作料の額を上回っていることを理由として，小作料の増額請求が認められなかった事例（大阪高判昭61・9・24判時1227号61頁）

　　　　　　　………………………………………………………218

　　　1　事　実（218）

　　　2　判　旨（219）

　　　3　農地の小作料の規制（220）

　　　4　農地に対する公租の状況（221）

　　　5　借地法・借家法，従来の裁判例（222）

　　　6　農地の使用価値と財産的価値との乖離（224）

目　次

第 3 篇　農地に対する宅地並み課税と小作料の増額請求（最判平13・3・28民集55巻 2 号611頁，判時1745号54頁）

　　　　　　　……………………………………………………………229
　　　　　1　事　実（229）
　　　　　2　判　旨（230）
　　　　　3　問題の所在（231）
　　　　　4　従来の裁判例（232）
　　　　　5　農地の使用価値と財産的価値―最高裁判決（233）
　　　　　6　むすび（238）
　　（付　最高裁判決）（240）

第 4 篇　借家法 1 条ノ 2 にいわゆる正当の事由にもとづく都営住宅の解約申入れと東京都営住宅条例（昭26年東京都条例112号）20条 1 項 6 号の適用の有無（最判平 2・6・22判タ737号79頁，判時1357号75頁）

　　　　　　　……………………………………………………………259
　　　　　1　事　実（259）
　　　　　2　判　旨（261）
　　　　　3　問題の所在（261）
　　　　　4　学説・判例（263）
　　　　　5　原審および最高裁の論理（267）
　　　　　6　本件判決の射程（268）

第 5 篇　農地売買後の法令の変更による所有権の移転と知事に対する許可申請協力請求権の消滅時効
　　　　（最判平 6・9・8 判時1511号66頁，金判958号21頁）

　　　　　　　……………………………………………………………272
　　　　　1　はじめに（272）
　　　　　2　事　実（272）
　　　　　3　判　旨（274）
　　　　　4　農地法 5 条の許可申請協力請求権の時効消滅（275）

5　農地法5条の許可と現況主義（275）
　　　6　農地法5条1項4号，農地法施行規則7条6号（278）
　　　7　取得時効（280）

　第6篇　建物所有権の譲渡と建物収去請求の相手方
　　　　　（最判平6・2・8民集48巻2号373頁）……………282
　　　1　事　実（282）
　　　2　判　旨（282）
　　　3　問題の所在（284）
　　　4　先例との比較（284）
　　　5　対抗関係と物権的請求権（286）
　　　6　実質的な相違，対抗要件主義との関係（289）
　　　7　本判決の意義・射程（290）

第3部　農地改革と東ドイツの土地改革 ……………293

　第1篇　Land Reform in Japan (1945-1951) and in the former East Germany (1945-1949) -The Decision of the German Constitutional Court in April 23, 1991- …………294
　　Ⅰ　Introduction ……………294
　　Ⅱ　Agrarian Land Reform in Japan 1945-1951 ……………297
　　Ⅲ　"*Die Bodenreform*" in East Germany 1945-1949 ……………307
　　Ⅳ　The Decision of the German Constitutional Court, April 23, 1991. ……………312
　　Ⅴ　Conclusion ……………317

　第2篇　第2判決（BVerfGE 94, 12 Ⅰ (Nr.2)；Urt. vom 18. April 1996）……………330

　第3篇　Die Entwicklung des Vermögensrechts in Ostdeutschland - 2001/2002 - ……………348

　事項索引……………350

序　説

I　本書の目的と内容

　本書は，私の土地法に関する論文の一部を集めたものである。
　1990年10月3日に東西ドイツが再統一され（1871年のビスマルクによる統一に対して，Wiedereinigung といわれる），その後10年以上も，東ドイツ地域において財産法の変革が続いている。再統一前の予想では，（西）ドイツの経済力と，東欧の中ではすぐれた東ドイツの工業力によって，東ドイツ地域の再建は比較的容易と予想されていたが，じっさいには，種々の予想外の困難があることが判明した。
　そのような困難は，おもに東ドイツ地域での西側企業の投資が活発化せず，経済再建が軌道に乗らないことによる。それにともない失業率も低下しないことから，政治・社会問題にも影響している。これらの困難には，社会資本の不足，労働力の質，深刻な公害・環境問題など種々の理由があったが，さらに，不動産所有権の不明確性も理由の1つになっている。すなわち，旧東ドイツ地域の不動産には，戦後の社会主義化の過程で収用されたものが多いが，統一にあたって，所有権の回復を求める者が多く，所有権の帰属が決定しないことから，この地域への西側企業の進出が遅れ，結局，経済再建の足かせとなってきたのである。
　財産法の変革の困難は，再統一前にもまったく予想されなかったわけではないが，問題の多様性は，予想の範囲を超えた。投資の拡大をもたらすために，何度か大きな政策の転換が行われたことも，その推移を跡づけることを困難にしている。私は，大きな変革の節目に，その骨子を理解するように試みた。
　同様の財産権の私有化は，かなりの程度まで東ヨーロッパに共通した問題でもあるが，本書第1部のおもな検討の対象は，東ドイツ地域の改革である。
　第2部の対象は，2001年のドイツ賃貸借法の新たな動向と，日本の農地法を中心とした判例研究の一部である。東ドイツ地域の改革の影響は，狭くそ

序　説

の地域に限定されるものではなく，西地域にもみられ，かえって全体の改革を先取りさえしている点が注目される。

　第3部は，第1部の財産法の改革問題の端緒をなした土地改革と，日本の農地改革を比較したものである。もとより単純な比較はできないが，両者は同時期に世界的な視点で行われたものであり，注目するべき影響と相違がみられる。この出発点の相違が，その後の異なったプロセスを導いたのである。

　II　本書の対象
　1　ドイツにおける財産法の統一
　第1部には，東ドイツ地域における財産法の統一に関して，4つの論文を収録した。①「東ドイツ地域における不動産所有権の返還問題」（一橋大学研究年報・法学研究24号3頁・1993年）は，財産権の返還に関する私の論稿の出発点をなしたものである。執筆当時，フンボルト財団による長期在外研究のおりであり，本稿は，おもに1991〜92年にボンにおいて執筆されたものである。そこで，わがくにでは必ずしも入手しやすいとは思われない資料や稀覯書に属する文献にも接する機会があった。

　財産権返還の問題は，種々の法律文献に大量に現れるだけではなく，当時毎日のように報道にも登場したが，じっさいに東ドイツ地域にでかけると，町の中で臨時の相談所をみたりすることがあり，東西の温度差のようなものを感じた。すでに再統一時の熱気は収まっており，代わりに実利の感覚が衝突しだした時期であった。種々の改革のただなかであり，また東地域への差別や外国人の排斥，暴動が始まる時期でもあった。

　その後，とくに1994年の法改正で，賃貸借の保護が採用されたことから，返還の原則に対する大きな例外が生じた。これを検討したのが，②の原論文である。その論文は，当初べつの企画から出版される予定（1995年・同年提出ずみ）であったが，実現にいたっていない。そこで，その後の展開を加えてこれに加筆したものが，②「共同所有権の私有化—その過程における所有権の金銭債権化」（山内進編・混沌のなかの所有〔2000年〕165頁以下，および専門家の責任と権能〔2000年〕298頁にも再録）である。

　③「財産権の返還と投資の保護—投資と利用権の保護—」（国際商事法務27巻1号9頁・1999年）は，財産権の返還問題のうち，投資の優先と利用権の

保護に着目し，返還請求権がしだいに金銭的な補償請求権に転換していくことをとくに検討したものである。わがくにでは，かねて賃借権の物権化とのかかわりで，賃貸人の地位が賃料の請求権へと転換していくことが指摘されたが，同様の視点が，財産権の返還問題との関係でもみいだされる。他方，投資の保護と並んで，賃借権にはかなり強力な保護が付与された。これも，ある意味では，所有権にもとづく返還請求権の縮小をもたらしている。①と②③の間が時間的に開いているのは，②がもともとべつの企画のためにこの間に執筆されたからである。

④「財産権の返還と私有化・民営化―東ヨーロッパにおける私有化―」（一橋大学研究年報・法学研究36号33頁・2001年）は，たんに東ドイツ地域の改革にとどまらず，東ヨーロッパの改革を一般的に対象とした。財産法の改革は，自由化後のこの地域に共通した問題であるからである。しかし，各国において採用された方策の多様性から，検討は類型別・最大公約数的に行いうるにすぎない。そのさいに，各国の相違をみるうえで，東ドイツ地域の改革でみられた種々の試行錯誤は参考に値いするものであった。

⑤「財産関係の改革と現代化―2002年改正法・利用権保護の後退―」（一橋法学3号77頁・2002年）は，2001年以後の改革についての検討である。論点は多岐にわたるが，債権的な利用権保護の後退がおもな柱である。対価の増大と一部解除権が肯定された。ほかに，従来の財産権の返還問題の中では放置されてきた公的な権利関係の確定にふれた。従来，私有地が鉄道や道路のために強制管理をうける場合があり，そのうち公的負担を廃止できない状況を確定させるべき場合もある。私有化の論議とは逆の方向であるが，従来の状況を放置できないことから必要となった手続である。

本書では，このうち，①③④⑤を収録した。②は，べつの機会に収録したこともあり（前述の「専門家の責任と権能」），観点は異なるが，③と時期的に接しているので割愛しても財産権の返還の問題のプロセスを追うのに支障はない。そこで，字数の制約からも，本書では割愛することにした。

2 賃貸借法，農地法，判例研究
(1) 第2部の前半は，2001年のドイツの賃貸借法の改革を扱う。⑥「賃貸借法における保護規定と投資，労働流動性，環境保護―ドイツ賃貸借法の

序　説

2001年現代化法―」（国際商事法務29巻11号，12号・2001年）。本稿は，2001年に大幅に改正されたドイツの賃貸借法の解説である。賃貸借法は，従来の判例と特別法を取り込む形で全面改正され，内容的にも，新たな視点が付け加えられた。この改正には，2つの注目するべき点がある。

　第1に，これは，2002年1月の債務法の大改正とならんで，ドイツ民法典の現代化，広くは司法の現代化（Modernisierung der Justiz）作業の一部である。司法の現代化作業には，法曹養成制度の改革も含まれており，これも，私のテーマの一部であり，べつにまとめる機会があった（大学と法曹養成制度〔信山社，2001年〕参照）。

　第2に，2001年改正には，東ドイツ地域の改革の成果が色濃く反映されていることが，注目される必要がある。東ドイツ地域の賃貸借は，賃料が低廉なこと，物件が老朽化していることから，再統一後，早急にこれに対する投資を呼び込む施策が必要とされた。そして，社会資本が劣悪なことからも，新規の投資が必要とされた。他方，従来の（西）ドイツの賃貸借法では，急激な賃料の増額は制限されている。そこで，西側の水準に近づけるための改正と，投資を呼び込むための施策が盛り込まれた。また，労働の流動性に対する観点が採用され，さらに，1990年代後半から盛んになった環境保護の観点もとられた。これらは，旧来の賃貸借法にはなかった新たな観点であり，とくに後者は世界的な潮流の一つでもある（1989年のドイツ製造物責任法＝Produkthaftungsgesetz は国際競争の観点から種々の妥協の産物であったが，1990年の環境責任法＝Umwelthaftungsgesetz は，到達度の高い包括的な環境立法である。cf. Ono, Modern Development in Environment and Product Liability, Hitotsubashi Journal of Law and Politics, vol.27, 1999, p.18）。東ドイツ地域の財産法の改正が改革の先鞭をつけた点で注目に値しよう。

　(2)　第2部の後半は，判例研究である。この部分の研究は，おもに農地法と賃貸借法に関する日本の判例評釈を採録したものである。

　⑦「農地に対する課税額が小作料の額を上回っていることを理由として，小作料の増額請求が認められなかった事例」（判例評論345号・判時1247号188頁）は，大阪高判昭61・9・24判時1227号61頁の評釈である。つぎの⑧と同じく，小作地に対する課税が増加した場合に（とくに宅地並み課税の結果），それが小作料の増額請求権を正当化するかに関するものである。両者の間に

15年近くの経過があるが，重要な問題であり，⑧判決によって，決着がみられた。

⑧「農地に対する宅地並み課税と小作料の増額請求」（判例評論514号・判時1761号184頁）は，最判平13・3・28民集55巻2号611頁，判時1745号54頁に対する評釈である。本件には，評釈の対象となった最高裁判決の一部を付した。同判決はかなり詳細なものであり，各裁判官の意見には，従来のこの問題に関する種々の根拠が反映されており，評釈そのものでは，いちいち立ち入りえなかったからである。見解の多様性を再認識するには，判決文そのものが必要と思われた（一部を採録してある）。

⑨「借家法1条ノ2にいわゆる正当の事由にもとづく都営住宅の解約申入れと東京都営住宅条例（昭26年東京都条例112号）20条1項6号の適用の有無」は，最判平2・6・22判タ737号79頁，判時1357号75頁の評釈である。

⑩「農地売買後の法令の変更による所有権の移転と知事に対する許可申請協力請求権の消滅時効」（ジュリスト1074号179頁）は，最判平6・9・8判時1511号66頁，金判958号21頁の評釈である。

⑪「建物所有権の譲渡と建物収去請求の相手方」（金融商事判例959号42頁）は，最判平6・2・8民集48巻2号373頁の評釈である。

3　農地改革，土地改革

第3部は，東ドイツ地域の財産権の変革，とくに土地改革を，わが農地改革と比較した部分である。欧文の論文と判決を収録した。

⑫ Land Reform in Japan (1945-1951) and in the former East Germany (1945-1949) –The Decision of the German Constitutional Court in April 23, 1991–, Hitotsubashi Journal of Law and Politics, Vol.22 p.43, (1994). 本稿は，東ドイツ地域の財産法の改革の前提となる1945年から始まる土地改革（Land Reform）と，わが農地改革を比較し，さらにその後の発展をも比較したものである。当初の土地改革の位置づけとプロセスがわがくにのそれとかなり異なったために，近時の困難な返還問題の原因が生じたのである。

つぎにその一部を収録した⑬第2判決（BVerfGE 94, 12 I (Nr.2); Beschluß des Ersten Senats vom 18. April 1996）は，①および⑫論文で詳細に検

序　説

討した第1判決（BVerfGE 84, 90 I（Nr.8), 23.4.1991）を確認した判決である。

統一条約とそれにもとづく諸法律は，1945年から1949年のソ連占領地域における占領高権による収用について，返還の排除（Restitutionsausschluß）を規定した。

この時期の収用については，東ドイツ国家成立後の収用が返還の対象となるのに反して，旧所有者の返還請求のよちは否定されている。そして，基本法143条1項の経過規定も，旧東ドイツ地域に関する法律が基本法の規定に適合していない場合でも，1992年12月31日まで基本法から逸脱することを認めた（1項1文）。

そこで，返還の排除規定の合憲性が，いちおう143条1項により担保されるとしても，さらに143条そのものの有効性と適用が問題となるのである。すなわち，同条は，基本法からの逸脱を定めた場合でも，19条2項の規定に反してはならず，79条3項の原則と合致しなければならないとする（同項2文）。

第1判決は統一条約とそれにもとづく諸法律の合憲性を認めたが，その重要な根拠となったソ連の同意の位置づけに変化が生じた。すなわち，統一時の同意のさいには，占領下の土地改革の結果を変更しないことを条件としていたという論拠が，前（最後の）ソ連大統領のゴルバチョフによって否定された。そこで，占領下の収用にも返還が認められるのではないかとの一般的な期待が生じた。第2判決は，このような返還をしない扱いが憲法規範に反しないとして，同趣旨の1991年4月23日の第1判決を確認したものである（Bestätigung von BVerfGE 84, 90）。

第2判決は，⑫論文でかなり詳細に検討した第1判決の延長に位置づけられ，財産権の返還問題に関して重要な意味をもつものであることから，その主要な部分を本書に採録した。

⑭ Die Entwicklung des Vermögensrechts in Ostdeutschland um die Jahrtausendwende‐2001/2002‐は，⑤の概観である。再統一から10年をへて，また世紀の転換期にあたって，財産法に関する法的規制が最終段階に至ったことにふれている。

III　文献と資料

　本書に所収した論文のうち初期のものは、すでに10年以上も前になり、1990年代初頭に遡る。本書には、統計やそれにもとづくグラフなども使用されている。したがって、初期のものには、若干留意する必要がある。最新の資料としては、すでにやや古いところがあるからである。

　もっとも、系統的な研究の性格上、のちの論文は、それぞれより新しい資料の追加を行っている。そこで、全体的な文章の体裁を壊す可能性があるので、本書では、とくに資料の追加は行わず、もとの論文の基本的なわくぐみを維持している（328頁、329頁のAppendixが比較的大きな追加である）。このような方法をとったのは、最新の情報は、本書の後半で順次補充していること、改革の変遷をあとづけ、理解するには、しばしば過去の情報も必要なことによる。また、予算関係の数字では、1990年代後半の伸びが、世界的な成長期であった1980年代までに比して、ごく小さかったことにもよる。

　なお、全面的な修正はなしえなかった。本としての体裁を統一するために必要な最低限の作業（章節の一致など）や個別的な追加・修正が行われているにとどまる。注なども、基本的にもとのままである。表現のわかりにくいものや誤りの訂正、若干の加筆は行った。

　また、以下の拙稿は、【　】による略語で引用することがある。このうち、危険負担や解除、契約法の理論に関するものは、直接の対象はそう広いものではない。しかし、分野にまたがる領域、方法論や基礎的文献の引用にあたっては、本書でも参考とするべきものを含んでいるからである。

【研究】　　　危険負担の研究〔1995年〕日本評論社
【反対給付論】反対給付論の展開〔1996年〕信山社
【給付障害】　給付障害と危険の法理〔1996年〕信山社
【利息】　　　利息制限法と公序良俗〔1999年〕信山社
【判例】　　　民法総合判例研究・危険負担〔1999年〕一粒社
【専門家】　　専門家の責任と権能〔2000年〕信山社
【大学】　　　大学と法曹養成制度〔2001年〕信山社

　添付の写真は、ベルリンの旧信託公社（Treuhandanstalt）と、ドレスデン（Zwinger宮殿近く、Rathausturmをのぞむ位置から）における自動車による不

序　説

動産関係の臨時相談所である。後者は，移動しながら，写真中の看板のように賃貸借や住宅手当，所有権問題（Mieten, Wohngeld, Eigentumsförderung）の相談を扱っていた。小さく連邦住宅省の文字がみえる（Das Bundesbauministerium Informiert とある）。いずれも1992年夏のものである（再統一から間もない当時，これらのいずれの施設も，いまだ改修されていなかった。そこにも東地区の建物の状況がよく反映されている）。

第1部　ドイツの法統一と財産法の改革

第1篇　東ドイツ地域における不動産所有権の返還問題

第1章　はじめに

1　ドイツ再統一と未解決の財産問題

(1)　1989年から始まる東欧の民主化の結果，1990年10月3日には，東西ドイツは再統一された[1]。旧東ドイツ地域には，旧西ドイツ法（連邦法）が導入され（統一条約8条)[2]，また，旧東ドイツ時代における財産関係の大幅な修正が行われることになった（同21条以下，とくに25条）。

統一前の予想では，西ドイツの経済力と，東欧の中ではすぐれた東ドイツの工業力によって，東ドイツ地域の再建は比較的容易とされていたが，じっさいには，予想外の困難があることが判明した[3]。

予想外の困難は，おもに旧東ドイツ地域における西側企業の投資が活発化せず，経済再建が軌道にのらないことによる。それにともない失業問題も容易には解決されず，これはただちに政治・社会問題へと反映されている[4]。これらの困難には，社会資本の不足，労働力の質，深刻な公害問題など種々の理由があるが[5]，さらに，不動産所有権の不明確性も理由の1つになっている。すなわち，旧東ドイツ地域の不動産には，戦後の社会主義化の過程で収用されたものが多いが，統一にあたって，所有権の回復を求める者が多く，所有権の帰属が決定しないことから，この地域への西側企業の進出が遅れ，結局，経済再建の足かせとなっているのである[6]。

(2)　旧東ドイツ時代に収用された財産権が旧所有者に返還されることは，すでに旧東ドイツの時代の末に方針はうちだされていたが（東西ドイツの共同宣言ほか。第2章2後述），東西ドイツの統一条約にも盛りこまれ確認されている（統一条約41条）。これが，財産権の返還問題についての出発点となる。

統一条約41条「(1)ドイツ連邦共和国〔西ドイツ〕政府とドイツ民主共和国〔東ドイツ〕政府によってされた1990年6月15日の，未解決の財産問題に関する共同宣言は，この条約の一部（付則Ⅲ）である。

(2) 特別の法規によって，当該の土地または建物が不可欠な投資目的のために必要なとき，とくに営業地の建築に用いられ，決定された投資の実現が国民経済的に促進する価値のあるとき，とりわけ雇用の場を創設しまたは確保するときには，土地または建物の所有権の返還がなされないものとすることができる。投資者は，〔投資〕意図の重要なメルクマールの示された計画を遂行し，この基礎の上に意図を遂行する義務をおう。旧所有者への補償は，法律で規定する。

(3) ほかの点では，ドイツ連邦共和国は，第1項の共同宣言に反する法規を発することができない」。

すなわち，旧東ドイツ時代に収用された不動産の所有権は，返還されることが原則とされ，返還されないのは，例外と位置づけられているのである。しかし，返還の原則は，過去40年間の財産関係を清算することを意味し複雑な関係をもたらすことになった。「新たな連邦諸州〔旧東ドイツ〕における未解決の財産問題」(die offene Vermögensfragen in den neuen Bundesländern) といわれる。

2 土地改革（Bodenreform）と収用

(1) 1945年8月2日のポツダム会談にもとづく議定書（Potsdamer Protokoll）では，以下の目的が合意された。すなわち，「ドイツの完全な武装解除と非軍事化，および兵器生産のために使用される全ドイツの産業の破棄」である。このポツダム議定書にもとづき，連合国ドイツ管理理事会（der alliierte Kontrollrat）は，ドイツ全体に共同して支配権を行使したが，同時に，各占領国の占領軍は，議定書にしたがって，それぞれの占領地域に，固有の方法で権利を行使することが合意された。この点で，ソ連占領地域と西側占領地域との別個の展開が基礎づけられたのである。

旧東ドイツ地域の土地改革（Bodenreform）は，まずソ連の占領下で（1945年5月9日から1949年10月6日）ナチスの温床を一掃するため，大地主＝ユンカー（Junker, 土地貴族）と大資本（Großagrarier）の土地を対象に

行われた⁽⁷⁾。戦犯（Kriegsverbrecher）とナチスの指導的地位にあった者および活動家（der Amtspersonen der NSDAP, ihrer führenden Mitglieder und „hervortretenden" Anhänger），さらに，主として100ヘクタール以上の大規模所有者の土地が対象とされ収用されたが⁽⁸⁾，土地改革は東ドイツの3分の1にあたる合計322万ヘクタールに及ぶ大規模なものとなった⁽⁹⁾。

収用された土地は，土地基金（Bodenfond）に組み入れられ，このうち約217万ヘクタールが54万人の小作農，零細農民や難民に分配され（5ヘクタールを原則とし，地味の悪い土地では10ヘクタール），残りは，公有地化された⁽¹⁰⁾。

また，不動産だけではなく，企業の収用も行われ，銀行，保険会社，鉱山，エネルギー供給業などをはじめ，9870の企業が，手工業，商店を含めて，国有化された⁽¹¹⁾。

収用土地の内容

	100ha 以上の私有地	100ha 以下の私有地	国有地から*	国有の居住地	国有の森林	その他
件数	7112	4278	1203	129	373	604
面積	2504732	123868	329123	18321	161269	88051

（面積の単位は，ha＝ヘクタールである）

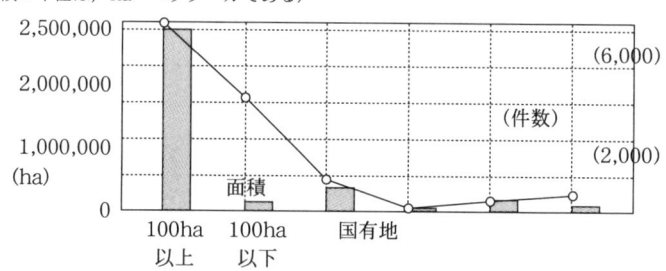

＊国有地というのは，軍の所有地などを含む。また，州などの公有地も対象とされた。私有地の収用は文字どおりその所有形態を大幅に変更するものであったが，軍用地の場合には，移管替えなどかなり形式的なものにすぎなかったこともある。詳細は不明であるが，統一後も38万人のソ連軍のために24万3000ヘクタールの土地が駐留地として利用されている（Repkewitz, Sowjetische Truppen und deutsches Verwaltungsrecht, Verw. Archiv 82 (1991), S.388 (S.389)）。〔なお，1994年8月31日をもって，駐留ロシア軍は旧東ドイツ地域から撤退を完了し，また同年9月には，旧西ベルリン地域の西側連合国軍もその大半が撤退した。〕

第1章　はじめに

(2)(ア)　ついで，東ドイツの時代にも公有地化された不動産が多数ある。1949年以後の不動産の収用は，おもに，1949年10月9日以降，旧東ドイツを逃亡した者の財産を対象とする[12]。そして，1953年6月10日以降西側に逃亡，亡命した者に対しては，収用に類した強制管理が行われた[13]。その結果，約100万人の西ドイツ市民が，このような財産への拘束をうけることになった[14]。また，年金生活者をおもな対象とする西ドイツへの移住の許可が与えられる場合にも，申請者は，土地を贈与するか売却しなければならなかった。そして，売買の場合に，その価格は，旧東ドイツの価値によってもいちじるしく低額だったのである[15]。

もっとも，占領の当初行われた収用地の分配は，しだいに行われなくなり，分配された土地の土地基金への取り戻しも行われた。また，1952年からは，農業の生産集合団体（landwirtschaftliche Produktionsgenossenschaft = LPG）への農地の組み込みが開始された。ＬＰＧは，所有関係を形式的にはそのままにして，個人の処分権を制限し，利用権を包括的に取得することによって農業の集団化を目ざしたのである。個人と集団とに対する課税の相違からも，この集団化が促進された[16]。これによって，1989年には，農地の87パーセントがＬＰＧのもとに集団化され，そのうちの7.5パーセントが人民所有の財産として管理されていたのである[17]。これは，民主化の始まる1989年秋まで続いた[18]。

(イ)　旧東ドイツの憲法（1949年10月7日）にも，財産権の保障に関する規定はあった（22条1項）。もっとも，法の制限と公共のための社会的義務（die soziale Pflicht gegenüber der Gemeinschaft）に関する制限を伴う。

しかし，1968年4月6日（1974年10月7日改定）の憲法によって，個人的所有権は，社会的利益（die Interesse der Gesellschaft）の下におかれ，労働収入と貯蓄，住居と家政，個人的必要の目的物，および市民とその家族の住居と静養のための土地と建物に限定されるとされた（憲法11条，1976年1月1日施行の民法典23条1項）[19]。また，1976年1月1日の旧東ドイツ民法典（ＺＧＢ）の施行にともない，個人所有権と人民所有権のような社会主義的所有権の区別が厳格に行われることになり，前者は，人民所有権よりも下位のものと位置づけられるようになったのである[20]。

また，これらの一般法のほかに，収用に関する12の法律が定められた[21]。

15

(3) 以上の収用のうち，ソ連占領下の収用については，後述のように返還は行われないから，旧東ドイツの不動産，企業の所有関係が全面的にくつがえるというわけではない。返還の制限は，財産権の保障をめぐって憲法問題となり，ようやく連邦憲法裁判所の1991年4月23日判決（後述第4章1参照。判決①）において，その合憲性が確認された。この裁判例の中心的テーマは憲法問題である。そして，それは，財産回復の射程を決定し本稿の前提となるものではあるが，それ自体検討されるべき必要がある。そこで，本稿のテーマである財産回復の具体的な問題からはいくぶん離れるので，まとめて後述する（後述第4章参照）。

しかし，それ以外の収用と，個人所有権の国家管理，集団管理は廃止される。また，人民所有の財産は私有化される。そこで，これらの収用された不動産などの財産をめぐって，統一後，所有権あるいは管理権の返還が求められる多数の場合が生じ，1992年3月には，すでに120万件を超えたといわれる[22]。

3 対象の限定

(1) 本稿〔第1篇〕は，この所有権・管理権の返還をめぐる問題について，現在の状況を紹介し，またそれに関する法令・裁判例の対応を整理・検討しようとするものである。もっとも，事態はなお流動的であり，返還を制限するための，新たな立法化の動きや，税制面からの抑制などの構想もみられる[23]。そこで，対象を限定しておくことにする。本稿は，立法準備段階のものやこの新たな構想には立ち入らない。対象を，すでに確定した1992年末までの法律と判例の動向に限定することにしたい[24]。また，関係する法律も多数にのぼるので，その詳細な検討は後日にゆずり，とくに重要な法律の骨格を概観するにとどめる。そこで，解釈論の詳細には立ち入らず，のちの課題としたい[25]。

また，重要な法律の改正がかなりひんぱんに行われている（1991年の障害除去法，1992年の第2次財産法改正法などによる第1次および第2次の関係法規の改正など。後述する）。新法だけでは理解しにくいところや，その変遷をたどることが必要な部分もある。したがって，以下の記述では，必要なかぎりで，これらの法の変遷にも立ち入る。

第1章　はじめに

　さらに，財産問題のうち，土地問題を中心とし，建物，企業については共通する側面でのみ検討するにとどめる[26]。

　なお，「未解決の財産問題」においていう「財産」は，きわめて広い概念であって，土地だけでなく，法的に独立した建物，利用権，不動産への物権的権利，動産，および金銭の支払を目的とした債権などをも含んでいる[27]。

　(2)　本稿では，不動産所有権の返還を中心に検討し，そのさいの利用権，管理権の運命の問題には深く立ち入らない。しかし，これは，上述の旧東ドイツの政策からすると，所有権の返還とならんで重要な問題である。すなわち，旧東ドイツの政策は，個人所有権を集団化することによってだけではなく，内容的にそれを無価値なものとすることによっても行われたからである[28]。前者は，所有権の返還によって回復されるのであるが，後者は，所有権への制限を廃止することによって回復される。もっとも，国家的な土地管理の廃止は，所有権の返還と同じプロセスによるので，本稿の対象とする。しかし，統一後の賃貸借などの利用権の運命の詳細については，のちの課題としたい[29]。〔後述第2篇参照〕

　また，財産権の返還問題は，それによる人民所有権の私有化という側面をもっている。旧東ドイツでも，返還されない財産は私有化の対象とされ[30]，また，それ以外の東欧諸国では，個々の財産権の返還は基本的には行われないから，直接人民所有権を私有化する手続が中心となる。したがって，財産権の返還は，私有化の問題と密接な関係にあり，法律のなかでもまとめて扱われることもあるが，本稿ではいちおう対象を前者に限定して，後者の問題についても，のちの課題としたい[31]。〔後述第3篇参照〕

(1)　参考までに，東西ドイツの主要な出来事を整理しておくと，1949年5月23日に，ドイツ連邦共和国（西ドイツ，Bundesrepublik Deutschland＝BRD）が，同年10月7日にドイツ民主共和国（東ドイツ，Deutsche Demoktatische Republik＝DDR）が成立し，1961年8月13日には，いわゆるベルリンの壁が構築され，東西間の人的移動が制限された（初期の東ドイツの事件・立法などを年表式にもうらしたものとして，vgl. Die sowjetische Besatzungszone Deutschlands in der Jahren 1945-1954）。

　なお，旧東ドイツ＝ＤＤＲ地域の諸州のことを，統一後のドイツの一般的な用語では，「新たな（連邦）諸州」（neue (Bundes) Länder），旧西ドイツ地域のことを，「古い（連邦）諸州」（alte (Bundes) Länder）というが，わがくにではあまりなじみがないと思われるので，従来の用語にそくして，たんに（旧）東ドイツ・西ドイツ

ということにする。

　また，統一後の旧東ドイツに適用される西ドイツ法を，統一後に「西」とよぶのはおかしいので，「連邦法」(すなわち，ドイツ連邦共和国法) とよぶ。

(2)　民事の法律の面では，1975年6月19日制定 (1976年1月1日から施行) の東ドイツ民法典＝ZGB (GBl. I, S.465) が制定されるまで，1900年のドイツ民法典＝BGBが，東西ドイツ双方に適用されていた (なお，家族法については，先立って1966年4月1日から家族法典の適用があった)。再統一後は，旧東ドイツ地域にもふたたびこれが適用されることになる。もっとも，経過措置として若干の期間は，旧東ドイツ民法典の効力が存続する (Brunner, Was bleibt übrig vom DDR-Recht nach der Wiedervereinigung？　JuS 1991, S. 353)。

　統一条約8条「〔旧東ドイツの州の〕加入によって第3条所定の領域〔旧東ドイツ地域〕には，連邦法が発効する。その適用領域が連邦の特定の州または州の一部領域に制限される場合および本条約，その付則Ⅰによって別段の定めがある場合を除く。」

　もっとも，統一条約9条およびその付則によって，相当数の旧東ドイツ法の効力が統一後も存続する。

　同9条「(1)本条約の署名の時点で適用されている東ドイツの法律は，基本法の資格区分 (Kompetenzordnung) によって州法に相当する場合には，効力を存続する。ただし，143条の場合を除き基本法に合致すること，第3条所定の領域に導入される連邦法に合致すること，および直接に適用されるEC法に合致し，また本条約に別段の定めがないことを要する。基本法の資格区分によれば連邦法に相当し，連邦全体につき規定されない領域の東ドイツの法律は，連邦の立法があるまで1文の要件のもとで，州法として効力を存続する。

　(2)付則Ⅱによって認められた東ドイツの法律は，それが本条約を考慮して，基本法と直接に適用されるEC法とに一致するかぎりで，効力を存続する。

　(3)本条約の署名後に公布された東ドイツの法律は，条約当事国が同意した場合にのみ効力を存続する。第2項の規定は変更されない。

　(4)第2項および第3項によって存続する法律が，連邦のみの立法領域 (die ausschließliche Gesetzgebung) に関係する場合には，連邦法として存続する。それが，競合的立法領域または授権的立法領域 (die konkurrierende Gesetzgebung oder die Rahmengesetzgebung) のものであり，基本法の適用領域において連邦法として規定されている領域に関係する場合には，連邦法として効力を存続する。

　(5)付則Ⅱによって東ドイツによって公布された教会税に関する法律は，第1条1項所定の州〔旧東ドイツ諸州〕では，州法として効力を存続する。」

　なお，統一後に旧東ドイツ地域に適用される法の範囲に関する詳細については，vgl. Brunner, a.a.O. (JuS 1991), S.353; Schnapauff, Der Einigungsvertrag −Überleitungsgesetzgebung in Vertragsform, DVBl. 1990, S.1249; Dornberger, Der Einigungsvertrag und die Rechtsangleichung im Wirtschafts-, Handels- und Gesellschaftsrecht, DB 1990, S.3122; Oetker, Rechtsvorschriften der ehem. DDR als Problem methodengerechter Gesetzanwendung, JZ 1992, S.608. とくに，民事

の法律の経過措置については，vgl. Magnus, Deutsche Rechtseinheit im Zivilrecht - die Übergangsregelungen, JuS 1992, S.456.

また，統一後の旧東ドイツ地域に適用される法については，DR-Schönfelder (Schönfelder II) を，統一前の旧東ドイツ法については，vgl. Müller-Römer, Lieser-Triebnigg, DDR-Gesetz, 1981 (Verlag Wissenschaft und Politik, Köln) を参照。

なお，統一条約付則Ⅰは，旧東ドイツ地域への連邦法の導入に関する規定であり，同付則Ⅱは，旧東ドイツ法の存続に関する規定である。また，同付則Ⅲは，統一条約41条1項によって条約の一部とされた東西ドイツの共同宣言である。

(3) 連邦政府は，旧東ドイツ地域への投資を再三よびかけ，これが不足する場合には，増税によって財源を確保する可能性を示唆している。

たとえば，1992年5月，連邦大統領のワイツゼッカー（Weizsäcker, 1920-）は，旧東ドイツの再建の負担の調整のために，新たな財産税の導入を示唆した。すなわち，旧東ドイツの再建のための経費として，たんなる税額の引き上げと国家債務の拡大では，必要な投資をまかなうことはできないとして，株式，債券，銀行資産，預金，保険資産など，すべての財産形態を対象として，その利益に負担を求めるというものである（Süddeutsche Zeitung 1992,5,22）。〔これはのちに連邦統一附加税として実行された〕。再統一前，コール政権は，統一による負担の増大はないとしていたが，国家債務の増大は避けられず，1991年からは，諸使用料，消費税の引き上げがつづき，この構想となったのである。1992年には，社会保険給付の切下げ，利子課税の強化も行われた。もっとも，財務大臣のワイゲル（Waigel）は，これに消極的であるとのことであった（5月24日の報道）。

〔なお，ワイツゼッカーは，94年7月任期満了のため退任，後任には憲法裁判所長官のヘルツォーク（Roman Herzog，任期 1994-1999）が就任した。また，1999年5月23日からは，ラウが大統領である（Johannes Rau, 1931-）。〕

(4) もっとも，失業問題の原因には，旧東ドイツの諸問題（統一にあたって，等価で東西の通貨が交換され，旧東ドイツ製品が東欧の市場を失ったこと，もともと西側の基準では国際競争力がないこと）が反映されており，西ドイツの大企業の投資が相当にあっても，問題は簡単には解消されないともいわれる（vgl. Glück, Von Marx zum Markt - und nichts zu tun, BB 1991, S.1497）。

(5) Vgl. Armbrüster, Der Einigungsvertrag-Entstehung, Struktur und Verfassungsfragen, (Vortragsveranstaltung der Juristischen Gesellschaft zu Berlin), JR 1991, S.145. これは，Bülow (Treuhandanstalt, Berlin) の1991年1月30日の講演の紹介である。

(6) 1992年5月ごろの報道であるが，旧東ドイツ地域では，劣悪さと所有権の不明もあって10万戸の住宅が空になっているとのことである。ちなみに，ドイツ全体では，200万戸が不足しているという。

ちなみに，東ドイツの住宅の質についてであるが，45パーセントは，第1次大戦前のものであり，25パーセントは，1919年から1945年までに建てられている。戦後ほと

んど手を加えられていないものも多い (Sehrig, Innerdeutsche Rechtsbeziehung aus anwaltlicher Sicht, AnwBl 1990, S.297, S.299）。

また，不動産の返還問題以上に，収用された企業の返還の問題が投資に関しては重大であるが，旧東ドイツ時代に収用された企業の多くは，大きな企業体（größere Wirtschaftseinheiten）に組み入れられ，法的な独立性を失っていることが多いので，権利の返還あるいは私有化にあたっては，より複雑な関係が生じる（Espey und Jaenecke, Stehen Restitutionsansprüche auf Gegenstandes Betriebsvermögens der Privatisierung von Treuhand-Unternehmen entgegen? BB 1991, S.2025）。

(7) 土地改革に関する資料では，20［30］年以上も前に出された連邦東西ドイツ関係省の資料がきわめて詳細である（Gesamtdeutsches Institut - Bundesanstalt für gesamtdeutsche Aufgaben (hrsg.), Bestimmungen der DDR zu Eigentumsfragen und Enteignungen, 1971, S.3ff. 以下，「東西ドイツ関係省資料」という）。これは，1970年12月に，（西）ドイツ連邦議会においてなされた議論にもとづくものである。東ドイツでは収用に多様な方法が用いられ，関係する規定がときに相互に矛盾し，あるいは実態が規定からはずれたり，不明な規則があることなどから，その状況を把握するのが困難であるので，360余の東ドイツの規定を集めたものである（「東西ドイツ関係省資料」Egon Franke, Bundesminister für innerdeutsche Beziehungen の序文による）。

また，1962年のドイツ問題省資料（Bundesministerium für gesamtdeutsche Fragen (hrsg.), Die Enteignungen in der sowjetischen Besatzungszone und die Verwaltung des Vermögens von nicht in der Sowjetzone ansässigen Personen, 1962）にも土地改革に関する資料が詳しい。さらに，後述する判決①（第4章1参照。BVerfGE 84,90 I (1991,4,23)）にも，相当の歴史的記述がある。なお，vgl. Bundesministerium für innerdeutsche Beziehungen, DDR Handbuch, 1985, S.16ff.

ポツダム議定書に関して，vgl. P.P.III.B. Wirtschaftliche Grundsätze (Nr.11 ff.) in Rechtsstellung Deutschlands, 1989, S.20ff. (S.21)。

(8) 収用に対しては，ザクセンでは，1946年6月30日に人民投票が行われ，そこでは，77.6パーセントの賛成があったといわれる（判決①101頁）。

なお，占領軍または東ドイツ政府による収用あるいは没収は，おもに，Enteignung であるが，Beschlagnahme, Entzug, Konfiskation などの用語で表されることもあり，必ずしも一貫しない（東ドイツ政府による亡命者の財産の差押，収用は，Beschlagnahme で表されることが多い）。以下では，必ずしも区別しないで，たんに「収用」という。なお，この区別について，Papier, Verfassungsrechtliche Probleme der Eigentumsregelung im Einigungsvertrag, NJW 1991, S.193 (194); Kimmnich, Eigentum, Enteignung, Entschädigung, 1976, S.108ff., S.177ff.

同じ「収用」でも，Enteignung は，客観的に（objekt zweckbestimmt）公共の利益を目的とした使用のために個別的になされるのに反して，Konfiskation は，むしろ主観的に（subjekt zweckbestimmt），政治的理由から行われるものであり，反ファシズムといった政治的手段としての土地改革は，法治国家的憲法の観点からする

と，前者ではなく，後者と位置づけられる。このような基準のもとでは，後者は，基本法14条の所有権の保障とは一致しない（Papier, a.a.O., S.194）。

(9)　収用地は，件数で合計1万3699件，面積で合計322万5364ヘクタールであるが，このうち，100ヘクタール以上の土地が7112件と件数は少ないものの，面積では250万4732ヘクタールと大多数を占めている（判決①98頁）。

　なお，判決98頁によると，収用された土地の内容は，14頁の表のようになっている。これを図示したものが，その下のグラフである。

(10)　収用された土地のほぼ65パーセントが分配され，35パーセントは公有地となったが，後述するように，その後土地の所有権は相当の部分が土地基金に取戻されたから，1990年には土地改革をうけた土地の25パーセントが個人所有にとどまるにすぎなかった。

　また，これらの土地を割当てられた者は，収穫物によって対価を支払った（判決①97頁）。代金は，1ヘクタールあたり，らい麦1000から1500キログラム程度であり，金銭の場合には，20年までの年賦が認められた（ドイツ問題省資料22頁）。なお，土地を収用された者は，土地のあった地区を退去しなければならなかった（同）。

(11)　判決①100—102頁。また，動産や機械，施設などには戦時賠償として，ソ連に持ち去られたものもある。収用の総量は，1948年の産業生産高の60パーセントに達した（Fieberg und Reichenbach, ② NJW 1991, S.322）。収用されたのは，重工業，基幹産業だけではなく，映画館，薬局，貸本屋，古本屋なども対象とされた（「東西ドイツ関係省資料」14—15頁，「ドイツ問題省資料」25頁以下）。そのうち，工業的企業（industrielle Betrieb）は，約3000であった（vgl. Steinberg, Die Verfassungsmäßigkeit des Restitutionsausschlusses sowjetzonaler Enteignungen im Einigungsvertrag, NJ 1991, S.1）。

(12)　1952年7月17日法（Vermögenssicherungsverordnung）。この場合には，補償はなされなかった。旧東ドイツ最高裁は，これを適法とした（1953年2月19日判決, vgl. Geckle/Lehmann, DDR-Eigentum, 1991, 2.Aufl., S.20. もっとも，「東西ドイツ関係省資料」3頁は，旧東ドイツでは，1968年憲法〔後述〕による収用に関しても，行政に対する裁判所のチェックは不可能であった，とする。三権分立の西側の体制とは異なるからである）。

(13)　1953年12月1日法ほか。また，「ドイツ問題省資料」70頁以下参照。

　とくに1961年の国境管理の強化とベルリンの壁の構築によって，西ベルリンや西ドイツ居住者の土地が多数収用，国家管理の対象となった（Dornberger, Das Gesetz zur Regelung offener Vermögensfragen und das Gesetz über besondere Investitionen, DB 1990, S.3154）。その結果，国家管理される土地は，ひかえめにみても，50万—100万件にのぼるとみられる（後述第2章1(3)(イ)，人民所有権の注13参照）。

　また，ベルリンの壁を構築するためにも，かなりの土地が収用されたが，これは，総計170キロメートルにもおよんだ。統一後，壁の土地所有権の返還訴訟もおこされたが，1992年7月27日，ベルリンの行政裁判所は，即決手続（Eilverfahren）によって，旧東ドイツ当局による補償がされなかったか，またはいちじるしく少ない補償に

よる収用の場合にのみ返還請求が許されると判示した（AZ.:VG 25 A 593-91. vgl. General-Anzeiger 1992,7,28, S.1)。財産法の規定によるものである（1条1項(a)(b)）。

(14) Vgl. Sehrig, a.a.O. (AnwBl 1990), S.299.
(15) Vgl. Sehrig, a.a.O., S.299.
(16) 1956年の秋以降は、公租公課を利用した経営の集団化が行われた（1956年8月1日法)。農地と異なり、手工業者や漁師には集団化は強制されなかったが、この課税の差別は行われた（「東西ドイツ関係省資料」3頁）。
(17) 判決①98-99頁。
(18) 東ドイツからの逃亡者の土地に対する国家管理は、1989年11月11日法（Anordnung des Ministers der Finanzen) によって、同年7月31日に遡って廃止された。ＬＰＧからの土地の返還は、1990年6月29日の市場経済法によって認められた（判決①99頁)。
(19) 旧東ドイツの1968年憲法では、収用（Enteignung）は、法律上の基礎のうえに、共同利用の目的でのみ（nur für gemeinnützige Zwecke)、かつ相当の補償によってのみできるとされた（16条1項)。また、目的とする共同利用が他の方法では達せられないときにのみされる（同条2項)。なお、制度としては、国家補償法もあった（Staatshaftungsgesetz v.12.5.1969; GBl. I , S.34)。詳細については、Westen, Das Staatshaftungsgesetz der DDR, 1971. もっとも、その実質的な機能は、必ずしも明確ではない。
(20) 旧東ドイツ民法典17条，23条1項（1990年6月28日に削除)。また、遺産に属する不動産所有権の移転には（その後、契約による土地所有権の移転一般にも拡大)、県の土地役所（Liegenschaftsdienst）の同意が必要なこととされた（1977年12月15日土地取引法2条1項)。なお、同法は、統一条約によって存続し、1991年4月18日に、再公布された）。

　なお、旧東ドイツ法の所有権に対する態度は、人民所有のものを優位におくだけではなく、地上権に類似した物権的な使用権（dingliches Nutzungsrecht)（旧東ドイツ民法典286条以下）を定めて実質的に個人所有権を無価値にすることによっても、行われた（Heuer, Grundzüge des Bodenrechts der DDR, 1949-1990, S.39ff.; Jung und Vec, Einigungsvertrag und Eigentum in den fünf neuen Bundesländern, JuS 1991, S.714 (S.716)．〔これにつき、後述第2篇参照〕

(21) Verordnung zur Sicherung von Vermögenswerten vom 17.7.1952 (GBl.100, S. 615) ほか。返還申請法1条1項参照。詳細については、「東西ドイツ関係省資料」16頁，22頁以下参照。
(22) Geckle/Lehmann, a.a.O., S.10. そして、その額は、150億マルクに達しているという。企業の返還は、1万2000の企業に関し9000の返還申請がなされている（Jung und Vec, a.a.O., S.719)。なお、財産回復のための指南書も多数出されている（上に引用したGeckle/Lehmann, DDR-Eigentumも、その一種である)。Vgl. von Craushaar, Grundstückseigentum in den neuen Bundesländern, DtZ. (als NJW-Beilage)

1991, S,359.

　しかし，1992年の第2回の財産法の改正によって，返還への期待が減少するものとされている (Claussen, Der Grundsatz „Rückbage vor Entschädigung" NJ 1992, S.297)。投資保護が拡大するからである。

　具体的な数字は，必ずしも明確ではなく，Deutscher Bundestag 12.Wahlperiode, Drucksache 12/4428 (26.02.1993), S.1, Antwort der Bundesregierung. によれば，1993年までには，108万4839件（その中に包含される返還請求権は235万5787）の返還申請を数えたとされる。また，返還されるべき住居は9万件，農地は50万ヘクタール，企業は4000とされる。

(23)　いずれも，1992年4月ごろの発言であるが，当時の司法大臣キンケル (Kinkel) は，返還請求に期限を設ける立法の必要性を強調し，また，経済省関係からは（メールマン (Möllemann)），返還された不動産に25パーセントの税金をかける構想も出されている。もっとも，これらに対する反対もあり，実現のほどはさだかではない（前者は，1992年7月の改正法にとりいれられた）。

(24)　1992年7月改正法については，後述第3章3参照。

(25)　ところで，大きな革命のさいには，土地改革がつきものであるが，参考までに，イギリス・ピューリタン革命 (1649年) をとると，ここでも，革命中に王党派や教会の領地が多数収用され，あるいは没落した貴族の土地が売却されたりした。これは，1660年の王政復古のさいに，回復されることになったが，①王党派の土地で収用されたものは，請願または裁判で取戻すことができた。②しかし，所有者が自発的に売却したものには，補償がない，とされた。そこで，革命の勢力のうち，独立派は，収用地を入手した場合が多いので，それらはもとの持ち主に返還されることが多かったが，穏健な長老派は，売却された土地を入手していたので，そのまま所有権を認められる場合が多かった，という（世界の歴史〔中央公論社〕8巻187頁）。

　また，フランス革命 (1789年) 後にも，1814年にナポレオンが没落しブルボン家の王政が復古したが，この場合には，買主のいない旧領地を返還するにとどめ，革命中に取得した農民や市民の所有権は認められた。したがって，返還される場合以外は，もっぱら賠償によった。その賠償額は，10億フランで，これによって，旧貴族6万7000人が恩恵にあずかったとされる（1825年のヴィレール首相による法）。財産関係の維持は，革命中に土地所有権を取得した市民と農民を安心させた，という（同12巻32頁，51頁）。

　近くは，戦後のわが農地改革もあるが，その効果はくつがえされたことがないので，参考には値いしない。なお，占領中に行われた土地改革の効力が存続する点では，農地改革の場合も，旧東ドイツの土地改革も異ならない（最判昭28年11月25日民集7巻11号1273頁，最判昭28年12月23日民集7巻13号1523頁ほか参照）。〔なお，農地改革との比較については，本書第3部第1篇参照。〕

(26)　Vgl. Liebs und Preu, Probleme der Rückgabe enteigneter Unternehmen in der früheren DDR, DB 1991, S.145; Espey und Jaenecke, Restitutionsansprüche gegen Erwerber von Treuhandunternehmen? BB 1991, S.1442. なお，前注11参照。

(27) 財産法2条2項参照。Vgl. Maskow und Hoffmann, Rechtsfragen der Privatisierung in den ostdeutschen Bundesländern, Recht der Internationalen Wirtschaft (Beilage 24 zu Heft 12/1990, Deutsche Einigungrechtsentwicklungen), S.1.
(28) 前注20参照。
(29) 原則として，当面は効力が存続する。ここでは，とりあえず，文献を若干指摘しておくにとどめる。Vgl. Sternal, Mietrechtsangleichung nach dem Einigungsvertrag in den neuen Bundesländern, MDR 1991, S.289; Marko, Rechtsstellung des Wohnungsmieter in den neuen Bundesländer, NJ 1991, S.18.

　土地の返還と，利用者の保護との関係は，統一前からすでに政治問題ともなっていた（Sehrig, a.a.O. (AnwBl) 1990, S.299. に引用の，ドイツ地主協会の主張，およびそれへの反対参照）。
(30) たとえば，企業では，旧所有者による返還請求のほか（前注22参照），現在約8000の国営企業（その従業員は600万人におよぶ）の民営化が，信託公社の課題となっている（Magnus, a.a.O. (JuS 1992), S.460)。なお，後述第2章4参照。
(31) なお，旧東ドイツ地域の改革は，旧社会主義国における人民所有権の私有化という初の試みに関するものであり，法律も多方面，多数にのぼり，その改廃も多い。そのプロセスをたどることもかなり困難であるが，ドイツは，文献の整理，公表など参照の便がよく，またその運営にあたるのが，西側の専門家であるために，比較的わかりやすいと思われる。

　同様の問題は，東ヨーロッパ諸国や旧ソ連など同じ問題をかかえる諸国の改革にとっても参考となると思われ，おそらくこれら諸国の改革を理解するためにも有益であろう。〔東ヨーロッパの私有化については，後述第3篇参照。〕

第2章　統一までの諸改革（1990年10月以前）

1　統一までの諸過程

(1)　統一までの政治的過程の検討は，本稿の対象ではないが，私法関係の多数の立法が，1990年から1991年の間に行われ，これらは政治的過程とも必ずしも無関係ではない。理解するうえで重要な点もあるので，あわせて簡単に整理しておく必要がある[1]。

(2)(ア)　1989年秋，東欧の民主化の波が東ドイツにもおよび，11月9日ベルリンの壁が崩壊した。これにより，東西ドイツの人的交流が実現した。

　1990年2月21日には，政党および政治団体に関する法律（Gesetz über Parteien und andere politische Vereinigungen (GBl.I, S.66), 同5月31日および7月

22日に修正）が制定され，政党の創設と活動に関する新たな規定を設けた。非共産政党の活動の保障と，国家と社会主義統一党（SED＝Sozialistische Einheitspartei Deutschlands＝共産党）との財産の分離がおもな目的である。SEDは，旧東ドイツにおいては，従来，国家を指導する憲法上の機関（Staatsleitendes Verfassungsorgan）とされ，特殊な位置におかれていたからである[2]。政党やそれに付随した組織の財産に関する報告を行う独立委員会が設置され（20a条），また，政党やその組織の財産の変更は，この委員会の同意なしにはできなくなり（20b条1項），それらの財産は，信託的管理のもとにおかれた（同条2項）。同法の一部は，1990年8月31日の統一条約の規定（Anlage II, Kapitel II, Sachgebiete A, Abschnitt III）によって，統一後も効力を存続している。

　また，3月6日の，私企業の設立と活動および企業参加に関する法律（Gesetz über die Gründung, Tätigkeit privater Unternehmen und über Unternehmensbeteiligungen (GBl.I, S.141))，および3月6日の，営業法（Gewerbegesetz）によって，私企業の設立と活動の自由が定められた。さらに，3月1日には，人民所有のコンビナート，営業および組織の株式会社への転換に関する法律（Verordnungen zur Umwandlung volkseigener Kombinate, Betriebe und Einrichtungen in Kapitalgesellschaften (GBl.I, S.107))，および3月8日には，手工業者の自由な結合団体に関する法律（Verordnung über die Gründung, Tätigkeit und Umwandlung von Produktionsgenossenschaften des Handwerks (GBl.I, S.164))も制定され，商法上の株式会社および人的会社が，私企業の一般的な企業形態であることが予定されている。これらによって，市場経済に移行するための企業法的基礎が定められた。すなわち，これらの団体の承認は，同時に，従来の人民所有の財産を私有化するための前提として，その受け皿づくりをも意図しているからである[3]。

　(イ)　1990年3月18日の東ドイツ人民議会（Volkskammer）の選挙は，初の自由選挙によって行われ，非共産党政権であるデメジエール（de Maizière）政権が出現し，その1年前には予想もできなかった東西の統一の動きが現実化した。また，5月6日には，県，都市などの地方選挙（Kreistage, Stadtverordnetenversammlungen, Stadtbezirksversammlungen und Gemeindevertretungen）も，自由選挙によって行われた。

(ウ) ついで，1990年5月18日には，「通貨・経済・社会の統一体創設のための条約」(Vertrag über die Schaffung einer Währungs-, Wirtschafts- und Sozialunion zwischen der Bundesrepublik Deutschland und der DDR (Staatsvertrag)) が調印され，東西ドイツの統一の経済的条件が整えられた。これによって，7月1日からの通貨統合（1条2項），市場経済を基礎とすること（1条3項），私的所有権，競争の自由を原則とする方針が明らかにされた。統一にいたる第1段階が終了した。しかし，東ドイツ・マルクは，実質価値でドイツ・マルクの約3分の1と評価されていたが，政治的理由から，1対1の交換レートが適用されたために（300％の通貨切上げである），東ドイツ地域の経済を危機に陥れ，再統一後の停滞の原因をもたらしたのである。

(3)(ア) 1990年夏からは，人民所有の財産の私有化の動きが具体的に始まった[4]。

(a) 同年7月6日には，人民所有の財産（Volkseigenes Vermögen）で，市町村や県の用務に用いられるものは，無償で市町村，県などの所有に移転するものとされた（Gesetz über das Vermögen der Gemeinden, Städt und Landkreise ＝ Kommunalvermögensgesetz（GBl.I, S.660），なお，本法にはその後若干の修正があり，また，財産割当法（Vermögenszuordnugnsgesetz v. 22.3.1991）によっても修正〔一部削除〕されている)[5]。また，旧東ドイツの国有財産で，直接に行政目的に使用されるものである行政財産（Verwaltungsvermögen）のうち，州，市町村の行政財産に属さないものは，統一条約21条1項の規定によって，連邦政府の国有財産とされた[6]。また，旧東ドイツの公共財産で，直接に行政目的に使用されるのではない財政財産（Finanzvermögen）は，統一条約22条1項の規定によって，州や市町村の財産とされた[7]。

そして，旧東ドイツの国有財産のうち，旧国鉄の財産（Sondervermögen Deutsche Reichsbahn）は，ドイツ国鉄の特有財産（Sondervermögen Deutsche Bundesbahn）とされ（統一条約26条），また，旧東ドイツ郵政用財産も，ドイツ郵政の特有財産（Sondervermögen Deutsche Bundespost）とされた（統一条約27条）。

それ以外の人民所有の財産は，信託公社（Treuhandanstalt）の信託財産（Treuhandvermögen）とされ，順次個人所有化される（統一条約25条。なお，

4で後述する7月17日の信託法参照)。しかし,旧人民所有の公共財産は,それが旧所有者からの請求があっても,これにかかわらず連邦,州,市町村など自治体あるいは信託公社に割当てられる(統一条約21条,22条)[8]。

(b) なお,統一後の連邦政府の手になるものであるが,地方自治体の財産の移転および地方自治体による投資の促進に関する連邦内務省の作業指針 (Arbeitsanleitung des Bundesinnenministeriums zur Übertragung kommunalen Vermögens und zur Förderung von Investitionen durch die Kommunen, 以下,「作業指針①」という)がある[9]。この作業指針は,1990年11月16日に,最初に出されたものであるが,連邦財務省の指針(Regelung über die zuständigkeit und das Verfahren über die Zuordnung des Vermögens nach den Artikeln 21,22 Einigungsvertrag des Bundesministeriums der Finanzen vom 31.1.1991) とともに,これを取り込む形で,1991年3月に改定されたものである(後述第3章1(4)障害除去法参照)。

(イ) 人民所有の財産(Volkseigenes Vermögen)は,他の社会主義諸国におけると同じく,旧東ドイツにおいても,所有権の基本であった[10](東ドイツ民法典17条以下, das sozialistische Eigentum)。しかし,その原則性を規定した17条は,1990年6月28日に削除された(GBl.I, S.524)。そこで,所有権返還の問題においては,この権利の個人所有権化が重要な課題となる。

旧東ドイツの時代においても,個人的所有権(das persönliche Eigentum)は,制限的な位置づけながら認められてはいた(同22条以下)[11]。また,数量的には,個人的所有権は,人民所有権よりも多く,土地でなお全体の60パーセントを占めていた(人民所有権は30パーセント)[12]。もっとも,前述したように,旧東ドイツにおいては,所有権に,強力な物権的利用権が付されて,その内容がほとんど失われている場合もあったから,個人所有権に関するこの数字を過大評価することはできない[13]。

(ウ) 統一条約の付則(Anlage I, Kapitel III, Sachgebiet B, Abschnitt II, Artikel 233 §2)では,統一の日から,別段の定めのないかぎり,物に対する所有権には,民法典の規定が適用される。かつての人民所有権を有した者,人民所有権に関する権能を取得した者は,人民所有権の清算に関する特別の規定に従うべきこととされている[14]。

(4)(ア) 統一のための法的手段としては,東ドイツ地域が州として西ドイツ

27

に加入する構成がとられることが予定された（連邦基本法23条）[15]。そこで，6月22日には，東ドイツ地域が州としてドイツ連邦共和国に加入するための前提として，旧東ドイツ時代に廃止された諸州が再建された（Brandenburg, Mecklenburg-Vorpommern, Sachsen, Sachsen-Anhalt, Thüringen の5州である。東ベルリンは西ベルリンに吸収され，独立の州とはならない）。

(イ) 8月3日には，第1回の全ドイツ連邦議会選挙のための条約（Wahlvertrag）が締結され，さらに，8月23日には，東ドイツ人民議会は，統一を承認した。これによって，統一のための東ドイツ側の要件は整った。

(ウ) そのうえで，8月31日，統一の諸効果と経過措置を定めた東西ドイツ間の統一条約（Vertrag zwischen der Bundesrepublik Deutschland und der Deutschen Demokratischen Republik über die Herstellung der Einheit Deutschlands - Einigungsvertrag - （BGBl.II, S.889））を締結する運びとなったのである[16]。

なお，この時期に，不動産問題に関しては，東ドイツ側でもすでに種々の法律が制定され，統一後にそなえていたが（後述2参照），西ドイツ側でも，この8月31日の統一条約の付則（Anlage I, Kapitel III, Sachgebiet B, Abschnitt III）によって，不動産登記法の一部が改正され（125条），また土地登記法の基準（Grundbuchordnung-Maßgaben, BGBl.II, S.889, S.951）に，統一後の旧東ドイツ地域の登記簿について特則が設けられるなどしている。〔ドイツの登記簿については，小野「ドイツにおける登記簿のコンピュータ化」【専門家】255頁以下参照。〕

また，東ドイツでは，9月6日に救済法（Rehabilitierungsgesetz, GBl.I, S.1459）を制定した（これは，統一条約の付則（Anlage II, Kapitel III, Sachgebiet C, Abschnitt III）によって統一後も効力を存続する）。同法は，憲法によって保障された基本的人権に反して，刑事訴追され，差別され，その他の方法で権利を侵害された者の権利を回復するものである。1949年10月7日以後，旧東ドイツの裁判所によってされた刑事判決と，1945年5月8日から1949年10月7日までのソ連占領地域の裁判所によってされた判決からの名誉回復を目的とする（1条）[17]。

しかし，本法による回復は，政治的道徳的な名誉回復を目的とする（2条1項）。法治国家的な刑事訴追によらずに収用された財産の回復については，財産法（統一条約付則 Anlage II, Kapitel III, Sachgebiet B, Abschnitt I によっ

て，統一後も効力を存続。後述する）によらなければならない[18]。

(5) さらに，9月12日には，当事国である東西ドイツと，アメリカ，ソ連，イギリス，フランスの旧占領4か国の間の条約（Zwei-plus-Vier-Vertrag）が調印され，統一のための外的条件はすべて整った。そして，1990年10月3日に，統一を迎えることになったのである。

2 東西ドイツの共同宣言

再統一が視野に入れられた時期には，不動産返還問題に関する作業にも手がつけられている。

(1) その中でも重要なのは，1990年6月15日の未解決の財産問題に関する東西ドイツの共同宣言である（Gemeinsame Erklärung der Regierungen der Bundesrepublik Deutschland und der Deutschen Demokratischen Republik zur Regelung offener Vermögensfragen）。この共同宣言は，統一後の財産関係の基本指針を示したものである。さらに，のちに統一条約によって（付則III），統一後の東ドイツ地域の不動産関係の基本とされることになった。前述した統一条約41条1項である。

「(1)ドイツ連邦共和国政府とドイツ民主共和国政府によってされた1990年6月15日の，未解決の財産問題に関する共同宣言は，この条約の一部（付則III）である」。

(2) この共同宣言によれば，1945年から1949年（すなわち，東ドイツの成立までのソ連の占領期間中）に行われた占領法規による不動産の収用（Die Enteignungen auf besatzungsrechtlicher bzw. besatzungshoheitlicher Grundlage）は，遡及して効力を失うことはないとされた（共同宣言1条）。ソ連と東ドイツ政府は，これを合法的なものと扱うから，（西）ドイツ政府は，歴史的展開を考慮して（im Hinblick auf die historische Entwicklung）これを承認しなければならない，とするものである。もっとも，国家補償の可能性に関する確定的な決定は，将来の全ドイツの議会に留保された。この共同宣言は，その同意が統一に不可欠なソ連に配慮したものである。1949年以前のソ連占領下の土地の収用に関しては，ソ連は，40年後になってその合法性を再度調査されないことに利益をもつからである[19]。もっとも，ソ連も，再度の人民所有権の私有化あるいは金銭による賠償に関しては，反対しなかった。

(3) しかし，土地所有権，営業，その他の財産に関する信託的あるいは類似の利用制限措置は，廃止される（同2条）。東ドイツから逃亡しあるいはその他の事由により，財産が国家管理とされた者には，所有権に関する処分制限が廃止される。

東ドイツの成立後に収用された土地所有権は，原則として，かつての所有者またはその相続人に返還される（同3条）。ただし，以下の3点を考慮する。

(ｱ) 土地と建物の所有権の返還は，共同使用に当てられ，共同住宅や団地に使用され，営業的使用をされまたは新しい企業体に組み込まれることによって，その利用方法ないし目的（Nutzungsart bzw. Zweckbestimmung）が変更されたときには，事物の性質上（von der Natur der Sache her）不可能とされる（3条(a)）。

この場合には，東ドイツ市民のために適用される規定にしたがってすでに補償がなされたのでないかぎり，補償が供せられる。

(ｲ) 東ドイツ市民が，返還されるべき不動産の所有権または物権的利用権を善意で（in redlicher Weise）取得した場合には，代替的価値のある土地との交換または補償によって前の所有者に社会的に相当な清算（ein sozial verträglicher Ausgleich）がなされる。すなわち，この場合にも，財産権の返還は行われず，たんに補償が行われるにとどまるのである（3条(b)）。

国家的信託の管財人（staatlicher Treuhänder）によって第三者に譲渡された不動産も同様である。詳細は，別途解明される。

(ｳ) 前の所有者または相続人が返還請求権を有しても，それに代えて補償を選択することができる。価値の変更した場合の清算の問題（die Frage des Ausgleichs von Wertveränderungen）は，別に規定される（3条(c)）。

第3条の規定は，権利者自身またはその委託によってなされていても，経済的強制によって人民所有権による管理を負担したとみられる家屋不動産にも準用される（同4条）。

この宣言に関係する土地および建物への賃借人保護および利用権は，従来通り認められ，東ドイツの現行法による（同5条）。すなわち，東ドイツ民法典287条ないし294条である。これは，その後の統一条約およびドイツ民法典施行法の規定（233－4条2項。建物に関しては，同3項）によっても追認さ

れている。そのような利用権は、登記簿に登記されていなくても、建物建築の目的の場合には、法統一の影響をうけない。このかぎりで、登記簿の公信力は制限されることになる[20]。東ドイツ民法典321条および322条の共同利用権も効力を失わない（同5号2項）。そこで、再統一後、利用権の保護は大きな問題を生じることになった。

(4) 営業の管理の場合にも、利用制限は廃止される（共同宣言6条）。

1949年から1972年の間に収用によって人民所有とされた企業では（die Unternehmen und Beteiligungen）、補償を請求しようとするのでないかぎり、営業の価値の発展を考慮して、前の所有者に企業の全部または社員持分ないし株式を譲渡するものとする（同7条）。

財産価値が—利用権を含めて—不正の行為（たとえば、取得者側の権利の濫用、汚職、強要、詐欺）によってえられた場合には、権利の取得は、保護されず、解消されなければならない。第3条(b)の善意取得に関する規定が準用される（同8条）。

財産収用（Vermögenseinziehungen）が、法治国家的刑事手続に反してなされたときには、東ドイツ国家は、矯正のための司法手続を準備する（同9条）[21]。

(5) そして、両政府は、財産権の返還問題の細部を明確にするために、専門家に委託することとされている（同14条）。

統一条約41条第3項の規定にあるように、ドイツ連邦共和国は、統一後も、この共同宣言の規定に反することはできない。また、統一後は、東ドイツ地域の諸州が、旧東ドイツの権利を引きつぐ。すなわち、統一条約44条によると、東ドイツあるいはそこに再建された諸州に有利な条約上の権利を、統一の日から、これら諸州は、主張することができるのである[22]。

(1) 東西ドイツの統一の諸過程については、von Münch, Die Verträge zur Einheit Deutschlands, Einführung, S.XI-XXII; Rauschning, Die Wiedervereinheit vor dem Hintergrund der Rechtslage Deutschlands, JuS 1991, S.366; Schnapauff, a.a.O. (DVBl. 1990), S.1249. が詳しい。
(2) 1968年（1974年改正）憲法47条は、いわゆる民主集中制（Prinzip des demokratischen Zentralismus）の原則をかかげ、また、1976年のＳＥＤの綱領（Programm der Sozialistischen Einheitspartei Deutschlands）は、みずからを指導的勢力（die

führende Kraft）とし（IV），さらに，その規約（Statuts der Sozialistischen Einheitspartei Deutschlands）がこれを確認していた（23条）。Vgl. Weidenfeld und Korte (hrsg.), Handwörterbuch zur deutschen Einheit, 1992, S.99ff.

(3) これらの法律は，商法や株式会社法，有限責任会社法の規定を参照しているが，後者は，旧東ドイツの時代にも形式的には廃止されたわけではない。たんに，対象となる私企業がないために実質的に機能するよちがなかったのである（DR-Schönfelder, 1990, Einführung S.6; vgl. Brunner, a.a.O. (JuS 1991), S.355)。

〔通貨統合が，ドイツ・マルクと東ドイツ・マルクを等価の交換レートとして行われたことから，東ドイツ・マルクは実質的に300パーセントの切り上げとなり，東ドイツ経済は危機に陥った。工業生産は，3分の1に縮小し，1991年の国内総生産は，1989年の63パーセントに落ち込んだ。これにつき，近時の研究であるフィルマー「岐路に立つ統一ドイツ」（木戸衛一訳・2001年）186頁参照。東ドイツの国内総生産の推移については，同150頁参照。〕

(4) もっとも，1990年3月6日には，すでに土地所有権の処分の制限を廃止する法律が出されている（Gesetz über die Rechte der Eigentümer von Grundstücken aus der Bodenreform, GBl.I, S.134)。これによって，所有者は，通常の所有権を回復したのである（判決①99頁）。また，1990年6月29日法（Gesetz über die strukturelle Anpassung der Landwirtschaft an die soziale und ökologische Marktwirtschafts, GBl.I, S.642）は，集団農場，ＬＰＧを解消し，個別営農を可能にした。すなわち，ＬＰＧの構成員は，集団から分離し，完全な処分権と占有を回復することができるようになった（判決①99頁）。さらに，1992年1月1日から，なお存続していたＬＰＧも，ほかの形態に変更されないかぎり，解消されることになった（Turner und Karst, Die Umwandlung Landwirtschaftlicher Produktionsgenossenschaften, DtZ 1992, S.33)。

(5) 本法は，統一条約付則（Anlage II, Kapitel IV, Abschnitt III Nr.2）によって，統一後も効力を存続する。

(6) 「作業指針①」（後注9参照）Kapitel A II, 1. 行政財産は，1990年10月3日当時，自治体の特定の行政用務に直接に用いられていたものをいう（「作業指針①」Einführung)。

(7) 「作業指針①」（後注9参照）Kapitel A II, 2. 財政財産は，1990年10月3日までに，通常の自治体の使用の目的のために（für kommunale Zwecke)，自治体の所有となりあるいはそこで契約的に使用されていたものをいう（「作業指針①」Einführung)。新たな「作業指針①」では，この財政財産の範囲は，拡大された（すなわち，夏別荘を含む住宅地，営業地などを対象とする）。

(8) 「作業指針①」（後注9参照）Kapitel D I,I. これは，自治体じたいに回復請求権がある場合も同様であり，しかし，その代わりに，旧所有者は，財産的な権利を妨げられない。Vgl. Lange, Wem gehört das ehemalige Volkseigentum - Grundfragen der Art.21 und 22 Einigungsvertrag, DtZ 1991, S.329.

(9) この「作業指針①」は，序，Ａ　地方自治体の財産の譲渡に対する原則，Ｂ　財産

第2章　統一までの諸改革（1990年10月以前）

割当法6条による処分権，C　財産割当法7条による投資的割当，D　財産法的請求権の存在に関する指示，E　割当官庁の補助，F　住居または区分所有の設定，G　問い合わせ場所，申請の方式，事例からなる。1990年11月16日に出され，ついで1991年3月に改正された（vgl.①　Allgemeine Hinweise）。

(10)　Maskow und Hoffmann, a.a.O., S.1.
(11)　Vgl. Heuer, Grundzüge des Bodenrechts der DDR (1949-1990), 1991. S.1ff.
(12)　Fieberg und Reichenbach, Vermögensgesetz, 2.Aufl., Jan.1992, Einführung des Vermögensgesetzes, S.XI.（以下，これをFieberg und Reichenbach①として引用する）; Fieberg und Reichenbach, Zum Problem der offenen Vermögensfragen, NJW 1991, S.321.（以下，これをFieberg und Reichenbach②として引用する）; Fieberg und Reichenbach, Offene Vermögensfragen und Investitionen in den neuen Bundesländern, NJW 1991, S.1977.（以下，これをFieberg und Reichenbach③として引用する。②は当初の財産法を対象とするものであり，①③は，財産法など関係法規の第1次改正を対象とするものである）; Fieberg und Reichenbach, Vermögensgesetz, 3.Aufl.,1992, Einführung des Vermögensgesetzes, S.XI.（以下，これをFiebergund Reichenbach④として引用する。これは，関係法規の第2次改正を対象とする）. Vgl. ③, S.1978.

なお，旧東ドイツの所有権については，vgl. Rohde (hrsg.), Bodenrecht, 1976, Kap.4 Die Entwicklung des Bodenrechts in der DDR (Schietsch); Göhring (hrsg.), Grundfragen des sozialistischen Zivilrechts, 1979, S.33, S.43; Klinkert, Oehler und Rohde, Eigentumsrecht, 1979, S.17ff.; Westen und Schleider, Zivilrecht im Systemvergleich, 1984, S.300ff.

(13)　これを住宅と比較すると，旧東ドイツには，1989年に，700万件の住宅があり，その48パーセントが私有，37パーセントが市町村の管理住宅，15パーセントが共同体所有であった。しかし，1979年には，62パーセントが私有であり，それ以外の所有はそれぞれ28パーセント，10パーセントであった（Rodenbach und Seldeneck, Grundstücks und Immobilienrecht in der DDR, 1990, S.4; Jung und Vec, a.a.O. (JuS 1991), S.715; vgl.Möschel, Wohnungswirtschaft in den fünf neuen Bundesländern, DtZ 1991, S.72）。

もっとも，住宅は人民所有であっても，私有の土地のうえにあることがあり，これを考慮すると，私有の不動産の割合は見かけよりも高い。控えめにみても，旧東ドイツの土地の所有者の50万から100万人は西ドイツにおり，それは国家管理をうけているからである（Rodenbach und Seldeneck, a.a.O., S.5）。

(14)　ほかに，Gesetz über den Verkauf volkseigener Gebäube; Verordnung über die Förderung des Erwerbs von Grund und Boden durch kleine und mittelständische Unternehmen; Gesetz über die Umwandlung volkseigener Wohnungswirtschaftsbetrieb in gemeinnützige Wohnungsbaugesellschaften und zur Übertragung des Grundeigentums an die Wohnungsgenossenschaften; Bodennutzungs verordnung などによって人民所有権の私有化が計られた。また，1990年3月6日の，土地所有者

の権利に関する法律（Gesetz über die Rechte der Eigentümer von Grundstücken aus der Bodenreform v.6.3.1990）による所有権の性格については，後述第3章3参照（かつての土地改革による土地取得の明確化をねらったものである）。Vgl. Siewert, Zum Eigentum an den Bodenreform-Grundstücken, NJ 1992, S.155; Krüger, Die Rechtsnatur des sogenannten Siedlungseigentums der Neubauern der kommunistischen Bodenreform in der ehemaligen Sowjetischen Besatzungszone/DDR, DtZ 1991, S.385; Kahlke, Abwicklung der Bodenreform, NJ 1992, S.481.

(15) その基本法上の諸問題については，vgl. Spies, Die „Wiedervereignung" Deutschlands nach den Grundgesetz, JA 1990, S.156; Klein, Der Einigungsvertrag—Verfassungsprobleme und -aufträge —, DÖV (Die öffentliche Verwaltung), 1991, S. 569.

(16) 統一条約は，1990年9月23日法律によって（BGBl.II, S.885），国内的にも承認された（判決①95頁）。

(17) 統一条約18条2項参照。旧東ドイツによってされた刑事裁判は，原則として統一後も効力を失わないが（同条1項），その破棄を求めることが可能になった。また，同条約17条では，政治的意図による刑事手続の犠牲者，あるいは法治国家および憲法的手続に反する裁判の犠牲者は，そこからの回復請求が可能になったのである（vgl. Schulze-Fielitz, DVBl. 1991, S.893 (S.902ff.)）。

(18) これに関連して，旧東ドイツ刑事訴訟法（Strafprozeßordnung der DDR, v.14.12. 1988）の一部は，統一条約の規定によって効力が存続するものとされた（311条，312条，314条ないし327条。再審に関する諸規定である）。

(19) 判決①127頁（後述第4章1参照），Fieberg und Reichenbach, ①,S.XIV; ② S.321 -322.

なお，財産問題は，従来，東西ドイツの間でも，まったく手がつけられていなかった。1972年12月12日の東西ドイツの基本条約（Grundlagenvertrag mit der DDR）においても，「財産問題への法的立場の相違により，条約で扱うことはできない」とされた（Fieberg und Reichenbach, ②, S.321）。

(20) Turner, Eigentumsrechtliche Sonderregelungen auf dem Gebiet der ehemaligen DDR, DB 1990, S.3150. 所有者は，これに対して，利用権が不利益を与えるときには，その消滅または変更を請求することができるが，そのさいには，利用権者の損害との考量がなされなければならない。

(21) なお，10条以下（債権債務に関する規定）は，省略するが，これを具体化する法律として，vgl. Verordnung über die Tilgung der Anteilrechte von Inhabern mit Wohnsitz außerhalb der Deutschen Demokratischen Republik an der Altguthaben-Ablösungs-Anleihe, v.17.6.1990 (GBl.I, S.543), Durchführungsbestimmung zur Verordnung über die Tilgung der Anteilrechte von Inhabern mit Wohnsitz außerhalb der Deutschen Demokratischen Republik an der Altguthaben-Ablösungs-anleihe, v. 20.6.1990 (GBl.I, S.906). すなわち，東ドイツ外の居住者への旧債権への配当請求を制限する法律が廃止されたのである。

(22) Armbrüster, a.a.O. (JR 1991), S.145.

3　返還申請法―返還申請の期間制限

(1)　財産権返還に関するこれらの原則と指針の基礎のうえにできた法律が，①1990年7月11日の返還申請法（Verordnung über die Anmeldung vermögensrechtlicher Ansprüche），および，②同年9月23日の財産法（Gesetz zur Regelung offener Vermögensfragen（Vermögensgesetz））である。両者は，統一後，10月11日に，連邦法として再公布され（BGBl.I, S.2162），また，統一条約（付則II, Kapitel III, Sachgebiet B, Abschnitt I Nr.3 und 5）によって，連邦地域法としての地位を保っている（BGBl.1990 II, S.889, S.1169）。また，③同年9月23日の投資法（Gesetz über besondere Investitionen in der Deutschen Demokratischen Republik）は，統一条約25条で存続することになった（および付則II, Kapitel III, Sachgebiet B, Abschnitt I Nr.4; BGBl.II, S.889, S.1157）。

このうち，②財産法，③投資法の詳細については，その運用は，主として統一後であり，また法文の改廃も行われているので，返還申請法で言及する場合を除いて，第3章で検討することにしたい。また，返還申請法の内容は，大部分財産法と重複しているので，以下第2章3では，財産法にはない，返還期限の規定を中心に検討するにとどめることにする。

(2)(ｱ)　1990年7月11日の返還申請法[1]によれば，1条(1)所定の東ドイツの法律（該当する法律は，1952年から1968年までの8つの法律，規則である）によって，収用されまたは国家的あるいは信託的に管理をうけるにいたった財産につき，旧所有者は返還請求ができるものとしている。また，1条(2)(a)は，1933年1月30日から1945年5月8日までに（すなわち，ナチスの政権期間に），人種的，政治的，宗教的理由または世界観を理由として財産を失った者の返還を認めるものである。1条(2)(b)は，法治国家的な刑事手続に反して財産を収用された者に返還請求を認めるものである[2]。

なお，ナチスによる収用をも対象とするのは，前述したように，ナチスの財産が収用されて人民所有とされているから，たんに人民所有を排除するだけでは実質的な救済にはたりない場合があるからであり，形式的には，ナチスの財産の回復ではないことを示すためでもある（なお，これらの点に関し，

第2次財産法改正による修正がある。後述第3章1(2)(ア)参照）。

(イ)　返還のための申請は，1990年7月15日から遅くとも1990年10月13日までにしなければならない（なお，10月13日は土曜日のため，期限は10月15日の月曜日とされる)[3]。また，1条(2)の(a)(b)の場合には，返還申請の期限は，1991年3月31日とされる（3条）。

　返還申請法3条所定の申請期間の意義は，同法自体からは明らかではない[4]。後述する財産法が参照される必要がある。もともと，とくに共同宣言においては，返還申請法の申請期限は，期間を限定する趣旨であった（Ausschlußfrist）。そこで，返還申請法5条では，返還申請期間を帰責事由なくして徒過した場合の救済を，法律で規定するとしているのである。

　しかし，財産法の制定の過程で，申請期間を制限期間としないこととされた。すなわち，ドイツ連邦共和国の従前の戦争損害賠償法（Kriegsfolgen- und Kriegsschädengesetz）にあわせると，ここでも申請に制限を設けないとすることがより適切である[5]。そこで，財産法30条によれば，返還請求権は，無期限に行使することができる，とされた。また，返還申請法による申請（die Anmeldung）は，財産法上の所有権返還または国家管理の廃止の申請（der Antrag）とみなされる（財産法30条2文）。逆に，財産法30条の申請も，返還申請法の申請とみなされる（返還申請法2条3項）。両者の申請を同一視するのは，返還の法律関係を簡潔にするためである。そこで，返還申請法における期間についての制限期間としての意味は失われた。

　なお，この点に関して，1992年の第2次の財産法の改正において，新たな制限規定が設けられた（30 a条。すなわち，返還の申請は1992年12月31日以後できないとされたのである。後述第3章3(3)参照）。

(ウ)　しかし，申請期間には，返還請求にさらされる形式的処分権者の保護として（財産法3条3項，11条2項2号，15条3項。すなわち，申請がないと有効な処分が可能となる），また財産の取引可能性を保障するものとして，さらに，不明確な所有権関係を確定するものとして，まったく意義がないわけではなかった。期間経過後の申請も可能ではあるが，申請者は，その間に行われる処分の危険をおわなければならないとされるからである[6]。

　すなわち，旧所有者から，返還申請法の申請または財産法30条の申請がされると，現在の形式的処分権者は，物権的な法律行為をしたり，長期の債権

法的義務を引受けたりすることができなくなる。たんに緊急的事務処理のみが可能となるのである（財産法 3 条 3 項，15 条 2 項，3 項）。しかし，申請がなされないと，形式的処分権者は，原則として，当該の財産の処分を許される（財産法 3 条 4 項，11 条 2 項）。つまり，売買，長期の賃貸借をしても，その法律行為は有効となるのである。申請が遅れてもおよそ行われれば，形式的処分権者は，処分を制限されることになるが，それまでになされた処分には影響をおよぼさない。この場合には，金銭補償が行われることになる[7]。

　この処分権の制限は，絶対的禁止ではなく，債権法的な義務を，処分権者と旧所有者の間で形成するにすぎない。申請があるのに行われた法律行為は，第三者に対しては有効である。これは，法的取引の保護と投資の促進（der Schutz des Rechtsverkehrs und damit die Förderung der Investitionsbereitschaft der Wirtschaft）を保障するものである。ただし，学説の中には，処分権の制限をもっと物権的な効果を伴うものとする構成もある[8]。

　そこで，申請期間の徒過自体は，直接に権利の喪失をもたらすものではなく，旧所有者を排除するものでもない。したがって，同人は，いつでも財産的請求権について申請することができるのである。

　もっとも，債権的な構成をした場合でも，形式的処分権者が財産を処分したときには，旧所有者の権利の喪失が生じる。たとえ申請があった場合でも，処分行為の有効性は妨げられない。そこで，法は，旧所有者の保護のために，形式的処分権者の注意義務に関する特別の要求をしている。すなわち，処分の前に，申請のないことを確認することである（財産法 3 条 5 項，11 条 3 項）。この注意義務の違反は，損害賠償ないし国家賠償上の請求権を発生させる[9]。

　(3)　同法施行後の旧東ドイツの諸州では，返還の申請が殺到することによって，行政はいちじるしい困難に直面した[10]。統一後には，連邦と旧西ドイツ諸州の，技術的および人的援助はあったが，申請を正しく登録し，関係者に通知することが不可能となった[11]。

　そして，申請があっても，管轄の官庁が正しく把握していないことをも考慮にいれなければならなくなったのである。そこで，財産法 3 条 3 項，11 条 2 項，15 条 2 項の処分の制限は，さしあたりはまだ存続し，3 条 3 項，11 条 2 項，15 条 2 項の形式的処分権者による法的行為はできなくなったと解された。なぜなら，処分の制限は，申請期間の経過した時点で，申請がないとき

にはじめてなくなるのであるから，これが不能な場合には，制限の解けることもないのである。そして，連邦司法省は，1990年10月に，1990年10月13日の申請期限が経過しても（財産法3条3項，15条2項所定の処分は可能になるが），処分などの法律行為に着手しないよう信託公社など形式的処分権者に勧告した⑿。

(4)(ア)　統一と人民所有権の私有化によって，旧東ドイツ地域には，従来とまったく異なった土地所有権概念が導入された。返還請求へのおそれと同時に，土地の高い価値の増大への期待も生じた。そこで，多くの「早く買っておく」(Schnellkäufen) 動きが，とくに1990年3月以後（この日から人民所有権を個人的に取得することができるようになった）生じた。従来なかったような数千の売買契約が行われ，公証人，測量士，登記官は，短期間に処理しえないような事務に直面した⒀。

東ドイツとの協定では，このような売買は任意の売買とはいっても，未解決の財産問題の社会的に相当な処理という点では，保護に値いしないとされた。そこで，共同宣言では，土地・建物の譲渡で，かつての所有権の所在が不明でありながら，1989年10月18日以後なされたものは，再検討することとされている（13条(d)）。これはさらに，財産法4条2項2にも明示されている。このあとには，「善意取得」（その意義については，財産法に関して後述する）はできないのである⒁。

(イ)　返還請求権を保障するために，返還申請法は，土地取引法 (Verordnung über den Verkehr mit Grundstücken, v.15.12.1977) の認可手続の中に拒絶・除外事由 (Versagungs- und Aussetzungsgründe) をおいた（6条）。旧東ドイツの土地取引においては，取引者には，認可が義務づけられていたが，これが，統一後にも引き継がれるからである（民法典施行法233―3条（= Artikel 233 §3）4項）⒂。

また，認可手続の再度の検討 (Wiederaufgreifen des Genehmigungsverfahrens) も定められた（7条）。すなわち，1989年10月18日後の法律行為で，すでに土地取引の認可が与えられているものについても，6条の認可拒絶事由を考慮すると認可されない事例には，再検討がなされるのである。そこで，土地取引法は，この規定との関係で存続するものとされる。

返還申請法6条1項によると，国家的強制管理から生じた売買の場合には，

所有者の合意がなければ，認可は拒絶される(16)。

人民所有権または個人所有権の売買の場合には，認可手続は，当該の土地・建物が未解決の財産問題に当たらないということが解明されるまで，中止される（6条2項，1，2文）。6条2項3文によると，権利者が合意し，または相当する申請期間内に申請がない場合には，認可がなされる。しかし，申請が申請期間後に，すなわち遅滞して行われても，およそ申請されたかぎり認可は行われえない(17)。

取引がされて土地登記簿への登記もすでになされたが，申請者が旧所有権を証明し，取引が1989年10月18日以後行われていた場合には，認可機関は，土地登記簿の正当性への異議を職権で登記しなければならない（7条4項）。不動産の取引者に警告を与えるためである。予告登記の趣旨である。

4　信　託　法

(1)　関連する法律としては，7月17日に出された，信託法＝人民所有の財産の私有化と再構成に関する法律（Gesetz zur Privatisierung und Reorganisation des volkseigenen Vermögens (GBl.I, S.300)）がある(18)。これは，私有化の過程で，財産権の主体となるべき機関を定めたものである。本法は，統一条約25条の規定によって，統一後も効力を存続することとされた（なお，1991年3月22日に改正，BGBl.I, S.766）。

また，前述した1990年3月の諸法（第2章1(2)参照。私企業の設立と活動に関する法律，営業法，人民所有のコンビナート，営業および組織の株式会社への転換に関する法律，あるいは手工業者の自由な結合団体に関する法律など）による人民所有の形態の経済的団体（Wirtschaftseinheiten）の株式会社への転換が遅滞することから，信託法11条は，これを法定の効果として定めた。すなわち，1990年7月1日をもって，それらの経済的団体は，株式会社に転換されるとされた。

旧東ドイツ時代の人民所有権ならびに国有財産は，信託公社のもとにおかれ，私有財産化するものは，順次処分されることになった。たとえば，1992年4月には，旧国有企業の造船公社が分割され，スウェーデンの会社に売却された例がある。

(2)　人民所有の財産は私有化され，公共用財産として必要なものは，市町

村，都市，州などの所有とされる（1条1項）。国，郵政財産，国鉄，水運，公道その他の国の企業，市町村，都市，州などの所有に属する人民所有の財産には，これを適用しない（同条5項）。

信託法2条以下は，信託公社の目的，機関，管理に関する規定である。信託公社（die Treuhandanstalt）は，公法上の機関であり，人民財産の私有化と管理を，社会的市場経済の原則にしたがって行う（2条1項）[19]。さらに，信託公社の理事（3条），管理委員会（4条），収益（5条），決算・報告書（6条），信託株式会社（Treuhand-Aktiengesellschaften）に関する規定（7条ないし10条）などがある。信託公社は，信託株式会社を設立することによっても，私有化というその任務を実現することができるのである（7条1項）。

さらに，11条以下は，前述した，コンビナート，工場，施設，その他の法律的に独立した経済的団体（Wirtschaftseinheiten）（1条4項）を株式会社に変更する規定である（24条まで）。この場合には，信託公社は，人民所有の経済的団体から変更によってできた株式会社の株の所有者となる（1条4項）。

(3) 信託法は，1990年8月以降，いくつかの施行規則によって補充されている。

8月15日の第1次規則（Erste Durchführungsverordnung zum Treuhandgesetz）は，信託株式会社に関する補充規定であり，8月22日の第2次規則（Zweite Durchführungsverordnung zum Treuhandgesetz）は，軍事施設としての特別な不動産の私有化に関するものである。8月29日の第3次規則（Dritte Durchführungsverordnung zum Treuhandgesetz）では，信託公社は，人民所有の農場，国有の林業企業，人民所有の内陸漁業，人民所有の種馬場，育馬業，競馬業，人民所有の動物の飼育に関する企業などの財産を，暫定的な信託的管理のために移転することとされた。9月12日の第4次規則（Vierte Durchführungsverordnung zum Treuhandgesetz）は，旧東ドイツの秘密警察（Stasi, Ministerium für Staatssicherheit des Amtes für Nationale Sicherheit）の財産の私有化に関するものである。9月12日の第5次規則（Fünfte Durchführungsverordnung zum Treuhandgesetz）は，コンビナート，工場，施設，その他の法律的に独立した経済的団体に関するものであるが，1990年6月30日に，営業に必要な土地をおもに使用契約によっていた経済的

団体も，信託法11条2項の団体とみなされるとする（2条1項）。また，経済的団体によってかつ無期限の使用契約によって管理されていた人民所有の土地は，使用契約に記された範囲で分割されたものとみなされる（同条2項）。これらは，信託公社自体の行う信託から独立した信託とされるのである。

　これらの法律，共同宣言は，いずれも統一条約によって，（西）ドイツ連邦法として追認されている[20]。

　(4)　また，統一後の，1990年3月以降，障害除去法によって（後述第3章2(1)参照），いくつかの修正が加えられている。第1は，新たな分割に関する法律である。信託公社の企業は，従来の人民所有から有限責任会社あるいは株式会社へと転換されたが，その機能的な運営や，新たな投資者に売却するには大きすぎるものが多かった。そのための分割は，現行の連邦法によっては複雑すぎるので，簡便な措置が求められたのである。しかし，この適用があるのは，信託公社のもとにある企業に限られる[21]。

　第2に，信託公社は，信託株式会社を設立することによって，私有化の目的を達成できるとされているが，これは株式会社の形態ではあっても，その株式は譲渡できず，定款は，信託公社の理事会によって認可をうけるなど（7条2項），実質は「ミニ信託公社」と異ならない[22]。実務上，あまり意義がないとされ，それほど活用されなかった。そこで，信託株式会社の設立は，もはや奨励されないこととされた[23]。

　(5)　さらに，1992年7月の第2次財産法改正にともなう改正によって（Zweites Vermögensrechtsänderungsgesetz，後述第3章3参照），信託公社と信託公社が株式を有する企業との関係が整理された。従来から，信託公社は，コンツェルンの支配的企業（herrschendes Unternehmen eines Konzerns）とみなされるべきかの問題，および信託公社がその企業に与える信用は資本償還的な消費貸借（kapitalersetzendes Gesellschafterdarlehen）とみなされるべきかとの問題があった。

　財産法改正法11－5条2項は，株式会社法施行法に新たな28a条を加えた。すなわち，株式会社法の支配会社に関する規定は，原則として信託公社には適用されないのである[24]。また，財産法改正法11－6条2項は，貸借対照表法（DM-BilanzG）にも変更を加えた（56d条）。有限会社法（GmbHG）32a

第1篇　東ドイツ地域における不動産所有権の返還問題

条，32 b 条は，統一条約25条 7 項の信用，および信託公社が企業に与えた信用には適用されないのである[25]。信託公社の公的性格が強調されたものである。

〔信託公社は，1994年までの間に所有する財産を私有化し，解散した。ほぼ 5 年の間に，約 1 万4000の国有企業を民営化し，4000以上を閉鎖したのである。残存する任務は，連邦の公社に引き継がれ（BVS ＝ Bundesanstalt für vereinigungsbedingte Sonderaufgabern），さらに民営化された。とくに不動産の処理作業は，民営企業により遂行される（BVVG ＝ Bodenverwertungs- und -verwaltungs GmbH＝不動産利用管理会社，TLG ＝ Treuhand Liegenschaftsgesellschaft GmbH，＝土地信託会社，およびその他の公法的な法人（öffentlichrechtlichen Körperschaften））。これらにつき，本書第 1 部 3 篇，4 篇参照。〕

(1)　返還申請法はわずか 9 条の法律であり，その構成は，返還の対象（1 条），返還申請者やその方式（2 条），申請の期間（3 条），申請のさいの権利の証明（4 条，5 条），土地取引の認可に関する法律との関係規定（6 条，7 条，8 条），公布規定（9 条）となっている。これについての解説も多い。Verordnung über die Anmeldungsverordnung, DB 1990, S.3097; Dornberger, Das Gesetz zur Regelung offener Vermögensfragen und das Gesetz über besondere Investitionen, DB 1990, S.3154.
　本法の対象とされる旧東ドイツ時代の法律は，

　　(a) Verordnung zur Sicherung von Vermögenswerten vom 17.Juli 1952 (GBl. Nr.100 S.615) und vom 4.September 1952 (VOBl. für Groß-Berlin Teil I S.458),

　　(b) Erste Durchführungsanweisung zur Verordnung zur Sicherung von Vermögenswerten vom 8.September 1952 (VOBl.für Groß-Berlin Teil I S.459),

　　(c) Anordnung Nr.2 vom 20. August 1958 über die Behandlung des Vermögens von Personen, die die Deutsche Demokratische Republik nach dem 10.Juni 1953 verlassen (GBl.I, Nr.57 S.664),

　　(d) Anordnung Nr.2 vom 3. Oktober 1958 über die Behandlung des Vermögens von Personen, die die Deutsche Demokratische Republik nach dem 10.Juni 1953 verlassen (VOBl. für Groß-Berlin Teil I S.673),

　　(e) Verordnung vom 11.Dezember 1968 über die Rechte und Pflichten des Verwalters des Vermögens von Eigentümern, die die Deutsche Demokratische Republik ungesetzlich verlassen haben, gegenüber Gläubigern in der Deutschen Demokratischen Republik (GBl.II, 1969 Nr.1 S.1),

　　(f) Verordnung vom 6. September 1951 über die Verwaltung und den Schutz ausländischen Eigentums in der Deutschen Demokratischen Republik (GBl.Nr. 111 S,839),

第2章　統一までの諸改革（1990年10月以前）

　(g) Verordnung vom 18. Dezember 1951 über die Verwaltung und den Schutz ausländischen Eigentums in Groß-Berlin（VOBl. für Groß-Berlin Teil I Nr.80 S. 565），

　(h) Verordnung vom 20. März 1952 über devastierte landwirtschaftliche Betriebe（GBl.Nr.38 S.226），

　(i) および，これらの法律のために発せられた命令（sowie zu diesen Rechtsvorschriften erlassene Anweisungen）。

　このうち，(a)(b)(c)(d)(e)は，東ドイツにいない者または逃亡した者の財産収用に関する法律であり，(f)(g)は，外国人の所有権制限によるものである。

(2)　1条(2)の理由による財産の返還は，申請が連邦法によって可能となった修正による（1990年10月5日，BGBl.I, S.2150）。Vgl. Aufzeichnung zum Ablauf der Anmeldefrist für die Anmeldung vermögensrechtlicher Ansprüche am 13.10.1990（24. 10. 1990），〔財産法的請求権の申請のための申請期間の徒過に関する要綱，以下，「申請期間の徒過に関する要綱」という〕Nr.1.

(3)　「申請期間の徒過に関する要綱」Nr.1.

(4)　「申請期間の徒過に関する要綱」が，これを詳細に説明している。Vgl.Fieberg und Reichenbach, ②, S.324.

(5)　Fieberg und Reichenbach, ①, S.XVII, ②, S.324; Espey und Jaenecke, Restitutionsansprüche gegen Erwerber von Treuhandunternehmen? BB 1991, S.1442.

(6)　Fieberg und Reichenbach, ①, S.XVII-XVIII, ②, S.324; Maskow & Hoffmann, a.a.O., S.3.

(7)　「申請期間の徒過に関する要綱」Nr.2.a)。なお，「作業指針②」（後注10参照）C 参照。Fieberg und Reichenbach, ②, S.324.

(8)　「申請期間の徒過に関する要綱」Nr.2.b)。これは，連邦議会における立法理由による。すなわち，「〔所有者との〕内部的関係に反する〔処分権者の処分制限に対する違反の法律行為でも〕，第三者〔取得者〕に対しては有効である。もっとも，処分権者は，それによる損害賠償ないし国家賠償法上の義務をおう。この構成は，法的取引の保護と経済上の投資の促進を意図しているのである」(Espey und Jaenecke, a.a. O., S.1442)。

　もっとも，本文で示した解釈は一般的な構成であり，反対もある。処分権の制限をもっと物権的なものと構成する見解である。Horn, Das Zivil- und Wirtschaftsrecht im neuen Bundesgebiet, 1991, S.242. は，処分の債権的な制限の結果，物権的な処分の効果には影響はないが，返還請求権をもって申請をした「準物権的な効果」(quasi-dingliche Wirkung)の結果，返還請求権は消滅せず，取得者を追求する，とする。このような解釈の相違は，返還を重視する立場と，返還を制限することがあっても投資を安定させようとする立場とを反映している。

　しかし，Espey und Jaenecke, a.a.O., S.1443. は，これに反対する。立法理由と通説の解釈では処分の物権的効力を認めた意義が没却されることとを理由とする。また，通説は，制限に違反して処分されたときに，返還請求権者からの損害賠償請求を認め

るが，なお追求が可能なら損害も生じないはずで，追求を許しながら損害賠償請求をも認めることは矛盾だとする（Espey und Jaenecke, a.a.O., S.1443.）。モデルとなっているのは，物権的請求権である。しかし，このような解釈は，取得者の地位を不安定にすることから，必ずしも評価されていない。

(9) 「申請期間の徒過に関する要綱」Nr.2.c)。もっとも，この注意義務は，形式的処分権者が，行政上および郵便上の要件（die administrativen und postalischen Rahmenbedingungen）によって申請の存否を確認すればたりる（Ib., Nr.3.）。

(10) Fieberg und Reichenbach, ①, S.XVIII; Dornberger, a.a.O. (DB 1990), S.3157. 統一後の，10月24日，ドイツ連邦政府は，申請法によって申請された財産法的請求権の取扱に関する司法省の作業指針（Arbeitsanleitung des Bundesjustizministeriums zur Bearbeitung der nach der Anmeldeverordnung angemeldeten vermögensrechtlichen Ansprüche, v. 24.10.1990. 以下，「作業指針②」という）を出した。これは，A序，B　作業指針　Ⅰ総論，Ⅱ手続，C　形式的処分権者にとっての申請期間の徒過の意義について，の3部からなる。

(11) 「申請期間の徒過に関する要綱」Nr.3.; vgl. Fieberg und Reichenbach, ②, S.324.

(12) Fieberg und Reichenbach, ①, S.XVIII-XIX, ②, S.325.

(13) Ib.①, S.XIX, ②, S.325.

(14) Ib.①, S.XIX, ②, S.325.

(15) Turner, a.a.O. (DB 1990), S.3151; Fieberg und Reichenbach, ②, S.325 ; vgl. Leinemann, Grunderwerb und -veräußerung in den neuen Bundesländern, BB 1991, Beilage 8, Supplement Deutsche Einigung - Rechtsentwicklungen, Folge 20, S.10; Turner, Der rechtsgeschäftliche Erwerb von Grundstückseigentum in der DDR, DB 1990, S.3034 (S.3035); Horn, a.a.O., S.167.

(16) 旧東ドイツの民法典は，物権行為の独自性をとらなかったから，売買契約は，その場合に無効である（Fieberg und Reichenbach, ①, S.XX.）。

(17) 財産法3条の解釈による（Ib.S.XX.）。返還の原則である。

(18) 本法については，vgl. Weimar, Treuhandanstalt und Privatisierung, DB 1991, S. 373; Das Gesetz zum Privatisierung und Reorganisation des volkseigenen Vermögens, DB 1990, S.3122; Weimar, Treuhandanstalt und Treuhandgesetz, Recht der Internationalen Wirtschaft (Beilage 24 zu Heft 12/1990, Deutsche Einigungrechtsentwicklungen), S.17.

(19) これは，信託公社の定款法1条においても，確認されている（Satzung der Treuhandanstalt, v. 1990,7,18 (GBl. I, S.809)）。しかし，信託公社は，公法上の機関でありながら，同時に，信託株式会社，あるいは信託法によって株式会社になった経済的組織の株式を保有し，そこに理事その他の管理人を任命するなど，具体的な私的経済活動に関与することも期待されている（信託法16条1項）。これらの者の地位あるいは責任については，株式会社法および有限会社法の規定が適用される（同条2項）。また，これらの会社と信託公社の関係は必ずしも法的に明確なわけではない。そこで，株式会社法などの私法的規定の類推も必要となる（vgl. Weimar, Handlungsformen

und Haundlungsfelder der Treuhandanstalt— öffentlichrechtlich oder privatrechtlich? DÖV (Die öffentliche Verwaltung) 1991, S.813, (S.818ff.))。この場合に生じる問題を解決したのが，後述(4)(5)である。

(20) Vgl. Brunner, a.a.O. (JuS), S.355.
(21) Gesetz zur Beseitigung vom Hemmnissen bei der Privatisierung von Unternehmen und zur Förderung von Investitionen, DB 1991, S.485. 旧東ドイツの企業には複合的なものが多いので，企業分割の意義が大きい（第1章1の注6参照）。
(22) たとえば，信託株式会社の株式は，信託公社がもち，譲渡しえないし，その定款も，信託公社の管理理事会によって承認される（信託法7条2項）。
(23) Ib.DB 1991, S.486; Weimar, a.a.O., S.820.
(24) Dornberger, DB 1992, S.1621. すなわち，これによっては出資払戻禁止の原則は害されない。しかし，監査役会における労働者代表に関する規定は適用される。文献の詳細については，後述第3章3参照。
(25) Dornberger, DB 1992, S.1621; vgl. Weimar und Alfes, DB 1992, S.1225.

第3章 統一後の状況（1990年10月以降）

1 財産法の運用

(1) 統一後の一般的な出来事のおもなものとしては，1990年10月14日に，東ドイツ地域に再建された州議会の選挙と，12月2日に行われた，全ドイツの連邦議会選挙がある。コール首相のひきいるCDU・CSUが多数を占め（ゲンシャー外相の属するFDPと連立），ドイツ再統一の成果が評価された結果となった[1]。なお，ドイツ外の出来事であるが，統一に関連するものとして，1991年末のソ連邦の解体が重要事項である。

(2)(ア) この間の重要なこととしては，統一条約の規定によって，数多くの旧東ドイツ法が連邦法にとりいれられたことがある。とくに，前述の，9月23日の財産法 (Gesetz zur Regelung offener Vermögensfragen (Vermögensgesetz)) は，10月3日の統一以降，連邦法の一部を構成する (als partielles Bundesrecht) とされた。また，10月11日には，同じく前述の返還申請法 (Verordnung über die Anmeldung vermögensrechtlicher Ansprüche (BGBl.I, S.2162)) が連邦法として再公布された。すでにみたように，ともに統一前の東ドイツの時代にできた法律である。財産の返還という同一の目的の法律であるが，統一後の修正（1991年，1992年）は，財産法を中心としている。内

容的にも，財産法は返還申請法に比してはるかに規定が豊富であり，統一後の財産返還の問題は，これによることが予定されている。

なお，財産法は，1992年7月にも全面的に改正されており（第2次改正），そこで論点となったものについてはまとめて検討する必要があるので，おもに後述3で扱う。

(イ) 前述の返還申請法と同じく，財産法による返還の対象も，3つの場合に区別される(2)。返還申請法が，列挙された8つの法律による財産移転からの回復を目的とするのに対し，包括的な規定である点が異なる。

①第1は，旧東ドイツによって収用され，人民所有とされた財産を対象とする（1条1項ないし5項）。旧東ドイツ法によって賠償が与えられていないか，またはいちじるしくわずかな補償しか与えられていない場合を対象としている（1条1項(a)(b)）。すでに賠償されている場合には，権利は発生しない。国家による強制管理人によって第三者に譲渡された場合を含む（1条1項(c)）。旧東ドイツの1972年2月9日の閣僚評議会の決定や法律によって人民所有とされた場合も同様である（1条1項(d)）。また，費用をカバーしない賃貸借を基礎として建物の建てられた土地（1条2項），およびその他の財産と利用権（1条3項）に対する請求権にも適用される。②第2は，1933年1月30日から1945年5月8日までの，すなわちナチスによる人種的，政治的，宗教的または世界観上の理由（aus rassischen, politischen, religiösen oder weltanschaulichen Gründen）にもとづいてされた収用である（1条6項）。③第3に，反法治国家的な，刑事的・秩序罰的・行政的判決の破毀によって生じる（Aufhebung rechtsstaatswidriger straf-, ordnungsstraf- oder verwaltungsrechtlicher Entscheidungen）財産の返還を対象とする（1条7項）。

これらの方法によって，人民所有とされまたは第三者に移転した財産は，権利者の申請によって返還されるのである（3条1項）。なお，この返還請求権は，譲渡したり，質または抵当にいれることができる。権利の売買を可能にするために，第1回の財産法改正でいれられたものである（3条1項2文）。財産権的性格を明らかにするためでもある。しかし，たんに返還の申請によって生じる拘束状態（後述）や煩雑な手続を回避するために譲渡することが行われた。そこで，濫用的な譲渡を防止するために，第2回の財産法など関係法規の改正法では，譲渡可能性は否定されなかったものの，その経

済的利益をあまり大きくしないようにする変更が行われた。すなわち、譲渡は、無条件でかつ公正証書によってのみ行われるのである。改正法の公布後3ヵ月内に管轄の官庁に通知されないかぎり、この規定は、それ以前に譲渡されたものにも適用される（第2次改正法14条1項1文）。さもないと、譲渡は効力を失う[3]。

　しかし、財産法による返還は、ソ連による占領法規による財産の収用には適用されない（1条8項）。前述の共同宣言の趣旨によるものであり、返還申請法の場合と同様である。なお、ナチスによる被迫害者に関しては、第2次財産法改正によって例外が設けられた。すなわち、ナチスによって財産を収用された場合には、財産法によって返還請求が可能であるが（6条1項）、そのあともう1度占領軍によって収用されたとしても、その返還請求権は消滅しないのである（同条2項）[4]。返還がナチスのためではないこと、およびナチスの被害からの救済を明確にしたものである。

　なお、返還の申請があると、現在の処分権者は、財産の保存・管理を除きその処分ができなくなり（3条3項）、逆に申請がないと有効に処分でき（同条4項）、処分権者は、処分の前に、申請のないことを確認しなければならない（同条5項）などの効果については、返還申請法に関連して、前述した（第2章3(2)参照）[5]。

　㈦　返還の対象となる不動産が収用あるいは国家管理にされたあと第三者に譲渡された場合が、相当数ある。また、多くの場合に、物権的な利用権の負担をうけたり、さらには、債権的な利用権が付されたこともある[6]。この場合には、そのような権利を「善意で」（in redlicher Weise）取得した者を保護しなければならない。第三者の利益は、物権的権利たると（4条2項、3項）、債権的権利たると保護されなければならない（17条2文）。

　ここで問題となるのは、不動産への所有権あるいは利用権を取得したさいの「善意性」の内容である（旧東ドイツ民法典27条、28条参照）[7]。共同宣言を出すにあたっても、「善意で」の概念は、„in redlicher Weise" であって、„in gutem Glauben" ではないとされた（共同宣言3条(b)参照）。というのは、ここでは、ドイツ民法典の善意者保護の概念は、そのままでは適用されえないからである。不動産の譲渡人の所有権への信頼（der guten Glauben）は、たとえば、西側への逃亡者の財産が人民所有にされるといった場合には、問題

にならないのである。買主は，国家から取得し，これが他人の所有権に属したことを知っているから，これでは保護されえないからである[8]。

ここで善意として保護されるのは，旧東ドイツの形式的法律状態にしたがって行為した者を広く対象とする。4条2項がこれを規定している。しかし，1989年10月18日以後に締結された法律行為には，適用されない（同項2文）。また，保護されるのは，自然人と宗教団体，または公益法人だけである[9]。なお，この日時および主体の制限は，財産法の第2次改正で若干修正された（後述3(1)，(4)参照）。

4条3項は，善意でない（als unredlich）権利の取得についても規定している。(a)取得の時点で，東ドイツで適用される一般的法規，手続原則および正当な行政実務に反し，かつ取得者がこれを知りまたは知りうべき場合，(b)取得者が，取得の時期または条件あるいは取得の目的物の選択について，汚職または人的な力の行使によって影響を与えた場合，(c)取得者自身または第三者によってなされた強制状態あるいは旧所有者の思い違いを，取得者が利用した場合である。

㈣　旧権利者への権利の返還が財産法の原則であるが，4条1項によれば，所有権あるいはその他の権利が返還されえない場合が定められている。これが，事物の性質上（von der Natur der Sache her）返還できない場合である。

4条1項の内容は，やや抽象的であるが，5条は，これを具体化する規定をおいている。すなわち，土地または建物の所有権の返還は，とくに，以下の諸場合にできなくなる，とする。(a)いちじるしい費用をかけた建物によって利用形態が変更されこのような利用に公共の利益がある場合，(b)共同利用に供されている場合，(c)複雑な住宅建築または集合住宅に利用されている場合，(d)営業的利用に組み込まれ，または企業的統一体に組み込まれ，かつ企業へのいちじるしい影響なしには返還できない場合である。この1項の(a)(b)の場合には，基準とされるべき状態は，1990年9月29日に事実上存在しなければならず（同条2項），さもなければ，返還請求権は排除されない（本条の解釈に関して，判決②。後述第4章2参照）。

また，企業（Unternehmen）の返還は，営業が中止され（eingestellt），理性ある商人の判断によると（nach vernünftiger kaufmännischer Beurteilung），営業の再開（Wiederaufnahme des Geschäftsbetriebs）の可能性がない場合に

は，なしえない（4条1項2文）。そして，企業の返還は，企業が1990年以後の（つまり自由化後の）いくつかの法律によって譲渡されたときにも，なしえない[10]。

さらに，財産権が，所有権の放棄や贈与によって人民所有となった場合にも，返還や補償のよちはない（9条1項）。

(オ) 財産法による権利の返還の原則（Rückgabe vor Entschädigung, 3条1項ないし5項）には，投資のための優先権の規定の例外がある（旧3条6項ないし8項，3a条）。これは，内容的には，後述2の旧投資法あるいは1992年の改正後の投資優先法に関連するものである。旧投資法は，旧東ドイツ地域における経済的安定に対する一般的利益という観点から，投資計画に財産返還請求権に対する優先権を与えたものである。詳細およびその規定の変遷については，後述する。

(カ) 個人所有権に対する国家管理（staatliche Verwaltung）は，1992年の第2次の財産法改正法までは，権利者の申請と管轄官庁の決定によって廃止されることになっていたが（11条1項），改正法によれば，申請なしに，1992年12月31日までに当然に廃止されることとされた（後述第3章3参照）。

(キ) 財産法22条以下の機関と手続に関する規定は，未解決の財産問題の管理にあたる行政手続を定めたものである。これには，旧東ドイツの5州とベルリンの当局があたる（22条，23条）。もっとも，州は再建されたばかりのため，その下部機構の整備されるまで，地方長官（Landratsamt），または従来の県の行政機構がこれを代行するとの経過措置がとられている（28条）。また，財産法の統一的遂行を補助するために，連邦の機構が創設される（29条）[11]。さらに，30条は，財産返還の申請の期限がないとする規定であるが，これについては，すでに，返還申請法の申請期限の意義に関連してふれたので，省略する（前述第2章3(2)参照）[12]。

(ク) 同32条以下は，返還の決定，効果に関する規定である。管轄の官庁は，申請者に，申請に対する決定を書面で通知し，1月以内に（第2次改正法では2週間以内に）意見の決定をする機会を与えなければならない（32条1項）。この決定がなされるまでは，申請者は，財産の返還の代わりに，補償を選択することができる（同条2項。9条1項参照）。

所有権または物権の返還に関する決定の確定によって，権利は，権利者＝

旧所有者に移転する（34条1項）。所有権または物権の返還にあたっては，管轄官庁は，登記簿の更正を登記所に嘱託することができる（同条2項）。国家管理の廃止の場合には，管轄官庁は，国家管理に関する附記の抹消を嘱託することができる（同条4項）。これらの規定は，企業の返還にも準用される（同条5項）。

(ケ)　しかし，行政手続の官僚主義的傾向から諸手続が遅滞する傾向にあり，それは，たとえば，土地取引法（Grundstücksverkehrsverordnung）によって土地売買のさいに必要とされる認可（Genehmigung）手続にもみられる[13]。返還請求の申請がまったくなされないことが明白な場合にも，売主か買主が1932年12月31日まで遡って登記簿から完全な権利の証明ができないと認可されないことが，しばしばだといわれる[14]。また，この点に関し40年におよぶ社会主義的な行政実務の心理的影響が過少評価されるべきではない，とされる。すなわち，旧東ドイツの官庁は，法律を自己責任的かつ独立的に解釈し適用することに慣れていないからである[15]。そして，これもまた，投資への障害要因である。

(3)(ア)　財産法は，両ドイツの作業部会による準備作業にもとづいている。作業は短期間に行われ，いちじるしい時間不足のために，すべての問題を考慮することは困難であった。補償に関係する問題，とくにその算定と補償基金の財政問題は，未解決である。これらに関する内容的な規定はおかれていない[16]。ただ，9条が，金銭による補償は，事情により代替地によっても与えられるとし，22条も補償基金を予定する[17]。そして，33条は，賠償に関する手続について，特則をおくとするのみである。

また，国家管理にされ不利益的扱いをうけた金銭財産権（Geldvermögen）に対する補償規定（11条5項）も，未解決である。土地の負担の問題は，第2次財産法改正にもちこされた（18条3項）[18]。

財産法は，権利者＝旧所有者に，原状回復・国家管理の廃止か，補償によるかの選択を，原則として認めている（6条4項，8条1項，11条1項など。例外は，8条1項，10条2項など）。管轄の官庁は，申請者にこの可能性を教示し，機会を与えなければならない（32条1項）[19]。

(イ)　旧所有者への財産権の返還を原則とする本法の構成に対しては，それが投資の安定を害することから，いわゆる障害除去法（後述）による修正が，

第3章 統一後の状況（1990年10月以降）

その後加えられた。投資計画による投資の優先規定（旧3a条，3条6項ないし8項—いずれも第2次改正で廃止）や，企業の返還に関する特別規定（6条，6a条，6b条）などである。これらと，旧投資法が，財産権の返還の原則への重要な例外を作っており，これについては，旧投資法について言及する必要がある（後述(4)および2参照）[20]。なお，その後さらに，第2次財産法改正による修正が行われた（後述3参照）。

(4)(ア) ほかの関連する規定としては，以下がある。

10月12日には，土地登記簿の修正の促進のための規定（Allgemeine Verwaltungsvorschrift zur beschleunigten Bearbeitung von Grundbucheintragungsanträgen bei Vorliegen eines besonderen Investitionszweckes（Anordnung der Landesprecher in Brandenburg, Mecklenburg-Vorpommern, Sachsen, Sachsen-Anhalt und Thüringen））が定められた。

また，1990年10月24日には，返還申請法によって申請された財産法的請求権の取扱に関する連邦の作業指針（「作業指針②」）が出されている。これについても，返還申請の期限の性質に関連して，前述した（第2章3(2)参照）。

(イ) 1991年にはいると，障害除去法（Gesetz zur Beseitigung von Hemmnissen bei der Privatisierung von Unternehmen und zur Förderung von Investitionen vom 22.3.1991（BGBl. I, S.776）= Hemmnissebeseitigungsgesetz）によって，関連する諸法が修正された。①財産法（Gesetz zur Regelung offener Vermögensfragen（Vermögensgesetz）（BGBl.I, S.957）（BGBl.III-19）），②投資法，③信託法，④生産団体の創設，活動および変更に関する法律（Verordnung über die Gründung, Tätigkeit und Umwandlung von Produktionsgenossenschaften des Handwerks（BGBl.I, S.164）などである（ともに，BGBl.I, S.766）。⑤土地取引法（Verordnung über den Verkehr mit Grundstücken（BGBl.I, S.1000）（BGBl.III-20）），および，⑥ドイツ・マルクによる貸借対照表と資本の新規確定に関する法律（Gesetz über die Eröffnungsbilanz in Deutscher Mark und die Kapitalneufestsetzung（BGBl.I, S.971），さらに，1991年12月20日改正がある（BGBl.I, S.2290））も修正された。

また，①従来の人民所有の財産の割当の確認に関する法律（Gesetz über die Feststellung der Zuordnung von ehemals volkseigenem Vermögen（BGBl.I, S.766, S.784）（なお，後述する）），②信託公社に管理される企業の分割に関す

る法律（Gesetz über die Spaltung der von der Treuhandanstalt verwalteten Unternehmen (BGBl.I, S.854)）が出された。

これらは，おもに土地所有権を返還するという原則への疑問と，投資を促進する目的から行われた手直しである。これに関連して，6月13日には，企業の返還に関する財産法規則（Verordnung zum Vermögensgesetz über die Rückgabe von Unternehmen (BGBl.I, S.1542)）も制定された。これは，財産法9条にもとづき官庁の手続と管轄，返還の細則を定めるものである。そして，同法13条は，企業の返還に関する期限を設けた。すなわち，第1項によれば，1990年3月7日の私企業の設立と活動および企業参加に関する法律17条ないし19条による企業の返還に関する契約は，管轄の官庁の決定が1990年9月27日前になされ，転換の表示が1991年7月1日前に公証され，登記がなされるか，あるいはおそくとも1991年7月30日までに権利者に知らされたときには，履行されるべし，とする[21]。

　(5)　ところで，返還申請にあたっての具体的な問題は，どのようにして旧所有者の所有権を証明するかである。これに関する連邦憲法裁判所の判決が，1990年12月11日に出されている[22]。これは，後述する判決①（第4章1参照）の先決事項として，所有権の証明が争点とされたものである[23]。

その問題は，1945年から1949年になされた収用に対してその回復を求める場合において，もとの所有者にどのような証明を求めるかであった。所有者であること，およびその権利承継人，すなわち，相続人であることを証明しなければならない。しかし，これは，困難なことが多い。財産法31条によれば，管轄の官庁も事実を探究しなければならないが，申請者には協力義務が課されている[24]。

事件は，直接には1945年から1949年にソ連の占領軍によってなされた収用に関するものであるが，この時期のものがもっとも証明困難である。戦争中の登記簿の毀滅に加えて，占領軍の収用にさいしては，登記簿の破棄に関する命令が出された場合があり，登記簿が破棄されたりインクが塗られたりした場合もある。まったく所在が不明になったこともある。もっとも，たんにそれが閉鎖され，ラントや地域の公文書館，あるいはBarbyの登記簿文書館におかれたことも多い。いずれにせよ，文書による証明，とくに登記簿自体による証明は，しばしば困難なことがある。判決は，この点に関して，

第3章 統一後の状況（1990年10月以降）

「少なくとも高い蓋然性（wenigstens eine hohe Wahrscheinlichkeit）」による証明でたりるとした[25]。

　もっとも、課税台帳（Katasterunterlagen）は、たいてい完全に残っており、また、課税台帳と登記簿が一元化していないことから、登記官が財政当局（Reichsfinanzverwaltung）に送った登記抄本があり、それが古い所有関係に関する文書を含んでいることもある。さらに、担保の書類から遡ることもできるし、あるいは統計庁（Statistisches Reichsamt）の書類や、州の財政当局（Landesfinazverwaltung）の農場図、農地の住所録から推認できる場合もある[26]。

　〔ドイツの登記簿については、小野「ドイツにおける登記簿のコンピュータ化」【専門家】255頁以下参照。たとえば、東ドイツ地域のザクセン州では、東ドイツ時代の方式による登記簿が10万筆であるのに対し、旧ザクセン時代の方式による登記簿が35万筆、ライヒの統一方式の登記簿が15万筆残されていた。ちなみに、再統一後の新方式による登記簿は30万筆に登る。同287頁。この割合は、東ドイツの登記に対する姿勢をうかがわせるものであるが、占領当初とは異なり、登記簿の必要性がまったく否定されていたわけでもないのである。〕

(1) もっとも、1992年になると、コール政権の支持率は下がり、ＳＰＤ党首と比較する世論調査では、一時20パーセント台にまで落ち込んだ。なお、1992年5月、ゲンシャーは、18年間在職した外相の職を辞任し、後任には、同じくＦＤＰの司法相のキンケルが就任した。司法相には、ＦＤＰの女性大臣Sabine Leutheusser-Schnarrenberger が就任した。〔94年に彼女が辞任した後は、同じＦＤＰの Edzard Schmidt-Jortzig。さらに、1998年10月27日にＳＰＤ首班のシュレーダー政権への交替があり、女性大臣の Herta Däubler-Gmelin（1943-）が就任した。2002年10月の第２次シュレーダー政権の司法相は Brigitte Zypriei である。〕

(2) 財産法は、6部からなる。(1)適用範囲、法律上の概念規定（1—2条）、(2)財産の返還（3—10条）、(3)国家による強制管理の廃止（11—15条）、(4)第三者の権利（賃借人など）の存続（16—21条）、(5)機関に関する問題（22—29条）、(6)手続規定（30—38条）である。Vgl. Horn, a.a.O., S.234ff.

(3) Schmidt-Räntsch, NJ 1992, S.444; Dornberger, DB 1992, S.1618-19（なお、第2回の財産法改正については、後述3参照）. また、譲受人は、親類（Angehöriger）でなければ、投資に関する手続のなかで考慮されないとされた。これも、1992年7月2日までに管轄の官庁に通知されていないかぎり、以前の譲渡にも適用される（同改正法14条4項）。

53

(4) Vgl. Schmidt-Räntsch, DtZ 1992, S.314; Dornberger, DB 1992, S.1619. 第2次財産法改正に関する文献の詳細は，後述3参照。さらに，ユダヤ人については，特別規定がある（2条1項）。

(5) Vgl. Fieberg und Reichenbach, ③, S.1983; Vgl. Horn, a.a.O., S.240ff.
　たんに，財産法3条1項による返還請求権があるだけでは，土地登記簿の正当性に対する異議の登記を請求することはできない（ベルリン地裁1991年4月26日，LG Berlin, 1991,4,26; 7 W 1908/91,NJ 1991, S.7）。

(6) 週末の別荘（Wochenendhäuser）を建築したり，あるいは土地の委棄，引渡（Grundstücksüberlassungsverträge）をする利用権である（Fieberg und Reichenbach, ①, S.XXIII）。

(7) 旧東ドイツ民法典は，わが民法典と同様，不動産については公信の原則を認めなかった。それは，所有権者でない者は，所有権を移転しえないとし（27条），たんに個別の売買で（Einzelhandel）売買される動産（Sachen），金銭，無記名証券には，これを適用しない，としたにとどまる（28条1文。Vgl. Westen und Schleider, a.a.O., S.321）。その場合に，譲受人は，善意でなければならない（同条2文）。そこで，動産に対する公信力は肯定されている。
　なお，（西）ドイツ民法典（1900年）は，不動産についても公信の原則を認める（不動産について892条，893条。動産については善意取得に関する932条，質権については1207条参照）。さらに，物権行為の独自性（Abstraktionsprinzip）によっても，取得者が保護されるよちがある。

(8) Fieberg und Reichenbach, ①, S.XXIV, ②, S.327; vgl. Dronberger, a.a.O. (DB 1990), S.3157.

(9) Fieberg und Reichenbach, ②, S.327.

(10) 外国企業の投資目的のための法律あるいは企業の私有化のための信託法の規定による場合である（Maskow & Hoffmann, a.a.O., S.3）。

(11) Fieberg und Reichenbach, ①, S.XXVI; ②, S. 328.

(12) これに関して，連邦司法省は，1990年10月24日に，財産法的請求権の申請のための申請期限の徒過に関する要綱（Aufzeichnung zum Ablauf der Anmeldefrist für die Anmeldung vermögensrechtlicher Ansprüche am 13.Oktober 1990）を出した（前述「申請期限の徒過に関する要綱」，第2章3注2参照）。

(13) 東ドイツではこの認可が必要なことについては，前述第2章3(4)の注15の土地取引法参照。

(14) Dornberger, a.a.O. (DB 1991), S.897. すなわち，財産法によれば，1933年1月のナチスの政権獲得時までの所有権移転は，旧所有者の返還請求によってくつがえる可能性があるからである。

(15) Fieberg und Reichenbach, ①, S.XXVI, ②, S.328, ③, S.1977.

(16) Fieberg und Reichenbach, ①, S.XXI, ②, S.326. 未解決なのは，たんに時間的，技術的制約だけからではなく，補償をすべて税収入から行うかについて争いがあるからであり，政治的理由にもとづいてもいる。

第3章　統一後の状況（1990年10月以降）

⒄　Ib.S.XXI. 第2次改正法についても，Fieberg und Reichenbach, ④, S.XXI.
⒅　Ib.S.XXI,②, S.326. 後述第3章3参照。
⒆　Fieberg und Reichenbach, ②, S.326.
⒇　投資の不足が失業率に顕著に反映されているが，たとえば，1992年5月時期の失業率は，西ドイツ地域で，5.4パーセント，東ドイツ地域では，15.5パーセントでいぜん高率であった（前月には，15.7パーセント）。統一によって，製造業を中心として東ドイツ地域の基幹産業が大幅に崩壊したことから，失業問題が早期に解決する見通しはない。
(21)　公知の譲渡は，保護されるのである。また，登記裁判所（Registergericht）は，第1項によって履行されるべき権利の実行のために必要な登記を申立によって行う。権利者の財産法6条8項による再検討の権利（6条は，企業の返還に関する規定）は害されない。
(22)　1 BvR 1170,1174,1175/90, NJW 1991, S.349.
(23)　本件については，vgl. Zuck, Eigentumsnachweise in Ostdeutschland, MDR 1991, S.209.
(24)　Dornberger, DB 1990, S.3156.
(25)　BVerfGE a.a.O.（前注22参照）。
(26)　Zuck, a.a.O.（MDR）, S.210.

2　投資法，および障害除去法による修正（1991年4月）

(1)(ｱ)　さらに，重要なのは，東ドイツ地域への投資活動を促進するために，1991年4月22日に，旧投資法（Gesetz über besondere Investitionen in dem in Artikel 3 des Einigungsvertrages genannten Gebiet（BGBl. I, S.994）（BGBl. III-18））が修正されたことである。

　すなわち，旧東ドイツ地域における経済再建の困難は容易には克服されず，とくに，期待された投資が乏しいことから，返還を原則（Restitutionsprinzip）とする財産法（財産法3条。もっとも，これは1991年改正法だけでなく1992年改正法でも維持された）の解決そのものに，疑問が出された。そして，不動産と企業に迅速な取引可能性を与えるために，返還の原則に対する投資計画の優先権を認めようとする主張もなされていたのである[1]。その結果できたのが，前述の障害除去法（1(4)参照）にいれられた投資計画に関する規定である。

(ｲ)　障害除去法のなかで関係する部分は，財産法と旧投資法（後述(2)以下参照）および信託法の修正（第2章4参照）と，人民所有の財産の割当てに

関する法律（後述(5)参照）である⑵。

　財産法の修正は，財産法の原則に例外を設けるものである。このような財産法の「返還の原則」の規定に例外を設けることは，統一条約41条2項および共同宣言（前述）にもとづいている。すなわち，土地または建物が特別の投資目的のために必要とされるときには，その返還が免除されうるからである。しかし，返還の原則自体の修正には，いたらなかった⑶。

　返還への例外は，「投資」を契機とするものであり，もともと旧投資法にも，土地と建物を対象として若干の規定があったが，さらに，財産法自体を修正することによって，企業を対象に含めて，これを明らかにしたのである⑷。旧投資法は，わずか6条（1a条－1e条の追加がある）の法律であり，その実質的な内容は，むしろ財産法の修正（旧3a条）によって定められたとみることができる。

　なお，財産法旧3a条の適用には，期間的な制限があった。

　旧3a条9項「本条は，1992年12月31日までに締結された契約に適用される。投資法および本法3条6項は，本条によって許される譲渡，賃貸に関しては，この期間中適用されない」。すなわち，不動産の返還の例外を定めた投資法，企業の返還の例外を定めた財産法3条旧6項は，旧3a条の適用されない場合の投資優先規定であるが，旧3a条の適用があるかぎり，同条は，これらに優先したのである。

　しかし，このような諸規定の併存が複雑なことから，さらに1992年7月の第2次財産法改正にあたって，一本化がはかられた。すなわち，投資の優先規定は，新たな投資優先法に統一され，他は廃止された。したがって，今後は，新法を検討すればたりることになる。もっとも，その内容は，ほぼ旧3a条をひきついでおり，また解釈上の諸問題もこれを契機に明らかにされたのであり，まずこれを検討することが投資の優先規定の理解を容易にするのである（1992年改正法については，第3章3参照）⑸。なお，現行法との相違については後述第3章3で述べるが，旧3a条とほぼ同旨の規定が，投資優先法2条，3条におかれていることを指摘しておく。

　(2)(ｱ)　投資の優先に関する財産法の眼目は，旧3a条であった。

　優先権の規定は，処分権能のある者に特定の投資目的のある場合に，旧所有者の申請によって処分権がなくなるとの制限にかかわりなく（財産法3条

3項),土地ないし企業を譲渡しないし長期の賃貸借をすることを可能にするものであった。投資計画のための優先権の規定は,財産法旧3a条(土地と企業)のほか,3条旧6項ないし8項,財産割当法7条にもみられた。

　財産法による返還の原則によれば,現在の処分権者は,財産を権利者＝旧所有者に返還しなければならないから,財産の処分は本来できない(3条)。しかし,投資の目的のために例外的には財産の譲渡,賃貸が,認められるのである(旧3a条)。なお,財産法の第2次改正によって,投資の優先される範囲が拡大されたが,その内容も,当初の旧3a条との比較によってより明確にされるので,まずこれを検討する(新たな投資優先法の2条,3条参照。後述第3章3参照)。

　「(1)3条3項ないし5項〔返還の申請がされたときには,返還請求権者の同意なしには,処分ができなくなるとの制限〕は,公法的な団体または信託公社が,土地,建物または企業に関する処分権者であり,これらの財産が,以下の投資意図のために,第三者または権利者に譲渡,賃貸されたときには,適用されない。投資意図は,以下の場合にあるものとされる。

　1．土地および建物の場合には,譲渡,賃貸借が,
　(a)労働場所の確保または創設,とくに営業の場所または企業の用途のためにあてられるとき
　(b)住民のいちじるしい住宅の必要性をカバーし
　(c)〔投資〕計画に必要な社会資本をなすとき
かつ,土地がこの計画に役立ち,また予定された計画と相当の関係にあるとき
　2．企業の場合には,譲渡または賃貸が,以下の場合にされたとき
　(a)労働の場所を創設しまたは確保するために,または競争能力を増す投資を可能にするために,あるいは
　(b)権利者＝旧所有者が,みずから企業を続行する保障をしない場合
　　信託公社は,子企業の所有の財産においては,法定代理人となる。それは,その同意なしに処分したときにのみ,子企業との関係において,責任をおう[6]」。

旧3a条のいわゆる超優先規定(Supervorfahrtsregelung)は,投資の計画

への優先的要求を認め，処分権者に手続的な軽減を与えたものである。計画された投資が優先権の規定に相当するかどうかの官庁による判断は，放棄されている。他の投資優先規定と異なり，旧3a条は，処分権利者が，その適用に対する法律の要件があるかをみずから判断することを予定している。そこで，このような処分権者は，公法的団体または信託公社（öffentlich-rechtliche Gebietskörperschaft oder die Treuhandanstalt）に限られる[7]。これには，信託公社の子会社（Tochterunternahmen）も含まれない。処分権者はまた，投資意図を，すべての関連する観点から証明しなければならない。

(イ)　しかし，旧所有者の権利が優先される若干の場合もある（旧3a条）。

「(2)1項の譲渡，賃貸は，契約の締結前に，財産が権利者に返還されるべきことが，決定され確定したとき，あるいは6a条にしたがって，権利者に暫定的に企業が割当てられたときには，中止しなければならない。

(3)処分権者は，管轄官庁および知れた権利者に，譲渡，賃貸の意図を通知しなければならない。同人は，権利者に態度を決める機会を与えなければならない。〔3項，以下略〕」。

また，旧投資法1条3項によっても（さらに財産法旧3a条），投資者には，投資の本質的意図を開示する義務があった。これらは，新たな投資優先法では，12条3項，4条，5条に引きつがれている。

(ウ)　逆に，投資の安定を目的として，以下のように規定されている（旧3a条）。

「(4)処分権者の決定に対する異議および取消訴訟は，〔投資による処分を〕延期する効力をもたない（keine aufschiebende Wirkung）。

(5)財産が1項にしたがって譲渡されたことを理由として，処分権者が返還できない場合には，権利者は，処分権者から，譲渡による全代金額の支払を請求することができる。代金が獲得されず，またはこれが譲渡の時点で財産目的物が有した取引価値にいちじるしく達しないときには，権利者は，取引価値の支払を請求することができる。

(6)賃貸の場合には，投資法1a条5項を準用する」。

投資の優先規定の適用に関する決定は行政行為であって，これに対する異議や取消訴訟は，手続を中断させる効力をもたない[8]。しかし，5項によれ

ば，投資目的物の譲渡によって権利を害された権利者は，金銭による賠償のみを求めることができるのである。これも，投資優先法12条1項に引きつがれている。

　㈋　譲渡の契約は，投資の目的によってのみ正当化される。じっさいに投資がなされない場合の規定が，7項である（旧3a条）。

　　「(7)契約は，それが，最初の2年の間に約束された方法で実行されないか，あるいは，これといちじるしく異なる場合には，財産を返還するとの取得者の義務を定めた場合にのみ有効である。ただし，これが，契約締結の時点で，予見しえない緊急の営業的必要による場合には，この限りではない。投資法1d条5項を準用する。

　　(8)本規定による譲渡は，土地取引法による認可を必要としない。登記官に対しては，処分権者である証明でたりる」。

　7項は，新たな投資優先法では，13条─15条に引きつがれている。また，8項は，同19条に引きつがれている（後述第3章3参照）。さらに，9項は，3a条の適用を，1992年12月31日までと制限していた（前述）が，これは1992年の改正で削除された。

　㈭　旧3a条は，譲渡，賃貸借の投資形態にのみ適用された。他の投資形態（自己投資，Eigeninvestition）は，同条によって処理することはできなかった（投資法1c条参照）。そして，旧3a条の適用されない場合の一般規定であることから，企業については財産法3条旧7項，土地については投資法が，それぞれ適用されるとされていたが[9]，投資優先法は，特別な規定を設けた（21条。後述第3章3参照）。

　(3)　投資の優先に関する規定は，投資計画が財産法による財産の返還請求の負担をうける場合に，人民所有（volkseigene）の土地と企業にのみ適用され，旧所有者の返還をうける利益と投資の利益の衝突について投資計画をより有利に扱っていた。この場合に，現在の処分権者も投資者の1人として考慮されるよちがある。投資をもって，返還請求に抗弁することが可能である。しかし，投資の優先規定は，国家の強制管理下の土地と企業（財産法11条以下）には適用されなかった。

　そこで，組織の所有権（Organisationseigentum），すなわち，旧東ドイツの政権政党であったＳＥＤやその後継政党であるＰＤＳあるいはその連合政

党の土地や，大衆組織の土地については，それが直接に（すなわち，人民所有権の段階をへることがなく）当該の政党や組織の所有に移行する場合に，財産法旧3a条の適用があるかには，疑問があった[10]。組織の財産は，政党および政治団体に関する法律20b条によって，信託的管理のもとにおかれた（前述第2章1(2)参照）。この規定は，統一条約によって，なお効力を存続するとされている。また，信託的管理は，信託公社によって行われ，旧所有者に財産の返還などが行われている。したがって，財産法による一般の人民所有権の返還とはプロセスを異にするので，旧所有者から返還請求されたときに，投資をもって抗弁できるとする財産法の投資優先規定は，当然には適用がないことになる。もっとも，解釈では，その類推適用のよちはあるともいわれている[11]。

　新たな投資優先法のもとでは，財産法による返還請求権の対象になるものにはすべて，投資の優先規定の適用がある。もっとも，財産法の適用自体が問題であるから，投資の優先規定の適用は当然にはできない。しかし，新法は，信託公社と管理委員会の協力義務を認めた（財産法29条2項。後述第3章3(3)(オ)参照）。

　(4)　なお，投資の優先に対する旧所有者の保護規定がある。処分権者は，譲渡，賃貸について通知しなければならず，旧所有者は，優先権の規定の適用の法定要件の存在を決定する手続のなかで，聴聞することができる。聴聞は，旧所有者に，計画が法定の要件を満たしているかにつき態度を決める機会を与えるのである（財産法旧3a条3項，投資法4条）[12]。なお，この手続の細則も，第2次財産法改正によって追加された（投資優先法4条以下。後述第3章3参照）。

　また，旧所有者も，同様に投資するべきことを提示し自分の投資計画を考慮するように主張できる。旧所有者が同様に投資の意図を主張し，それが認められたときには，処分権者は，原則として旧所有者の提供を優先しなければならない。これは，直接には，相当性の原則（Verhältnismäßigkeitsgrundsatz）と，企業に関する規定であるが旧3a条3項3文，6a条による[13]。

　さらに，譲渡代金を目的として損害賠償を請求することができる（財産法旧3a条5項，投資法3条，6条）[14]。

　(5)　投資の優先規定のじっさい的な適用にあたっては，3月22日の，かつ

ての人民所有の財産の割当の確認に関する法律（＝財産割当法，Gesetz über die Feststellung der Zuordnung von ehemals volkseigenem Vermögen（BGBl.I, S.766, S.784））の果たす役割が無視できない。これは，自治体への財産割当法（Kommunalvermögensgesetz）を具体化するものであり，障害除去法によって定められたものである（前述第3章1(4)(イ)参照）。

かつての人民所有の土地で，信託法と統一条約によって，信託公社ないし公法的領域の団体に割当てられたものの取引可能性も問題である。従来，人民所有の土地は，譲渡できなかったから，その利用権をもっている企業や国の機関も，たんなる権利の保持者（Rechtsträger）にすぎなかった。その後，従来の人民所有の企業は株式会社に転換され，また，それら企業は，従来権利を保持していたにすぎない土地の所有権を取得した（信託法11条2項）。そこで，営業や工業に用いられる土地の多くは，信託法11条2項，および第5の信託法施行令（Fünfte Durchführungsverordnung zum Treuhandgesetz, v. 12.9.1990, 前述）にもとづき，形態の変更によって生じた株式会社の所有権とされたのである。また，国の機関が権利の保持者であった場合には，市町村や州が所有権を取得した。この場合にも，所有権移転は，法によって行われたのである（Kommunalvermögensgesetz, v. 6.7.1990）。統一時になお残存していた人民所有権も，統一条約21条，22条の規定によって，おもに信託公社ないし公法的領域の団体に割当てられ，さらに，人民所有権は，遅くとも統一によって，通常の民法的所有権になるとされた[15]。すなわち，1990年10月3日からは，それは存在しないのである。

しかし，このように，法によって所有権が人民所有から企業などの団体などに移転していても，その登記は，移転登記には，公けの証明書（Nachweis einer öffentlichen Urkunde）が必要であるとする登記法29条によってできなかった。すなわち，現在所有者とされた者も，統一条約による所有権の割当てがほかの法規を必要とせず，ほかの問題をも生じないときには，自分の所有権を処分することができなかったのである。しかし，投資計画の遂行にとっては，この取引可能性のないことは，投資に対する障害となる[16]。

そこで，財産割当法は，この問題を2つの面で解決した。第1は，確認手続であり，法は，具体的な個々の財産の所有権の確認のための手続を予定している。この手続は，信託公社の総裁および財務局長（Oberfinanzpräsident）に登記簿の更正を生じる決定権を付与しているので，登記簿の更正を生じる決定によって手続が終了するのである（1条ないし3条）[17]。

第2に，この確認手続とは別に，財産割当法6条は，公法的領域の団体に，かつての人民所有の土地に関する，法定の処分権能を認めている。これは，市町村やその機関，かつての人民所有の企業が，処分の時点で，当該の土地の権利の保持者として登記簿に登記されていることのみを前提とする（6条1項(a)）。再統一にあたり，州が創設された県またはその機関に登記が属した場合には，州にも同様の権能が認められている（同条1項(b)）。この規定によって，特別の管理手続なしに，土地を処分する権能が，回復されるのである[18]。

(6)(ア)　最後に，法律以外に投資の障害となっているものがある。それは，返還申請法にみられる返還の原則のもたらすいちじるしい心理的不安である。これに対処するために，信託公社は，とくに企業の譲渡の場合には，「財産法による返還請求」に関する条項を設けている。それによれば，「財産法による返還はありえないとしても」，「将来，権利者によって返還請求権が行使されたときには」，買主に，契約の解除権を与えているのである[19]。

しかし，信託公社による契約的保障は，法規によれば返還のよちがないところにまで行われ，かえって買主に不安を与えることになる。とくに，外国の企業に対しては，譲受について慎重にさせる効果が強いとされる。①財産法の規定によれば，前述のように，財産法上の申請がなされないときには，4条3項にしたがって，形式的処分権者が処分することができ（旧所有者はこの場合には，取引に介入して代金の請求だけが可能），買主が害されることはない。②また，申請があれば，処分権者は，3条3項にしたがって，処分権を制限される。この場合には，管轄の官庁が申請について登録し（30条2項），あるいは処分権者が確認しなければならない（3条5項）ことから，処分の制限が保障される。③さらに，申請されても，これが登録されるまえで，処分権者である信託公社に知られるまえには，前述の約定に意義があるが，この場合でも，処分制限の違反の効果は，債権的なものにすぎないから，譲受人を害することはない。つまり，知られていない返還請求に突然さらされることはありえないのである。そこで，信託公社から企業を買収する者は，法律上，返還のおそれがないからとして，これを廃止することが主張されて

いる[20]。

　解除権は，返還を原則としたことに由来し，返還が制限されるとする諸法規や憲法規定への不信を示すものでもある。げんに，返還を制限する法律には，多くの憲法訴訟が提起されている。この解決には，憲法裁判所の判断が必要であったし（後述第4章参照），厳密にはその後もまったくなくなったわけではない。〔その後，本篇で扱った判決＝第1判決を確認する，いわゆる第2判決が出されて，占領下の収用の効力が否定されないことの確認が繰り返された。本書第3部2篇参照。〕

　(イ)　また，事実上の障害と目されるものが，前述した行政手続の官僚主義的傾向にもとづく手続の遅滞であり（第3章1(2)(ケ)参照）[21]，さらに，不動産の市場のなかったことも，投資にとって消極的な要因となったのである[22]。

(1) Vgl. Fieberg und Reichenbach, ①, S.XXVI; Dornberger, Zur Änderung des Gesetzes über offene Vermögensfragen und des Gesetzes über besondere Investitionen, DB 1991, S.897; Schmidt-Räntsch, Rechtliche Regelungen zu Investitionen in den neuen Bundesländern, NJ 1991, S.250.
(2) Vgl. Gesetz zur Beseitigung vom Hemmnissen bei der Privatisierung von Unternehmen und zur Förderung von Investitionen, DB 1991, S.484; Dornberger, a.a.O. (DB 1991), S.897.
(3) 憲法上の問題と，現在のところ，投資の障害の除去のために必ずしもそこまで必要とはされなかったことによる（Fieberg und Reichenbach, ③, S.1979）。原則の転換には，政治的な限界が大きいこともあろう。
(4) 投資法の構成は，1条で，特別の投資目的がある場合には，かつての人民所有の土地および建物で返還の対象となるものについて，現在の処分権者によって処分できる場合を定めている。2条は，そのための投資の証明を，3条は，返還請求権者への賠償を，そして4条・5条は，手続規定を定めている。6条は，現在の処分権者が賠償のための担保を供するべきとする規定である。
(5) ちなみに，いまの段階では，投資の優先に関する規定を扱った論文も，ほとんどが財産法旧3a条を問題としているからである（Vgl. Fieberg, Reichenbach, Messerschmidt und Verstegen, Vermögensgesetz, 1992, Kommentar zu §3a, S.1-38）。
(6) なお，投資法1条2項にも同旨の規定がある。Vgl. Fieberg und Reichenbach, ②, S.328. 労働場所の確保などの要件では，必ずしもこれが多数である必要はなく，たんに複数（Arbeitsplätze は2つでもよい）であればたりる。すなわち，投資の経済効果のあることだけが重大なのである（Fieberg und Reichenbach, ③, S.1981）。
(7) 他の処分権者の場合には，財産法3条6項ないし8項，投資法が適用される（Fieberg und Reichenbach, ①, S.XXVIII; ③, S.1981）。すなわち，処分は制限され

るのである。

　なお，財産割当法6条によって，7500の自治体，都市が，財産の処分権能を取得し，旧3a条による処分が可能となった。そのうち，3500は，500人以下の住民の自治体である（Fieberg und Reichnbach, ③, S.1982）。

(8) Fieberg und Reichenbach, ③, S.1981, S.1984. そこで，旧所有者は，VwGO 80条5項による手続によらなければならない。

　これに関連して，以下の2判決がある。

　財産法による紛争（返還申請された土地の処分の制限）は，もっぱら行政手続により，民事手続によらない（ケムニッツ県裁判所1991年7月23日，BG Chemnitz,1991, 7,23; T 131/91, NJ 1991, S.463）。

　処分禁止の仮処分（ein Anspruch auf Erlaß eines Verfügungsverbots im Wege der einstweiligen Verfügung）は，土地の所有権がなお不明な状態で，財産法上の返還が申請され，または障害除去法により処分が可能な場合には，できない（ハレ県裁判所1991年6月25日，BG Halle, 1991,6,25; 4 T 69/91, NJ 1991, S.511）。

(9) Ib., ①, S.XXIX, ③, S.1980-81. なお，第2次の財産法改正によって，この区別は廃止された。

(10) Ib., ①, S.XXVII; ③, S.1980.

(11) Fieberg und Reichenbach, ③, S.1980. なお，第2次財産法改正との関係でも，信託公社が返還の主体であることには変化はない。この場合には，財産法の場合と異なり，返還の申請がなくても，法治国家的な取得がなされたかを判断しなければならない（vgl. Dornberger, DB 1992, S.1620）。

(12) Ib., ①, S.XXIX; ③, S.1983.

(13) Vgl. ib., ①, S.XXIX,②, S.328, ③, S.1984; Dornberger, a.a.O. (DB 1991), S.900. 旧3a条3項3の企業に関する考え方は，土地にも当てはまるからである。また，投資者よりも，旧所有者が優先することは，財産法の立法目的である返還と，投資の優先という双方が実現されることからも導くことができる，という。

(14) Gesetz zur Beseitigung vom Hemmnissen bei der Privatisierung von Unternehmen und zur Förderung von Investitionen, DB 1991, S.485; Dornberger, a.a.O. (DB 1991), S.898, S.900; Fieberg und Reichenbach, ①, S.XXVII-XXVIII.

(15) Ib., ①, S.XXVII; ③, S.1981.

(16) Dornberger, a.a.O. (DB 1991), S.900.

(17) Vgl. Fieberg und Reichenbach, ①, S.1982.

(18) Dornberger, a.a.O. (DB 1991), S.900; Fieberg und Reichenbach,①, S.XXVII-XXVIII; ③, S.1981.

(19) Espey und Jaenecke, a.a.O. (BB.1991), S.1442.

(20) Ib., S.1444.

　なお，外国企業の旧東ドイツへの投資は，当初は遅れたが，1992年までには，かなり活発化しているといわれる。合意された投資と信託企業の私有化による労働場所のほぼ10パーセントは，外国企業によるものであり，西ドイツで，投資の15パーセント

が外国企業によるのに比して，それほど遜色がない。そのさいの最大の問題は，労働者への住宅の確保であり，これは，外国企業にも西ドイツ企業にも共通した課題となっている。投資額は，116億マルクに達し，これによって，10万6000の労働場所が確保された。

　投資額からみて，国別に最大なのはフランスであり，ついでイギリスとアメリカ，スイスの順となっている（General-Anzeiger, 1992,6,27/28, S.19）。日本企業による投資は少ない。なお，ドイツ全体の直接投資に近況については，vgl. Wirtschaftstandort Deutschland, Bundesarbeitsblatt, 1992,9,10.

(21)　さらに，環境問題，労働力の質，通信・交通手段の不足などが，投資の障害要因である（Fieberg und Reichenbach, ③, S.1977-79）。
(22)　Fieberg und Reichenbach, ③, S.1978.

3　第2次の財産法改正およびこれに関連する法規の改正（1992年7月）

(1)　1992年7月，第2次の財産法およびこれに関連する法規の改正が行われた（Gesetz zur Änderung des Vermögensgesetzes und anderer Vorschriften ＝ Zweites Vermögensrechtsänderungsgesetz v.14.7.1992; BGBl.I, S.1257）。財産法典（Vermögensgesetz）の改正と，新たな投資優先法の制定，これにともなう旧投資法の廃止を中心とする。

　内容的には，旧東ドイツ地域において，不動産の返還を促進し，投資の優先の要件を軽減し，および他人の土地のうえに自己の建物を有する利用者の保護を強化することなどを目的とする[1]。また，不動産の返還に関する財産法と，企業の返還に関する投資法との規定の分裂による複雑化をさけ，両者を統一することを意図している。本稿では，すでに個別にはこれについてもふれた部分もあるが，以下にその骨子をまとめて，改正法の全体を鳥瞰する[2]。

(2)　改正の第1点は，投資の優先に関する修正である。

(ア)　この財産法の第2次改正のさいの争点の中心は，従来の「返還の原則」を変更するかであった。すでに，第1次改正のさいにも，相当程度まで投資の優先が目ざされていたのであるが，これをどこまで貫くかが問題とされた。とくに連邦参議院では，地方自治体に対し，返還を否定することもできる州法の制定権を与えることが論議された。しかし，結局，全面的な投資を優先する原則（Investition vor Rückgabe）への転換にはいたらなかった。新たな投資優先法（Gesetz über den Vorrang für Investitionen bei Rückübertragungsansprüchen nach dem Vermögensgesetz v.14.7.1992 = Investitionsvorranggesetz）は，特別な投資目的のためにのみ返還を制限することにとどまったのである。しかし，従来よりも投資を優先することが改正のあちこちに強調され，また特別の手続も導入された(3)。これにともなって，財産法旧3a条は，削除された。

(イ) 新法の眼目は，特別な投資目的の拡大である。従来の規定は，3つの場合を定めていた。①労働場所の確保または創造（Sicherung oder Schaffung von Arbeitsplätzen），②住民の住居に対するいちじるしい必要性のカバー（Deckung eines erheblichen Wohnbedarfs der Bevölkerung），③これらに必要な社会資本の創設（Schaffung der für derartige Vorhaben erforderlichen Infrastrukturmaßnahmen）であった。

まず，②住民の住居に対するいちじるしい必要性のカバーという要件が緩和された。すなわち，たんに住居が供給されるか，失われたあるいは失われる危険のある住居を修復するだけでもたりる（Schaffung neuen Wohnraums oder Wiederherstellung nicht bewohnten und nicht bewohnbaren oder vom Abgang bedrohten Wohnraums）とされたのである。後者によって，すでに住まれなくなっている古い住居の修復も含むことが可能とされたのである。また，③社会資本の創設については，直接に労働場所の確保と結びつくことも必要ではなくなったのである（Schaffung der für Investitionen erforderlichen *oder hiervon veranlaßten* Infrastrukturmaßnahmen)(4)。さらに，財産法と投資法が統合されたことによって，企業に対する投資目的は拡大された。すなわち，投資の意図が重大であり（dringlich），土地または建物の存在が意図の実現に必要であることが要件とされたのに反し，財産法のもとでは，そのような重大な関係は必要とされないからである。たとえば，相当の期間後，商人の判断では清算にいたるような場合でも投資の主張ができるのである(5)。

また，従来の優先に関する規定では，財産法旧3a条が土地または建物と企業に関するものであり，投資法が不動産に関するものであった。しかし，新たな投資優先法（3条1項）はこれを統合した。その結果，投資の優先は，財産法による財産価値の返還請求権のすべてに関して可能となったのである。

(ウ) 投資的な不動産の売買が，旧所有者の申請に対し安全であるべきであることから，手続の遅滞に対する新たな規定が設けられた。改正法のもとで

第3章 統一後の状況（1990年10月以降）

も従来と同じく，管轄の官庁に知れた申請者には聴聞の機会がある。しかし，従来と異なり，申請者は，意見を述べる期間（処分権者の判断による）の設定を個別にうけることはない。旧所有者は，法律上の期間として2週間内に，行政裁判所に投資の優先に対して，自ら投資する意図のある申立をしなければならず，さもないと，投資者への売却が最終的なものとされる（投資優先法5条）。すなわち，これには失権の効果がともなっており（Präklusionswirkung），遅れて異議を述べても考慮されないのである。

なお，新法は，この期間が投資計画の通知によって進行するとした。従来の投資法（旧法1条3項）を引きついだものであるが，さらにその内容が法定された。投資の本質的意図と，少なくとも投資者の氏名，住所，当該の財産の価値，予想される費用，事業の遂行の方法と期間，売買代金，およびどれだけの労働場所が確保されるか，が記載されていなければならない。ここでも，処分権者による判断が軽減されているのである[6]。

(エ) また，官庁の管轄に関する規定が新設された（投資優先法4条2項）。もともと，投資の優先の決定は，処分権者が地方公共団体や信託公社の場合にはみずからの判断に委ねられていた。その他の場合には，郡または都市とされる（Landkreis oder die kreisfreie Stadt）。また，多数の処分権者がかかわる場合には，信託公社による1つの決定をうけることもできることになった。さらに，州は，州法によって，管轄を定めることができることになった[7]。

(オ) 従来の財産法3a条のもとでは，土地取引法の土地取引の認可のみが，投資の決定によって代替されていた。新法では，この認可のみでなく，自治体の監督下のまたは会計法による認可（自治体または他の公共団体の財産からの譲渡に対する）も含まれるとされた[8]。

また，新たな投資優先法によって，従来の優先規定の取消の効果も明らかにされた（12条3項）。すなわち，投資優先の決定が取り消されたときには，投資契約は無効（nichtig）となる。財産法旧3a条によってすでに与えられていた決定については，投資の決定の取消によっても投資契約が存続するかをなお確定する必要がある[9]。

(カ) さらに，おもに連邦参議院の提案にかかる特別手続の規定が設けられた（18条ないし21条）。

(a) 投資優先法18条によると，投資・開発計画の活動領域が拡大された (Vorhaben- und Erschließungsplan)。土地が投資・開発計画の対象である場合に，財産法 3 条 3—5 項（返還の申請による処分の制限）は適用を排除される。すなわち，投資・開発計画によって，1 つの手続で，建築計画法上および建築基準法上の要件（die bauplanungsrechtliche und bauordnungsrechtliche Voraussetzungen）がみたされ，特別に重要な投資計画のための建築許可が与えられるのである[10]。

(b) 投資優先法19条による新たな公けの入札手続（öffentliches Bieterverfahren）によって，申請のなされている不動産をも公けの市場（öffentliche Vermarktung）に投入する可能性が生じた。信託公社の不動産会社は，内部的な指針によって信託企業あるいは信託公社の不動産を譲渡するには公けの入札によることが義務づけられている。そのために，従来二重の手続が必要であった。まず入札がなされ，ついで入札した者が投資の優先を享受できるかを解明することになる。これが，今回，統一的な手続で行われるように改正されたのである。入札は，特別な投資目的のためになされなければならない。入札と同時に投資の優先も決定される。もっとも，旧所有者も，最良の申込と同じ提供をすれば，優先を主張することができる。また，最良の申込と同じになるまで，自分の提供を増加することもできる[11]。

(c) 多数の申請がなされた不動産への投資は，従来，それぞれの申請者の投資意図が競合し，投資優先の決定の妨げとなっていた。投資優先法20条は，これに対する軽減を行った。すなわち，投資意図の提供が競合する場合には，最大の意図（Großvorhaben）に内容的に一致するものだけが認められる。そこで，申請者は，土地になんらかの選択的計画（Alternativkonzept）の 1 つを有するだけではたらず，場合によっては他の申請者とともに，1 つの計画を提供しなければならないのである。また，決定に対する訴が提起されたのではない場合でも（öffentliche Beiladung），裁判所の手続で，他のすべての申請に対して効力を有する決定がえられるようになったのである[12]。

(d) 新たな投資優先法は，申請者＝旧所有者の投資活動への義務を強調している。これには申請者にみずから投資をする機会を与えることも含まれている。企業に関しては，従来これは財産法 6 a 条が保障していた。しかし，不動産に関しては，同様の規定がなかった。これを規定したのが，投資優先

第3章 統一後の状況（1990年10月以降）

法の21条である。しかし，これは，財産法6a条と異なり，旧所有者が自分の特別の投資意図を提示することをねらっているのである。すなわち，企業の場合と異なり不動産では，同じ不動産に複数の申請が存在することが多く，その間の競争を調整することが問題となる。そこで，申請者の1人を選択するために特別の投資意図を必要とするとすることになるのである。たとえば，1戸（pro Einheit）につき，平均2万マルクが支出され，住居の修復に用いられるときにはこの特別の投資があるとみなされる[13]。

(キ) 旧東ドイツでは不動産に関する契約は公証を必要とした（Notarvertrag）が，通貨統合から統一までの時期（1990年7月1日から10月3日の間）に，連邦共和国（西ドイツ）の公証人によって数多くの契約が締結された。この中に投資に関する契約も含まれる。近時のライプチッヒの県裁判所の判決によると，このような契約は，旧東ドイツの不動産につき西地域で公証をしても有効にはならないから，方式を理由として無効である（formunwirksam）[14]。しかし，新たな民法典施行法231—7条（財産法改正法8条2項）では，このような契約の無効も治癒される（formgültig）とされた[15]。

また，旧東ドイツ民法典297条によって土地の所有権が譲渡された場合の効果も問題となる。契約が1990年10月3日前に行われ（すなわち，統一前），登記所に移転登記の申請がされていれば問題はない。従来の民法典施行法233—7条1項によれば，この時点以後に到達したときには，譲渡は有効とならない。しかし，有効な売買契約を基礎としていることは明らかであるから，新法は，旧東ドイツの法によってなされた譲渡でも，1990年10月3日以後登記所に到達したときには有効になるとしたのである[16]。

(3) 改正の第2点は，返還の促進に関するものである。

(ア) 財産法による返還あるいは損害賠償の請求は，今後1992年12月31日までに（動産は1993年6月30日まで）申請されるべきものとされた。すなわち，申請がなされない場合には，不動産は自由に処分でき，旧所有者は，その売買代金に対する請求をすることができるだけとされたのである（財産法30a条）[17]。

(イ) 国家による強制管理は，今後は原則として法律によって直接に，1992年12月31日かぎりで廃止されるとされた。したがって，登記簿上の所有者は，所有権にもとづく権利を無制限に回復するのである。もっとも，旧東ドイツ

69

の国家管理はほとんど所有権を無意味にするほど強力なものであったから，すでに不明な状態が継続し，登記簿上の所有者を発見できない場合もある。そこで，財産法上の請求がなされない場合でも，投資のための処分を可能にする必要がある。投資者は，管理人の選任を裁判所に申立てなければならない（なお，新たな11 a 条―11 c 条参照）[18]。

(ウ) 旧抵当権およびその他の土地に対する負担も修正された。財産法の新たな16条5項ないし10項と18 a 条，18 b 条，および，新たな抵当権償還法（Anordnung über die Ablösung früherer Rechte = Hypothekenablöseanordnung; BGBl.I, S.1257）が，これを規定している。旧東ドイツにおいて収用された不動産は，人民所有権になるさいに通常，土地の負担は消えたものと扱われていた。そこで，旧所有者が不動産をそのままの状態で返還されるとすれば，かえって利益をうける。これを避けるために，従来の18条は，旧権利をまた登記することにしたのである。しかし，これはいちじるしい費用と手間を必要とする。そこで，新法は，今後これを不必要とし，たんに金銭によって償還することにしたのである。建築抵当権（ほぼ先取特権に相当）と土地債務（bei Aufbauhypotheken und Aufbaugrundschulden）およびこれに類する権利では，失われた価値を償還するための減価が考慮されることになる[19]。これらの権利者は1年内に申請し，拘束をうける旧所有者との間で私的に調整しなければならない。

(エ) 財産権の返還の時点で，旧所有者に対し行われるべき出費への賠償（Aufwendungsersatz）が修正された。返還されるべき不動産に行った出費と減価に対する賠償については，財産法7条が規定している。旧規定は，不動産の返還のさいに，税法的な評価によって（nach maßgabe der steuerrechtlichen Bewertungsvorschriften）賠償し，減価させた場合には，賠償をなすべきものとしていた。税法的な評価ということの中には，小額の投資や減価の賠償も含まれた。

しかし，新法は，減価の賠償をまったく否定した。その複雑性から返還の遅滞の原因となったからである。一定の投資につき賠償することだけが残されている。賠償義務は，私的な手段（der Einsatz privater Mittel）の投入がされたときには，現実の価値の増加（die reale Werterhöhung）が対象となるが，公的または営業的手段（das öffentliche oder betriebliche Mittel）が問題

第3章 統一後の状況（1990年10月以降）

の場合には，現になされた支出（der tatsächlich gemachten Aufwand）が償還されるだけである（7条2項）[20]。

(オ) 財産返還の手続に関連して，従来問題とされたのは，政党または大衆組織の財産の返還主体である。旧東ドイツの政党法（前述第2章1(2)，第3章2(3)）によって，これらの財産は，信託的管理のもとにおかれ，財産状態の変更には，独立の管理委員会の理事会の賛成（mit Zustimmung des Vorsitzenden der unabhängigen Kommission）が必要とされた（政党法20a条，20b条）。これと未解決の財産問題に関する官庁との管轄の競合が問題である。新法は，委員会の協力による後者の管轄を予定している（財産法29条2項）[21]。

(4) 改正の第3点は，善意取得の修正である。

財産法4条2項1文によれば，目的物が善意取得された場合には，返還請求はできない（前述1(2)(ウ)参照）。善意取得といっても，従来の規定では，1989年10月18日以後の不動産の取得（nicht...der Erwerb nach dem 18. Oktober 1989）を除外していた（Stichtagsregelung，財産法4条2項2文）。また，取得者たる主体は，自然人，宗教団体または公益の財団とされた。

この日時および主体に関する制限には，批判があった。そこで，改正法は，期間内に取得が行われたが，その後売買が履行にいたった場合を含めることとした。すなわち，自然人，宗教団体または公益の財団が1945年5月8日以後，善意で所有権または物権的利用権を取得した場合には，返還請求ができない（善意取得される）ものとし（4条2項1文），ただし，取得の基礎となっている法律行為が1989年10月18日以後に権利者の合意がなく行われた場合には，不動産の譲渡に関しては（bei der Veräußerung）適用されない（善意取得できない）とした。すなわち，善意取得ができるのは，1945年5月8日から1989年10月18日の間の期間である。建物を建築する物権的利用権の取得に関しては，期間の制限がなくなったが，これは，1989年10月以降（10月のホーネッカー辞任に始まり，11月はベルリンの壁が崩壊），物権的利用権の取得がもはやありえなくなったからである。

また，取得が1989年10月19日以前に（der Erwerb vor dem 19. Oktober 1989），書面によって（schriftlich oder sonst aktenkundig）行われたかぎり，善意取得にかかる契約がその後効力を発生したとしても，その期日に関する規定によって制限されないのである（4条2項a）。善意者の信頼した基準日以前の

取得は，保護される必要があるからである。また，1990年3月7日の人民所有の建物の売買に関する法律（Gesetz über den Verkauf volkseigener Gebäude, GBl.I, S.766）によって，手工業者と小工業経営者は，営業目的の建物所有権の取得が可能になったが，この場合のすべての善意取得者が含まれることになった（4条2項b）[22]。さらに，取得者が，1989年10月19日以前に，いちじるしい投資に着手した場合には，保護をうけることになったのである（4条2項c）[23]。

(5) 改正の第4点は，利用者の保護である。利用権の保護は新たな観点である。

(ｱ) 旧東ドイツの時代に他人の土地（私有地，人民所有の土地，ＬＰＧの土地など）のうえに物権的な利用権を有した者の地位は，民法典施行法233―4条によって保護が与えられていたが，これらの自己建物の所有者およびその他の土地利用者には，とりあえず1994年12月31日まで（連邦司法省の政令で1年間延長することができる），従来の範囲で利用を継続する法律上の権限が与えられる（同233―2a条，2b条参照）。土地所有者からの明渡請求からの保護をねらったものである。この時までには，権利関係が確定されることが期待されるからである[24]。〔しかし，じっさいには権利の確定はあまり行われず，1994年に，物権整理法ほかの立法による利用者保護が与えられた。本書第1部2篇参照。〕

(ｲ) 統一前の旧東ドイツの，1990年3月6日の土地所有者の権利に関する法律（Gesetz über die Rechte der Eigentümer von Grundstücken aus der Bodenreform v. 6.3.1990. いわゆるモドロウ法，Modrow-Gesetz）によって，土地改革による新農民（Neubauer）に完全な土地所有権が生じたかにつき争いがあった[25]。すなわち，この法律は，旧東ドイツのその当時まだ存続していた社会主義的な憲法に違反し，無効（unwirksam od. nichtig）であるとの主張もなされた。また，だれに所有権が生じたかも明確ではなかったのである。このような不明瞭さは，取引の停滞の原因となっている（Stillstand des Grundbuchsverkehrs）。

そこで，民法典施行法233―11条から16条は，土地改革をうけた土地（Bodenreformgrundstücke）につき規定をおいた。すなわち，登記所での占有の変更または返還の探知（Besitzwechsel- oder Rückführungsersuchen）は，

第3章 統一後の状況（1990年10月以降）

旧東ドイツの法律にしたがってなされる（233—11条1項）。また、233—11条2項によると、土地改革による土地の所有権は、新たに割当てられ評価される。したがって、すでに所有権が生じていたかどうか、また旧東ドイツ時代の1990年3月6日の法律の効力にかかわらない。所有者は、1990年3月15日に登記簿に登記されていた新農民であり、同人がその後死亡したか、あるいはその当時死亡していたときには、その相続人である[26]。相続人は、共同相続（Erbengemeinschaft）としてではなく、たんなる持分の共有（Bruchteilsgemeinschaft）として所有者になる。共同相続に適用される旧東ドイツ民法典424条2項が、遺産中の、土地改革上の土地に適用されるのである。もっとも、このような土地の分割に関する特別の規定はない。そこで、複数の相続人は、ドイツ民法典上の通常の共有関係を形成するものと目される（1008条、民法典施行法233—8条）[27]。

(1) Zweites Vermögensrechtsänderungsgesetz vom 22.7.1992, BGBl.I, S.1257; vgl. NJ 1992, S.162; NJ 1992, S.204. なお、連邦参議院でかなりの修正が加えられた。すでに、財産法の第2次改正に関する文献も、多数出されている（Weimar, Der Entwurf des Zweiten Vermögensrechtsänderungsgesetzes, DB 1992, S.1075; Dornberger, Zum Zweiten Vermögensrechtsänderungsgesetz, DB 1992, S.1613; Fieberg und Reichnbach, a.a.O. ④, S.XI,XXVII; ① Schmidt-Räntsch, Die Novelle zum Vermögensrecht, NJ 1992, S.444; ②ders., Das Zweite Vermögensrechtsänderungsgesetz, DtZ 1992, S.31; ③ ders., VIZ 1992,5, S.169. (以下、Schmidt-Räntsch, ①②③と雑誌の略記のみで引用する); Eickmann, Grundstücksrecht in den neuen Bundesländern, 2.Aufl., 1992)。
(2) すでにみた点は、繰り返さない。たとえば、返還請求権の譲渡に関する問題（財産法3条1項2文、本稿第3章1(2)(イ)参照）などである。
(3) Claussen, a.a.O. (NJ 1992), S.297; Schmidt-Räntsch, a.a.O. ①, NJ 1992, S.445; Dornberger, a.a.O. (DB 1992), S.1613-14.
　投資優先法の構成は、旧投資法が財産法の例外規定にとどまったのに対して、包括的である。全体の構成は、第1節（1—3条）投資のための優先、第2節（4—7条）投資優先の決定の付与、第3節（8—12条）投資優先の決定と投資契約、第4節（13—15条）投資の遂行と意図の失敗のさいの清算、第5節（16—17条）権利者への補償、第6節（18—21条）特別手続、第7節（22—26条）補足となっている。
(4) なお、①についても、旧法では、労働場所の確保または創造のうち後者に重点がおかれていたが、確保でもたりることが明確にされた（insbesondere durch Errichtung *oder Erhaltung* einer gewerblichen Betriebsstätte）。

(5) Schmidt-Räntsch, a.a.O. ①, NJ 1992, S.445; ders., ②, DtZ 1992, S.316.
(6) Schmidt-Räntsch, a.a.O. ①, NJ 1992, S.445; ders., ②, DtZ 1992, S.316.
(7) Schmidt-Räntsch, a.a.O. ①, NJ 1992, S.445-6; Dornberger, a.a.O. (DB 1992), S.1614.
(8) Schmidt-Räntsch, a.a.O. ①, NJ 1992, S.446.
(9) Schmidt-Räntsch, a.a.O. ①, NJ 1992, S.446.
(10) Schmidt-Räntsch, a.a.O. ①, NJ 1992, S.446; ders., ② DtZ 1992, S.316; Fieberg und Reichenbach, a.a.O. ④, S.XXVIII. しかし、同じく連邦参議院の提案にかかる投資優先法6条2項では、投資の優先の決定によって不動産の譲渡がされた場合に、建築計画法による自治体の先買権（Vorkaufsrecht der Gemeinden）は生じないとされた。これが行使されることはまれであるが、所有権移転登記ほか手続を遅滞させるからである（Dornberger, a.a.O. (DB 1992), S.1614）。
(11) Schmidt-Räntsch, a.a.O. ①, NJ 1992, S.446; Dornberger, a.a.O. (DB 1992), S.1614; Fieberg und Reichenbach, a.a.O. ④, S.XXVIII.
(12) Schmidt-Räntsch, a.a.O. ①, NJ 1992, S.446; Dornberger, a.a.O. (DB 1992), S.1614; Fieberg und Reichenbach, a.a.O. ④, S.XXVIII.
(13) Schmidt-Räntsch, a.a.O. ①, NJ 1992, S.446; Fieberg und Reichenbach, a.a.O. ④, S.XXVIII. 優先規定は、現存する複合建物（Gebäudekomplex）の個々の住宅の回復のための売却および自己投資にも適用される。
(14) KrG Leipzig-Stadt, Urt.v. 19.2.1991, DtZ 1991, S.306 (formunwirksam); BG Leipzig, Urt. v.19.9.1991, DtZ 1992, S.58 (nichtig); LG Berlin, Urt.v.24.5.1991, DtZ 1991, S.411 (formnichtig).
(15) Vgl. Schmidt-Räntsch, a.a.O. ①, NJ 1992, S.447; ders., ②, DtZ 1992, S.316. なお、vgl. Böhringer, NJ 1992, S.289; BG Erfurt, Urt.v.20.5.1992, NJ 1992, S.417 (nicht unwirksam); BG Dresden, Urt.v. 13.9.1991, NJ 1992, S.35 (nicht eintragungsfähig) mit krit.Anm. Jahnke（反対）.
(16) Vgl. Schmidt-Räntsch, a.a.O. ①, NJ 1992, S.447; ders., ②, DtZ 1992, S.316. なお、ドイツ民法典925条参照。
(17) Dornberger, a.a.O. (DB 1992), S.1618.
(18) Dornberger, a.a.O. (DB 1992), S.1617.
(19) Schmidt-Räntsch, a.a.O. ①, NJ 1992, S.445; ders., ②, DtZ 1992, S.315; Dornberger, a.a.O. (DB 1992), S.1620f.
(20) Schmidt-Räntsch, a.a.O. ①, NJ 1992, S.444-445; ders., ②, DtZ 1992, S.315; Dornberger, a.a.O. (DB 1992), S.1620.
(21) Schmidt-Räntsch, a.a.O. ①, NJ 1992, S.445-446; ders., ②, DtZ 1992, S.315f.; Dornberger, a.a.O. (DB 1992), S.1619f. 財産法、ひいてはそれによる投資優先規定によるカバーを念頭においたものと思われる。なお、前述(2)(エ)参照。
(22) Schmidt-Räntsch, a.a.O. ①, NJ 1992, S.444; ders., ②, DtZ 1992, S.315; Dornberger, a.a.O. (DB 1992), S.1619. 善意取得は、旧東ドイツの旧制度のもとで行われ

た取引を保護するものであって，本来は，1990年3月7日の法律でなされた取引の保護を目的としたものではない。しかし，この場合には，投機的な売買が行われたのではないとみなされたのである。

(23) 旧東ドイツの終わりの時期には，人民所有の土地上の建物（Einfamilienhäuser）の所有者＝土地の賃借人が，土地を取得することが行われた。なお，改正前のものであるが, vgl. Horst, Zum Begriff der Redlichkeit im Vermögensgesetz, DtZ 1992, S.43; Göhring, Zum Bergriff der Redlichkeit im Vermögensgesetz, DtZ 1991, S. 401.

(24) Vgl. Schmidt-Räntsch, a.a.O. ②, DtZ 1992, S.317. また，233―4条3項が追加され，利用権と所有権が同一人に帰属（混同）したときでも，ドイツ民法典890条（旧東ドイツの土地の合併，合筆）の規定によるのではなく，875条，876条の規定によって不動産物権の消滅の手続（意思表示と登記）によることとされた。すなわち，自動的な混同が生じるわけではないのである。

(25) さらに，同法については，第2章1(3)およびその注4参照。旧東ドイツで，土地改革後の所有権の割当に関する法律は，この1990年法以前に，① (Erste) Verordnung über die Durchführung des Besitzwechsels bei Bodenreformgrundstücken vom 7. August 1975 (GBl.I, Nr.35 S.629), ② Zweite Verordnung über die Durchführung des Besitzwechsels bei Bodenreformgrundstücken vom 7. Januar 1988 (GBl.I, Nr.3 S.25) があった。しかし，所有権の概念の相違から，そこで割当てられたものを西側の所有権と同一視できるかには疑問があり，また，旧東ドイツのもとでは所有権自体に意義が認められていなかったことから，問題の所在が明確にされてこなかったのである。

(26) モドロウ法については, vgl. Eickmann, a.a.O., S.30f.

1990年10月3日以前の相続については，被相続人が旧東ドイツの国籍を有していたか，旧東ドイツの土地が相続財産の場合には，統一条約の規定によって旧東ドイツ法が適用されるから，旧東ドイツ法によって相続人の範囲が決定される（Eickmann, a.a.O., S.93f.)。

(27) Schmidt-Räntsch, a.a.O. ①, NJ 1992, S.447; ders., ② DtZ 1992, S.317. なお，1990年3月6日法の無効を指摘するものとして，Krüger, a.a.O.（第2章2前注14, DtZ 1991,385) がある。もっとも，反対説もあり，Siewert, a.a.O.（第2章2前注14, NJ 1992), S.155; BG Dresden, 6.5.1992, NJ 1992, S.328; Kahlke, Abwicklung der Bodenreform, NJ 1992, S.481 は，土地改革によって取得した住宅地につき，これが旧東ドイツの個人所有権となり，さらに，これは，1990年法によって確定し，かつ統一によってドイツ民法典施行法233―2条にもとづき，民法（ＢＧＢ）的な所有権になったことを前提に，その相続可能性を肯定する。

また，共同相続（Erbengemeinschaft）については，ドイツ民法典2038条参照。いわゆる合有の関係である。

なお，財産法のその他の改正点については, Dornberger, a.a.O. (DB 1992), S. 1619f. また，土地取引法の改正点については, Dornberger, a.a.O. (DB 1992), S.

1615f. 財産割当法の改正点については、Dornberger, a.a.O. (DB 1992), S.1616f.

第4章　連邦憲法裁判所判決

1　連邦憲法裁判所・1991年4月23日判決〔いわゆる第1判決〕
(1)　連邦憲法裁判所は，1991年4月23日（①判決）および，7月9日（②判決）の判決で，財産問題に関する立場を明らかにした。前者は，憲法的観点から，統一条約，共同宣言の有効性にふれたものであり，後者は，財産法の具体的な解釈に関するものである。

(2)(ｱ)　1991年4月23日判決（①判決，BVerfGE 84,90 Ⅰ（Nr.8)）[1]。これは，1945年から49年にソ連占領下の旧東ドイツ地域で行われた土地改革について，旧地主の所有権回復の請求を斥けたものである。東西ドイツ統一条約（1990年8月末に調印）41条に採り入れられた東西ドイツの共同宣言，あるいはこれを具体化した返還申請法，財産法のいずれによっても，1949年の東ドイツ成立以前に占領法規ないし占領高権のもとで（besatzungsrechtliche bzw. besatzungshoheitliche Grundlage (1945 bis 1949)）[2]行われた土地改革による収用は，返還の対象とならないとされていた。これらは，財産の返還を認めないだけではなく，それに対する補償についても具体的にはふれていなかったのである。

(ｲ)　当事者がその合憲性を争った統一条約4条5項は，以下のように，基本法に新たな135a条2項，143条を付加する，としている[3]。

　135a条2項「(2)第1項は[4]，東ドイツまたはその権利の承継者の義務ならびに，東ドイツの財産を連邦，州および市町村に移転することに関係する，連邦または他の公法上の機関の義務，および東ドイツまたはその承継者の義務に準用する」。

　143条「①統一条約3条にいう領域〔旧東ドイツ。つまり西ドイツに加入する新たな5州と東ベルリン〕の法律は，最長1992年12月31日まで，状況が異なることから，基本法的な秩序への完全な適応が達成できないかぎり，この基本法の規定から逸脱することができる。逸脱は，19条2項〔基本法の修正の限界に関する規定〕に反することはできず，79条3項〔基本法変更の限界〕のいう原則に一致しなければならない。

②Ⅱ，Ⅷ，Ⅷa，Ⅸ，Ⅹ，Ⅺ節〔基本法〕(5)からの逸脱は，最長1995年12月31日まで許される。

③第1項，第2項にかかわらず，統一条約41条，およびその施行のための規定は，所有権への侵害が本条約3条の領域で回復されないことが予想されるとしても，有効である。」

(3)(7) Ⅰ　このような返還も補償もしない，との統一条約に対し，旧地主や旧所有者あるいはその相続人である14人のXら（①—⑭）が訴えたものである（Ⅰ　1 BvR 1170/90, 1名；Ⅱ　1 BvR 1174/90, 12名；Ⅲ　1 BvR 1175/90, 1名）。原告Xらは，これが財産所有権の基本的権利を侵害し，法のもとの平等に違反するとする(6)。

(a)　第1の訴（1 BvR 1170/90）の事実関係では，Xの父Bは，祖父Aの土地，モード・既製服の店を，Xの従姉妹とともに相続し，さらに，Xは，これを父Bの死亡によって相続した。土地と営業のBの相続分とは，1945年10月30日，占領軍の命令124号によって収用され（Xの父Bが，ナチスのＳＡの地区指導者だったことによる），人民所有とされた。さらに，1948年4月17日，占領軍の命令64号によって全営業が収用された。

(b)　第2の訴（1 BvR 1174/90）の事実関係では，異議申立人①—⑩，⑫は，ソ連占領地に農場をもち土地改革に遭遇した，あるいはそのような土地所有者の相続人である，と主張した。また，申立人⑥と⑩は，収用された土地は，100ヘクタール以下であった（96ヘクタールと86ヘクタール）が，ほかの者の土地は，104ヘクタールから1000ヘクタールの間であった。申立人⑪は，製材所の所有者の相続人であった。製材所は，占領軍の命令124号によって収用された。

(c)　第3の訴（1 BvR 1175/90）の事実関係では，申立人は，237ヘクタールの大農場の所有者であり，土地改革によって収用され，人民所有とされたと主張。

Ⅱ　当事者の主張は，二つに大別される(7)。

(a)　第1の訴（1 BvR 1170/90）と第3の訴（1 BvR 1175/90）では，Xらの申立の理由は，共通している。統一条約4条5項は，同3条，41条，付則Ⅲ（共同宣言）との関係で，占領法規のもとでされた収用が回復されないとするかぎりで，基本法14条1項〔財産権の保障〕，19条2項〔法の一般的適

用〕，3条1項〔法の下の平等〕，20条3項〔法治主義の原則〕に違反すると主張する。

　すなわち，1945年と1949年の間の収用が最終的なものであり見直されないと明示されたことで，Xらの，現在の権利の保持者に対する返還請求権が妨げられた。これは，財産権を保障した基本法14条に違反する。収用が東西ドイツの成立前になされたとしても，条約およびこれを国内法化する法（Zustimmungsgesetz）は，収用をうけるXの法的地位を前提としている。

　また，統一条約付則Ⅲ（共同宣言）に留保されている補償によって，基本法14条3項の補償の要件がみたされるかは不明である。返還も補償もしないのは，基本法19条2項に反する。基本法を変更する立法機関が143条3項を付加することによって，合憲性をみずから主張することは，権力の分配の原則に反する。

　さらに，この規定が占領法規による収用と東ドイツによる収用とを区別することは，平等の原則にも違反する——というものである。

　(b)　第2の訴（1 BvR 1174/90）も，詳細に統一条約の違憲性（基本法3条1項〔法の下の平等〕，14条〔財産権の保障〕，2条1項〔人格権の尊重〕，1条〔人間の尊厳〕，20条3項〔法治主義の原則〕）を主張する。

　すなわち，統一条約付則Ⅲは，共産党の土地改革を「歴史的展開」（historische Entwicklung）として，西ドイツの法治国家のシステムに受容するものである。この収用は，終了した事実ではなく，返還または補償がなされてはじめて，清算される。収用の目的を達成させないためには，遡及して効力をなくすことが必要である。

　共同宣言4条，7条，8条は，返還および補償請求権を予定している。1945年から1949年の収用に対して返還請求権がなく，その後の収用に対しては返還請求権があるとされている。営業の収用の場合にも，この差別があり，これらには正当な事由がなく，基本法3条1項に違反する。

　統一条約が基本法違反の状態を憲法改正によって意図するなら，憲法違反である。すなわち，土地改革は不法であるが，統一条約がこの違法を維持することは，当事者に対し国家権力の行使をすることにほかならない。統一条約41条と基本法143条3項によって，基本法1条1項が害される。

　また，統一条約4条4項による憲法変更も，憲法違反である。憲法の統一

性から，135a条2項は，損害賠償請求権がないなら補償があたえられるとの趣旨と解さなければならない—というものである。

㈦　これに対し，国側〔連邦政府〕は，国家成立以前の問題に責任をおうことはできないと抗弁。また，ソ連の同意なしには再統一ができなかったことから，ソ連占領下での政策を否定することはできなかった，と主張した(8)。

Ⅰ　連邦政府の抗弁は，3点である。

(a)　ドイツ再統一の回復のための交渉のさいに，1945年から1949年の収用に手をつけないことは，東ドイツおよびソ連政府にとって交渉のよちのない前提条件であった。さらに，東ドイツ政府は，当初，所有権の回復を検討することを拒絶した。金銭による賠償がされることには問題がなかった。これは，当時のモドロウ首相から，1990年3月2日に，コール連邦首相とゴルバチョフ・ソ連大統領に伝達された(9)。そのあとの交渉においてはじめて，東ドイツ政府は，返還を全面的に否定することはせず，国際法的観点から，1945年から1949年のソ連占領下の収用についてのみが東西ドイツ政府の任意にはできないとする立場に変わった。ソ連もこの立場に与し，それは，1990年3月27日の声明および1990年4月28日にモスクワのドイツ大使館に渡されたメモ（Aide-mémoire）において確認された。

占領下の収用にふれないとのことは，旧占領4カ国との条約の交渉（Zwei-plus-Vier-Verhandlungen）でも決定的な役割をはたした。その同意が条約の締結に不可欠なソ連の要求に対し，東西ドイツ政府は，共同書簡によってこれを確認した。

(b)　基本法14条および2条1項に違反するとの非難は，あたらない。

申立理由は，1949年前の収用が回復されないとすることによって，かつてのソ連の占領下の収用が連邦政府によって「あらためて設定された」ものとするが，これはあたらない。すなわち，収用は，その効果が現在まで存続している事件である。そこで，所有権秩序の修正の指針を基本法14条に読み込むことは，その過大な要求である。

さらに，基本法143条3項は，79条3項に反することなしに，所有権保護を内容的に緩和している。同条は，所有権保護のシステムを変更するものではなく，過去に根ざす事件を克服しようとするものである。申立理由のいう返還請求権は，79条3項の保護する憲法的所有権の保護の部分ではない。

なにが「補償」として理解されるべきかは，本訴訟では問題ではない。立法者は，これについて述べていないから，基本法違反を非難するにはあたらない。統一条約における135ａ条2項の規定は，もとの135ａ条との関係でみなければならない。本条は，ナチスのシステムを憲法的に清算するためのものであった。再統一によって，立法者は，同様の課題に直面している。

(c) 法のもとの平等にも反していない。

1945年から1949年の収用がのちの収用と区別されることは，前者にふれないことが，統一にとって前提条件であり，統一という高い憲法的目的のために連邦政府がこれを受容しなければならなかったことから正当化される。すべての収用を同様に扱うことは，返還請求権をすべて排除することによってのみ可能となったであろう。しかし，上告人は，このような「平等」によってうるところはないであろう[10]。

II また，連邦裁判所（ＢＧＨ）の所長によって伝達された，民事第3部と第5部の裁判長の意見がある。

ソ連占領地域の収用の問題について，民事第3部は，「分裂社会」（Spaltgesellschaft）の問題に関連して，属地主義の原則（Territorialitätsprinzip）を適用すれば，「東の収用の基準」（Ostenteignungsmaßnahme）によって西ドイツの財産目的物が影響されることはないとして，東西間での影響関係を否定した。

また，民事第5部は，1946年のイギリスの占領権力による土地の収用（Requisition），あるいはこのような収用の取消のためにドイツで対処しないことは，基本法14条の収用にあたるか，との問題に対し，すなわち，双方とも否定されるとした。なぜなら，基本法14条の保護は，ドイツの立場での高権的な権能による所有権への侵害のみを前提としているからである。

III さらに，連邦行政裁判所の所長によって伝達された，第4上告部（4. Revisionssenat）の意見がある。

基本法の発効前の，また当時のソ連占領地域における収用に関する規定は，基本法14条の考慮するところではない。また，連邦政府が，統一条約において，収用の取消（Rückenteignung），または補償に関する規定を義務づけられたかどうかのみが，決定的である。この場合にかぎり，基本法3条1項または同基本法の一般的平等原則が考慮されるのである。ソ連および東ドイツ

政府が，1945年から1949年の占領下での収用を修正する可能性を否定するとの政治的な状況のなかで，連邦政府が，ドイツ統一の促進のために，たんに補償に関する確定的な決定を全ドイツの議会に留保するにとどまったのも，正当である。

Ⅳ 統一条約と旧占領4カ国との条約の交渉過程について，連邦司法相キンケル，当時の東ドイツ首相デメジエール，外務次官のカストルップは，口頭弁論において陳述を行った[11]。

すなわち，判決は，統一条約に付加された財産問題に関する共同宣言の効力について，これが，東西ドイツの統一に不可欠であったこととして，以下のように認定している。東西ドイツの統一の要件となる旧占領4カ国との条約（Zwei-plus-Vier-Vertrag, 1990.9.12）の交渉過程で，東西ドイツの外相は，4カ国の外相に対する共同の書簡（Gemeinsamer Brief）において，1990年6月15日の共同宣言の1条と統一条約41条1項（これによって共同宣言が，統一条約の一部とされる）に含まれる原則（ソ連占領下の収用の効力は変更されない）を確認した。この4カ国との条約は，4カ国のドイツに対する権利と責任を終了させ，ドイツが完全な主権を回復する前提であった[12]。

(4) 判決は，申立をいれたが，統一条約の規定を合憲とした。財産の収用が，外国によって，1949年のドイツ基本法の成立前になされ，ドイツ国家にその責任を問うことができないことを理由とする。もっとも，一定の補償をするべきことは認めた[13]。

判決によれば，

Ⅰ 国際条約が直接に個人の権利を侵害する規定を含む場合には，Ｘらの申立は可能である。西ドイツと東ドイツとの統一条約の場合でも同様である[14]。

しかし，問題となっている土地改革による収用は，占領法規によるものである。収用が，ソ連占領軍（ＳＭＡＤ）の命令124号による場合には，ドイツ側では，差押や収用に異議を唱えることはできない。占領軍の権力の影響力は，ＳＭＡＤが，1948年4月17日の命令64号において，収用を明示に確認したことによっても証明される。これはドイツ側の〔州の〕協力があったことによっても，（戦時賠償と異なり）占領軍の利益にならなかったことによっても，妨げられない。

統一にいたる条約の交渉過程から，問題の規定は，統一条約の当事者とソ連の意思にしたがって，以下の意味で理解されるべきである。口頭弁論において，この交渉に係わった連邦司法相キンケルと首相デメジエールは，土地改革において生じた所有関係の保持が東ドイツの重要な主張であったことを確認した。この主張は，ソ連の立場とも一致した。これは，さらにタス通信によって1990年4月27日に公けにされたソ連政府の意思や，1990年4月28日にモスクワのドイツ大使館に伝達されたメモ（Aide-mémoire）からも明らかである(15)。

問題の規定は，連邦政府が立法過程で述べたように理解されるべきである。収用には，たんに直接にソ連の占領権力によってされただけではなく，土地改革の諸過程でされた収用も含まれる。共同宣言の1条1文による1945年から1949年の時期というわくからも，戦後直後だけではなく，もっとのちの東ドイツ成立までの時期の補償なき収用が含まれることは，明らかである。これは，行われた法的理由が法によらないものだったか，法治国家的方法によってされたかという収用の方法についてもあてはまる。さらに，収用は，直接にはドイツ側からなされたとしても，当時占領権力がなお最高権力だったことから，占領高権にもとづいているのである。

Ⅱ　判決は，申立理由は不備であるとする(16)。

(a)　まず，1 BvR 1174/90 zu 11（＝第2事件）の申立理由は，当事者適格の点で却下された。主張された収用の証拠はあったが，収用された企業と土地の所有者の相続人であるとの証明が十分ではなかったからである。その他の申立では当事者適格が認められた(17)。

(b)　占領軍による収用（1945年から1949年）は，取消されないとする統一条約41条・共同宣言1条（統一条約付則Ⅲ）の規定は，申立人の基本権を害するものではない。その規定は，統一条約4条5項の3号が基本法に付加した143条によって，明確に合憲であると宣言している。そこで，同規定は，143条3項が無効である場合にのみ，違憲となる。

しかし，本件はこれにあたらない。

形式的にみるかぎり，同条は，いかなる規定にも反しない。連邦政府によってされた統一条約における「統一を条件とした基本法の変更」，連邦議会による基本法59条2項による条約への同意法は，その法的根拠を基本法旧23

条2文〔新たな州の連邦への加入に関する規定〕によっている[18]。後者は，基本法による再統一を可能にしており，それによれば，統一条約は合憲だからである。当該の状況のもとでは，統一条約の成立は，ドイツの統一回復の機会をうる前提であった。連邦政府がこの条約を締結しそのなかで基本法を変更することは，東ドイツならびにソ連との交渉の過程で不可欠であったから，ドイツの統一を回復するための憲法的義務によっていたのである[19]。

基本法143条3項が付加されたことによって，立法者が基本法を変更するには，基本法の文言を明示に変更することによってのみなされる（79条1項1文）との制限にも反していない。また，一般に，基本法の変更は具体的に示されることが必要であるが，必ずしも必要でない場合もある。143条3項は，将来の所有権保障の変更を定めたものではなく，また，基本法14条3項を逸脱する収用の要件を定めたものでもない。統一による基本法の適用の拡大にさいし，経過措置を扱ったにすぎない。このように過去に関するものについては，変更は，その地域への基本法の発効によって変化がないことを示せばたりるのである。すなわち，基本法の変更は，基本法の条文自体でされていなければならないとのことは，143条3項の付加によって達成されている〔判決要旨1〕[20]。

(c) 実質的には，基本法143条を，同79条3項〔基本法1条，20条の原則に反する基本法の変更はできない〕の基準によって検討しなければならない。基本法143条3項の規定は，同143条1項および2項にかかわりなく，収用を確認するとするが，これは，143条1項で述べられた79条3項の規定（基本法の改定の限界）が，関係ないとの意味には理解しえない。

すなわち，基本法79条3項は，同1条と20条の原則にふれる基本法の変更を禁じている。それには，たんに1条1項の人間の尊厳だけではなく，1条2項の，人権の不可侵，平和，平等など，また20条1項の法治国家，社会国家の原則などが含まれる。しかし，それは，相当の理由によって（aus sachgerechten Gründen），基本法の変更をする立法者がこれらの原則を緩和することまでを禁じているわけではない。

共同宣言の1条1文は，1949年までの収用を無効とすることを禁じている。しかし，それは，財産的価値の補償を禁じているわけではない。これは，共同宣言の1条4文で，明確に留保されている[21]。

基本法を変更する立法者が収用の規定を確認することは，79条3項の制限に反しない。収用は，占領軍によって所有権を完全かつ最終的に奪うために行われた。それは，ソ連の占領地域で行われたかぎり，占領軍によって直接行われても，占領軍にたてられたドイツ行政機構の立場から間接的にされても，基本法によって義務づけられた連邦共和国の国家権力の責に帰すべきものではない。連邦共和国の権力は，事実上も国家法上も，当時の連邦領域（基本法23条1文）に制限されていたのである。すなわち，基本法79条3項は，基本法によって義務づけられた立法者によって引きうけられなかった，外国の国家権力によってされた収用の回復を要求していない〔判決要旨2〕[22]。

ドイツで認められた国際的収用法によれば，無償の収用を含め，他の国の収用"Konfiskationen"の方法は，これが固有の憲法秩序に一致しないとしても，原則として有効とみなければならない。収用が外国の高権の中で行われ，収用の時点で財産がその外国の領域にあるかぎり，その効力を認めなければならないのである（属地主義（Territorialitätprinzip））。これに対して，基本法を理由として異議を唱えることはできない〔判決要旨3〕[23]。

前の不法のあとからの補償という観点からすると，当該事件において，収用された目的物が旧所有者またはその承継人に返還されないことは，基本法79条3項に反しない。原状回復の可能性があるからといって，それを排除することが79条3項に反するわけでもない。

戦争結果法（Kriegsfolgenrecht）に関する連邦憲法裁判所の判決によると，占領および賠償による損害の補償の規定の検討にあたっては，連邦共和国の立法者は，国家内の負担の調整については，基本法の価値秩序，とくに20条1項の社会国家の思想によって義務づけられる。しかし，この場合の負担の調整については，広い裁量権をもっている（weiter Gestaltungsraum）。他の負担や財政上の必要性などを考慮することができる。

また，立法者は，他の秩序観をもつシステムの国家権力を引きつぐにさいし，法治国家としてうけいれがたい方法に，一般的負担の調整を超えて補償することができる。たとえば，ナチスの不法に対する補償もそうである。補償のない収用に対する共同宣言1条に包含されない（つまり1949年以後の収用に関する）統一条約の規定は，このような観点にもとづいている[24]。

79条3項によれば，返還も可能であり，補償の規定にあたって，立法者は，

広い裁量権をもっている。これは，補償の方法にもいえる。補償は，個々の基本権からの流出物（Ausfluß）ではなく，法治国家，社会国家（Rechts- u. Sozialstaatsgedanken）としての考えにもとづく。

共同宣言1条による〔所有権の〕回復の否定は，東ドイツとソ連とが，この規定の導入を主張し連邦政府が統一を達成するために受容しなければならなかったことから，正当化される（前述）。平等の原則（die Grundelemente des Gleichheitssatzes）がこれによって逸脱されるわけでもない。東ドイツは，収用によって生じた新たな所有権関係をくつがえすことによる社会不安を恐れたのであるし，ソ連は，その主権のもとでされた収用を，しかもそれが自己の法的，経済的，かつ社会的観念と一致するにもかかわらず，あとになって変更されることを望まなかったのである[25]。

(d) 統一条約41条，共同宣言1条4文は，将来の国家補償の決定を立法者に留保している。この点で，当該の状況のもとで，補償の規定がおかれるかが立法者の自由な裁量のもとにあるわけではない，とする申立理由は，正当である。それは，基本法3条1項の平等な取扱の原則からも明らかである。すなわち，基本法3条1項は，統一条約付則Ⅲの意味における占領法規または占領高権を理由とする収用に対しても，立法者が，補償を与えることを命じているのである〔判決要旨4〕。

そして，共同宣言の1条4文は，立法者が補償を規定するにあたって，このような憲法的要請と一致させることを妨げるものではない。共同宣言の1条4文が，補償の留保によって，憲法上必要な完全な補償を排除しているとの非難は，あたらない。この規定は，補償の高さへの尺度を含むものではなく，また，基本法からは，ここで問題となっている収用に対する完全な補償が導かれるわけでもない。

補償の評価にあたって，立法者は，そのような国家の課題にかんがみて，どのような財政上の可能性があるかを考慮しなければならない。戦争による損害（Kriegsfolgenschäden）の補償において発展した原則が，準用されるべきであり，立法者は，回復されるべき損害（ここには，所有権への侵害だけが含まれるわけではない）の全体を考慮しなければならない。所有権侵害の評価にあたっては，問題の時期に，他の法益も，たとえば，生命，健康，自由，職業的生計なども，侵害されたことを考慮する必要がある。さらに，立法者

は，東ドイツ地域の再建から明らかな，新たな課題の履行をも考慮しなければならない。国家の経済的および財政的状態と数々の国家の課題の評価にあっては，さらに，特別な考慮を必要とする。旧東ドイツ地域の諸州のきびしい経済状態をかんがみると[26]，（固有の（originäre））基本法上の義務は，返還を価値で評価したものではありえない。立法者は，補償にあたって，基本法3条1項を考慮しなければならない。

収用された目的物の一部がなお公けの所有権であるからといって，申立人が返還を請求できるわけでもない。旧所有者は，自分の物がなお回復可能な状態にあるという偶然によって，他の被収用者や他の種類の不法の被害者よりも回復が優先することを主張しえない。これは，旧所有権の返還の可能性が認められる場合にもいえる[27]。

(e) 基本法135a条2項が，79条3項に一致するかは，前述したところによると，判断の必要はない。その規定は，立法者の判断から，ここで平等原則をはずしているわけではない。それはまた，憲法と一致する補償規定をおくことを妨げるわけではない。規定が申立人に不利益な場合に，当事者適格は，直接憲法によってではなく，法律の規定によってはじめて生じるのである。

さらに，第2事件（BvR 1174/90）の申立人が別の規定につき主張した憲法上の論点については，これ以上検討する必要はない。そこでも，共同宣言1条の他に固有の論点はないからである。したがって，その余には立ち入る必要はない[28]。

(f) 申立は棄却されるべきであるが，申立人も正当な利益を有する将来の補償に関して明らかにするために，判決がなされるとされた〔判決は全員一致であった〕[29]。

(5) また，この裁判例の延長といえる諸判決がある。

(ア) ベルリン地裁1991年4月26日判決は，東ベルリンにおいても，占領法規による収用が取消されることはないとした。東西ドイツの統一によって，旧東ドイツの5州は，ドイツ連邦共和国の州となったが（統一条約1条1項），東西ベルリンは，23地区をあわせて，ベルリン州を構成するとされ（同条2項），連邦加入の手続に相違があったことによる。もっとも，統一による州の連邦への加入にともない，連邦基本法は，5州だけではなく，東ベ

ルリンにも適用されるとされている（3条）[30]。

(イ) 連邦憲法裁判所1991年6月24日判決は，同じく占領法規による収用が取消されることはないとした規定の有効性に関するものである。上告人Xは，チューリンゲンの土地所有者の相続人であった。土地は，電気関係の企業に賃貸されていた。戦後，賃借人の企業は，ＳＭＡＤ124号命令によって収用された。ＳＭＡＤ64号命令に関する経済委員会の指針1号2によって，チューリンゲン内務省は，当該企業だけでなく，企業に用いられていたすべての財産をも収用した。そこで，企業の土地も，人民所有とされたのである。Xは，賃借人の行為によって賃貸人が土地を収用されるのは不当であり，また，土地が占領軍によってではなく，チューリンゲンの州政府によって，法の濫用（Rechtsbeugung）および当時の憲法に違反して収用されたと主張。請求棄却。判決は，収用が濫用（Willkür）の場合も含まれるとした。また，具体的にどのような場合が，統一条約付則Ⅲ1条（占領法規は取消されないとの規定）に含まれないかの解明は，事実審裁判所の専権事項であるとする[31]。

2 連邦憲法裁判所・1991年7月9日判決
(1) 連邦憲法裁判所は，1991年7月9日の判決（②判決，BVerfGE 84,286 Ⅰ（Nr.19））[32]において，財産法の解釈について，以下の判断を示した。

1987年9月24日のドレスデン市参事会（Rat der Stadt Dresden）の決定によって，Xは，494平方メートルの土地を人民所有にされた（旧東ドイツの1984年6月15日建築用地法，Baulandgesetz der DDR; GBl.I, S.201の12条）。Xは，2470マルクの補償をうけとった（旧東ドイツの補償法，Entschädigungsgesetz v. 15.6.1984; GBl.I, S.209）。

1988年10月17日，ドレスデン市参事会は，その土地に関する，建物を建築できる権利を付した期限のない利用権をＹに貸与した（旧東ドイツの人民所有権に関する利用権の貸与法，Gesetz zur Verleihung von Nutzungsrechten an volkseigenen Grundstücken v.14.12.1970; GBl.I, S.372）。また，Ｙは，1990年5月19日の売買契約によって，代金2964マルクで，その土地を取得した。1990年8月17日以来，Ｙは，所有者として土地登記簿に登記されている。1990年11月16日，Ｙは，ドレスデン市貯蓄銀行に対して，25万2000マルクの土地債務の登記を行った。その当時，Ｙは，土地にプレハブ住宅の建築をしていた。

Xは，1990年10月9日に，返還申請法によって，土地の返還申請を行った。1991年2月26日に，Yの登記に対する異議が登記された。Xは，収用の違法性と利用権の取得者の善意でないことを主張して土地返還の申請をしたが，財産問題の管轄官庁（Amt zur Regelung offener Vermögensfragen）は，1991年3月25日，Xの申請を棄却した(33)。

(2)(ア) 他方，Xの申立に対して，区裁判所は，1991年3月19日，Yに対し，建築工事の続行と土地に対する変更を禁じる仮処分を行った（財産法3条3項による処分の禁止）。

Yの控訴に対し，県裁判所は，1991年5月17日の判決において，区裁判所の判決を破棄した。それは，Xに返還請求権がないことを理由とする。第一に，土地は，補償なしに収用されたのではなく，したがって，財産法1条1項(a)(b)により，同法は，本件に適用されない。第2に，本件の利用権の貸与は，財産法4条2項2文にいう善意取得にあたる。第3に，土地は，プレハブ住宅に使用されているから，財産法5条1項(c)（土地の返還請求権は，土地のいちじるしい建築的使用があると排除される）によって，請求権は排除される，というのである(34)。

(イ) 県裁判所の判決に対して，Xは，憲法訴訟を提起し，基本法14条〔財産権の保障〕，19条4項〔基本法の修正の限界に関する規定〕，3条1項〔法の下の平等〕，20条1項〔法治国家主義〕，103条1項〔適正手続の権利〕違反を主張した。また，財産法3条3項は，処分権者に，建築的変更をしないように義務づけている。この不作為請求権は，返還申請権の存在にもとづいており，県裁判所の判決の効力を，本案に関する憲法訴訟の決定まで，効力を停止するべきである——と主張した(35)。

(3) 判決は，Xの請求を認容。すなわち，仮処分が認められないと，Xの請求があとで認容されることになっても，Xの地位は，いちじるしく悪化する。財産法5条1項が，建築工事がプレハブによっているときでも，土地の返還請求を認めないかは，法文上，明らかではない。返還請求権は，建築主の工事によって負担を増加することになる。逆に，仮処分を認めて，Xの主張がのちに棄却されても，それによるYの不利益は，たんに工事の遅れと，建築費の増大ぐらいであり，それほど重大ではない。そこで，1991年3月19

第4章　連邦憲法裁判所判決

日の区裁判所の，仮処分の決定の効力を認めるべきである[36]。

(4)　なお，同じ趣旨の以下の裁判例がある。財産法による返還を申請した者の請求によって，処分権者は，いちじるしい投資をしたり緊急事務管理を超えるような，建物による変更を返還目的物にしない義務をおう（ベルリン地裁1991年3月11日判決）[37]。

(1)　本判決に関しては，なお，vgl. NJW 1991, S.1597; DB 1991, S.1007; JZ 1992, S. 200; DVBl 1991, S.575.
　　　本判決は，社会的にも注目された判決であり，コメントも多いが，まとまったものとしては，Leisner, Das Bodenreform-Urteil des Bundesverfassungsgericht, NJW 1991, S.1569; Badura, Der Verfassungsauftrag der Eigentumsgarantie im wiedervereinigten Deutschland, DVBl.1990, S.1256; Schulze-Fielitz, Der Rechtsstaat und die Aufarbeitung der vor-rechtsstaatlichen Vergangenheit, DVBl.1991, S.893; Arndt, Die Eigentumsgarantie des Grundgesetzes und die eigentumsrechtlichen Regelungen im Einigungsvertrag, JuS 1991, S.73; Maurer, Die Eigentumsregelung im Einigungsvertrag, JZ 1992, S.183; vgl. Jung und Vec, a.a.O. (Jus 1991), S.714.
　　　なお，本判決に先立つものであるが，憲法的問題にふれたものとして，Papier, Verfassungsrechtliche Probleme der Eigentumsregelung im Einigungsvertrag, NJW 1991, S.913 (1991.1.23). Vgl. Böhmer, Verfassungsrechtliche Frage der Enteignung nach der Vereinigung der beiden deutschen Staaten, AnwaltsBl. 1991, S.456-461; Steinberg, Die Verfassungsmäßigkeit des Restitutionsausschlusses sowjetzonaler Enteignungen im Einigungsvertrag, NJ 1991, S.1; Scholz, Die Welt, 1990.10.30; Kilian, Die Welt, 1990.5.9.
(2)　占領法規または占領高権のもとで（besatzungsrechtliche bzw.besatzungshoheitliche Grundlage）というのは，そのうち，"besatzungsrechtliche" は，ソ連占領軍（ＳＭＡＤ）の命令または規則にもとづくものをいい，"besatzungshoheitliche Grundlage" は，ソ連占領地域の州の法または高権行為によるものを意味する（BVerfGE 84,96.＝判決①）。
(3)　この追加の前，旧143条は，国内的緊急状態に関する特別規定（Sonderregelung für den inneren Notstand）が削除されて空白規定であった（Schmidt-Bleibtreu und Klein, Kommentar zum Grundgesetz für die BRD, 1990 (7.Aufl.)）。
(4)　135条は，ラントの領域の変更の場合の，ラントの財産の帰属などを定め，また，135ａ条1項は，Reich, Preußen などの，いまはない団体の債務が，全部または一部履行されないものと，連邦法によって定めることができる，とするものである。
(5)　ここで問題となる基本法の節は，つぎのようである。II (Der Bund und die Länder,§§20-37)〔連邦と州の関係〕，VIII (Die Ausführung der Bundesgesetze und die Bundesverwaltung, §§53-91)〔連邦法の執行と連邦行政〕，VIIIa (Gemeinschafts-

aufgaben,§§91a,91b〔両院協議会〕, IX (Die Rechtsprechung, §§92-104)〔司法〕, X (Finanzwesen,§§104a-115)〔財政〕, XI (Übergangs- und Schuluß-bestimmungen,§§116-146).〔経過規定と付則〕.

(6) 事実関係について, BVerfGE 84,102-103.=判決①
(7) BVerfGE 84,102-103ff.=判決①
(8) BVerfGE 84,108ff.=判決①
(9) Vgl. Sehrig, a.a.O. (AnwBl 1990), S.297; Fieberg und Reichenbach, ②, S.322. この段階では, 東ドイツ政府は, まだ所有権関係の変更に反対であった。
(10) このように, 返還を全面に否定することについては, vgl. Papier, a.a.O. (NJW 1991), S.197. しかし, 基本法の秩序からより離れ, 適切ではない, とする。
(11) BVerfGE 84,112.=判決①
(12) Vgl. Fieberg und Reichenbach, ②, S.323.
また, 共同宣言とドイツ統一との関係については, BVerfGE 84,95f.=判決①
(13) BVerfGE 84,112ff.=判決①
(14) BVerfGE 6,290; 40,141, vgl.BVerfGE 36,1.
(15) Fieberg und Reichenbach, ②, S.322.
(16) BVerfGE 84,117ff.= 判決①
(17) BVerfGE 84,117 = 判決①　また, 事件における所有権の証明については, 前述第3章1(5)参照。
(18) 基本法23条の基本法の適用領域と, 連邦への加入については, Schmidt-Bleibtreu und Klein, a.a.O., S.463 ff.
(19) 基本法前文は, 統一を前提としている。また, 西ドイツは, 東ドイツを国家として承認せず, したがって, 基本法32条の外国との関係には, 東ドイツとの関係は含まれない (Schmidt-Bleibtreu und Klein, a.a.O., S.531).
(20) BVerfGE 84,118ff.= 判決①
また, 権力の分配に関する原則 (der Grundsatz der Gewaltenteilung) も害されていない。
(21) BVerfGE 84,121.= 判決①
(22) BVerfGE 84,122ff.= 判決①
(23) BVerfGE 84,123ff.= 判決①, vgl. Steinberg, a.a.O. (NJ 1991), S.3.
(24) BVerfGE 84,126f.= 判決①
(25) BVerfGE 84,125ff.127f.= 判決①
(26) その当時予想された状況でも, 補償金の額は, 3桁増しの10億 (Höhe eines dreistelligen Milliardenbetrages) マルクを必要とするという。
(27) BVerfGE 84,128ff.= 判決①　また, 旧東ドイツの失政による経済の破綻から, その結果は財政的に除去されないが, それにつき連邦政府の責任はないとする。
(28) BVerfGE 84,131ff.= 判決①
(29) BVerfGE 84,132.= 判決①
(30) LG Berlin (7W 1908/91), 1991,4,26, NJ 1991, S.321.

⑶¹ BVerfG (1 BvR 915/91), 1991,6,24, NJ 1991, S.507.
⑶² 本判決，および人民所有の土地の売買に関しては，vgl. Leinemann, BB 1991, Beilage 8, S.10; Enderlein, Kauf von volkseigenen Grundstücken und Gebäuden in der ehemaligen DDR, BB 1991, S.1813.
⑶³ BVerfGE 84,286f.＝判決②
⑶⁴ BVerfGE 84,287.＝判決②
⑶⁵ BVerfGE 84,287f.＝判決②
⑶⁶ BVerfGE 84,289.＝判決②
⑶⁷ LG Berlin, 1991,3,11, 22 U 189/91, NJ 1991, S.412.

3　判決の評価

(1)(ア)　①判決の論旨は，多方面にわたるが，それ自体詳細であり，また結論としてはこれに対する見解に大きな相違もみられないので，あまりコメントを加える必要はない。また，理由づけには憲法上の問題点は多いが，本稿の対象からはあまり立ち入る必要はないと思われる⑴。

　理由は，形式的理由と実質的理由とに大別される。

　合憲性の形式的な理由としては，基本法の規定に合致していることによる。すなわち，旧東ドイツ諸州の西ドイツへの加入は，基本法旧23条2文により行われた。また，基本法の改正は，統一条約4条による基本法143条の付加によって行われている⑵。

　統一条約によって基本法143条が付加され，統一条約41条〔すなわち，共同宣言〕の効力が承認されている。しかし，基本法79条3項は，同1条と20条の原則にふれる憲法変更を禁止している。そこには，1条にいう人間の尊厳，あるいは20条の法治国家の原則などが含まれ，憲法変更の限界をなしている⑶。したがって，統一条約がたんに形式的に憲法改定規定にもとづいているというだけではなく，その内容を実質的にも検討することが必要となる。

　同条は，明文上，基本法1条〔人間の尊厳〕と20条〔法治国家，社会国家の理念〕とを指示しており，そこには同3条〔法の下の平等〕，14条〔財産権の保障〕は，直接には入っていない。そして，判決と同様に，相当の理由がある場合には，区別を設けることに肯定的な見解が有力である⑷。

　また，実質的な理由としては，①1949年以前の収用が外国の権力のもとで行われたこと，②基本法成立以前のことであり，また，場所的にも西ドイツ

の領域外で、基本法の対象外であることを理由とする。

このことをも、おおかたの論者は支持し、基本法は、その構成する国家権力のみを拘束し、また、遡及しないとする(5)。

③同判決は、補償の可能性についても、肯定したが、補償に関しても、収用土地の代価と等価（Äquivalenz）の補償が必要とする見解は少ない。収用は、基本的に外国の権力、不法によるものであり、基本法は、その賠償を要求してはいないからである(6)。

(イ) しかし、本判決による解決にもかかわらず、現象的にみれば、依然として、つぎのような疑問が残される。ソ連占領権力による収用が、もともとはナチスの支配の基盤を打ち破ることを意図していたとしても、じっさいは、共産主義的な財産関係への変革に寄与していたとすれば、その効果を存続させるべきかである。たとえば、同じ村で、99ヘクタールの土地をもっていたYが、土地をLPGに供出し、統一によってそれを回復するチャンスをえたのに、その隣人のZが100ヘクタール以上の土地をもっており、1946年に土地を収用されたとすると、統一後にも、それを回復できないのは、不公平ではないのか？(7)

もっとも、これは問題のとりちがえであって、法律問題は、限界的な事例ではつねに疑問点を含むことが多い。占領軍による収用がポツダム議定書にもとづくかぎり（これを否定するのではない場合には）、その具体的な運用に差が残るものの、それ自体を無効とすることはできない。基本法制定前のことであり、また（西）ドイツ外のことでもある。これは、判決の基本的な立場でもある。もちろん、その前提としては、占領軍による収用の効果を存続させるべきとの根本的な価値判断がある(8)。また、これが返還以外の方法でする新たな私有化の対象となることはいうまでもないから、返還を否定することが、ただちに社会主義的財産関係を維持することにつながるものでもない。

西側地域との間で差が出たとすれば、それは、収用後の運用である。基本法制定前の状態の効果が、依然として存続しているとすれば、それは、収用された財産が人民所有など公有とされ、人民所有を排除すれば回復可能なようにみえることである。売却などで処分された場合には、1949年以後の扱いでもそうであるように、返還のよちはほとんどない（善意者への保護。財産

法3条4項)。

　㈼　これに反し，1949年以後の収用には，旧東ドイツの政策以外の根拠はない。西側への亡命者の財産の強制管理や収用は，いわば制裁として行われ，旧東ドイツの政策にすぎない。しかも，これは，1989年まで継続して行われ，その効果は過去のものとはいえない。比較的短期間に一時的かつ全面的に行われた占領軍による収用とは，質的に異なることを認めなければならない。もっとも，少なくとも心理的には，1949年以前のものとのアンバランスは否定できず，不公平感が残ることになり，それが統一後の政策への不安定要因となっている可能性がある(9)。

　ただし，判決によれば，「返還の原則」といっても，それはかなり広い立法者の裁量のもとにあるとされる。判決は，必ずしも正面から所有権にもとづく請求権が与えられたとは，とらえていないのである(10)。すべての返還は，社会国家理念にもとづく負担の調整（Lastenausgleich）の性質をもつ。1949年以前の収用については，ソ連，東ドイツの反対で返還ができず，また，1949年後の収用についても，補償の方法として，返還が選択されたものにすぎない。そして，旧所有者は，返還を請求できるだけであって，過去に遡って収用が無効になるわけではない。さらに，前者について金銭賠償がされても，それは全額賠償を意味するものではない。返還も補償も，限定的な意味であることが明らかにされた。これは，立法上，「返還の原則」に手をつけにくい状況のもとでは，その新たな位置づけとして意味のあるものであろう。

　(2)㈰　②判決は，財産法の解釈に関するものであるが，①判決に比して，ずっと小さな問題を対象としている。

　㈪　旧東ドイツ民法典によれば，個人所有権は個人によって取得も譲渡もされえたが，その対象は限定されており，経済的営業活動のもととなる物には，個人所有権の取得も譲渡もできなかった（旧東ドイツ民法典20条3項）。生産財への拘束である。もっとも，土地も建物も，経済的営業活動のもととならない場合には，この制限に服さなかった。また，人民所有権にはかなり厳格な制限が付されていた。たとえば，人民所有の土地は，変革後の1990年3月7日法まで，個人所有の対象とすることは許されなかった(11)。

　しかし，人民所有の建物は，長らく，個人所有権の対象とされてきた。個人所有は，土地と分離された建物に関しては可能だったのである(12)。旧東ド

93

イツ法によれば，建物は必ずしも土地と一体の不動産とはされない。利用権の強化にともなって，利用権つきの建物であれば，独立した不動産と扱われているからである。すなわち，旧東ドイツ民法典295条2項によれば，「土地の所有権にかかわらず，建物および設備に対する独立した所有権を，法規によって規定することができる。このような建物と設備に対する権利には，土地に関する規定を準用する」。

利用権を取得すれば，人民所有の建物を取得することも，みずから建物を建てることも可能であった。この場合に，いわば建物が土地（およびその利用権を）を吸収したのである。土地所有権を取得するまえの，本件のYの地位が，そのようなものである。そして，人民所有の土地のうえに，その利用権を取得して建物を建築することもできたから，このような形態によって，土地と建物の所有者が異なることは，旧東ドイツではかなりあったといわれる[13]。また，土地がなお私有の場合には，いっそう明確に建物が土地を吸収したのである。これらの点は，建物が土地に吸収される関係にあるとする（西）ドイツ民法典とは異なる（94条1項）。もちろん，このいわゆる建物所有権は，統一により廃止されたから，借主の地位をどう保護するかは大きな問題となったのである。〔これにつき，本書第2篇参照〕

Yは，土地に関しては利用権を取得し（変革前の土地所有権には意味がなかったから），そのうえに建物を取得することとし，しかし，変革後の1990年3月7日法によって，土地所有権の取得が可能となってからは，同年5月，その所有権を取得したのである。ただし，収用された財産が返還されるとの財産法の原則によると，その土地所有権はXに返還されなければならない。そこで，財産法の適用を排除するために，第1に，土地は，補償なしに収用されたのではなく，したがって，財産法1条1項(a)(b)の規定によって，同法は，本件に適用されないことを，第2に，本件の利用権の貸与は，財産法4条2項2文にいう善意取得にあたることを，第3に，土地は，プレハブ住宅に使用されているから，財産法5条1項(c)（土地の返還請求権は，土地のいちじるしい建築的使用があると排除される）によって，請求権は排除される，と主張した。判決は，この第3点に関するものである。

(1) 第4章1の注1に引用の文献参照。このうち，Leisner, a.a.O. (NJW 1991), S.

第4章　連邦憲法裁判所判決

1569ff. は，かなり批判的である（さらに，Krüger, a.a.O. (DtZ 1991), S.385）。ただ，いずれにしても，政治的観点あるいは妥協が無視できないことについては，vgl. Maurer, a.a.O. (JZ 1992), S.184.; Schulze-Fielitz, a.a.O. (DVBl.1991), S.903f.

　もっとも，この判決が，占領下での土地改革の効力を肯定するにつき，統一にかかわるソ連の意思を根拠の１つとしたことから，1991年末のソ連の崩壊にともない，連邦憲法裁判所は，もはやこの1991年４月23日の判決に拘束されないのではないかとの見解も主張されており，その解釈のもとでは，土地改革による収用をうけた者にも返還請求権が期待されるとの指摘もなされている（vgl. Siewert, a.a.O. (NJ 1992), S.158）。

〔同様の観点から，一般に返還への期待が高まったことから，①判決を再度確認する，いわゆる第２判決が登場することとなったのである。これにつき，後述第３部２篇参照〕

(2) Badura, a.a.O., S.1257.
(3) Papier, a.a.O., S.195-197; Badura, a.a.O., S.1257.
(4) Papier, a.a.O., S.196-197
(5) Papier, a.a.O., S.195; Badura, a.a.O., S.1256, S.1261; Steinberg, a.a.O. (NJ 1991), S.1. なお，Leisner, a.a.O., S.1570-1571. 後者によれば，判決は，明示していないものの，さらに土地改革がそれ自体として人間の尊厳に関するものとはとらえていないことを前提にしているとする。
(6) Papier, a.a.O., S.197; Badura, a.a.O., S.1262 f. しかし，Scholz, a.a.O. (Die Welt 1990,10,30). は，完全な補償が必要とする。Leisner, a.a.O. (NJW 1991), S.1573f. は，判決の論理では，かなり限定されることを指摘する。
(7) Sehrig, a.a.O. (AnwBl 1990), S.298. すなわち，問題は，基本法制定前の法の行った効果が，いぜんとして存続していることであるという（Fortdauernde Wirkung）。この論文は，憲法裁判所の判決以前のものであるが，問題の本質には変わりはない。
(8) そこで，これに反対する側からは，返還請求を認めないことは，あたかも再度の収用（die zweite Enteignung）を意味する，と批判することになる（vgl. General-Anzeiger, 1992.9.12/13, S.3）。しかし，憲法問題としては，同判決によって問題はすでに確定したとの評価が一般である（Schildt, Bodenreform und deutsche Einheit, DtZ 1992, S.97）。
(9) たとえば，財産の返還は，1949年以前に遡らないとの，共同宣言，統一条約，返還申請法，および財産法の規定にかかわらず，統一後に，①判決にかかる憲法訴訟が多数提起されること自体が，旧東ドイツで行われる投資にとっては，不安定要因となろう。
(10) Leisner, a.a.O., S.1573. は，これは驚くべき結論だとする。

　しかし，判決は，基本的に，1949年以前の収用を，戦争結果にもとづく損害と同視する。そうすると，東西ドイツの統一は，ソ連への多額の援助や東プロイセンなどの東方領土の喪失といわば引換えに達成されたものであるから，旧東ドイツの所有者だ

95

けに財産回復のための権利を与えるのでは，かえって不公平になるのである。
(11) Enderlein, a.a.O. (BB 1991), S.1813.
(12) 前述第2章1(3)(イ)注13参照。もっとも，旧東ドイツ法の構成上，土地と建物の所有権が分離することができたから，取得者は，人民所有の土地の利用が可能であるかぎり，人民所有の建物の売買はできたのである (Enderlein, a.a.O. (BB 1991), S. 1813.)。
(13) これは，1954年9月15日の人民所有の自宅および集合住宅に関する法律による (Enderlein, a.a.O. (BB 1991), S.1813.)。これは，さらに，1973年12月19日の，高度化のための人民所有の自宅，共有持分，建物の売買に関する法律にうけつがれている。
なお，(西)ドイツ民法典94条1項では，土地に堅固に結合された物として，建物は，土地の本質的構成部分となる (vgl. Jauernig, BGB Kommentar, 3.Aufl. S. 33ff.)。

第5章　むすび

1　概　観

(1) すでに統一の前から，旧東ドイツ時代に収用された不動産などの財産は，回復されることが予定されていた。これは，市場経済と私的所有権の確立を目指した東西ドイツの「通貨・経済・社会の統一体創設のための条約」(1990年5月18日) などの当然の帰結ともとらえられたのである[1]。しかし，過去40年間の財産関係の清算は，それほど簡単ではない。それが性質上不可能な場合もあるし，第三者や善意者との関係で必ずしも貫きえない場合もある（財産法3条3項。前述第2章2，3，第3章1参照）。

東西ドイツの共同宣言（1990年6月15日），およびそれをとりこんだ統一条約（同年8月31日），さらには共同宣言を基礎とする返還申請法は，当初申請に期間を設けることによって，所有関係を早期に安定させようとした（第1章，第2章参照）。しかし，これは旧東ドイツ時代の清算という目的に反するので，財産法は，これに代えて，申請期間中に申請がなければ，たんに現在の所持者の処分が制限されるにとどまる，とした（財産法3条3項）。また，その間に処分がなされれば，その効果は，あとから旧所有者から申請がなされてもくつがえることはないとされた。すなわち，返還関係の制限は，一面で後退したが，他面では進んでもいるのである（第3章参照）。

(2) また，未解決の財産問題の複雑さは，それに対応する基本姿勢が確立

しないことにもある⁽²⁾。すなわち，当初，返還の原則は，市場経済の導入にとって必要なものと考えられたのに反し，多数の財産問題が生じたことによって，所有関係の不安定性から，かえって投資活動が妨げられることが生じた。そこで，当初の「返還の原則」(Rückgabe vor Entschädigung) から，「投資の優先」がうちだされた⁽³⁾。それにもかかわらず，必ずしもそれが一貫していないことから，依然として投資の障害となっているのである。

1991年3月22日，障害除去法は，投資を優先して，返還を制限する方向に，一歩進んだ。すなわち，財産法などの改正（その眼目は財産法旧3ａ条）によって，財産の保持者が一定の範囲の者であり，その者に特定の投資意図のある場合には，旧所有者の申請によって処分権がなくなるとの財産法3条3項の制限（返還の原則）をはずして，財産を譲渡，賃貸する権利を認めた。この場合には，投資が返還に優先するのである。しかし，このような投資の優先も全面的なものではなく，また，規定の複雑さから，必ずしも投資に寄与するかどうか疑問も提示されている（第3章参照）。私的所有権の確立は，必ずしも過去に遡ることだけを意味するわけではないのである。

(3) 返還の原則といっても，もともとこれには大きな制限があった。すなわち，返還されるのは，旧東ドイツの時代に収用された財産だけであり，それ以前（1945年〜1949年）のソ連占領時代の収用には変更が加えられないことが，前提であった。しかし，それゆえ，これは憲法問題をもひきおこしたのである。

連邦憲法裁判所の1991年4月23日の判決によって，1945年から1949年の間の収用の効果は，くつがえされないことが確認され，所有関係は，投資の障害にはならないことが明らかとされた（第4章参照）。

本判決以前からすでに，収用がこの間の時期に行われた場合には，統一条約，返還申請法および財産法が，申請を認めていないことから，所有関係の障害にはならないことが指摘されていた。とくに，株式会社の所有権は信託公社がもっていることが多いが，その基礎となる企業の収用は，圧倒的に多くの場合，この時期に行われたからである。この場合には，株式の売買にせよ，企業財産の売買にせよ，なんら不明確な所有関係をもたらすわけではない。土地の収用も，この時期のものは，数量的にも多い⁽⁴⁾。企業の場合と同様に，土地所有権の返還問題は，投資にとっては，法律の上では，もはや不

確定要因たりえない(5)。

2 統一の影響

(1) 統一の翌年、1991年、旧東ドイツの再建が軌道にのらないことから、コール政権与党のＣＤＵ・ＣＳＵとＦＤＰの連立両党は、政治的にかなり後退した。たとえば、4月22日、ラインラント・ファルツ州 (Rheinland-Pfaltz) で、連立与党ＣＤＵとＦＤＰは、州の政権を失った。同州では、コール首相がかつてみずから州首相をしていたことから、または戦後始めてＳＰＤ主体の政府ができたことから、連立両党にとっては大きな痛手となった(6)。また、連邦参議院の代表は州政府によるので、連邦参議院では、ＳＰＤの議席が4つ増え、ＳＰＤ37対ＣＤＵ31となった。コール政権は、連邦参議院での過半数をも失った。法律の成立には連邦参議院の賛成が必要であるとするものも多い。

統一の当初の予想に反して、旧東ドイツ地域の再建は必ずしも容易ではない。統一のコストが当初の予想以上にかかり、各種の増税や手数料の値上げ、社会保障の切下げも行われた。また、高い失業率も解消されないことなどが原因とみられる(7)。

また、国営企業の具体的な民営化に関しては、メクレンブルク・フォーポンメルン州 (Meckrenburg-Vorpommern) 州首相の Gomluka が1992年3月に、旧東ドイツ国営造船業の民営化をめぐって辞任するなど、数多くの対立が生じた(8)。

(2) 1992年6月26日、連邦議会は、2回目の財産法など関係法規の修正を行った。従来よりも、旧所有者の返還請求に制限を強化し、また、建物の善意取得者の地位をも強化したものとなっている。投資の安定と返還の申請の促進を目指したものである。返還の原則 (Restitution vor Entschädigung) 自体には変化がないが、実質的にはまた一歩変更したものといえる。また、従来財産法と投資法に別個の規制がなされていたのが、一本化された。投資法が廃止され、これと財産法3条6〜8項、3a条に代えて、返還にさいして投資を優先させる法が制定された（投資法 Investitionsverranggesetz）。これらの改正は、連邦参議院の同意をえて、7月15日から法律化された（前述第3章3参照)(9)。

また、旧東ドイツ地域における税制上の投資促進策は、約2年間、1996年末まで継続されることが、決定した。連立与党のＣＤＵ・ＣＳＵとＦＤＰの合意によるものであり、これによって、1996年末までに、国は、ほぼ170億マルクの税収を失うことになる。しかし、現在の12パーセントの投資補助金 (Investitionszulage) は、8パーセント、ついで5パーセントに下げられる[10]。

　(3)(ア)　1992年6月30日、連邦統計局は、近時のデータを発表した。そこでは、旧東ドイツ地域の状態は、従来考えられていたよりもよいが、住民に満足感が乏しいとされている。これには、東ドイツ地域の被用者の過去1年間の平均月賃金額は、1975マルクで、ほぼ西ドイツの半分にすぎないといった、東西格差が原因となっているのであろう。もっとも、1990年7月（統一前）から1991年7月（統一後）の賃金は、旧東ドイツで43.2パーセント上昇したが、西ドイツでは、5.9パーセントにとどまった。また、年金（男）の平均は、1990年はじめ、旧東ドイツでは月額909マルクであったが、西ドイツでは、同年なかごろの労働者の年金保険では月額1407マルクであった[11]。

　他方、消費者物価の上昇にも、差がみられる。西ドイツでは、1991年から1992年のインフレ率は、年4.3パーセント、生活に必要なコストは、1990年6月に0.3パーセントの上昇にとどまったのに反して、東ドイツでは、それぞれ、14.2パーセント、0.5パーセントに達している。

〔再統一後、10年目の年である2000年の報告によれば、西ドイツ地域の失業率がほぼ8パーセントであるのに対し、東ドイツ地域のそれは、なお18パーセントにも達する。就労人口は、89年の986万人から、99年の630万人へと減少している。被用者の賃金水準は、東地域は、西地域の73.8パーセントに達しているが、生産性では、59パーセントにすぎない。ただし、マクロ経済のデータでは、90年代の初頭に、東地域は西地域の31.3パーセントの経済力にすぎなかったのが、90年代末には、56パーセントになり、かつ脱産業化の進展は、西地域よりも早いといわれる。Zeitschrift Deutschland, 2000/4, S.48. もっとも、最後の点については、統一により製造業を中心とする基幹産業が壊滅した結果、第3次産業の就職者が増えたにすぎないとの指摘もある。〕

　(イ)　1992年前半まで、旧東ドイツの再建については、比較的楽観的な見通しが支配した。しかし、8月22日以降、旧東ドイツ地域を中心とした大規模な暴動 (Krawalle) は、このような見通しに水をさすものとなった。Rostock, Cottobus, Wismar などでは，右翼過激派（Rechtsradikale）が多数集合し，外国人労働者，移民の集合住宅への投石，放火などを行った。高い失業率や生活の不安からの不満を，外国人排斥，人種差別によって解消しようとしたものである[12]。

また，8月，連邦財務相のワイゲル（Waigel, CSU）は，ラントの欠損に対する警告を発した。すでに，560億マルク，住民1人あたりにして5000マルクの負債が累積するにいたっている。また，信託公社の債務も，2500億マルクに達している。「貧しい」ラントに対する国庫の調整金も増大し，財務相は，現行のシステムの変更を示唆している[13]。さらに，強制公債（Zwangsanleihe）の構想も出されているが，これに対しては，各方面からの批判がある[14]。

〔1991年から1998年の間に，民間と国あわせて，1兆2500億マルクが，東ドイツ地域に投入された。このうち84パーセント・1兆500億マルクは，民間のものであり，国家予算からの支出は，2000億マルク程度である（Zeitschrift Deutschland, 2000, No.1, S.24）。国家予算は，毎年200億〜300億マルクが投じられてきており，2000年の予算でも，380億マルクが投じられる（Ib., S.14）。〕

㈦ 旧東ドイツの賃料は，統一前ごく低額だったことから，統一後もかなり据え置かれてきた。しかし，1991年につづき，1993年1月から第2次の引き上げが行われる。

ドイツ賃貸借法では，賃料制限法（Gesetz zur Regelung der Miethöhe, 1974）に賃料の値上げについての詳細な規定があり，また，原則として，暴利とされない相当（angemessen）の額までに制限される[15]。そして，賃料は，前から存在する建物（Altbauwohnungen）については，通常の対価（die üblichen Entgelte）を超えることができず（2条2項），また，3年の期間内に，30パーセントを超えることはできないとの制限がある（同条3項）。通常の対価とは，同一または類似の市町村において，同等の種類，規模，設備のもので，過去3年間に契約されたか変更されたものをいう（2条2項）[16]。

しかし，このような基準では，全体として低額の旧東ドイツ地域の賃料を引き上げる（それによって投資を増加させる）には不十分であろう。そこで，同法11条は，これに特則を設けたのである。すなわち，本法は，公的な補助をうける場合を除き，新たに建てられたか，修復された住居にだけ適用され

るのである（11条1項）。もっとも，賃料の最高額が法律によって定められる場合には，法律の一部が適用される（同2項）。連邦政府は，連邦参議院の同意をえて，法律によって最高賃料を定めることができるのである。これは，収入の伸びと2条2項にいう「通常の対価」を考慮して行われる（同3項1号）。さらに，1992年12月31日後は，新たな契約の締結にさいしても，より高い付加額（bestimmte Zuschläge）の決定ができるよう定めることもできるのである（同3項3号）。賃料の引き上げは，この11条3項1号によって連邦政府に与えられた権限にもとづくものである[17]。〔その後，2001年の賃貸借法の大幅な改正にさいして，賃料制限法も民法典に組み込まれ，東ドイツ地域の特則は原則として廃止された。これについて，本書第2部1篇参照。〕

3 被害者救済法

1992年6月17日，ドイツ連邦議会は，旧東ドイツのＳＥＤ政権による政治被害者（Opfer der politischen Strafjustiz）を救済する立法を可決した（Gesetz über die Rehabilitierung und Entschädigung von Opfern rechtsstaatswidriger Strafverfolgungsmaßhahmen im Beitrittsgebiet v. 29.10.1992 ＝ SED-Unrechtsbereinigungsgesetz; BGBl.I, S.1814）。不法に行われた拘束1ヵ月（Haftmonat）について，最高450マルク（基本給付は300マルク）の補償が予定されていた（17―18条）が，野党ＳＰＤや緑の党（Grüne）は，連邦共和国の補償法が，1ヵ月最高600マルクなのに比して低いとの批判していた。給付額は，できあがった法律では550マルクに引きあげられた[18]。

旧東ドイツ時代に出された救済法（Rehabilitierungsgesetz）が政治的道徳的な救済を，財産法が所有権の回復を目ざしたのにつづいて，より積極的な救済を目ざしたものと位置づけることができよう。

(1)　また，統一への支持をうるための政治的アピールや圧力もあった（前述第1章3注29参照）。とくに，西ドイツには，東ドイツや旧ドイツ領，あるいはその他の東欧諸国からのドイツ系の避難民の団体もあり，それらの主張は，当然，財産の返還であり，また，西ドイツ側にかかえる住民は，すべて旧地主となるから（東ドイツ側は，賃借人あるいは取得者），統一前には，返還の原則を立てやすいことになる。統一後の財産問題もこの延長にあるものといえよう。

(2)　これは，東西ドイツの利害の対立をも反映している。すなわち，西ドイツにいる，

第1篇　東ドイツ地域における不動産所有権の返還問題

　　旧東ドイツからの亡命者は，財産の回復という積極的期待をもつのに反して，旧東ドイツの住民は，40年間の信頼と個人的な労力の投入や加工にもとづいて，返還に消極的な期待をもつからである（Fieberg und Reichenbach, ②, S.321; ib., ④, S.XII）。
　　この点に配慮して，Deutscher Bundestag 12.Wahlperiode, Drucksache 12/4428 (v. 26.02.1993), S.2, Antwort der Bundesregierung. は，財産権の返還請求権のうち，どれだけが旧東ドイツの住民に帰属するかにつき，統一時の住所により住民を区別した統計は存在しないとし，たんに，1970年代の企業や住居の収用の場合には，旧東ドイツ地域の住民にも同等の権利があるであろうとする。返還の権利を有するのが西ドイツの住民ばかりではないとするもので，東西の感情を配慮したものと目される。
　　〔これに対しては，返還請求の圧倒的部分は西ドイツ人からであるとの指摘があり，この場合には，統一による「返還」は，実質的に東から西への財産の移転と収奪であり，西による東の植民地化であるとされる。フィルマー・前掲書21頁，208頁参照。〕

(3)　もっとも，返還の原則自体は，一般に憲法上のものと性格づけられる。どの範囲でこれを制限するかは争われるところであるが，まったく否定することはできない。しかし，収用の大量性と長期にわたったことから，立法者の自由な判断のよちを広く認めるべきである（Claussen, a.a.O.（NJ 1992）, S.297），といわれる。基本法14条の観点からは，収用が違法であることは当然であるが，問題はそこにあるのではなく，過去の不法からの回復が，法的安定性や経済の回復という一般的利益のなかで，いかに行われるかにある。

(4)　Dornberger, a.a.O.（DB 1991）, S.897.
　　なお，vgl. Espey und Jaenecke, a.a.O.（BB 1991）, S.1442, S.2025.，前述（第1章2の表参照）。

(5)　しかし，問題は，現行法規外の不公平感である。1949年までの収用には手がつけられないが，それ以後のものは回復されるので，この前後のアンバランスと，1949年前のものでも，国家管理の場合であれば廃止されるので，収用との間の不公平感が残る。判決①は，1949年前の収用に手をつけないことを確認したが，この不公平感があるかぎり，心理的には，権利関係の不安定要因として残ることになろう。そして，判決①の政府側抗弁が指摘するように，この間の不公平を除くには，返還を全面的に断念するしかない（判決①111頁。第4章1注10参照）。あるいは課税による調整である。
　　比較すると，わが農地改革は，一時に全面的に行われたので，（所有者相互の）時間的あるいは場所的な不公平はなく，権利関係が早期に安定した。また，農地改革の場合には，寄生地主制の廃止という，ある程度は普遍的な方針によっていたので（自創法1条，農地法1条），占領の終了後も，その急激な変化はありえなかった。旧東ドイツの収用（とくに1949年以後のもの）が，個別的かつ長期間に行われ，また，独自の目的をもっていたのとは異なる。これに反し，1949年前の収用は，一時的かつ全面的な改革に近いものであった。また，それは，特定のイデオロギーにもとづいていたとされるが，同様の改革（エルベ以東における土地改革）は，ナチスでさえも意図していたといわれ（Leisner, a.a.O., S.1569），イデオロギーにさほど重要性があるわけでもなく，これを変更しないことが可能である。もっとも，その場合でも，収用に

第5章　むすび

対価を与えるかについては，ソ連とそれ以外の占領諸国との間に，きびしい対立があった（なお，両者の比較として，別稿 Land Reform in Japan 1945-51 and in the Former East Germany in 1945-49, Hitotsubashi Journal of Law & Politics, Vol.21.を参照）。〔これについては，本書第3部1篇所収。〕

判決は，ソ連の外圧を強調するが，それなしでも1949年前の収用をまったく無効にすることはむずかしかったであろう（なお，第4章3注9参照）。財産関係の早期の安定が必要とされているからである。

(6)　そして，州首相だった Vogel は，1992年初めに，旧東ドイツ地域の Thüringen 州首相となった。

(7)　コール首相は，1992年8月13日，ベルリンの壁の犠牲者への追悼式において，東ドイツにおける経済的，社会的再建に対する忍耐の必要性を強調した（General-Anzeiger 1992.8.14, S.2）。しかし，1992年前半から世界的な景気の後退は，旧東ドイツのみならず，旧西ドイツ地域においても深刻な影響を与えている（たとえば，Nordrhein-Westfalen 州の企業倒産は，同年上半期に裁判所に申立てられた件数が2000となり，前年の同時期に比較し13パーセント増加している。ボンのラント裁判所で認められた破産および和解手続の数は，51件で，前年上半期の26件を大幅に上まわっている。もちろん，この数字は，申立が認められなかった数字よりもはるかに少ない。Ib. 1992.8.14, S.14.）。

(8)　そのため，旧東ドイツ地域の州首相は，ＳＰＤのブランデンブルク州の首相を除いて西側の出身者によって占められることになった。ちなみに，政治家はまだ東側の出身者の占める割合が高い分野であるが，行政や司法の高官はほとんどが西側の出身者である。学界でも，西側の出身者の割合が増しつつある。これにつき，【大学】34頁，117頁参照。〔近時の研究では，行政エリート層における東出身者の割合は，2.5パーセント，軍や司法ではゼロ，学界では7.3パーセント，経済では0.4パーセント，メディアでは11.7パーセントとの数字がある。フィルマー・前掲書107頁参照。〕

なお，そのほかにも，1992年4月，Schleswig-Holstein 州，Baden-Württemberg 州の選挙では，ＳＰＤおよびＣＤＵ・ＣＳＵの二大政党は，支持を減らし，その間隙をぬって，右翼政党が得票を増やした。1992年5月24日の，ベルリン市議会選挙では，ＳＰＤが第一党の地位を維持したが，これは従来通りである。

(9)　Weimar, a.a.O. (DB 1992), S.1075 ; Dornberger, a.a.O. (DB 1992), S.1613; Schmidt-Räntsch, a.a.O., ①, NJ 1992, S.444; ders., ②, DtZ 1992, S.314. Vgl. General-Anzeiger, 1992.6.27/28, S.1.

改正法は，関連の14の法律を改定し，投資法を廃止し，2つの新たな法律を制定したが，従来の法律のうち，企業の返還に関する法律（Unternehmensrückgabeverordnung v.13.7.1991）だけは改定がない。

(10)　General-Anzeiger, 1992.7.1, S.1.

ちなみに，1990年から1992年末にかけて政治的な重要問題としては，①旧東ドイツの経済再建と財政問題のほかに，②難民の流入に対する規制を強化するための基本法の改定問題（後注12参照），③旧東ドイツの秘密警察 Stasi とかかわりがあったとさ

れる政治，宗教など各界の広範な人々への扱いの問題，④ベルリンの壁において，東から西への逃亡者に対する発砲命令をだした最高責任者である旧東ドイツのホーネッカー書記長・国家評議会議長のモスクワからの取り戻し，裁判などがある。このうち，①と②がからんで，おりからの世界的な不況，失業の増大を背景に，後述する極右の差別暴動に発展したのである。〔なお，ホーネッカーは，1992年末にドイツに連れ戻されたが，1993年1月13日，末期がんのため釈放され，チリに向かった。また，同氏は，1994年5月に肝臓がんにより亡命先のチリで死亡した。〕

(11) Ib., 1992.7.1, S.1. なお，Wirtschaftsstandort Deutschland, Bundesarbeitsblatt 9,1992, S.10. も比較的楽観的な見通しを述べている。

(12) 大規模な暴動そのものは，9月後半には沈静化したが，外国人差別を理由とする個々の犯罪は8月以降激増し，またたんに旧東ドイツ地域にとどまらず，旧西ドイツ地域にも拡大している。1992年の世界的な経済不況，国家体制の変革から経済的混乱のつづく東欧からの難民の流入，とくにユーゴスラヴィアの解体，内戦による難民の大量流入など（1980年代半ばまでは年間数万人規模であったが，80年代末には年間10万人をこえ，1991年には25万人，1992年には45万人近くに達した）が直接の原因になっているが，政治的には，難民の増大を契機として，基本法の庇護権（Asylrecht）規定（16条2項）の見直しが同年初頭から議会内で争われたことが契機となっている（Politisch Verfolgte geniessen Asylrecht,「政治的な被迫害者は，庇護権を享有する」）。

　基本法の改正には，連邦議会議員の3分の2の賛成および連邦参議院投票数の3分の2の同意（die Zustimmung von zwei Dritten der Mitglieder des Bundestages und zwei Dritten der Stimmen des Bundesrates）が必要である（基本法79条2項）。

　〔1992年末に，従来これに反対していたＳＰＤが方針を転換し，改正が行われることになったことから，コール政権は，与党ＣＤＵ・ＣＳＵと合わせて，改正に必要な多数を獲得し，93年5月に改正が行われた。なお，94年には，冷戦終結後に多数勃発する地域紛争に対応する国連・ＮＡＴＯのもとで，ＮＡＴＯ地域外への連邦軍の派兵が問題となり，7月，憲法裁判所はこれを肯定した。〕

　コール首相は，1992年9月24日，東ドイツの地域会議のためStralsundを訪問しており，2年前（つまり，統一時）には，東ドイツの経済的必要性や再建のために要する努力が過少評価されていたことを認め，1400億マルクが東ドイツの再建のために拠出されていると述べた。しかし，東ドイツの諸州は，1993年度連邦予算では120億マルクの追加予算が必要だと主張している（General-Anzeiger, 1992.9.25, S.1-2）。

(13) Ib., 1992.9.16, S.2. 財務相の評価では，この欠損額は，現在すでに1200億マルクである，という。この数字の巨大さは，分割民営化の計画のある国鉄の欠損額と比較すると明確となる。国鉄は，1992年の上半期で，約125億マルクの欠損をだした。内訳は，西ドイツ国鉄（Deutsche Bundesbahn）が79億マルク，東ドイツ国鉄（Deutche Reichsbahn）が47億マルクである。1991年のそれは，96億マルクであった（西53億マルク，東43億マルク）。東西ともに，とくに貨物輸送の落ちこみがいちじるしい。ちなみに，東ドイツ国鉄の貨物輸送の売上は，統一後減少をつづけ，15.2億マルクか

ら1991年上半期で10.6億マルクへと3分の1減少している（Ib., 1992.8.28, S.15)。〔なお，ドイツ国鉄は，1994年に民営化された。本書第1部3篇第1章注4参照。〕

　信託公社の資産は，1990年のドイツ統一の当時6000億マルクといわれていたが，じっさいには，西側の基準ではその7分の1にもみたないことが判明し，私有化，民営化（おもに企業など財産の売却）によって，利益がでるとの見通しがくるったのである。さらに，1992年末の政府の見通しでは，1994年度には，これらの累積赤字の総計は，2兆マルク（2000 Milliarde）に達することになる。旧東ドイツの700万の労働場所の確保のために，これだけの負債をかかえることには疑問も出されている（Märker, Die "Investitionshemmnistheorie" -eine Legende ?, MDR 1992, S.917)。〔信託公社は，1994年12月に国営企業の民営化などその主要な事業を終えたとして解散した。〕

(14)　General-Anzeiger, 1992.9.1, S.1. 野党ＳＰＤだけではなく，連立与党のＦＤＰもこれを拒否するとしている。なお，Märker, a.a.O., S.917. は，信託公社の負債を2500億から3000億マルクとする。さらに，これに，隠れた負債が加わる。すなわち，債務償還基金（Kreditabwicklungsfond）の1000億マルク，住宅公社の500億マルク，褐炭産業の復興に320億マルク，医療関連の復興に350億マルクという。

　さらに，個々の企業の状況も良くはない。すなわち，旧東ドイツの末期に，人民所有の企業（VEB = Volkseigene Betriebe）のうち，信託公社の信託に包含されたものは，すでに負担していた債務は信託法によって免責された（1条4項）。しかし，その他の企業がそのまま共同体あるいは企業に変更されたものについては，それが旧企業の負担をひきつぐかが問題とされ，とりわけ，ＥＣ共通市場での競争などの負担をかかえる農業生産共同体（LPG = landwirtschaftliche Produktionsgenossenschaften）では，旧債務の負担が大きな問題とされている（Seeck, Wagner und Richardt, Rückzahlungspflicht der LPG-Nachfolgebetriebe für DDR-Altkredite?, MDR 1992, S.1105)。

(15)　同法および関係法規については，小野「ドイツにおける賃料制限と暴利」半田正夫先生還暦論文集『民法と著作権法の諸問題』（1993年）371頁以下参照。〔【利息】552頁以下所収。〕
〔なお，2001年の賃貸借法の改正によって，賃料制限法は，修正のうえ民法に組み込まれた。これについては，本書第2部1篇参照。〕

(16)　もっとも，建物の状況が変更したり，費用の増加がある場合は除かれる（3－5条）。

(17)　引き上げに対し，賃借人は告知権を取得する（11条6項）。なお，引き上げの詳細については，vgl. Pfeifer, Mieterhöhung 1993 in den neuen Ländern, DtZ 1992, S. 338; ders., MDR 1991, S.693. 基礎額を1㎡あたり1.2マルクとし，バス，トイレなどの設備によって割増があるとする複雑なものである。なお，Seitz, Gewerbliche Mietverhältnisse in den neuen Bundesländern, DtZ 1992, S.72; vgl. Horn, a.a.O., S. 128ff.

(18)　General-Anzeiger, 1992.6.18/19, S.1. 連邦参議院で，ＳＰＤは月額600マルクを主

第1篇　東ドイツ地域における不動産所有権の返還問題

張し，その額につき一致がなかった。その結果，両院の調停委員会（Vermittlungs-ausschuß）の勧告において，450マルクから550マルクにひきあげるとされ，これは，9月24日の連邦議会で，ＣＤＵ・ＣＳＵとＦＤＰの賛成多数で可決された（Ib., 1992.9.25, S.2)。また，州が財源の半額を負担することも修正された。なお，その詳細については，vgl.Schröder, Bereinigung von Justiz-Unrecht der DDR: Das neue Starfrechtliche Rehabilitierungsgesetz, NJ 1992, S.394, S.436, S.485; ders., ZRP 1992, S.41; Pfister, Zur „Rehabilitierung" von Opfern der DDR-Justiz, NJ 1992,S. 196.

また，1992年4月22日には，旧東ドイツ地域におけるナチによる犠牲者への補償法も成立しているが（Gesetz über Entschädigungen für Opfer des Nationalsozialismus in den neuen Bundesländern, BGBl.I, Nr.21; Budesarbeitsblatt, S.32,7-8, 1992)，こちらの補償額は，ずっと高額で月額1400マルクである（2条1項)。

なお，統一条約，返還申請法，財産法の返還関係を整理したものが，108頁の表である。

〔追記〕　本稿では，ほぼ1992年7月の第2次財産法改正法成立後までの文献を検討したが，ドイツでは毎月多大な文献が出されているので，同年末までの文献を補っている。しかし，第2次改正法に関する文献は，時間的に，必ずしもそう多く出されてはいない（比較的まとまったものとしては，vgl. Söfker, Vermögensrecht nach dem Zweiten Vermögensrechtsänderungsgesetz (Einführung, Texte und Materialien), 1992; Kuhlmey, Tenbieg, Wessel-Terharn und Wittmer, 2.Vermögensrechtsänderungsgesetz (Text- und Dokumentationsband), 1992)。

なお，邦文の紹介もいくつかある。いずれも，第2次改正法以前のものであるが，やや一般的なものも含めて，ヘルドリッヒ・アイデンミュラー「ドイツ再統一をめぐる法的諸問題」（河野俊行訳・ジュリ967号61頁〔1990年〕)，アイゼンハルト「ドイツ法統一の直面する課題」（海老原明夫訳・ジュリ983号81頁〔1991年〕)，潮見俊隆「統一前後の旧東ドイツの法と社会」（法時63巻4号〔1991年〕)，クレッシェル「ドイツ民主共和国における農地所有権秩序」（広渡清吾訳・ジュリ977号73頁〔1991年〕)，加藤榮一「ベルリン管見」書斎の窓414―416号（とくに415号）〔1992年〕，ティッシュエンドルフ「ドイツ統一後における旧東ドイツの土地・企業の返還問題」（丸山英気解説，中曽利雄訳・法時64巻3号〔1992年〕)，より詳細なものとしては，

106

ライザー「旧東ドイツにおける人民所有財産の私有化」（広渡清吾訳・比較法学26巻1号〔1993年〕）がある。本稿では立ちいりえなかった社会的・経済的な検討については，これらを参照されたい。また，信託公社の活動については，広渡清吾「体制・国家・民族／統一ドイツの法と社会」の中の「経済体制の転換」（時法1436—1437号〔1992年〕）が詳しい。

　その後の文献でまとまったものとしては，広渡清吾「旧東ドイツにおける所有権問題—私的所有権秩序の創出」社会科学研究47巻3号（1995年）がある（広渡・統一ドイツの法変動（1996年）に所収。政治的，経済的背景や，1994年の立法に詳しい）。

　また，2000年の成果であるが，再統一による経済的，社会的，文化的な基盤を検討し，東西間の財産の移転という視点をいれたものとして，フィルマー「岐路に立つ統一ドイツ」（木戸衛一訳・2001年）186頁があり，これは本文でも追加して引用した。東ドイツの政治的・経済的「植民地化」という観点は，司法省関係の諸文献にはない視点である。再統一10年にふさわしい企画ともいえる。

財産回復に関する法の比較・表

	1990.6.15共同宣言	返還申請法	財産法
①1933-45の財産回復	――（対象外）	1条2項(a)。（適用）	1条6項。（適用）
②1945-49の財産回復	返還しない（1条）。（否定）	適用なし（1条5項）。（否定）	適用なし（1条8項）。（否定）
③1949以後の財産回復	もとの所有者に返還する（3条）。信託，国家管理の廃止（2条）。	もとの所有者に返還する（1条1項）。信託，国家管理の廃止。	もとの所有者に返還する（1条1ないし4項，3条）。信託，国家管理の廃止（11条ないし15条）。
④法治国家に反する措置	財産移転の回復（8条，9条）。	1条2項(b)。	1条7項。
⑤返還の例外	性質上返還できない場合（3条(a)），善意取得で返還せず（3条(b)）。	申請された請求に関する決定や，その効果は，具体的には明らかではなく，別個に法律で定めることにされている（5条）。	性質上返還できない場合（4条1項），5条善意取得で返還せず（4条2項）。
⑥投資の優先	――		処分制限（3条3項）。投資の優先（旧3a条）。
⑦賃貸借	賃貸借保護（5条）。		賃貸借保護（17条）。
⑧企業	企業の返還(6条，7条)。	（1条4項）。	企業の返還（6条）。
⑨返還期限	Antragsfrist 6月以内（13条(b)）。つまり，1991.1.31。	Anmeldefrist（3条）1990.10.13 ③の場合1991.3.31 ①④の場合無過失の徒過については法律で定める(5条)。	Antrag 期限なし。返還申請法のAnmeldungを，本法のAntragとみなす（30条）。＊
⑩金銭による補償	3条(a)2文，(c)。	――	7条，8条，9条。

＊第2次改正法では，返還申請の期限は1992.12.31までとされた。また，投資の優先に関する規定は，新たな投資優先法に移された。

第2篇　財産権の返還と投資の保護
―投資と利用権の保護―

第1章　はじめに

1　本稿の目的

　本稿〔第2篇〕は，東ドイツにおける所有権改革（返還と私有化）のプロセスにつき概観したものである。1990年10月の再統一前後から1992年までの初期のプロセスはごく簡略にし，その後の展開を中心に記述している[1]。東西ドイツの再統一に伴う財産権問題の解決には数年を経過し，企業の私有化はおおむね終了したものの，不動産の返還とそれにまつわる利用権の保護は，いまだに大きな懸案となっている[2]。また，この間に，いくつかの法改正も行われている。この間の重要な変遷を位置づけ，投資の促進の観点から概観することが，本稿の目的である。

　財産権の私有化は，東ヨーロッパ諸国や旧ソ連などでも重要な問題であるが，とくに土地の私有化は，なお解決しがたい問題をかかえており，これが投資の障害になっている。これら諸国の改革を理解するためにも，ドイツの改革の検討は，有益であろう[3]。

2　再統一と財産関係の清算

　1990年10月3日に，東西ドイツが再統一され，旧東ドイツ地域には，旧西ドイツ法（連邦法）が導入され（統一条約8条），また，旧東ドイツ時代における財産関係の大幅な修正が行われることになった（同条約21条以下，とくに25条）。

　旧東ドイツ時代に収用された財産権が旧所有者に返還されることは，すでに旧東ドイツの時代の末に方針がうちだされており，東西ドイツの統一条約

にも盛り込まれ確認されている（条約41条）。本条約が，財産権の返還問題についての出発点となる。

　　統一条約41条「(1)ドイツ連邦共和国政府とドイツ民主共和国政府によってされた1990年6月15日の，未解決の財産問題に関する共同宣言は，この条約の一部である。

　　(2)当該の土地または建物が投資目的のために必要なとき，とくに営業地の建築に用いられ，決定された投資の実現が国民経済的に促進する価値のあるとき，とりわけ，雇用の場所を創設しまたは確保するときには，特別の法規によって，土地または建物の所有権の返還がなされないものとすることができる。投資者は，〔投資〕意図の重要なメルクマールの示された計画を遂行し，この基礎の上に意図を遂行する義務をおう。旧所有者への補償は，法律で規定する。　(3)省略」

内容的には，旧東ドイツ時代に収用された財産の所有権は，返還されることが原則とされ，返還されないのは，投資のために必要な場合の例外と位置づけられているのである。

しかし，返還は，過去40年間の財産関係を清算することを意味し複雑な関係をもたらすことになった。「新たな連邦諸州〔5つの州としてドイツ連邦共和国＝西ドイツに編入された旧東ドイツ地域〕における未解決の財産問題」(die offene Vermögensfragen in den neuen Bundesländern) といわれる。

第2章　戦後の財産収用とその回復

1　土　地　改　革

(1)　旧東ドイツ地域の土地改革（Bodenreform）は，まずソ連の占領下に(1945年5月9日から1949年10月6日)，ナチスの温床を一掃するため，大地主＝ユンカーと大資本の土地を対象に行われた。戦犯とナチスの活動家，さらに主として100ヘクタール以上の大規模な土地が対象とされ収用されたが，土地改革は東ドイツの3分の1にあたる合計322万ヘクタールに及ぶ大規模なものとなった。

ついで，東ドイツの時代にも公有地化された不動産が多数ある。以後の不動産の収用は，おもに，1949年10月9日以降，旧東ドイツを逃亡した者の財

産を対象とする。そして，1953年6月10日以降西側に逃亡，亡命した者に対しては，収用に類した強制管理が行われた。その結果，約100万人の西ドイツ市民が，このような財産への拘束をうけることになったといわれる。また，土地の集団化も行われた。

(2) 以上の収用や共同化のうち，ソ連占領下の収用については，返還は行われない。これは，財産権の保障をめぐって基本法上の憲法問題となり，ようやく連邦憲法裁判所の1991年4月23日判決において，その合憲性が確認された（後述4参照）。

しかし，それ以外の収用の効果はくつがえされ，個人所有権への国家管理は廃止された。また，社会主義的所有の財産は私有化された。そこで，これらの収用された不動産などの財産をめぐって，統一後，所有権あるいは管理権の返還が求められる多数の場合が生じ，1993年までには，108万4839件（その中に包含される返還請求権の数は235万5787件）を数えることになった。そして，1994年半ばまでにほぼその40％が処理されたが，4万6000件はラントの抗告委員会の手続に，また6900件は行政裁判所の手続にかけられた[4]。この数パーセントの事件の解決には，かなりの困難が予想される[5]。

また，旧東ドイツでは，企業の私的所有権は認められず，すべて人民所有（国有）とされたから，1990年はじめに設立された信託公社は，企業の私有化を重要な課題とした。これにより8000の企業，4万の事業所が私有化された[6]。

2 私 有 化

共同化された財産の私有化の動きは，統一前の1990年春から始まっていた。その基本政策を決めたのは，同年6月15日に出された，未解決の財産問題に関する東西ドイツの共同宣言である。この共同宣言は，さらに，のちに統一条約によって，統一後の東ドイツ地域の不動産関係の基本とされることになった（前述の統一条約41条1項）。

共同宣言の中心は，1945年から1949年（すなわち，東ドイツの成立までのソ連の占領期間中）に行われた占領法規による不動産の収用が，遡及して効力を失うことはないとされたことにある（共同宣言1条）。ソ連と東ドイツ政府は，収用を合法なものと扱うから，西ドイツ政府は，歴史的経過を考慮して

これを承認しなければならない，とするものである。もっとも，国家補償の可能性に関する確定的な決定は，将来の全ドイツの議会に留保された。

また，土地所有権，営業，その他の財産に関する国家による制限措置も，廃止されるとされた（同2条）。

しかし，東ドイツの成立後に収用された土地所有権は，原則として，かつての所有者またはその相続人に返還される（同3条）。ただし，以下の3点が考慮される（同条但書(a)—(c)）。

①土地と建物の所有権の返還は，その利用ないし目的が，共同使用に当てられ，共同住宅や団地に使用され，営業的に使用されまたは新しい企業体に組み込まれることによって変更されたときには，事物の性質上不可能とされる。この場合には，東ドイツ市民のために適用される規定にしたがってすでに補償がなされたのでないかぎり，新たに補償が供せられる。

②東ドイツ市民が，返還される不動産の所有権または物権的利用権を善意で取得した場合には[7]，代替的価値のある土地の交換または補償を前の所有者にすることによって，社会的に相当な清算がなされるものとする。

③もとの所有者または相続人は，返還請求権を有しても，それによらずに補償を求めることができる。

つまり，以上の場合には，返還はなされず，それに代わる価値の賠償が行われるのである。

関連する法律としては，1990年7月17日の信託法がある。これは，私有化のプロセスで，返還される財産権の主体となるべき機関たる信託公社の内容を定めたものである。本法も，統一条約25条の規定によって，統一後も効力を存続することとされた。

3　返還申請法と財産法

(1)　この共同宣言をうけて返還のための具体的な法律が定められた。

①1990年7月11日の返還申請法（Verordnung über die Anmeldung vermögensrechtlicher Ansprüche, v. 11,7,1990, GBl.I, S.718; 22,7, 1992. BGBl.I, S.1257）および，②9月23日の財産法（Vermögensgesetz - Gesetz zur Regelung offener Vermögensfragen, v. 23,9,1990, BGBl.II, S.889, 1159; v. 14,7,1992, BGBl.I, S.1257）である。これらは，統一後も，統一条約の規定によって連邦

法として効力を保つことになった。

　また，統一後の関連する法律として，③1992年7月14日の投資優先法 (Investitionsvorranggesetz- Gesetz über den Vorrang für Investitionen bei Rückübertragungsansprüchen nach dem Vermögensgesetz, v. 14,7,1992, BGBl.I, S.1257, 1268) がある[8]。

　返還申請法によれば，旧東ドイツの法律によって，収用されまたは国家的あるいは信託的に管理をうけるにいたった財産につき，旧所有者は返還請求ができるものとしている。また，1933年1月30日から1945年5月8日までに（すなわち，ナチスの政権期間に），人種的，政治的，宗教的理由または世界観を理由として財産を失った者にも，返還の請求を認めている。さらに，法治国家的な刑事手続に反して財産を収用された者にも，返還の請求を認める。このように，ナチスによる収用をも対象とするのは，ナチスの財産が収用されて共同所有とされているので，たんに共同所有を排除するだけでは実質的な救済にはたりない場合があるからであり，形式的には，ナチスの財産の回復ではないことを示すためでもある。

　(2)　返還のための申請は当初は1990年10月13日までとされたが，1992年の第2次の財産法の改正においては，返還の申請は1992年12月31日以降できないとする新たな制限規定が設けられた（30a条）。

　申請期間には，返還請求にさらされる現在の所有者の地位，ひいては財産の取引可能性を保障するものとしての意義がある。すなわち，旧所有者から，返還申請法上の申請または財産法上の申請がされると，現在の所有者は，物権的な処分行為をしたり，長期の債権法的義務を引受けたりすることができなくなる。たんに緊急的事務処理のみが可能となるのである（財産法3条3項，15条2項，3項）。しかし，申請がなされないと，所有者は，当該の財産を処分することができる（財産法3条4項，11条2項）。つまり，売買，長期の賃貸借をしても，その法律行為は有効となるのである。申請が遅れてもおよそ行われれば，所有者は処分を制限されることになるが，それまでになされた処分には影響がない。この場合には，金銭補償のみが行われることになる。

　また，共同宣言の②をうけて，「善意取得」の場合にも返還は，否定される。しかし，共同宣言では，土地・建物の譲渡で，かつての所有権が不明で

113

ありながら、1989年10月18日以後なされたものは、再検討することとされている（13条(d)）。これはさらに、財産法4条2項1に明示されている。この時期以後（つまり旧東ドイツの崩壊が明らかになった時期以降）には、「善意取得」はできないのである。

4 返還の例外

返還の原則といっても、返還されるのは、旧東ドイツの時代に収用された財産だけであり、それ以前（1945年―49年）の占領時代の収用には変更が加えられないことが、前提であった（前述の共同宣言）。そこで、このような制限は憲法問題をもひきおこしたのである。しかし、連邦憲法裁判所の1991年4月23日の判決（①判決）[9]は、この期間の収用の効果がくつがえされないことを確認し、所有関係は、投資の障害にはならないことが明らかとされた。

同判決以前からすでに、収用がこの間に実施されたものである場合には、統一条約、返還申請法および財産法が、返還の申請を認めていないことから、所有や投資の障害にはならないことが指摘されていた。とくに、株式会社の所有権は旧信託公社がもっていることが多かったのであるが、その基礎となる企業の収用は、圧倒的に多くの場合、この時期に行われたからである。この場合には、株式の売買にせよ企業財産の売買にせよ、なんら不明確な所有関係をもたらすわけではない。土地の収用も、この時期のものは、数量的にも多い。企業の場合と同様に、土地所有権の返還問題は、投資にとっては法律の上では不確定要因たりえない。

①判決は、1945年から49年の間にソ連占領下の旧東ドイツ地域で行われた土地改革について、旧所有者の所有権回復の請求を斥けたものである。東西ドイツ統一条約41条に採り入れられた東西ドイツの共同宣言、あるいはこれを具体化した返還申請法、財産法のいずれによっても、1949年の東ドイツ成立以前に占領法規ないし占領高権のもとで行われた土地改革によって行われた収用は、返還の対象とならないとされていた。これらは、財産の返還を認めないだけではなく、それに対する補償についても具体的にはふれていない。そこで、このような返還も補償もしない、との統一条約の合憲性を、旧所有者14人が争ったのである。原告らは、これが基本法上の財産所有権に関する基本的権利を侵害し、また法の下の平等に違反するとする。

しかし，同判決は，統一条約の規定を合憲とした。財産の収用が，外国によって，また1949年のドイツ基本法の成立前になされ，ドイツ国家にその責任を問うことができないことを理由とする。もっとも，一定の補償をするべきことは認めた。

また，連邦憲法裁判所の1991年7月9日の判決（②判決）[10]は，1987年に行われた収用の効力に関するものであるが，これも返還申請法・財産法の合憲性を肯定した。

第3章　投資の優先

1　投資の優先に関する特別法

所有権の返還に関する財産法は，1991年と1992年の2回にわたって改正された。まず，1991年3月22日の〔投資に対する〕障害除去法（Gesetz zur Beseitigung von Hemmnissen bei der Privatisierung von Unternehmen und zur Förderung von Investitionen）は，投資を優先して返還を制限する方向性を打ち出した。すなわち，財産法の改正（旧3a条）によって，一定の範囲に属する現在の財産の保持者（信託公社など）に特定の投資意図のある場合には，旧所有者の返還の申請によって処分権がなくなるとの財産法の返還の原則（3条3項）をはずして，財産を譲渡，賃貸する権利を認めた。この場合には，投資が返還に優先するのである。

もっとも，投資の優先は，不動産と企業の返還に関してだけのものであり，たとえば財産がかつて国家管理をうけていたにすぎない場合には，国家管理が廃止されるだけで，そのまま投資目的の利用に転用されるわけではない。

財産法の修正は，財産法の「返還の原則」に例外を設けるものである。このような「返還の原則」の規定に例外を設けることは，統一条約41条2項および共同宣言にもとづいている。すなわち，土地または建物が特別の投資目的のために必要とされるときには，その返還が免除されうるからである。しかし，返還の原則自体の否定には，いたらなかった。

返還に対する例外は，「投資」を契機とするものであり，もともと投資法にも，土地と建物を対象として若干の規定があったが，さらに，財産法自体を修正することによって，企業を対象に含めて，これを明らかにしたのであ

る。そして，投資の優先について新設された財産法3a条は，1992年12月31日までに締結された契約に関しては，不動産と企業の返還につき投資法，財産法の投資優先に関する規定を統合し返還規定に優先するものとしたのである。

2　投資優先条項

(1)　投資の優先に関する財産法修正の眼目は，みぎの3a条であった（投資優先条項，Supervorfahrtregelung）。この3a条は，1992年の投資優先法 (Investitionsvorranggesetz, 14,7,1992, BGBl. I, S.1268; 17,7,1997, BGBl. I, S.1823) によってさらに代替されたが（後述3），その骨子は共通するので，投資優先法の規定と対照して，簡単に整理しておこう。

優先権の規定は，現在の処分権能を有する者が，旧所有者の返還の申請によって処分権が制限されるとの規定にかかわりなく（財産法3条3項），特定の投資目的のある者に対して，土地ないし企業を譲渡しないし長期の賃貸借にすることを可能にするものである。

財産法による返還の原則によれば，所有者など現在の処分権者は，財産を権利者＝旧所有者に返還しなければならないから，財産の処分は本来できないことになる（3条）。しかし，投資の目的のために例外的には財産の譲渡，賃貸が，認められるのである（旧3a条1項，投資優先法2条）。

「財産法3条3項ないし5項〔返還の申請がされたときには，返還請求権者の同意なしには，処分ができなくなるとの制限〕は，公法的な団体または信託公社が，土地，建物または企業に関する処分権者であり，これらの財産が，以下の投資意図のために，第3者または権利者に譲渡，賃貸されたときには，適用されない」。

そして，投資意図は，以下の場合にあるものとされる。第1に，土地および建物の場合には，譲渡，賃貸借が，(a)労働場所の確保または創設，とくに営業の場所または企業の用途のためにあてられるとき，(b)住民の住宅へのいちじるしい必要性をカバーし，あるいは(c)〔投資〕計画に必要な社会資本をなすときで，土地がこの計画に役立ち，また予定された計画と相当の関係にあるときである。第2に，企業の場合には，譲渡または賃貸が，(a)労働の場所を創設しまたは確保するために，または競争能力を増す投資を可能にする

ために必要な場合である。あるいは(b)返還権利者＝旧所有者が，みずから企業を続行する保障をしない場合」である（投資優先法では3条）。

　この旧3a条の規定は，投資の計画による優先的要求を認め，処分権者に手続的な軽減を与えたものである。計画された投資が優先権の規定に相当するかどうかが公的に判断されることも，必要でない。旧3a条は，処分権者が，その適用に対する法律の要件があるかをみずから判断することを予定している。そこで，このような優先権をもつ処分権者は，公法的団体または信託公社に限られる（投資優先法では現在の処分権者すべてに拡大されている。2条，8条以下。ただし，処分権者が私人の場合には，財産の存在する郡（Landkreis）または市が決定を行う。4条2項）。

　しかし，旧所有者の権利が優先される若干の場合も残されている（旧3a条2項）。すなわち，投資目的のための譲渡，賃貸は，契約の締結前に，財産が権利者に返還されるべきことが，決定され確定しているときには，中止されなければならない。また，3項によれば，処分権者は，管轄官庁および知れた権利者に，譲渡，賃貸の意図を通知しなければならない。同人は，権利者に態度を決める機会を与えなければならない。さらに，旧投資法（1条3項）によって，投資者には，投資意図を開示する義務があった（投資優先法4条以下）。

　(2)　逆に，投資の安定を目的として，処分権者の決定に対する抗告および取消訴訟は，投資の決定を延期する効力をもたない，とされている（旧3a条4項，投資優先法12条1項）。投資の優先規定の適用に関する決定は行政行為であって，これに対する抗告や取消訴訟は，手続を中断させる効力をもたないからである。抗告などは，決定から2週間以内に行わなければならない（投資優先法12条2項）。また，財産が投資目的のための譲渡によって処分されたことから，処分権者が返還できない場合には，権利を害された権利者は，処分権者から，譲渡による全代金額の支払を請求することができるにとどまる（同5項，投資優先法12条3項，16条以下）。すなわち，金銭による返還だけが可能なのである。

　譲渡の契約は，投資の目的によってのみ正当化される。じっさいに投資がなされないこともあるので，投資のための契約は，それが，最初の2年の間に約束された方法で実行されないか，あるいは，これといちじるしく異なる

場合には、財産を返還するとの取得者の義務を定めた場合にのみ有効である（旧3a条7項，投資優先法13条）。投資の実現を担保するためである。さらに，投資優先規定による譲渡は，土地取引法による認可（Grundstücksverkehrsgenehmigung nach der Grundstücksverkehrsordnung, 旧東ドイツ法では土地取引には認可が必要であった）を必要としない。登記官に対しては，処分権者である証明でたりる（同条8項，投資優先法11条）。

3 財産法の改正

(1) また，1992年7月，第2次の財産法およびこれに関連する法規の改正が行われた。財産法の改正と新たな投資優先法の制定，これにともなう旧投資法の廃止を中心とする[11]。内容的には，東ドイツ地域において，投資の優先の要件を軽減し，および他人の土地のうえに自己の建物を有する利用者の保護を強化することをおもな目的とする。

また，不動産の返還に関する投資法と企業の返還をも包含する財産法との規定の分裂による複雑化をさけ，両者を一元的に扱うことを意図している。従来の規定の複雑さからくる投資への障害に配慮したものである。さらに，私的所有権の確立のために，過去に遡る方法そのものの是非が論議されることとなった。

この財産法の第2次改正のさいの争点の中心は，従来の「返還の原則」を変更するかどうかであった。同様のことは，すでに第1次改正のさいにも意図され，そうとう程度まで投資の優先が目ざされていたのであるが，これをどこまで貫くかが問題とされた。とくに連邦参議院では，各州に対し返還を否定することも可能とする州法の制定権を与えることも論議された。しかし，結局，一般的に投資を優先する原則への転換にはいたらなかった。特別な投資目的のためにのみ返還を制限することにとどまったのである。しかし，従来よりもいっそう投資を優先することが強調され，また特別の手続も導入された。これにともなって，財産法3a条は，新たな投資優先法によって代替された（投資目的については，その3条）。

投資目的として認定される要件は，①労働場所の確保または創造，②住民の住居に対する必要性のカバー，③これらに必要な社会資本の創設である。

このうち，①はいぜん重要な点であるが，②住民の住居に対するいちじる

しい必要性のカバーという要件が緩和された。すなわち，たんに住居が供給されるか，失われたあるいは失われる危険のある住居を修復するだけでもたりるとされたのである。後者によって，すでに住まれなくなっている古い住居の修復をも投資目的に含むことが可能とされたのである。また，③社会資本の創設については，直接に労働場所の確保と結びつくことも必要ではなくなった。さらに，財産法と投資法が統合されたことによって，企業に対する投資目的が拡大された。すなわち，旧投資法では投資の意図が重大であり，土地または建物の存在が投資意図の実現に必要であることが要件とされたのに反し，財産法のもとでは，そのような重大な関係は必要とされないからである。たとえば，そうとうの期間後，商人の判断では清算にいたるような場合でも投資意図の存在が主張しうるのである。

また，投資の優先に関する規定は，従来，暫定的に財産法旧3a条によっていたが，新たな投資優先法（3条1項）はこれを完全に統合した。その結果，投資の優先は，財産法による財産価値の返還請求権のすべてに関して可能となったのである。

(2) 財産法による返還あるいは損害賠償の請求は，1992年12月31日までに(動産は1993年6月30日まで)申請されるべきものとされた。そして，申請がなされない場合には，不動産は現在の処分権者が自由に処分でき，他方，旧所有者は，その売買代金に対する請求をすることができるだけとされたのである（財産法30a条）。

第4章　1994年改正・建物に対する投資（利用者）の保護

1　利用権の保護

投資の優先と並んで，問題とされたのは，利用権と返還されるべき所有権との調整であった。返還されるべき土地上に存在する建物は，旧東ドイツ地域の建物の53パーセントにのぼると想定された。

旧東ドイツの時代には，他人の土地のうえに物権的な利用権を取得して建物を建築することが多かったが，統一後，賃借人の地位は，民法典施行法の改正（233－4条）によって，暫定的に保護が与えられ，これらの自己建物の所有者およびその他の土地利用者には，とりあえず1994年12月31日まで，従

来の範囲で利用を継続する法律上の権限が与えられた（同233－2a条，2b条参照）。土地所有者による明渡請求からの保護をねらったものである。そして，この時までには，権利関係が確定されることが期待されたのである。

しかし，実際には，このような確定はほとんど行われなかった。旧東ドイツ時代の利用権はたんなる使用権というよりは，ほとんど所有権に近いものであったから，これに代えて，たんなる民法典上の利用権を付与するのでは不十分だったからである。そこで，さらに1994年の改正では，解約のための告知の期間を25年以上とし，利用者に先買権が付与されたのである[12]。

2　旧東ドイツの利用権の位置づけ

旧東ドイツの利用権を考えるには，その所有権に対する制限が出発点となる。

旧東ドイツの憲法（1949年10月7日）にも，財産権の保障に関する規定がなかったわけではない。もっとも，法の制限と公共のための社会的義務に関する制限を伴うとされ，1968年4月6日の憲法によって，私的所有権は，社会的利益の下におかれるものとされた（憲法11条）。社会主義的所有権（Volkseigentum des Staates und Eigentum der Produktionsgenossenschaften）が所有権の基本とされたのである（民法典17条以下）。

また，1976年1月1日の民法典（ZGB）の施行にともない，私的所有権と社会主義的所有権の区別が厳格に行われることになり，前者は，より下位のものと位置づけられた（ZGB22条1項）。土地の私的所有権も残存したが，これには価格統制，賃貸借の制限，処分の制限が課せられ，経済的にはほとんど意義を失っていたから，建物所有権だけが，経済的価値をもっていたのである。

旧東ドイツでも，ZGBの施行までは，伝統的なドイツ民法典（BGB，1900年）が形式的には適用され，BGBの構成によれば，地上の物は土地に属するとされ（96条）[13]，建物と土地は一元的なものとされた。

すなわち，土地が人民所有（国有）となるならば，建物も同様のものとなる。しかし，さすがにこの効果は影響が大きいために，これを緩和するために，1950年代に，土地と分離された建物所有権（Gebäudeeigentum）という概念が認められた（ZGB288条4項，292条3項）。建物が適法な利用権のう

えにあれば，建物の私的所有権が認められたのである。もっとも，土地の人民所有権は譲渡することも，これに負担を付することもできなかったから，この利用権は，国家からの貸与（Verleihung）の方式によって成立した（ZGB 287条，291条）。そして，建物所有権自体は，国家の許可（Genehmigung）によって，譲渡，相続が可能であり，抵当に付することもできたのである（同289条，293条，452条1項）[14]。

統一後，旧東ドイツにも私的所有権が回復されることは，1990年5月18日の東西ドイツ間の「通貨・経済・社会の統一体創設のための条約（Vertrag über die Schaffung einer Währungs-, Wirtschafts- und Sozialunion zwischen der Bundesrepublik Deutschland und der DDR (Staatsvertrag)）で明らかとされていたから，統一条約により，西ドイツで適用される形でのＢＧＢが，旧東ドイツでも適用されることとされた（民法典施行法＝EGBGB233－1条，233－2条）。そして，建物所有権は，とりあえず，土地所有権と切り離された独立した所有権と扱われ，これに土地所有権の規定が準用されたのである（EGBGB231－5条，233－3条，233－4条）。

土地所有権との関係については，旧東ドイツ法の建物所有権と利用権の規定が参考とされたが，土地所有者と土地利用者の利益の調整がなお必要となった。統一条約では，ＺＧＢの構成を前提とすることから出発した。

しかし，土地が建物に従うとの構成をとっていた旧東ドイツでは，所有権を明確にすることが後回しにされ，「建物所有権」としての貸与なしに他人の土地に建物が建築されることもままみられた[15]。このような貸与が，多くは当局の合意（Billigung）によって，人民所有の土地，週末の利用の建物に利用される土地，あるいは西側に逃亡した者の土地（Westgrundstücke）になされた。

このようなたんなる貸与だけでは，旧東ドイツ法によっても，特殊な「建物所有権」は本来は成立しなかったのである。これらの土地は，国家の管理に属し，事実上市民に貸与されたにすぎず，旧東ドイツ法によっても，物権的なものとはならなかった[16]。しかし，当局による法の無視は公知のものではなく，その利用者は，通常長期の使用が可能であるとの確固たる信頼をもっており，このような場合でも，土地と建物の調整が，必要となった[17]。

第2篇　財産権の返還と投資の保護—投資と利用権の保護—

3　物権整理法

これを解決したのが，1994年9月の物権整理法（Gesetz zur Sachenrechtsbereinigung im Beitrittsgebiet vom 21. 9. 1994, BGBl.I, S.2457, in Kraft seit 1, 10, 1994）である。その骨子は，以下のとおりである。

①土地と建物の調整のためには，旧東ドイツの制度はＢＧＢのそれに転換される。そのさいに，ＢＧＢの物権法定主義は，物権の種類をＺＧＢをモデルにした建物所有権あるいは利用権にまで拡大することによって修正されない。つまり，特殊な「建物所有権」は廃止されることとされたのである。

②しかし，建物所有の形態には，旧東ドイツ法に従っても合法的なものと，そうではないものとがあるが，後者においても旧東ドイツ当局によって法が無視されたことを見過ごすことができない。そこで，建物所有権の瑕疵は，旧東ドイツ法上の合法性によって判断されるのではなく，事実的関係によって治癒される。さもないと，旧東ドイツの市民がその利用権を法的に保全されるかどうかは，偶然によることになるからである。

③他人の土地に対する建築による投資は，とくに保護される必要がある。建築が当局によって許可されたときには，当時の理解によれば，所有者の権利に対しても優先したから，そのような利用者の信頼は保護される。

④統一後，自由な土地市場の導入により，価格がいちじるしく高騰した。この価格の騰貴は，所有者にも，土地の利用を認められた者や事実上所有者と同様の地位をもっていた者にも，予想外のものであり，一律にはどちらに配分することもできない。これは，所有者と利用者に50パーセントずつ分配される（折半の原則，Halbteilungsprinzip）[18]。

⑤価値の分配は，建物を建築した者が，なお利用できる地位を保持するように行われる。たとえば，その存続期間の大幅な延長である[19]。

物権整理法は，当局により貸与された利用権による建物にも，事実的権利上の建物にも適用される（1条）。それによれば，土地に善意で住居あるいは営業上の建物を建築した者は，土地を取引価格の半分で買うか，長期の地上権（Erbbaurecht）をえて通常の賃料の半分で借りるか，の選択権をもつのである。地上権によって，利用者は，建築的使用が可能となる。それは，また，旧東ドイツの利用権にもっとも合致するものである。

物権整理法によって，統一的な物権法が確立した。物権整理法は，善意の

利用者とその投資の保護を追求しており，旧東ドイツの利用権の質による区別をするものではない点に特徴がある。もっとも，財産法と物権整理法の間には，価値判断のそごがある。財産法によれば，返還が原則であるのに対して，物権整理法では，実質的にこれが阻止されているからである[20]。ここでは，過去の投資が（建物所有権の取得），返還の原則に優先しているのである。なお，過去の投資の保護といっても，後ろ向きの財産権の返還が阻止されるという意味では，現在的な意義をも有している。

しかし，物権整理法は，契約的な，使用賃貸借または用益賃貸借による利用権上の建物を対象としていない。たんなる賃借人は，建築にさいして，継続的な取得を信頼しえず，物権的地位を取得する信頼は，保護に値いしないからである。これは，つぎの債権法の問題となる。

4　債務関係の調整法

旧東ドイツには，レクリエーションや家庭菜園，余暇，週末利用の家として使用される土地などもあった。旧東ドイツの家庭の半分以上がこのような土地を利用していたとされる。これらは，当事者の意識の上でも，物権ではなく，使用賃貸借または用益賃貸借によって行われた。もっとも，この場合の使用契約も，たいていは期限なしで，告知の要件も厳格であった。また，週末利用の家は，動産に準じた特殊な建物所有権によったのである（296条）[21]。

統一後は，このような土地の利用関係をも，ＢＧＢに適合させることが必要である。これは，純粋に債権法的なものとすることで解決される。物権の場合との違いで決定的なことは，社会的な重要性の相違である。レクリエーションの土地や，利用者が賃貸借によって家を建てた場合がそうである。ただし，利用者が，法的地位の永続性を信頼して，土地にかなり多大な投資をした場合も多い。

統一後は，契約的な利用者とその投資の保護も問題となった。これを整理したのが，債務的利用関係の調整法（Gesetz zur Anpassung schuldrechtlicher Nutzungsverhältnisse an Grundstücken im Beitrittsgebiet vom 21. 9. 1994, BGBl.I, S.2538, in Kraft seit 1, 1, 1995）である。

債務的利用関係の調整法は，旧東ドイツのＺＧＢ上の債務的な利用関係を，

現行ドイツ民法典（ＢＧＢ）の使用賃貸借または用益権賃貸借に移行させることを予定している。両者の間には，利用者の利用権の永続性への信頼という相違があるが，これは告知期間をいちじるしく延ばすことによって保護されている。居住目的で土地を使用する場合には，最大2020年12月31日まで，告知からの保護が予定されている（52条2項）。利用条件（賃料，契約の終了のさいの利用者による投資の補償）も，新たに規定された[22]。

第5章　むすび―財産権の返還と投資

1　返還とその制限

以上の結果を要約すれば，返還の方法による私有化には，すでにかなりの制限がかかっていることが指摘できよう。まず，①収用が1949年以前のソ連の手による場合には，一律に返還の可能性が除外される。また，それ以外の場合でも，②すでに補償が行われた場合，③事物の性質上不可能な場合，④善意取得された場合が除外される。

これと並んで，返還のための方法が注目される必要がある。それは，当然に収用の効果をくつがえすわけではない。たんに，返還請求権を旧所有者に認めるだけである。返還の申請がなされれば，現在の所持者は目的物を他に処分することを制限されるが，申請がなされなければ，処分は有効に行いうるし，申請前にされた処分も有効とされる。

さらに，投資意図によって行われる処分には，返還が制限される多くの場合があり，この場合にも返還は行われないから，名目的な返還請求権は，必ずしも絶対的なものとはいえない。投資的処分（売買や譲渡）による投資の保護が，将来の投資に関するものとすれば，利用権の大幅な保護は過去の投資の保護と位置づけられる。「建物所有権」取得のための投資により，利用者には，実質的には不動産価値の50パーセントが留保されるからである。

もっとも，旧所有者の返還請求権をたんなる債権的請求権とすることへの反対も，一部学説からは唱えられている[23]。このような見解は，返還請求権を物権の一種，あるいは中間的な権利とみることによって，旧所有権との同一性をみいだそうとするのである。

2　登記中心主義

このように所有権返還の方式が限定的なものとなったことは，たんに土地所有権の安定と投資の促進という政策の結果とだけいうことはできない。というのは，ドイツ民法は，わが民法よりも登記中心主義的であり，それが反映されているともみることができるからである。土地取引はすべて登記簿に登記し，これに反映させることが原則とされている。

たとえば，不動産の所有権の移転には，登記官の前でする物権移転の意思表示であるアウフラッスング（Auflassung）と移転登記による所有権移転という形式主義がとられているし（ＢＧＢ873条，925条，動産では引渡＝929条），登記名義人と旧所有者との間にそごが生じた場合の対策としても，登記簿取得時効の制度が採用されている（30年間登記簿上に所有者として登記されていること＝ＢＧＢ900条，動産では10年の占有＝937条）。そして，特徴的なことは，ほぼ登記簿の記載が優先する構造がとられており，登記簿に記載のない所有者の請求権は基本的に認めないという構造になっている。つまり，土地収用の効果を否定するからといって，当然に旧所有者の所有権を回復するといった遡及的方法は，制度的に制限されているのである。

その結果，採用された方法は，旧所有者には，債権的な返還請求権を与えるというものであった。すなわち，この方法は，物権を直接に回復する手段とは異なり，現在の権利者の所有権に手をつけないものであり，そのことが結果として，財産関係の安定と投資の促進につながることとなった。

なお，旧ソ連や他の東欧諸国では，このような形での回復すらも否定して，財産権の私有化は，公有財産の売却や民営化による場合が多い。この場合には，旧所有者の所有権は，それ自体として回復されるよちはないから，補償が行われるとしても，金銭的な請求権に化体してその帰属だけが問題となる。これは，旧東ドイツでも，回復が及ばない1949年以前に収用された財産に対するのと同じである。ちなみに，回復が行われないことは，かつてのわが農地改革の場合も同様であった。

3　日本法との比較

日本法では，実務上，不動産取引が登記に必ずしも反映されないことが多い。また，一般取引法上，登記がなくても，物権変動の原因関係の無効・取

消によって所有権移転の効果を失わせるよちがある（意思主義）。そこで，物権変動の原因が土地改革のような場合でもこれが無効とされれば，旧所有者の請求を認めるよちは比較的広いものと思われるが，日本の農地改革の効果は，くつがえされたことがないので，この点の比較はなしえない。

また，旧東ドイツの土地改革を日本の農地改革と対比すると，2点の大きな相違を指摘することができよう。第1は，改革の影響である。旧東ドイツのそれは，1万3000人の大地主から322万ヘクタールを収用し，そのうち217万ヘクタールを54万人に分配したのに反し，日本の農地改革では，140万人にのぼる地主から194万ヘクタールを収用し，これを475万人の自作・小作農に売却したのである。収用された面積は旧東ドイツが大きいといえるが（また，かつて土地が集中していた程度も），わが国では，はるかに広い階層から収用され，またより分散されて売却されたのである。

第2に，農地改革では，農地の売却はただちに行われ，あらためて私有化する問題は残らなかった。旧東ドイツでは，かなりの土地が公有化され社会主義的目的に利用されたのと対照的である。占領下の収用がくつがえされないことは同様であるが，安定性において大きな相違がみられるのである[24]。

4 投資の保護

投資をもたらすためには，不動産についても，公示されない形での権利の主張が行われないことが必要である。旧東ドイツ地域において，投資の障害となっているのは，返還の原則のもたらすいちじるしい心理的不安である。不動産のように価値の大きなものを取得し，かつそれに投資しようとする場合に，過去の未知の所有権を主張する者がいることは，大きな障害となろう。そこで，これに対処するために，信託公社は，とくに企業の譲渡の場合には，「財産法による返還請求」に関する条項を設けていた。それによれば，「財産法による返還はありえないとしても」，「将来，権利者によって返還請求権が行使されたときには」，買主に，契約の解除権を与えていたのである。

しかし，信託公社などによる契約的保障は，法規によれば返還のよちがないところにまでおかれ，かえって買主に不安を与えることになっている。とくに，外国の企業に対しては，取得につき慎重にさせる効果が強いとされる。①財産法の規定によれば，前述のように，財産法上の申請がなされないとき

第5章 むすび―財産権の返還と投資

には，処分でき（所有者はこの場合には，代金の請求だけが可能），買主が害されることはない。②また，申請があれば，処分権者は，処分権を制限される。この場合には，管轄の官庁が申請について登録し（30条2項），あるいは処分権者が確認しなければならない（3条5項）ことから，処分の制限が保障される。③さらに，申請されても，これが登録されるまえで，処分権者である信託公社（およびその後継企業）に知られるまえには，前述の約定に意義があるが，この場合でも，処分制限の違反の効果は，債権的なものにすぎないから，譲受人を害することはない。つまり，知られていない返還請求に突然さらされることはありえないのである[25]。

(1) 1992年までのプロセスは，以下の拙稿にゆずる。①「東ドイツ地域における不動産所有権の返還問題」法学研究24号（一橋大学・1993年）3頁以下，② Land Reform in Japan (1945-1951) and in the former East Germany (1945-1949), Hitotsubashi Journal of Law and Politics, vol.22, p.43, 1994. 関連する参考文献についても，①の末尾参照。

統一の当初は，わがくにでもかなり注目を集めた問題と思われるが，その後は，あまり注目されていない（比較的新しい1995年までの経過は，広渡清吾「旧東ドイツにおける所有権問題」東大社研47巻3号93頁以下に詳しい）。1990年代の初めに日本経済のバブルが崩壊したことにもよろう。しかし，東欧への投資の観点からは，あとづけておくことが有益であろう。比較的まとまった文献として，vgl. Fieberg und Reichenbach, Vermögensgesetz, Einführung, 1997, XI-XXXI.

なお，あらかじめ統一までのプロセスを概略すると，1989年11月9日にベルリンの壁が崩壊した後，東西の統一の動きが現実化した。1990年5月18日に「通貨・経済・社会の統一体創設のための条約」が調印され，東西ドイツの統一の経済的条件が整えられた。これによって，通貨統合，市場経済を基礎とすること，私的所有権，競争の自由を原則とする方針が明らかにされた。そして，同年8月31日，統一の諸効果と経過措置を定めた東西ドイツ間の統一条約が締結され，さらに，10月3日に統一を迎えることになったのである。

(2) 不動産返還問題は，近時でもしばしば報道によってとりあげられている。とりわけ大規模なものにはニュース性があるためであろう。たとえば，1997年8月のものでは，観光地として著名な北海の島リューゲン島の約6分の1にあたる1万5000ヘクタールの所有権を主張する旧所有者の請求がグライフスヴァルトの行政裁判所によって棄却された。現在約600戸の家とその住人が存する。裁判所の判断は，所有権の剥奪は，1945年〜49年の土地改革（ソ連による）によるものであり，統一条約によれば，返還請求権は存在しない，ということにある（Badische Zeitung, 1997, 8, 6）。

(3) ドイツ以外の東欧諸国の財産権の私有化や新たな私法体系については，以下の文献

がある。Zlinsky, Legalität und Rigentum - Probleme des werdenden Rechtsstaates, ZEuP 1995, S.524 (Ungarn) ; Sadikov, Das neue Zivilgesetzbuch Rußlands, ZEuP 1996, S.259; Stalev, Transformation der Rechts- und Wirtschaftsordnung in Bulgarien - Probleme und Perspektiven, ZEuP 1996, S.444; Kwasiniewski, „Arbeitnehmergesellschaften" in Polen -Ausgewählte Probleme der Unternehmensprivatisierung, ZEuP 1996, S.107.

(4) Deutscher Bundestag 12. Wahlperiode, Drucksache 12 / 4428 (v. 26.02.1993), S.1, -Antwort der Bundesregierung. これによれば、返還されるべき住居は、9万件、農地は、50万ヘクタール、企業は4000とされる。

もちろん、この100万件の返還請求がすべて認められるわけではない。そのなかには、後述のように返還の対象とならない不動産も算入されているからである。

(5) もっとも、当初の決定が抗告委員会によって取消される率はごく低く、わずか約5％程度にすぎない。また行政裁判所は、抗告委員会の決定の77％を支持している（Grunwald und Stubbemann, Die neuere Rechtssprechung zum Vermögensrecht, Neue Justiz, 1994, S.494）。

(6) Kadner, Die Transformation des Vermögensrechts in Ostdeutschland nach der Wiedervereinigung, ZEuR, 1997, S.86 (S.102-103). 企業の私有化に関しては、4万5000が売買対象（Handelsobjekte）となり、そのうち8000は、レストランであったとされる。ほかに、生産共同体や農場もあった。信託公社の管理をうけた財産は、5000〜6000億マルクにのぼった。1990年上半期に、株式会社への転換が遅滞したので、信託法は、法的に転換を定めた（信託法11条）。第1段階として、社会主義的企業を株式会社に変更した（信託法11条2項1文）。多くの株式会社や有限会社ができた。第2段階として、財産は、法律によって、新たな会社に移転した（11条2項2文）。信託公社は、競争可能な企業と再建不能な企業とを分別し私有化したのである（8条1項3）。信託公社の後継者である、連邦特殊公社（Bundesanstalt für vereinigungsbedingte Sonderaufgaben）は、土地の管理や企業の取得者との契約の処理を行っている。本稿では、企業の私有化に関連する問題については立ち入らない。また、農地の私有化については、Landwirtschaftsanpassungsgesetz vom 3. 7. 1991, BGBl. I, S.1418.

企業の私有化は行われたものの、なお重要な問題が残されている。本稿では、立ち入らないが、国営企業である間の旧債務（Altschuld）の償還の問題である。旧東ドイツの企業は、契約の締結がまったく自由というわけではなく、国家による多くの制限をうけていた。契約当事者から注文をうけた給付は、しばしば国家の融資をうけ、場合によってはこれは義務でもあった。そして、えられた利益も、国家に支払われた。そこで、経済的な給付能力にもかかわらず、企業は、多くの債務を負担していた。企業は、清算が制限されている代わりに、必要なときには国家の融資をえられ、国家は、企業の無力力の危険を負担していたのである。旧東ドイツの終焉により、このような依存関係は変わり、国家による信用の供与がなくなり、国家により保障されていた価格も自由になった。そこで、旧債務の軽減が主張される（vgl. Lorenz/Braun, Das

Fortbestehen von „Altkreditverbindlichkeiten" landwirtschaftlicher Produktionsgenossenschaften bei Eintritt in die Marktwirtschaft, DtZ 1995, S.165）。

旧東ドイツ国家の終焉は，いちじるしい事情変更を意味するから，行為基礎の喪失のよちが生じる。給付と反対給付の等価性（Gleichgewicht）がいちじるしく混乱され，一方当事者に不当な不利益を課すものとなったからである。当事者は，公平な裁量による契約上の義務の新たな確定を請求できるものとされる（BGH 10.3.1993, BGHZ 122, 32 = JZ 1993, S.107; BGH 20.4.1994, ZIP 1994, S.817）。ただし，ドイツ連邦裁判所（ＢＧＨ）は，必ずしもつねにこのような改定を認めるわけではない（BGH 14.10.1992, BGHZ 120, 10）。

これに関する文献は，Kadner, a.a.O., S.103ff. のほか， Grün, Der Wegfall der Geschäftsgrundlange bei DDR-Wirtschaftsverträgen nach der Wende, JZ 1994, S. 763; Pröss/Armbrüster, Wegfall der Geschäftsgrundlage und deutsche Einheit, DtZ 1992, S.204; Grunewald, Die Auswirkungen eines Irrtums über politische Entwicklungen in der DDR auf Testamente und Erbschaftsausschlagungen, NJW 1991, S.1208; Fahrenhorst, Die Bestandskraft von Testamenten und Erbausschlagungen im Hinblick auf die deutsche Vereinigung, JR 1992, S.265; Horn, Die Rolle des Zivilrechts im Prozeß der Wiedervereinigung Deutschlands, AcP 194 (1994), S.177 (198ff.)。

(7) 財産法でいう「善意取得」（in redlicher Weise）は，民法上の「善意取得」（in gutem Glauben）とは意味を異にする（共同宣言3条b参照）。すなわち，後者では，前所有者に所有権があることへの信頼を保護することが善意取得の目的であるが，財産法で問題となるのは，西側への逃亡者の財産が収用され，これが売却されたといった場合であり，取得者は，収用という国家の行為を信頼したにすぎないのであって，前所有者の所有権を信頼したわけではないからである。少なくとも収用の事実については悪意であるから，収用自体が保護されないとすれば，取得は保護されないことになろう。

(8) 本法の前身は，投資法（Investitionsgesetz, Gesetz über besondere Investitionen in dem in Artikel 3 des Einigungsvertrages genannten Gebiet,v. 22,4,1991, BGBl. I, S.994）である。旧投資法のもとでは，投資の優先は，土地と家屋の返還に関してだけ認められていた。

(9) BVerfGE 84,90 I （Nr. 8）。なお，①判決については，注1に引用の文献①82頁以下参照。

(10) BVerfGE 84,286 I （Nr. 19）。なお，②判決については，注1に引用の文献①96頁以下参照。

(11) 投資優先法は，18条―20条に3つの特別投資手続の規定を新設した。建築法に関係する一定の場合に，投資優先の決定手続を不要とし（18条），また地方公共団体に，投資のための公的な計画の呈示とこれに対する入札を認め（19条），あるいは多数の不動産に対する一括した投資計画を認めるものである（20条）。最後の場合には，複数行われた返還の申請に対して一括して，投資の優先が決定されるのである。

第2篇　財産権の返還と投資の保護―投資と利用権の保護―

⑿　Schmidt-Räntsch, „Einführung in die Sachenrechtsbereinigung", VIZ 1994, S. 441; Trimbach und Matthiessen, „Einführung in die Schuldrechtsanpassung", VIZ 1994, S.446. なお，先買権が行使された場合の代金は，「相当な価格」(der richtige Preis) であり，これは，通常は，土地価格の半分とされる。また，地上権が設定される場合も有償とされる。

⒀　superficies solo cedit. 「地上の建物は土地に付着する」。 Gaius, Institutiones. 2, 73 これにつき，船田亨二訳・ガイウス法学提要〔1967年〕135頁参照。

⒁　Kadner, a.a.O., S.95; Wesel, Nutzer, Nutzung und Nutzungsänderung nach dem Sachenrechtsbereinigungsgesetz, DtZ 1995, S.70.

⒂　これは，事実的物権と呼ばれる (faktisches Sachenrecht)。Kadner, a.a.O., S.96.

⒃　この場合に，所有権との調整が必要な建物は，430万の住居のうち30万であり，比較的少なかったといわれる (Leutheusser-Schnarrenberger, DtZ 1993, S.34)。

⒄　Kadner, a.a.O., S.97. 以下の3の記述では，同論文の整理によるところが多い。

⒅　Kadner, a.a.O., S.98. ＺＢＧ287条以下によると，利用権には，原則として期限の制限がなく，対価も無償であった。内容的には，所有権に近いものといえる。

⒆　Kadner, a.a.O., S.99. つまり，この期間内では，財産権の返還は行われないことになり，実質的には，「返還の原則」の大幅な修正ともいえる。

⒇　Kadner, a.a.O., S.99-100. 財産法では，土地が補償なしに収用されたならば，「善意取得」の場合を除き，所有者は，返還を請求できる。しかし，土地が収用されたのでなく，当局により事実上の建築を許されたにとどまる場合でも，利用者は，物権整理法により存続を保護されるのである（前注15参照）。

21　Kadner, a.a.O., S.100.

22　Kadner, a.a.O., S.101; Schnabel, Erste praktische Erfahrungen mit der Schuldrechtsanpassung, NJW 1995, S.2661.

　　債務的利用関係の調整法は，1994年の債務法調整法 (Schuldrechtsanpassungsgesetz) の一部である。後者は，同年の物権整理法とともに，旧東ドイツの財産関係の整理を目ざして，いくつかの法改正を行った。

23　このような見解として，注1に引用の文献①43頁注8参照。

24　日本の農地改革との対比については，注1に引用の文献②54頁参照。

　　なお，旧東ドイツの土地改革に関する数字は，注9に引用の①判決のなかに詳しい。

25　旧東ドイツ地域の投資が活性化しない理由としては，所有関係の不明確だけが原因ではなく，競争や生産性の欠如，古い設備，企業の官僚主義，インフラや市場の欠如によるところも大きく，政府見解では，財産権問題の影響はこれらに比較すると小さいとされる Deutscher Bundestag 12. Wahlperiode, Drucksache 12/4428 (v. 26. 02.1993), a.a.O, S.2。

　　なお，本稿で立ち入りえなかったが，1994年に，財産等に対する補償法がいくつか成立している（① Entschädigungsgesetz, v. 27.9.1994; ② Ausgleichsleistungsgesetz, v. 27.9.1994; ③ NS-Verfolgtenentschädigungsgesetz, v. 27.9.1994）。①は，善意取得，返還不能などにより財産権が返還されない場合の補償を定めたものである。

第 5 章　むすび―財産権の返還と投資

②は，1945―49年の占領期の収用で，財産権がもともと返還されないとされている場合の補償を定めたものである。③は，1933―45年の収用で，返還がなされない場合の補償を定めたものである。基本的には，1935年の「統一価格」(Einheitswert) に，農地，宅地など土地の種類の応じて数倍をかけた額が補償される（①3条）。また，④ Strafrechtliches Rehabilitierungsgesetz, v. 1.7.1997; Verwaltungsrechtliches Rehabilitierungsgesetz, v. 1.7.1997 は，それぞれ1945―90年の法治国家的手続を欠いた刑事および行政判決の取消とそれに対する補償を定めている。

「統一価格」については，Handbuch zur Einheitswertfestsetllung des Grundvermögens 1995: mit Grundsteuer. が詳しい。「統一価格」は，必ずしも再統一や東ドイツに限定された概念ではなく，土地収用にさいして一般的に用いられる概念である。

さらに，Mauergrundstücksgesetz, v. 15.7.1996 は，ベルリンの壁や東西の国境の境界の建設のために土地を収用された旧所有者が，契約締結時の取引価格 (Verkehrswert) の4分の1の価格で，取得できることを定めている。

最後の場合には，旧所有権の返還の構成は放棄され，旧所有者は，もとの所有権をたんに低額で取得できることが認められているにすぎない。国境地には投資が行われていることはまれであろうから（一部の観光名所，たとえばもとのチェックポイントなど），企業の場合よりも返還の構成がとりやすいはずであるが，これが放棄されているのである。

〔信託公社は，1990年から5年の間に，1万4000の国営企業を民営化し，4000以上を清算した。1991年から1998年の間に，民間と国あわせて，1兆2500億マルクが，東ドイツ地域に投入された。このうち84パーセント・1兆500億は，民間のものであり，国家予算からの支出は，2000億マルク程度である (Zeitschrift Deutschland, 2000, No.1, S.24)。国家予算は，毎年200億〜300億マルクが投じられてきており，2000年度の予算でも，380億マルクが投じられた (Ib., S.14)。〕

第2篇　財産権の返還と投資の保護―投資と利用権の保護―

財産権回復の可能性

①1933-45年（ナチスによる収用）財産法1条6項
②1949以降の収用。財産法1条1項

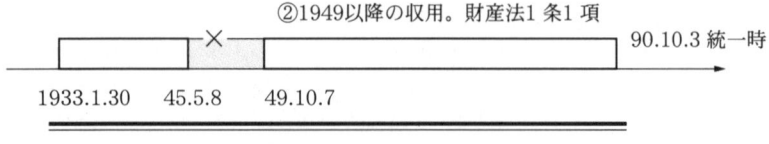

```
            ×
   |――――――|   |――――――――――――――――――|――→ 90.10.3 統一時
  1933.1.30 45.5.8 49.10.7
   ━━━━━━━━━━━━━━━━━━━━━━━━━━━━━
```

③法治国家的手続のない収用。財産法1条7項

× ④1945-49年の収用は回復されない。財産法1条8項
　　その他、回復のない場合
　　　(1)補償のある場合，(2)性質上不能な場合，(3)善意取得，(4)期間制限，
　　　(5)投資の優先

善意取得　（Erwerb in redlicher Weise）財産法4条2項，3項
　　回復なし

```
                          ×
   |―――――――――――――――――――――――|―――|――→
  1945.5.8                1989.10.18
```

財産権回復の対比

①1933-45年のナチスによる収用　　　　　　　　　　　　　　　（金銭補償）
②1949年後の収用　　　　　　　　　}→【返還の原則】　　　　【投資の優先】
③法治国家的な手続のない収用

　　　　　　　共同宣言　（1990.6.15）　　　　　　　　共同宣言
　　　　　　　統一条約　（1990.8.31）　　　　　　　　統一条約41条2項
　　　　　　　返還申請法（1990.7.11）　　　　　　　　　不動産・投資
　　　　　　　財産法　　（1990.9.23）　　　　　　　　　企業・財産法6条
例外・回復のない場合　(1)返還申請による財産処分の制限　⇔　　↓
　(1)補償のある場合　　　　（財産法3条3項）→回復　　　　第1次改正（1991.
　(2)性質上不能な場合　(2)返還申請がなければ，処分できる　　　3.22）
　(3)善意取得　　　　　　　→金銭賠償のみ　　　　　　　↓財産法3a条
　　　　　　　　　　　　(3)返還申請の前の処分は有効　　第2次改正（1992.
　(4)期間制限　　　　　　　　　　　　　　　　　　　　　　　　7.14）
　　　返還申請法（1990.10.13まで）　　　　　　　　　　投資優先法
　　{ 財産法では，当初制限なし
　　　第2次改正（1992.12.31まで）　　　　　　　　　　【賃借権の保護】

④1945-49年の収用には，回復はない。金銭賠償の可能性のみ　物権整理法
　合憲性，1991,4,23の憲法裁判所判決　　　　　　　　　　　　1994,9,21
　　　　　　　　　　　　　　　　　　　　　　　　　　　　債務法調整法
　第2判決，1996,4,18　　合憲性　　　　　　　　　　　　　　1994,9,21

第3篇　財産権の返還と私有化・民営化
　　　　―東ヨーロッパにおける私有化―

第1章　はじめに

1　概　　観

　1980年代以来の規制緩和の世界的な潮流から，西側諸国においては種々の機関や国家の関与する産業の民営化がはかられており，他方，1990年以降市場経済に転換した旧東側諸国においても，私有化が一種のキーワードとなっている。しかし，先進の西側諸国では，国の組織による国内の財産（Nationalvermögen）の占有率が，おおむね15パーセントに満たなかったことから，私有化は，市場に親しまない要素を排除し市場経済を強化することに寄与しているのに反し，東ヨーロッパでは，国による財産の占有率が，80年代に95パーセントを超えていたことから，大きなシステムの転換を意味している。あらためて指摘するまでもなく，1990年以降の東欧圏の崩壊まで，国家による所有権制と計画経済が中心だったからである。

　2000年までの私有化の効果は，現在のところ必ずしも同一ではない。このうち，旧東ドイツ地域は，私有化がもっとも早くに達成され成功した例である。私有化の作業を実施した信託公社（Treuhandanstalt）は，基本的な目的を達成して，すでに1994年12月に解散した。ほぼ5年の間に，約1万4000の国有企業を民営化し，4000以上を閉鎖したのである。しかし，なお残されている問題も多い。信託公社による処理の結果，ほぼ85パーセントは西地域の企業が取得し，外国企業の取得も10パーセントに上り，東地域の企業の取得した部分はごく小さい。閉鎖割合が高く，所有の主体が東地域以外に流出したことについては，評価が分かれる。

　東ヨーロッパのほかの国の私有化と市場化はなお遅れているが，そのなか

で比較的早かったのは,ハンガリーとポーランドである。これは,1989年以降の東ヨーロッパの民主化以前,さかのぼって1980年代ですら,国家の財産占有率が,ハンガリーでは65パーセント,ポーランドでは81パーセントと比較的低く,民主化後の私有化作業が90年代の早い時期に着手されえたことによっている。そのような意味からは,両国が,1989年の東ヨーロッパの民主化に重要な役割を果たしたのは必ずしも偶然ではない。私有化の進展では,チェコとスロバキア(両国は,1993年1月から分離独立),バルト諸国がこれにつづいた。

現在,ハンガリーとエストニアでは,私有化率は,国家の占有率の高い西側諸国(フランス,イタリア,オーストリア)とほぼ同じ水準にいたっている。チェコとポーランド,そして,ラトヴィア,リトアニア,スロヴェニアがこれにつづく。他方,民主化とその後の政治情勢の沈静化の遅れた東南ヨーロッパ諸国では遅延している。たとえば,クロアチア,ルーマニア,ブルガリア,マケドニア,アルバニアなどである。

また,名目的な私有化率だけでははかりえない要素もある。ロシアとスロバキアでは,私有化率そのものは高い。しかし,前者では,数字上の達成率は70パーセントと高いものの,いわゆるインサイダー的私有化(Insider-Privatisierung)の問題がある。すなわち,従来の公企業が名目的・形式的に私企業に転換したにとどまることが多いのである。これは,もとのソ連の構成諸国であるウクライナ,白ロシア,モルドヴァ(ベッサラビア)やCIS諸国(Commonwealth of Independent States,独立国家共同体,1991年に成立した旧ソ連の承継国家群,ロシアと中央アジア諸国を中心とし,バルト諸国を含まない)に共通した問題である。セルビアから政治的,経済的に離れ始めたモンテネグロは,ようやく私有化でも独自色を強化しつつある[1]。

2 本稿の目的

本稿〔第3篇〕では,まず,現在までに達成された東ヨーロッパの私有化の状況を概観し,また類型化し,それぞれの有する特徴や問題点を概括的に検討する(第2章)。ついで,先行して行われた東ドイツ地域の私有化に焦点をあてて,個別の問題点を検討する(第3章)。

このような手法をとったのは,東ヨーロッパの法状況があまりに多様であ

り，概観するのが困難であるからである(2)。しかし，多様な問題も，いくつかの大きな問題に収斂され，それは東ドイツの私有化のプロセスにかなり忠実に反映されている。そして，東ドイツの私有化プロセスは時間的に先行しただけに，必ずしも一貫性がなく，種々の修正がみられ，そこでは他の諸国においてのちに顕在化する問題が，比較的早くに認識されている。必ずしも理想的な形で1人先んじたのではないことが，かえって他の理解をも助けるのである。また，その運営にあたるのが西側の専門家であっただけに，既存の法概念との調和がはかられており，比較的理解しやすいとも思われる。第2章では，これに収斂されない，東ヨーロッパ諸国のそれぞれの独自性にも若干ふれることにしよう。

　私は，すでに，いくつかの論稿において，東ドイツ地域の所有権の返還のプロセスを主要な改正にそくして検討したことがあり，第3章はその補充の意味をももっている(3)。そこで，本稿では，そのプロセスをいちいち紹介することを避け，東ヨーロッパの私有化との関係で顕在化する主要な問題に限定して検討することにしたい(4)。

第2章　私有化の類型

1　私有化の2つのモデル

(1)　「小さな私有化」(Kleine Privatisierung)

「小さな私有化」は，手工業，飲食店，その他の個人企業などの小企業を対象とするものであり，国内的な投資環境が整っていれば，比較的容易に実行可能なものである。この種の私有化は，かなり早くから行われており，多くの国でみられる。たとえば，1990年のブルガリア，ハンガリー，チェコスロバキア，エストニア，1991年のラトヴィア，1992年のウクライナなどの諸国の法が対象としたものである(5)。東ヨーロッパの民主化ののち比較的短期の間に行われた形態である。

　法技術としては，大企業の私有化とは区別されることが多く，私有化される個別の事業を財産的な対象として公的に売却すればたりる。買受人も，国内の個人や人的会社に限定されることが多い。そのさいに，営業執行者や当該の企業と関係のある者が優遇されることが通常である。そして，営業の継

続を確実にするために，企業の取得者に，処分の制限を課したり（つまり，財産のみを切り売りするのではなく），他方で，他人の所有権がある財産をも包含する企業の存続には，特別な安全性を保障する場合がある。たとえば，チェコスロバキアでは，企業は，最初の2年間は，国内の者に対してのみ譲渡され，その企業の営業は最低5年間継続されなければならないとされた。ハンガリーでは，企業の取得者は，企業の使用する不動産に法的な先買権を取得し，チェコスロバキアでは，不動産に対する5年間の賃貸借保護が与えられたのである(6)。

(2)　「大きな私有化」(Große Privatisierung)

これに対し，「大きな私有化」は，巨大な国有企業や企業群を対象とするものである。東ドイツでは，旧東ドイツ存続中の1990年7月1日までに，すべての国有企業は，株式会社に転換された(7)。そして，形式的には，信託公社が，私有化の権限を有する株式の所有者となった(8)。実質的な民営化は，信託公社の手により行われたが，その過程では，たんなる形式の転換にとどまらず，企業の解体や国際的な売却も大幅に採用された。

東ヨーロッパの諸国では，私有化のための種々の立法が行われているが，国有企業の私有化は，原則として，株式会社への転換によって行われる。というのは，株式の譲渡（share-deal）による私有化は，企業や財産の譲渡（asset-deal）よりも，容易であるからである。資本の細分化が可能であるし，反面では，企業の一体性を維持することができるためである。

白ロシアやウクライナでは，しばしば企業の貸与の形式による私有化が行われたが，ここでは形態の転換も行われず，これは，ロシアでも，多くの例においてとられている方法である(9)。ただし，この私有化は，後述の従業員分与型の私有化と結合することにより，しばしば名目だけの形態の転換となっている。

いずれの方法によるにしても，全面的な私有化の達成のためには，「小さな私有化」ではたりず，「大きな私有化」は避けては通れない。その方法には，従来いくつかの型があり，またそれが各国の性格を反映している。商業型，人民所有型，労働者分与型，混合型の4つである。

2 大きな私有化の中の諸類型

(1) 商業型 (Kommerzielle Privatisierung)

この型の私有化の目的は、国有の財産を私有化するさいに、可能な限り高価な利益の獲得を目ざすことである。もっとも、ここでいう「利益」とは、たんに一時的に高い売却益をえることだけではなく、経済的、社会的、政治的にも利益の大きいことを意味している。たとえば、企業の再建に有益であったり、見返りに投資の約束をとりつけたり、労働場所の確保につながることも含まれる。

東ドイツの私有化は、もっぱらこれで行われた。また、ハンガリーとエストニアでは、おもにこれにより行われ、かなりの効果をあげた。商業的な私有化は、競争のモデルによる譲渡の理念とも合致するからである。しかし、他の東ヨーロッパ諸国では、あまり行われなかった。もっとも、従来は他の種々の方法によっていて、それがあまり成功しなかったという場合に、商業的私有化に回帰する例はみられる。たとえば、クロアチア、ロシア、リトアニア、ルーマニアなどである[10]。

それというのも、東ドイツ地域には、経済大国である（西）ドイツの投資がみられたが、他の諸国の状況は必ずしも同じではないからである。国内の資本のみでは私有化に不足することが多い。経済大国であるドイツにおいてすら、この10年間は東地域への投資の結果、国家予算は慢性的な赤字に陥っている。民間の投資はその数倍にも達している[11]。つまり、商業的私有化は、国内外の資本が、大規模に誘致される場合にのみ成功する。東ヨーロッパにおいて、ハンガリーではもっとも商業的私有化が成功し、チェコ、エストニア、スロヴェニアでも成果を納めたが、このような大きな成果を納めるには、投資環境が整備され、国家による売却に対する心理的な不安を除くことが必要となる[12]。

(2) 人民・大衆所有型 (Volks- od. Massenprivatisierung)

人民、大衆型の私有化とは、国有財産を人民に還元するというものである。経済的な効率は目的とされない。国家による売却への懸念がある場合に、国外からの買収がなく、国内の資本の欠乏をも考慮した一種の緊急的な方法である。私有化から人民がもっとも利益をえるべきであるとの感情に合致した

ものであり，国家の所有物は人民のものといった旧社会主義的なスローガンと社会的な期待にもとづいている。

　その先駆となったのは，チェコスロバキアと，1993年以降のチェコの私有化の例である。1991年に，クーポン私有化（Couponprivatisierung）が開始された。すべての成人市民は，名目的な費用と引き換えに，投資クーポン（investicni kupón）のつづりを取得した。クーポンは，市場価格を反映させるための入札の経過に従い，私有化された企業の株式を取得するために使用することができた。最初の入札では，株式は，統一された相場で提供された。その相場というのは，名目価格1000クローネで発行されたすべての株式の帳簿価格の総額が，登録された投資ポイントの数によって分割されたものである。1991年～92年の最初の私有化の時期に，総額2330億クローネの名目価値の株式が放出され，1150万人の権利資格者のうち，850万人の市民が，1000投資ポイントのクーポンのつづりを取得した。そして，最初の入札のさいに，理論上，36.5の投資ポイントに相当する株式を獲得したのである。もっとも，個々の企業の魅力の相違から，必ずしも理論どおりにはいっていない。ある企業の需要と供給が釣り合うようなケースは，じっさいにはなかった。

　法律上，入札に関する具体的な手続について規定がおかれた。株式の需要が少ない場合には，すべてのクーポンが交換され，残った株式は，より安い値段で，2回目の入札にかけられた。25パーセントを超えない需要のオーバーがある場合には，財務大臣は，職権により，すべての需要に対し同等の引き下げを行い，残った全部の需要が満足される（株式と交換）ようにした。25パーセントを超える需要のオーバーがある場合には，落札は認められずに，株式は，より高い価格を予定して次回の入札にかけられたのである。こうして，5回目まで入札が行われた。

　投資クーポンの大部分は，私的な投資会社に委ねられた。というのも，市民は，株式市場に不慣れだったからである。1993～94年の第2回目の私有化は，スロバキアとの分離が行われたため，チェコだけで行われた[13]。

　こうした人民所有型の私有化は，多少方式を異にするものの，他の東ヨーロッパ諸国でも行われているが，うえのチェコスロバキアのものがもっとも成功した例といわれる。チェコのモデルに従ったのは，ブルガリアである。

そこでは，当初，商業型のものを目ざしていたが，1996年からは，方針を転換した。300万人のブルガリア人が，各2万5000の投資ファンドを取得した。750億ファンドの需要と2050億レバの帳簿価格の企業財産の供給とが対応させられた（この比率で交換）。ただし，企業財産の一部だけ（企業により90パーセント，67パーセント，50パーセント，30パーセント，または25パーセントと区分された）が，人民所有のために処分されたにとどまる。他方で，国家の資本参加が圧倒的でない企業の場合には，商業型の私有化も同時に行われた。市場価値の調査のために，3回の入札が予定された。ここでも，参加者の多くは，投資会社であった[14]。

　ルーマニアの私有化は，あまりうまく機能しなかった。1992年には，全市民に，所有証明書が与えられたが，私有化の具体化作業は遅滞し，1996年までかかって，ようやく作業は終了した。チェコスロバキアやブルガリアと異なり，公法的な投資ファンドの私有化証券（クーポン）の大半は，（市民ではなく）企業の構成員によって私的に取得されたのである。そして，このファンドは，1996年から株式会社に転換された。株式が譲渡されたのと同じ結果となる。

　ポーランドでも，私有化の方式に関する政治的対立のあと，1995～96年に人民所有型の私有化が行われた。1993年のスロベニアでも，同様である。ほかに，1992～93年のリトアニアとラトビアに，さらにロシア，ウクライナ，白ロシアにも導入された[15]。

　1995年のアルバニアにおける私有化は，一部有償で行われた。市民のみが，無償または有利な私有株を取得した。クロアチアでは，1996年までに，一定範囲の内乱の被害者（ユーゴスラビアからの分離・独立，セルビアとの紛争）のみが，無償で株を取得した。最近では，名目だけのボスニア・ヘルツェゴビナ共和国が，人民所有の私有化を決定したが，それは，この国を分割するムスリム・クロアチア人連邦とセルビア人共和国の各別の立法によるものであった。

　アルバニアとクロアチアの例を除くと，これらの国では，国内に定まった住所を有する成年の市民はすべて，国有財産からの利益をえた。うける利益の額は，年齢により異なる場合（アルバニア，リトアニア，白ロシア），就業期間により異なる場合（スロベニア，ラトビア，白ロシア，ボスニア・ヘルツェ

ゴビナ），定住期間により異なる場合（ラトビア），他の社会的基準（リトアニア，白ロシア）などがあった[16]。

(3) 従業員分与型（Belegschaftsprivatisierung）

従業員あるいは労働者分与型では，企業の財産の一部が，企業の構成員に与えられるか，あるいは有利な条件で譲渡される。この場合にも，企業との密接な関係という感情から，従業員労働者が企業を獲得することが期待されるのである。この方式は，多くの国において，かなりの範囲で採用され，ユーゴスラヴィアでは，おもにこの方式がとられた。ここでは，自主管理社会主義（Selbstverwaltungssozialismus）のイデオロギーが伝統的に強かったからである。共同的な所有（gesellschaftliches Eigentum）をグループ所有（Gruppeneigentum）によって手っとり早く達成することが試みられたのである。1990年に，従業員に特権を与えて商業会社に転換することが始められた。旧ユーゴスラビア連邦の崩壊ののちには，セルビアとモンテネグロがこれを引き継いだ（両者は，1992年に新たに連邦を形成）。ただし，モンテネグロは，90年代後半から，分離色を強め（2002年からは，新ユーゴスラビアは解体し，セルビア・モンテネグロ連邦となった），それに伴い商業的私有化に傾斜している。

クロアチアでも，当初は従業員分与型の要求が強く，労働者には，各企業価値の半分の取得が認められた（前述2(2)をも参照）。もっとも，1996年の新私有化法により，クロアチアは，この伝統と決別し商業型に転換した。現在，この方式に従っているのは，マケドニアとボスニア・ヘルツェゴビナである。これらのユーゴスラビアの後継諸国家の中で，スロベニアは，1992～93年に，独自の混合形態を採用している[17]。

従業員分与の私有型では，原則として，すべての労働者に私有化に参加する可能性があるが（Employee-buy-out），ロシアのそれは若干異なる。人民企業の形式をとる労働者株式会社（Arbeitnehmer-AG, Volksunternehmen, *narodnoe predprijatie*）は，特殊な会社形態である。この方式は，事実上は，従業員型の私有化に帰着するが，理念的には，大衆所有型の私有化でもあり，ロシアと他のＣＩＳ諸国ではむしろ一般的である。経営ごとの譲渡（management-buy-out）となっている。すなわち，旧国有企業の経営者は，

私有化財産証券（Privatisierungsgutschein）を伴う株式の大量取得により直接，または労働法的に依存する小株主（労働者）に対する権威から，新しい株式会社においても，事実上の支配権を保持するのである[18]。いわば，私有化に名を借りた旧企業の私物化である[19]。すなわち，民営化には，企業の公的価値に対する信頼や理念，文化的・社会的背景の存在や基礎的な要件の整備が重要であり，それがない場合には，たんなる形式だけの私有化や個人経営の拡大にとどまることが多く，西側の民営化とはまったく異なるものができあがるのである。狭義の法的な要件の整備にとどまらないことから，問題の根は深い。当初の雑で欠陥のある自然発生的な私有化の結果，東ヨーロッパの多くの地域で，同様の経営ごとの譲渡（management-buy-out）がみられるようになっている。

(4) 混合型（Kombinationsmodell）

私有化の達成には，1つの私有化モデルが利用されることもあるが，ときには，混合した方式が行われることもある。時間的な変化による場合と政治的妥協による場合がある。スロベニアとポーランドの例がこれにあたり，商業型と，大衆あるいは従業員付与型の私有化の双方がみられる。ただ，この2国の間には，かなりの相違がある。

スロベニアでは，1992〜93年の政治的な論争の結果，妥協がはかられた。混合型は，その産物である。共同企業の株式会社への転換にさいして，その株式の40パーセントが3つの公的なファンドに譲渡されなければならないとされた。これにより，年金保険と疾病保険ファンド，補償ファンドのそれぞれが10パーセントを取得した。後者は，社会主義化のプロセスで収用された財産の返還をうけないかつての所有者の補償請求権を担保するものである。株式の20パーセントは，一種の信託会社であるスロベニアの開発ファンドに譲渡され，これは，人民所有型の私有化のために，そのための投資会社に譲渡された。投資会社の株式が所有権証明書と引き換えに発行され，スロベニアの市民に与えられた。残りの60パーセントの財産の私有化の方法は，企業の経営者が自由に決定することができるとされた。

この方法は，商業的な性質と，従業員所有，大衆所有の私有化を混合させたものといえる。最終的に，従業員は，約20パーセントの株式を無償で取得

した。大衆所有のために発行された所有の証明書により，合計すると約40パーセントの企業財産が私有化され，従業員所有にも利用された[20]。

　他方，ポーランドの方式は，かなりの変遷を重ねている。おもに政治情勢の変化により異なった方式の私有化が行われたのである。最初は，商業型のものが有力であった。ただし，その場合でも，株式会社に転換する型のものと，清算型の私有化（Umwandlungs- und Liquidationsprivatisierung）がみられた。ポーランドでは，清算型の私有化がかなり大幅に採用されたことが特徴である。採算の合わない国有企業は清算され，清算管財人が，企業の破産手続に関する規定に従い，管理する財産を売却したのである。これは，いわば個別財産の私有化にすぎない。株式会社に転換した後に譲渡の合意が行われたものが，企業自体の私有化であり，「商業化」といいうるが，量的には，私有化された企業の3分の1程度にとどまった。東ドイツの私有化が相当数の清算を伴っていたのと共通する。

　しかし，従業員私有への圧力もあり，その結果，株式に転換する場合には，転換後，株式の20パーセントは半額で従業員に譲渡するとされた。そして，1993年の法的な要件をベースに，95年から大衆所有の方式も付加された。定住し国籍を有する者はすべて，同数の購入証明書を取得し，ついで，これは15の国家的な投資ファンドの株式に転換された。1997年には，新たな私有化法が発効し，従業員所有が強化され，企業の従業員は，15パーセントの株式を無償で取得できることになったのである[21]。

3　私有化の基本課題

(1)　返還か価値補償か

　単純な国有財産の私有化とは異なり，かつて私有財産であり，社会主義国家により法治国家的な手続を経ることなく収用されたものをどう私有化するかについては，問題が多い。しかも，そのような財産が，国有の財産のなかに占める割合はかなり高かった。

　そのさいに，もっとも自由主義的な方法では，収用された財産をもとの所有者ないしその相続人や承継者に返還することになる。これに対し，投資の促進という国民経済的な考慮や社会的考慮が反対の極に立っている。返還の問題に悩まされたのは，中央ヨーロッパ，バルト海沿岸，南ヨーロッパの諸

国である。

　他方，ロシアなどのＣＩＳ諸国では，このようなことはほとんど問題とされていない。社会主義の歴史が長く，すでに旧所有権の回復が技術的におよそ困難になっているからである。

　民主化後の財産権の私有化は，ドイツでは，未解決の財産問題（offene Vermögensfragen）と呼ばれ，政治的にも，法律的にも激しく争われた。そして，時間的な経過により，法規のとる対応も異なり，かなりの変遷を重ねた。対立する利益の調整のために，返還の原則（Restitutionsgrundsatz）と補償の方法（Entschädigungslösung）のかなり複雑な妥協がはかられた。そこで，ドイツの方法は，東ヨーロッパ諸国にとって，必ずしもそのままモデルたるわけではない[22]。

(2)　東ヨーロッパの潮流

　じっさいに，多くの国では，返還の方法を採用したとしても，それが投資の障害とならないように，短期の制限期間が設けられている。チェコスロバキア，エストニア（選択的に補償の方法もある），ラトビア（不動産に限定），リトアニア，ブルガリアは，このような方式による。補償が採用されるのは部分的，つまり返還が事実上または法律上できない場合だけである。同様に，補償よりも返還を優先する解決は，マケドニアやボスニア・ヘルツェゴビナでも，近時採用された（1998年）。アルバニアでは，1993年から，都市の不動産のみが返還され，農地には価値の補償だけが行われている。ルーマニアでは，大規模な農業生産共同体の解体と転換に関し，限定的な再私有化が行われ，のちに住居の制限的な返還が行われたにとどまる。

　ハンガリーは，補償的方法のみがとられた唯一の国である。小土地所有者政党は，当初農地を返還する計画を有していたが，農地と他の財産とを区別することが憲法上の平等原則に違反するとの憲法裁判所の反対にあったことから，実行にいたらなかったのである。1939年以降のすべての法治国家的な手続をへない収用は，補償基金からの支払により補償をうけることになった。そのうえで，国有企業の売却が行われた[23]。

　ポーランドでは，この10年の間に多数の議論と草案がみられたが，今日まで立法による特定のルールを形成するにはいたっていない。そこで，裁判所

は，個別の解決をするための複雑な構成を課せられることになった。判例により形成された方法によると，まず行政裁判所に違法な収用の無効の確認を求め，その後通常裁判所で，民法上の所有権の返還請求をしなければならないのである[24]。

(3) 農地の私有化

私有化の一般的な論点のほかに，個々の私有化される財産による特殊性もある[25]。とくに，農地の私有化には，種々の考慮から特則が設けられることが多い。農業がおもに小さな私的営業によることが多かったポーランドとユーゴスラビアを除くと，農業経営は，強制的に集団化され，あるいは国有化された。ソ連のコルホーズを例とする生産共同体は，一種の団体所有を実現していた。その私有化には，従業員所有の私有の形態がもっとも容易な解決であり，これにより株式会社あるいは新たな形態の団体への転換をもたらし，構成員に財産争いのある場合には，生産共同体の解消にいたった。

しかし，一部の構成員が集団的に営業を継続しようとする場合に，他の者が個別に（分割して）営業するために，あるいは土地を（個別の持分に帰属させて）売却しようとするために，これに反対する事態が多数生じた。共同体的な大規模営業を分割することが，営業上の判断から不可能な場合には，どちらを選択するかは，しばしば問題とされた。その具体的な事例は，東ドイツにみることができる（後述第3章）。また，返還による旧所有者からの追奪の不安や，国による売却の場合において，とくに農地の質に対する危惧を考慮する必要もある。そして，東ヨーロッパのすべての諸国において，外国人の土地取得は制限されあるいは禁止されており，そのことは，農地の商業的な私有を困難にしたのである[26]。

(4) 基幹産業

より重要なのは，一部の基幹産業の私有化であり，これに関する問題性は，おそらく古くからの西側諸国の国営（的）企業の民営化にも共通している。公的な利益や政策から国家の関与を完全には取り除きえない場合がある。とくに原子力発電所や，鉱山，エネルギー，軍事，交通，情報，通信，航空，宇宙開発，その他の先端産業などである。国家による許可，認可（Konzession）が課せられていることも多い。そのような制限は，思いがけず広範囲にわたっている。私企業の場合ですら，外国資本の関与が制限されることは多い。ブルガリア，マケドニア，ハンガリーでは，このような場合に関する特別立法が行われているが[27]，明確に立法化されていない場合でも，当然の前提となっていることや個別の制限の課せられている場合は多い。

　私有化は，国家の手によって実現されるものであるが，私的企業の側からも促進されるものである。すべての諸国において，1990年台初めには営業の自由が導入され，その後憲法上も保障された。しかし，これを実現するには，たんに原則だけではなく，そのための実体が伴わなければならないからである。たとえば，中央および東南ヨーロッパでは，新たな会社法も整備された。他方，ＣＩＳ諸国では，このような歩みが遅れ，私有化に対する制度的な受け皿が少なく，顕著な対照を示している[28]。

第３章　旧東ドイツ地域の財産権の返還に関するプロセス

１　はじめに
(1)　財産権の返還

本章は，1990年のドイツ再統一後の財産権の返還問題に関する変遷を概観し，近時までの動向を簡単に跡づけ，紹介しようとするものである。

1990年10月３日に，東西ドイツが再統一され，旧東ドイツ地域には，旧西ドイツ法（ドイツ連邦法）が導入され（統一条約８条），また，旧東ドイツ時代における財産関係の大幅な修正が行われることになった（同21条以下，とくに25条）。

旧東ドイツ時代に収用された財産権が旧所有者に返還されることについては，すでに旧東ドイツの時代の末に方針がうちだされていたが（後述(2)の共同宣言），東西ドイツの統一条約（Einigungsvertrag, v. 31.8.1990）にも盛りこまれ確認されている。これが，財産権の返還問題についての出発点となる[29]。

　　統一条約41条「(1)ドイツ連邦共和国政府〔西ドイツ〕とドイツ民主共
　　和国政府〔東ドイツ〕によってされた1990年６月15日の，未解決の財産
　　問題に関する共同宣言は，この条約の一部となる。
　　(2)当該の土地または建物が投資目的のために必要なとき，とくに営業

145

地の建築に用いられ，決定された投資の実現が国民経済的に促進する価値のあるとき，とりわけ，雇用の場を創設しまたは確保するときには，特別の法規によって，土地または建物の所有権の返還がなされないものとすることができる。投資者は，〔投資〕意図の重要なメルクマールの示された計画を遂行し，この基礎の上にその意図を遂行する義務をおう。

旧所有者への補償は，法律で規定する。　(3)省略」

内容的には，旧東ドイツ時代に収用された財産の所有権は，返還されることが原則とされ，返還されないのは，投資のために必要な場合の例外と位置づけられているのである。しかし，これは，過去40年間の財産関係を清算することを意味し複雑な関係をもたらすことになった。「新たな連邦諸州〔5つの新たな州としてドイツ連邦共和国＝西ドイツに編入された旧東ドイツ地域〕における未解決の財産問題」(die offene Vermögensfragen in den neuen Bundesländern) といわれる[30]。

(2)　再統一（1990年10月3日）までの動き

ここで，基礎となっているのは，1989年11月9日のベルリンの壁崩壊後，とくに，1990年春からの，共同化された財産の私有化の動きである。しかし，過去40年間の財産関係の清算は，そう簡単なものではない。それが性質上不可能な場合もあるし，第三者や善意で取得した者との関係で，原則を必ずしも貫きえない場合もあるからである。

そこで，まずその基本政策を決めるために，同年6月15日に，未解決の財産問題に関する東西ドイツの共同宣言 (Gemeinsame Erklärung der Regierugen der BRD und DDR, v. 15.6.1990) が出された。この共同宣言は，さらに，のちに統一条約によって，統一後の東ドイツ地域の財産関係の基本とされることになった（前述の統一条約41条1項）。

共同宣言の中心は，1945年から1949年（すなわち，東ドイツの成立までのソ連の占領期間中）に行われた占領法規による不動産の収用が，遡及して効力を失うことはないとされたことにある（共同宣言1条）。ソ連と東ドイツ政府は，これを合法的なものと扱うから，西ドイツ政府は，歴史的経過を考慮してこれを承認しなければならない，とする。もっとも，国家補償の可能性に関する確定的な決定は，将来の全ドイツの議会に留保されるとされ，のちの

補償法の基礎となった。また，土地所有権，営業，その他の財産に関する国家による制限措置も，廃止される（同2条）。

しかし，東ドイツの成立後に収用された土地所有権は，原則として，かつての所有者またはその相続人に返還される（同3条）。ただし，以下の3点が考慮される（同4条）。

① 土地と建物の所有権の返還は，その利用ないし目的が，共同使用に当てられ，共同住宅や団地に使用され，営業的使用をされ，または新しい企業体に組みこまれることによって変更されたときには，事物の性質上不可能とされる。この場合には，東ドイツ市民のために適用される規定に従ってすでに補償がなされたのでないかぎり，新たに補償が供せられる。

② 東ドイツ市民が，返還される不動産の所有権または物権的利用権を善意で取得した場合には，代替的価値のある土地との交換または補償が前の所有者になされることによって，社会的に相当な清算がなされる。

③ もとの所有者または相続人が返還請求権を有しても，それによらずに補償を求めることができる。

つまり，以上の場合には，返還は行われず，それに代わる価値の補償のみが行われるのである[31]。

2　統一後の進展

(1)　最初の立法・投資の保護

(ア)　共同宣言をうけて返還のための具体的な法律が定められた。①1990年7月11日の返還申請法（Anmeldungsverordnung, v. 11.7.1990），および②同9月23日の財産法（Vermögensgesetz, Neubekanntmachung, v. 23.9.1990），③同9月23日の投資法（Investitionsgesetz, v. 23.9.1990）である。これらは，統一前の東ドイツの立法であるが，統一後も統一条約の規定によって，連邦法として効力を保ち，返還のための法律として機能した。

その中心となる返還申請法によれば，旧東ドイツの法律によって，収用されまたは国家によりあるいは信託的に管理をうけるにいたった財産につき，旧所有者は返還請求ができるものとされている。また，1933年1月30日から1945年5月8日までに（すなわち，ナチスの政権期間に），人種的，政治的，

宗教的理由または世界観を理由として財産を失った者にも，返還の請求を認めている。さらに，法治国家的な刑事手続に反して財産を収用された者にも，返還の請求を認める。このように，ナチスによる収用をも対象とするのは，ナチスが収用した財産がさらに収用されて共同所有とされているから，たんに現在の共同所有を排除するだけでは実質的な救済にはたりない場合があるからであり，形式的には，ナチスの財産の回復ではないことを示すためでもある。

ここで，財産権の返還には，すでにかなりの制限がかかっていることが指摘できよう。まず，①収用が1949年以前のソ連の手による場合には，一律に返還の可能性が除外される。また，それ以外の場合でも，②すでに補償が行われた場合，③事物の性質上不可能な場合，④善意取得された場合が除外される。

また，返還のための方法が注目される必要がある。それは，当然に収用の効果をくつがえすわけではない。たんに，返還請求権を旧所有者に認めるだけである。返還の申請がなされれば，現在の所有者は目的物を他に処分することを制限されるが，申請がされなければ，処分は有効に行えるし，申請前にされた処分も有効とされる。

さらに，統一後，東ドイツ地域に投資を呼びこむために，投資意図によって行われる処分には，返還が制限される場合が拡大された（後述(2)）。その結果，名目的な返還請求権は，必ずしも絶対的なものとはいえない構成となっている。

もっとも，旧所有者の返還請求権をたんなる債権的請求権とみることへの反対も，一部学説からは唱えられている。このような学説は，返還請求権を物権の一種，あるいは物権と債権との中間的な権利とみることによって，旧所有権との同一性をみいだそうとするのである[32]。

①の占領高権による収用にはいっさい返還のよちがないとする扱いに対しては，当初から旧所有者を中心とする強い反対があり，法の下の平等を理由として違憲性が争われた。連邦憲法裁判所は，1991年4月23日判決（BundesVerfGE 84,90 Ⅰ（Nr.8）いわゆる第1判決）において，統一条約や財産法の合憲性を肯定し，また同7月9日判決（BundesVerfGE 84.286 Ⅰ（Nr.19））では合憲性を前提として財産法の解釈を行う判断を示した。

さらに，1996年4月18日判決（BundesVerfGE 94,12 I (Nr.2) いわゆる第2判決）は，ふたたび1991年4月23日判決を確認した。これは，ソ連崩壊後の政治情勢の変化をうけたものである。すなわち，1991年判決は，占領高権による収用には返還の見直しをしないとする統一条約と財産法の合憲性を肯定するさいに，その理由の一つに，見直しをすることに対するソ連の反対（その同意は再統一の基本的な前提であった）をあげていた。しかし，統一後，前ソ連大統領のゴルバチョフがそのような反対を否定したことから，占領高権による収用に対しても見直しが行われるのではないかとの一般的な期待が高まった。そこで，再度の合憲性の確認が行われたのである[33]。

(イ) 所有権の返還に関する財産法は，1991年と1992年の2回にわたって大幅に改正された。

まず，1991年3月22日の〔投資に対する〕障害除去法（Gesetz zur Beseitigung vom Hemmnissen bei der Privatisierung von Unternehmen und zur Förderung von Investitionen）は，投資を優先して返還を制限する方向性をより強く打ち出した。すなわち，財産法の改正（旧3 a条）によって，財産の現在の保持者が一定の範囲の者であり，その者に特定の投資意図のある場合には，旧所有者の申請によって処分権がなくなるとの財産法の返還の原則（3条3項）をはずして，財産を譲渡，賃貸する権利を認めた。この場合には，投資が返還に優先するのである。財産法による返還の原則によれば，所有者など現在の処分権者は，財産を権利者＝旧所有者に返還しなければならないから，財産の処分は本来できない（3条）。しかし，投資の目的のために例外的には財産の譲渡，賃貸が，認められるのである（3 a条1項）。

しかし，このような投資の優先も全面的なものではなく，また，規定の複雑さから，現実に投資に寄与するかとの疑問が提示された。

そこで，1992年7月，第2次の財産法およびこれに関連する法規の改正が行われた（Zweites Vermögensrechtsänderungsgesetz, v. 14.7.1992; BGBl.I, S. 1257）。財産法の改正と新たな投資優先法（Investitionsvorranggesetz）が制定されたのである。内容的には，投資の優先の要件をより軽減し，また他人の土地のうえに自己の建物を有する利用者の保護を強化することも目的とされた[34]。

(2) 統一後の処理の状況

(ア) 占領下のものを除く収用の効果はくつがえされ，個人所有権への国家管理も廃止される。また，社会主義的所有の財産は私有化される。

そこで，これらの収用された不動産などの財産をめぐって，統一後，所有権あるいは管理権の返還が求められる多数の場合が生じ，1993年初頭までには，100万件を超えることになった。そして，1994年半ばまでにほぼその40パーセントが処理されたが，4万6000件はラントの抗告委員会の手続に，また6900件は行政裁判所の手続にかけられた(35)。

さらに，再統一から8年後の，1998年6月30日の時点で，これら不動産返還問題の処理率は，85.89パーセントに達している。しかし，同日には，33万8754件がなお未処理の扱いになっている。すなわち，この時点までに，およそ212万件の申請があり，そのうち，182万件が処理されたのである。その後，返還に関する申請は（価値的返還を含めて），最終的には，223万1864件に達した。不動産では，50万件以上が旧所有者に返還されたといわれる。

金銭的な補償（Entschädigung）には，未解決のものが多く残されている。不動産関係の178万件の請求のうち，返還が認められたのは，39万0822件のみであり（10万3139件では，国家の強制管理の廃止が認められた），法律上，返還（Restitution）ができないとされた判決が，すでに78万0263件も存在する。そこで，返還の手続では，返還を否定する問題としては解決されたが，なお補償の判断を必要とする。これは，のちの補償手続に関する段階の重要な課題として残されているのである。

これを処理する人員もたりない。連邦レベルでは，186人の完全法律家と経済専修法律家（Voll- und Wirtschaftsjurist, 後者につき，【大学】216頁以下参照），54人の弁護士，2474人の人員が関与しているにすぎない（ÄRoV）。州レベルでは，228人の法律家と，1096人の人員がいるだけである。

1998年9月30日までには，13万3560件の補償請求（そのうち，4万5624件は不動産，2万3591件は企業の補償に関する）が提起され，なお70万件以上が想定されている。処理されたのはわずかで，東ドイツの収用関係（Entschädigungsgesetz）で，2万5161件の補償請求の認容があり，そのうち6053件のみが，不動産の補償に関しており，企業に関するものは369件である。占領による収用関係では（Ausgleichsgesetz），4007件の認容があるにとどま

る（そのうち，1647件は不動産で，102件だけが企業に関する）。全補償関係で，1万6598件が棄却された。

1998年までの連邦政府の管理する補償基金は，旧権利者に，1億1700万マルクの補償を行った。この額は，計画では126億マルクに達する[36]。

(ｲ)　未解決の財産問題の重点がしだいに補償に移ることから，1994年に，財産などに対する補償法がいくつか成立した（①Entschädigungsgesetz, v. 27.9. 1994; ② Ausgleichsleistungsgesetz, v. 27.9.1994；③ NS-Verfolgtenentschädigungsgesetz, v. 27.9.1994）。返還の不能をもたらした原因による区別のみられることが特徴である。

①は，善意取得，投資的な利用による返還不能などにより財産権が返還されない場合に対する補償を定めたものである。②は，1945～49年の占領期の収用で，財産権がもともと返還されないとされている場合の補償を定めたものである。②をとくに区別するのは，占領高権による収用を他の収用と区別するためである。③は，1933～45年の収用で，返還がなされない場合の補償を定めたものである。内容的には，基本的に1935年の「統一価格」(Einheitswert) に，農地，宅地など土地の種類に応じて一定の倍率をかけた額が補償される（①3条参照）。これによって，いわば返還請求権は，金銭的請求権へと化体されるのである。

また，その後も④ Strafrechtliches Rehabilitierungsgesetz, v. 1.7.1997; Verwaltungsrechtliches Rehabilitierungsgesetz, v. 1.7.1997.は，それぞれ1945～90年の法治国家的手続を欠いた刑事および行政判決の取消とそれに対する補償を定めている。

さらに，Mauergrundstücksgesetz, v. 15.9.1996. は，ベルリンの壁や東西の国境の境界の建設のために土地を収用された旧所有者が，低価格で土地を取得できることを定めている[37]。

3　利用権の保護・1994年改正法
(1)　利用権の保護

利用権の保護は，統一時から大きな課題であった。すなわち，返還される土地上に存在する建物は，旧東ドイツ地域の建物の53パーセントにのぼった。旧東ドイツの時代には，他人の土地のうえに物権的な利用権を取得して建物

を建築することが多かった（建物所有権）。ただし，この建物所有権は，土地所有権と必ずしも関連づけられる必要がなかった。そこで，これを，今日，西側の基準でみれば，必ずしも正当な手続によって設定，収用されたものではないとも位置づけられる。土地の所有権がほとんど意義を失っていたことから，両者の関係は意図的に考慮されなかったのである。

しかし，当時の法体系と当事者の意識からすれば，これを今日的見地からまったく無効なものとすることはできない。旧東ドイツ政府が形式的に土地利用権の収用の手続をしたかどうかに，実質的な相違をみることがむずかしいからである。ＢＧＢ（ドイツ民法典・1900年）の体系によらなければ，建物所有権の設定によって，自動的に土地利用権の設定が行われたとみることもできる。そこで，これを事実的物権（faktisches Sachenrecht）が設定されたものとみて，形式的に利用権の設定や収用が行われたかどうかによらず，保護する必要が生じたのである[38]。

このような物権には，統一後，賃借人としての地位の保護が，民法典施行法の改正（233条＝物権法関係の第4条）によって暫定的に与えられ，これらの自己建物の所有者およびその他の土地利用者には，とりあえず1994年12月31日まで，従来の範囲で利用を継続する法律上の権限が与えられることになった（同233条の第2a条，2b条参照）。土地所有者による明渡請求からの保護をねらったものである。そして，この時までには，権利関係の確定されることが期待された。

しかし，実際には，このような確定は，ほとんど行われなかった。旧東ドイツ時代の利用権はたんなる使用権というよりは，ほとんど所有権に近いものであったから，これに代えて，たんなる民法典上の地上権を付与するのでは不十分であったからである。

(2) 1994年改正

そこで，さらに1994年の改正では，解約のための告知の期間を25年以上とし，利用者に先買権が付与された。1994年9月の物権整理法（Gesetz zur Sachenrechtsbereinigung im Beitrittsgebiet v. 21. 9. 1994, BGBl.I, S.2457, in Kraft seit 1.Okt. 1994）である。

また，契約的な利用者とその投資の保護も問題となった。これを整理した

のが，債務的利用関係の調整法（Gesetz zur Anpassung schuldrechtlicher Nutzungsverhältnisse an Grundstücken im Beitrittsgebiet v. 21. 9. 1994, BGBl. I, S.2538, in Kraft seit 1. Jan. 1995）である[39]。

(3) 登記簿の公信力の回復

前述の「建物所有権」は，旧東ドイツの時代には，きわめて強力なものであった。所有権は，政策的・意図的に名目的なものに転落させられていたから，企業が不動産を取得する場合でも，利用権のみを取得し，その上に投資を行っていた場合も多い。いわば土地の所有権が建物に吸収されたのである。他方，ＢＧＢにおいては，不動産所有権は物権の女王である。建物は土地に吸収される本質的構成部分と扱われる（94条1項）。このような利用権を完全に保護するには，新たな物権を肯定する必要があるが，立法者は，再統一にさいし，法定される物権の種類（numerus cluasus, 物権法定主義）を増加させることを肯定しなかった。それに代えて，相当の利用期間の保護と（地上権として保護），比較的簡易な取得が認められたのは（先買権），ＢＧＢに存在しない物権を認めないためであった。

しかも，このような独立した建物所有権や物権的利用権，共同使用権（selbstständiges Gebäudeeigentum, das dingliche Nutzungsrecht und Mitbenutzungsrecht）は，そのままでは土地登記簿に登記することもできない。この前提のもとで，登記簿による善意取得（ＢＧＢ892条，1138条以下，Öffentlicher Glaube des Grundbuchs）を認めると，記載されていない物権は負担がないものとして消滅するほかはない。しかし，これら特殊な物権の範囲はきわめて広範なものであったので，簡単に消滅するものとすることはできない。そこで，旧東ドイツ地域では，登記簿の公信力（der gute Glaube an das Grundbuch）をただちに回復することはできず，これは，いわば停止状態（Suspendierung der Grundbuch-Publizität）にあったのである。

(1)，(2)の理由と利用権の保護の延長にともない，登記簿善意取得の制限も延長する必要が生じた。そこで，この停止状態も，2000年12月31日まで延期されることになったのである（Das Zweite Eigentumsfristengesetz, BGBl, I, S. 2493）。登記簿に登記されていない物権の喪失は，この期間の経過後でなければ，公信力の効果としては生じない。これらの物権は，登記されていない

ものでも主張することができる。再統一時の民法典施行法233条の予定したところでは、当初この期限は、1996年12月31日であったが、その後3年間延期されていた。これが、さらに延期されたのである（物権整理法13条1項参照）。この期間内に、地上権への転換をするか、先買権を行使することが期待されている[40]。

4 1998年改正
(1) 財産法整理法

(ア) 1998年10月21日に発効した財産法整理法（Vermögensrechtsbereinigungsgesetz (VermBerG), BGBl.I, S.3180）は、財産補償、負担補償、抵当権償還、不動産取引法を中心とした改正であり、9条からなる[41]。すでにふれたように、再統一から8年たった1998年6月30日でも、不動産返還の処理率は、85.89パーセントにすぎない。223万1864件の申請のうち（その後の増加数を含む）、なお33万8754件が未処理の扱いになっている（申請総数は、基準日以後も増加した）。

また、補償（Entschädigung）には、未解決のものがいっそう多く残されている。法律上、返還（Restitution）はできないとされた判決が多数あるが、これは、返還の手続では返還を否定するとして解決されたものにすぎない。なお補償が必要かどうか、またその評価の判断を必要とする。これは、補償手続に関する将来の重要な課題として残されている。しかも、残された返還、補償の事案には、解釈上、適用上の問題が多い。手続の促進が必要となるゆえんである。

(イ) 改正法の中心は、①財産法の改正であり（1条）、(a)財産法上の手続の簡素化と促進に関する（18条7項、18b条など）。(b)また、7a条の、収用されたときの対価の評価に関するものもある。(c)16条9項において、登記された土地抵当による債務は、処分権者が返還により不動産を喪失するかぎり同人に対しても消滅することが明確にされた。これにより、土地債務が国家による事業により形成され（したがって、債務の設定がみずからのイニシアチブによる設定でないことを要する）、また返還により財産権を喪失しながら、債務を免れえないという処分権者の不利を解消したのである。(d)財産法34条1項によれば、所有権の返還には、現処分権者への投下資本の償還（Wertausgleich）や負担調整の支払（Lastenausgleich）が必要である。そのための担保の付与や遅滞の場合の利息（年利4パーセント）が定められた（33a条）。

　技術的な改正としては，(e)裁量的な管轄（23条，24条），(f)外国にいる者の，返還に代わる補償の選択期間の延長（8条1項），(g)返還と補償との手続にあたる官庁間のデータ交換（32条1項）などがあり，(f)は，ユダヤ人補償協会（Jewish Claims Conference）を考慮したものである。

　第2に，②負担調整法（Lastenausgleichsgesetz）が改正された（第2条）。本法は1952年に戦争被害（Vertreibungschäden, Kriegssachschäden, Ostschäden）の補償の基本法として制定された（Gesetz über den Lastenausgleich, v. 14.8.1952, BGBl.I, S.446）。近時では，相当の部分が削除されているが，今回の改正は，その手続的な部分に関するものである。同じ損害を理由として再度補償をうける場合の特則で，過剰にうけた補償の返還の規定がある。財産法34条と同趣旨から（前述①(d)参照），担保，遅滞の場合の規定である。

　第3に，③補償法（Entschädigungs- und Ausgleichleistungsgesetz）の改正（3条）がある。旧東ドイツ政府により強制保管され失効した有価証券の償還に関するものである。

　ほかに，④抵当権償還法（Hypothekenablöseverordnung）の改正（4条），⑤不動産取引法（Grundstücksverkehrsordnung）の改正（5条），⑥他の関連規定（EGBGB, Grundbuchbereinigungsgesetz, Vermögenszuordnungsgesetz）の改正（6条）などの規定がある。そして，⑦財産法の改正法の公布権限は連邦司法省に授権される（7条）。⑧4条の抵当権償還法の変更は，財産法と負担調整法の修正の発効後に，行われる（8条）。⑨この法律は，公布後発効する（9条）。

(2) 投資優先法の延長

　1997年8月4日の投資優先法27条1文によると，同法による申請期間は，1998年12月31日までとされていた。しかし，連邦参議院の同意と連邦政府の政令により，最長2000年12月31日まで延長できることになった[42]。

　財産法による返還申請は，基本的には1998年9月30日の基準日に終了した。しかし，不動産では，200万件以上申請された請求のうち190万件，ほぼ88パ

ーセントが処理されたが,かなり多量かつ困難な申請が,確定効(bestandskräftig)をもって終了するにいたっていない。申請による負担のついた不動産は,30万件近くも存在する。これらの請求が確定されて終了することは,近い将来にはありえない。

　返還範囲を拡大する法律の施行にともない(43),法治国家的な理念に反する刑事,秩序罰,行政的な判決(rechtsstaatswidriger straf-, ordnugsstraf- oder verwaltungsrechtlicher Entscheidung)の取消に伴う財産権の返還(財産法1条7項)が増加しつつあるし,単純な返還申請(財産法3条1項)すらも,なお提起されている。東ドイツの地方自治体の住宅産業は,なお返還の負担のついた住宅を多数有している。しかも,それらには,住宅の状況が悪いので,賃貸することもできないものが含まれている(44)。これらには,投資の優先の観点から返還請求の制限が必要とされるのである。

第4章 むすび

1 返還のプロセスと主義の変容

(1) 返還の原則

　当初の財産権問題の解決は,統一への期待を高めるためもあって,返還が原則であった(Restitutionsprinzip)。もちろん,政治的,技術的な限界もあった。占領下の収用には返還が行われないことは,一貫した原則であった。また,すでに補償をうけている場合に,回復はできないとされた。しかし,「返還」が行われることは,統一前の東西ドイツの共同宣言,統一条約の基本であり(①②),また,旧東ドイツ法をうけついだ返還申請法,財産法の基本でもあったのである(③④)。この流れは,以下のように,うけつがれている。

　① Gemeinsame Erklärung der Regierungen der Bundesrepublik Deutschland und der Deutschen Demokratische Republik zur Regelung offener Vermögensfragen, v. 15. 6. 1990.(東西ドイツの共同宣言)

　② Einigungsvertrag, v. 31. 8. 1990.(東西ドイツの統一条約)

　③ Verordnung über die Anmeldung vermögensrechtlicher Ansprüche, v. 11. 7. 1990.(返還申請法)

④ Vermögensgesetz, Neubekanntmachung, v. 23. 9. 1990.（財産法）

なお，③による返還の申請はすでに終了したものとされ，同法は1992年8月3日に改正されたものが最後であるが，④は，返還の基本法として，なお毎年のように改正されている。

(2) 返還から補償へ

(ア) この返還の原則に新たな視点をもちこんだのは，数次の財産法と投資法の改正である。旧所有者の返還請求権が付着したままであると，収用された財産が，企業に組みこまれている場合に，その存続を危うくし，新たな投資をも，また民営化をも阻害するからである。そこで，新たな「投資の優先」原則が，しだいに強化された。

① Gesetz zur Beseitigung vom Hemmnissen bei der Privatisierung von Unternehmen und zur Förderung von Investitionen, v. 22. 3. 1991.（第1次改正法）
② Zweites Vermögensrechtsänderungsgesetz, v. 14.7.1992.（第2次改正法）

投資優先法（Investitionsvorranggesetz）の導入が眼目である。

(イ) 他方，(1)，(2)のプロセスで返還の原則への例外がいちじるしく拡大した結果，返還されない場合の補償措置を整備する必要が生じた。これが，1994年以降の種々の補償法である。それぞれのカバーする対象は異なる。ここでは，繰り返さない。この転換によって，いわば返還に代わる，財産権の金銭債権化が行われたのである。

① Entschädigungsgesetz, v. 27. 9. 1994.（補償法）
② Ausgleichsleistungsgesetz, v. 27. 9. 1994.（占領補償法）
③ NS-Verfolgtenentschädigungsgesetz, v. 27. 9. 1994.（ナチス被害補償法）
④ Mauergrundstücksgesetz, v. 15. 7. 1996.（壁補償法）
⑤ Strafrechtliches Rehabilitierungsgesetz, v. 1. 7. 1997.（刑事救済法）
⑥ Verwaltungsrechtliches Rehabilitierungsgesetz, v. 1. 7. 1997.（行政救済法）

(ウ) また，1994年には，返還の原則に対する新たな制限が登場した。いわゆる折半の原則（Halbteilugnsprinzip）である[45]。収用された不動産には，すでに物権的な利用権が付され，新たな利用の対象となっていることが多い。

とりわけ建物の建築に使用されている場合の利用を保護するものである。旧東ドイツの時代には，所有権は意図的に名目的なものに転落させられていたから，企業が不動産を取得する場合でも，利用権のみを取得し，その上に投資を行っていた場合も多い（土地の所有権が建物に吸収される「建物所有権」。しかも，しばしば所有権とは関連づけられていない）。このような利用権を保護するため，ＢＧＢに存在しない物権は認めない代わりに（ＢＧＢでは，建物は土地に吸収される本質的構成部分である。94条1項），相当の利用期間の保護と（地上権として保護），比較的簡易な取得が認められた（先買権）。すなわち，利用者の投資を保護するために，旧所有者とほぼ同等の地位が承認されたのである。これは，いわば将来の投資保護による過去の克服である。

① Sachenrechtsbereinigungsgesetz, v. 21. 9. 1994.（物権整理法）

② Schuldrechtsanpassungsgesetz, v. 21. 9. 1994.（債務法調整法）〔本法には，2001年6月27日，改正草案が公表されている。〕

㈡ 1998年の改正は，従来の種々の作業の延長にある。個別の内容については，繰り返さない。

① Das Vermögensrechtsbereinigungsgesetz, v. 21. 10. 1998.（財産法整理法）

(3) 2000〜01年改正

いくつかの裁判例および改定事項の存在から，財産法の新たな変更が問題となっている。すでに，1999年には，そのための草案（Entwurf eines Gesetzes zur Änderung und Ergänzung vermögensrechtlicher und anderer Vorschriften; Vermögensrechtsergänzungsgesetz; BR-Dr. 469/99 v.3.9.1999）が準備されつつある（同法は，2000年7月14日成立）。本稿では，概要を述べるにとめる[46]。契機となったのは，以下の3つの判決と決定である。

第1の問題は，1998年9月17日の憲法裁判所判決である（VIZ 1999, S. 30）。財産法は，善意取得されたために財産の返還ができない場合には，可能な限り同等の価値の代替地の譲渡によっても行われるべきことを規定している（財産法9条1文）。これが不可能な場合には，補償法に従って，補償が行われる（同9条2文）。その場合の基準としては，財産法21条3項1文と4項が準用される（9条3文）。すなわち，同一市町村の公有地の土地によっ

て行われ，代替地の価格との差額は補償される。事案において，善意取得を争い，かつ予備的に代替地を求めた原告に対して，原審は，代替地の請求を認めず，規定はたんに処分可能な代替地がある場合にこれを譲渡できる旨を定めたにすぎないとしたが，憲法裁判所判決は，これをたんに裁量的なものではなく，権利を与えるものと解した。しかし，21条がもともと国家管理地に関する規定であることから，政府は，財政的負担を理由として同規定の削除を決定した。代替地の取得が有利であり，類似の主張が今後の負担となる可能性が大きいからである。

第2は，1998年11月19日の憲法裁判所判決である（VIZ 1999, S.149）。財産法10条1項によると，返還申請の期間が徒過され動産が有効に処分されたこと，あるいは善意取得されたことにより返還されえない場合には，権利者は，代金額の範囲で，補償基金に請求権を取得する。憲法裁判所は，このような動産に対しても，財産法が補償請求権を与えていること，およびこの場合の評価基準を設定することが立法上の義務であることを肯定した。草案は，この判断をうけ，5a条を新設した。

第3は，1999年1月20日のEU委員会の決定である。旧人民所有の農地および森林の私有化（Privatisierung ehemals volkseigener land- und forstwirtschaftlicher Flächen）における補償は，①権利者が，土地取得手続に応募するために1990年10月3日に定住していたことを要件とする場合に，また②農地に対する補助率が35パーセントを超える場合には，疑義があるとする。これにより，連邦政府は，許容範囲を超える補助を返還請求する義務を負担した。この不備を是正するために，補償法（Ausgleichsleistungsgesetz）が改正される。すなわち，定住要件が削除され，農地の売買価格は，一般的に，取引価格の35パーセント引きにまで高められる。すでに契約が締結されている場合でも，代金額に対する補助率がこれを超える場合には，代金額は高められ，買主は追加払いをするか，契約を解除するかの選択ができるようになる[47]。

EUの共通市場における競争条件の均一化の要求は，共同所有の農地の私有化の場合にも無視されるわけではない[48]。私有化される土地がいちじるしく低廉な価格で譲渡される場合には，他国における農地の取得との衡平を欠くからである。

改正法に関するその他の技術的な問題には立ち入らない。また，補償基金に対する公的負担は増額され，およそ1億2500万マルクとなる[49]。

〔さらに，その後の重要な立法として，2001年5月9日に公表された，旧東ドイツ地域における土地所有権の整理に関する法律案（Entwurf eines Gesetzes zur Bereinigung offener Fragen des Rechts an Grundstücken in den neuen Ländern (Grundstücksrechtsbereinigungsgesetz・GrundRBerG) がある。旧東ドイツの時代に私有の土地が道路や交通など公用に供せられ，公的な使用が2001年9月30日まで暫定的に認められている場合に，そのような土地を公的に取得するか，負担を解消する手続を定めたものである。〕

2 財産権の返還と私有化・むすび

私有化の方法は，東ヨーロッパ諸国において，必ずしも同一ではない。

第1に，返還による方法がある。これは，第2次大戦後に旧ソ連に併合されたバルト諸国や東ヨーロッパの衛星国にみられる。方法として複雑ではあるが，旧権利関係が比較的明確であれば可能である。東ドイツ地域でも，形式的には，これが原則とされた。しかし，その場合でも，占領権力による財産・土地改革（Bodenreform）は対象からはずされた。収用の規模としては，この時期のものが最大を占める[50]。また，戦後半世紀近くに及ぶ経過は，種々の理由で返還を困難にしている。物権および相続関係などに関する証拠の散逸，善意取得，新たな投資の付加などである。そこで，じっさいには，返還による私有化の実現にはかなりの困難が伴っている。

第2に，文字通りの私有化がある。旧ソ連諸国は，これを原則とする。社会主義の歴史が長く，もはや返還の方法をとることは技術的にも不可能だからである。これに，第1の場合に，技術的に返還ができない場合が加わる。したがって，この方法の占める割合は，見かけ以上に大きい。

私有化の場合の方法にも，いくつかの類型がある。小さな私有化は，すでに部分的には旧社会主義の時代にもみられた（ハンガリーなど）。しかし，いわゆる大きな私有化による基本的な構造改革が行われなければ，私有化が行われたとはいえない。そして，大きな私有化自体も，商業型のそれと，非商業型のものとに大別することができる。非商業型のものは，国有財産を，国民，従業員，経営者に分配する型である。旧東ドイツの私有化が商業型を貫

第4章 むすび

いたのを除き，他の諸国では，なんらかの形で，商業型と非商業型の妥協がはかられている(51)。商業型は，それによる対価の点ではもっとも利益が大きいものであるが，じっさいには，外国資本の導入，その前提要件としての法の整備などで，成功させることがむずかしいからである。

現実の私有化のプロセスには，種々の問題が残されている。とくに農地，基幹産業の場合には，国家政策との関係があり，外国資本を排除することも多い。さらに，近時では，私有化を実現するための軽減措置や補助金については，全ヨーロッパ的な観点から競争を阻害するとして，これを排斥する必要も生じてきた。ＥＵの東方拡大のおりには，同じ問題は，東ドイツ地域だけではなく，他の諸国でも生じることになろう。

(1) 東ヨーロッパの私有化に関する文献は多いが，とくにつぎの2論文がまとまっており，有益である。① Brunner, Privatisierungsmodelle in Osteuropa, in Fest.f. K.H. Friauf zum 65. Geburtstag, Staat Wirtschaft Steuern, (hrsg.) Rudolf und Heinrich, 1996, S.591ff., ② ders, Privatisierung in Osteuropa, Gedächtnisschrift für Alexander Lüderitz, (hrsg.) Schack, Horn, Lieb, Luig, Meincke und Wiedemann, 2000, S.63ff.（以下，Brunner, a.a.O.（①,②）として引用する）。

(2) しかし，だからといって，個別の検討に立ち入ることには必要性の点から疑問があるし，筆者の能力を超えることでもある。

(3) 小野・①「東ドイツ地域における不動産所有権の返還問題」一橋大学研究年報・法学研究24号（1993年），② Land Reform in Japan (1945-1951) and in the former East Germany (1945-1949): The Decision of the German Constitutional Court in April 23, 1991, Hitotsubashi Journal of Law and Politics, Vol.22, 43 (1994)，③「財産権の返還と投資の保護―東ドイツ地域の改革―」国際商事法務27巻1号（1999年），④「共同所有権の私有化―その過程における所有権の金銭債権化」山内進編・混沌のなかの所有〔2000年〕165頁以下（専門家の責任と権能〔2000年〕にも再録）。

財産権の返還問題は，もともと私の在外研究の成果の一部であり，1990年代初頭の変革の一部を紹介することと，必ずしも明確ではない物権法の国際比較や投資環境の検討を行うことが当初の目的であった。他方，私は，契約法の研究の分野からは，規制緩和と私法というわくでいくつかのテーマを扱っている（「代金額の決定と司法的コントロール」好美清光先生古稀記念論文集・現代契約法の展開〔2000年〕111頁以下）。これらは，はからずも近時のキーワードである民営化と市場化の問題に符合する。しかし，これは結果にすぎず，私有化や財産権の返還の問題も，たんなる流行の追及によるものではなく，そのようなわくにとどまるものではない。

(4) より広い観点から，西側諸国の民営化の問題は，すでに1980年代から焦点となっており，それに関する論文も多い。世界的な規制緩和の流れをうけて，ドイツでも，

1990年代には，ドイツ国鉄（ＤＢ）(Deutsche Bundesbahn, Deutsche Reichsbahn → Deutsche Bahn AG, Die Bahn) やポスト（Post AG) などの民営化が行われた（1994年および95年）。また，近時の民営化の動向では，公共放送にもこれが検討されている。たとえば，古くからある公共放送のＺＤＦである。また，東ドイツの私有化との関係では，1990年の統一時に，東に対する投資の一環として設立された中部ドイツ放送・MDR の民営化も検討されている。Vgl. Won-Woo Lee, Privatisierung als Rechtsproblem, 1997; Gusy (hrsg.), Privatisierung von Staatsaufgaben: Kriterien- Grenzen- Folgen, 1998. 民営化は，近時，環境問題との関係でも注目されている。 Tettinger, Privatisierung für die Abfallwirtschaft, in Fest.f. K.H.Friauf zum 65. Geburtstag, Staat Wirtschaft Steuern, 1996, S.570ff.; Ludwig, Privatisierung staatlicher Aufgaben im Umweltschutz: Eine Untersuchung am Beispiel des anlagenbezogenen Immissionsschutzes nach dem Bundes-immissionsschutzgesetz, 1998; Pippke, Öffentliche und private Abfallentsorgung: die Privatisierung der Abfallwirtschaft nach dem Kreislaufwirtschafts- und Abfallgesetz, 1999.

また，東ドイツ関係で，やや特定の主題に限定したものであるが，Kokalj und Richter, Mittelstand und Mittelstandspolitik in den neuen Bundesländern: Privatisierung, 1992; Wolfgang Lower, Privatisierung, Zuordnung und Restitution des Energieversorgungsvermögens in den neuen Bundesländern, 1998.

(5) 私有化のための各国の法律名は，Brunner, a.a.O. (②), S.65 Anm.3 に詳しい。本稿では，いちいち表記しない。本稿のような概観のさいに，それがどこまで必要か疑問があるし，さらに原語で表示することの意義にも疑問があるからである。また，技術的な名称が多く，翻訳の表示も，法令の年月日や出典を確認する以上に意味があるものではない。ただし，現行法として生きている旧東ドイツ法や関連する法律については，解釈論を扱う必要上ふれることがある。

(6) Brunner, a.a.O. (②), S.66. なお，以下の第２章，とくにその２については，同書によるところが多い。私有化の形成は，その進展の速さからも２つに分類できる。１つは，ショック療法（Schockterapie）ともいえるものであるが，もう一つは，もっと順次的で緩慢（Gradualismus）な方法である。この区別，および「小さな私有化」「大きな私有化」の区別は，すでに，Vgl. Brunner, a.a.O. (①), S.591f. にみられる。短期間に国営企業の民営化と解体を行ったドイツの方式が前者であり，他の諸国は，おおむね緩慢な方式といえる。

(7) Gesetz zur Privatisierung und Reorganisation des volkseigenen Vermögens (Treuhandgesetz) v. 17.6.1990 (DDR Gesetzblatt, I, 1990, S.300).

(8) Treuhandanstaltgesetz v. 18.7.1990 (DDR Gesetzblatt, I, 1990, S.809).
信託公社については，小野・①38頁以下参照。〔本書第１部１篇（２章１参照）所収〕

(9) Brunner, a.a.O. (②), S.67. この場合には，経営者も従業員も変わらず，民営化という形式の転換が行われるだけである。

(10) これら諸国の近時の立法については，Brunner, a.a.O. (②), S.68, Anm. 9〜12.

また，商業型については，Brunner, a.a.O.（①），S.594ff. にも詳しい。

(11) 1991年から1998年の間に，民間と国あわせて，1兆2500億マルクが，東ドイツ地域に投入された。このうち84パーセント・1兆500億マルクは，民間のものであり，国家予算からの支出は，2000億マルク程度であった（Zeitschrift Deutschland, 2000, No.1, S.24）。国家予算は，毎年200億〜300億マルクが投じられてきており，2000年度の予算でも，380億マルクが投じられる（Ib., S.14）。

その後の統計では，近時では毎年1500億マルク前後が投入された結果，2001年までの資金の東地域への移動は，総額1兆7000億マルクに達した。これは，統一当時に予想された1兆5000億マルクを上回っている（Zeitschrift Deutschland, 2000, No.4, S.46, S.48）。東地域に投入された国家予算総額2000億マルク（1マルク60円換算で，およそ12兆円）は，わがくにで，1998年3月に大手銀行21行に注入された公的資金の総額1兆8156億円，1999年3月に，大手銀行15行に注入された公的資金の総額7兆4592億円をはるかに上まわる。いわばインフラ版の不良債権問題ともいえる。

(12) たとえば，同等の申出が行われた場合に，国内の投資家を優先するハンガリーの私有化法の新しい規定である（私有化法の27条5項）。Vgl.Brunner, a.a.O.（②），S.69. 内外の差別という心理的不安を生じるからである。たんに，投資の可能性についてだけではなく，投下された資本の安全にも疑問が生じる。投資の安全性は，東ドイツの私有化においてすら，不動産所有権の帰趨で問題となったところである。小野・①3頁，とくに45頁以下，簡単には，107頁参照。

(13) Brunner, a.a.O.（②），S.70. また，人民所有型については，Brunner, a.a.O.（①），S.598ff. にも詳しい。

(14) Brunner, a.a.O.（②），S.71.

(15) Brunner, a.a.O.（②），S.73.

(16) Brunner, a.a.O.（②），S.74.

(17) Brunner, a.a.O.（②），S.75-76. また，従業員所有型については，Brunner, a.a.O.（①），S.606ff. にも詳しい。

(18) Brunner, a.a.O.（②），S.76.

(19) 大きな社会変革には，しばしば財産体系の変革がつきものであるが，このような社会変革と財産関係の転換にともなう私物化は，古くは，宗教改革のおりの教会財産の私物化を彷彿させる。すなわち，宗教改革は，精神の刷新であるだけではなく，財産制度の変革を意図したものであり，とりわけプロテスタント諸侯や国王の動機は，教会財産の没収にあった。これにつき，〔利息〕89頁，92頁注4参照。

著名なものでは，宗教改革時のイギリスの王権がそうであったし（ヘンリー八世），ドイツの世俗諸侯も同様であった。のみならず，カトリックの宗教諸侯が，教会財産の私的なものへの再編に成功した例もある。たとえば，1525年，ホーエンツォレルン家のアルプレヒトによってプロイセンのドイツ騎士団領が世俗化されたうえ，公国となりブランデンブルクと結合したことである（1618年以降，ホーエンツォレルン家の世襲領）。もちろん成功した例ばかりではない。ライン沿岸の宗教諸侯にはむしろ失敗した例も多い。16世紀末のケルン選帝侯がそうであったし（その追放により，ケル

ンはライン地域において，17世紀には反宗教改革の，さらに18世紀における反啓蒙主義の中心となり，大学も衰退した。一論117巻1号94頁参照。〔大学〕131頁所収），世俗の諸侯でも，30年戦争の初頭の1620年，ファルツ選帝侯が，その地位とベーメンの王冠を失ったことは著名である。

ほかに，イギリスのピューリタン革命，フランス革命でも同様に，土地所有権の大幅な変動がみられた。前者では，革命中に没収された土地は基本的に回復されたが，後者では，価額補償が原則とされた。これらにつき，簡単に，小野・①18頁注18参照。〔本書第1部1篇所収〕

(20) Brunner, a.a.O. (②), S.77-78. また，混合型については，Brunner, a.a.O. (①), S.607ff. にも詳しい。

(21) Brunner, a.a.O. (②), S. 78. Gesetz über Kommerzialisierung und Privatisierung von Staatsunternehmen v. 30.8.1996. である。Vgl. Daszkowski, Das neue polnische Privatisierungsgesetz, WiRO 1997, S.92.

(22) Brunner, a.a.O. (②), S.79-80.

(23) Brunner, a.a.O. (②), S.82.

(24) Brunner, a.a.O. (②), S.83.

(25) 農地の私有化は，わが農地改革とも共通する面を有する。第1次農地改革は，地主と小作人の合意による解放であり，ほとんど実効性をあげえなかったが，第2次農地改革は，国家による強制的な買い上げと売却であり，そのプロセスの後半は私有化の性格を有するからである。

ただし，ここでは，私有化という目的は重要ではなく（つまり，そもそもが同じ国家による国有化が原因であり，主題は個別化である。私有化は当然であった），小土地所有者の創出という目的が先行したから，農地の細分化と分配という方法そのものに争いの起こるよちはなかった。しかし，ここで生産性の向上が無視されたことが，のちに問題（生産性の向上や国際競争力の欠如）を残すことになったともいえる。②（前注3）46頁以下。農地，農業生産の近代化との関係で，②（前注3）64頁注60参照。

また，農地改革の効果は覆されたことがなく，形式的には無償の収用ではなく，「合理的」な対価を伴うものであったことから返還のよちはなく，この点から，私有化のプロセスとしては，価値補償が行われたタイプに近いものと位置づけることもできよう。なお，わがくにでも，「合理的」な対価をめぐって，多数の裁判例が出たことについて，立ち入る必要はあるまい。②（前注3）51頁以下参照。

(26) Brunner, a.a.O. (②), S.84.〔ロシアの土地私有化は，旧ソ連の崩壊後すぐから意図され，憲法上その障害はなかったが，具体化は遅れた。1993年にエリツィン政権のもとで，議会多数を占める共産党の反対で私有化法案が廃案となったからである。2001年10月25日，議会の多数を獲得したプーチン政権のもとで，新しい私有化法案が通過した。もっとも，対象は都市近郊の住宅地のみであり，農地がなお含まれていないことから，対象は国土の2％程度を占めるにすぎない。〕

(27) Brunner, a.a.O. (②), S.85.

第4章　むすび

⒇　Brunner, a.a.O.（⑵), S.85.

㉙　すでにふれたように，以下の記述の前半は，前述の①②③④（前注3参照）の拙稿にもとづくものである。

　2000年が再統一から10周年であることから，この10年の歩みを簡単に振り返る種々の特集が行われたが，その関係のものとして，Redeker, Zehn Jahre Wiedervereinigung - Bewältigung eigentums- und vermögensrechtlicher Fragen, NJW 2000, S.3031; Böhringer, Zehn Jahre liegenschaftsrechtliches Sonderrecht in den neuen Bundesländern, VIZ 2000, S.569.

㉚　①4頁以下参照。なお，法令につき，Schönfelder II（Ergänzungsband für die neuen Bundesländer）のほか，Die Privatisierung des volkseigenen Vermögens: Gesetze, Verordnungen, Arbeitshilfen, Materialien, (hrsg.) Herbert Biener, Ottfried Bister, Beate Czerwenka, 1993.

㉛　共同宣言については，①25頁以下参照。

㉜　返還申請法については，①33頁以下参照。

㉝　第1判決については，①82頁以下，96頁以下をも参照。②60頁。

㉞　1991年，92年の法改正については，①57頁，69頁以下参照。

㉟　Deutscher Bundestag 12. Wahlperiode, Drucksache 12/4428 (v. 26.2.1993), S. 1. Antwort der Bundesregierung. これによれば，返還されるべき住居は，9万件，農地は，50万ヘクタール，企業は4000とされる。1991年の時点で，総数108万4839件（そのなかの請求権は，235万5789個。1993年には，件数は140万件となった）にのぼった。もっとも，返還請求がすべて認められるわけではなく，そのなかには，後述のように返還の対象とならない不動産も算入されているからである。

　当初の決定が抗告委員会によって取消される率はごく低く，わずか約5パーセントにすぎない。また行政裁判所は，抗告委員会の決定のほぼ77パーセントを支持している（Grunewald und Stubbemann, Die neuere Rechtssprechung zum Vermögensrecht, NJ 1994, S.494）。

　近時の数字については，Rodenbach, Herrman-Josef, Das Vermögensrechtsbereinigungsgesetz und seine Implikationen, NJW 1999, S.1425.

㊱　Rodenbach, Die Entwicklung der Gesetzgebung im Bereich der offenen Vermögensfragen im Jahr 1998, VIZ 1999, S.1f.

㊲　補償法については，④177頁以下参照。

㊳　旧東ドイツの建物所有権は，土地登記簿との密接な関連づけがない点で，ＢＧＢの体系とは，もっともかけ離れたものである。ある意味では，土地と建物が独立した不動産であるわが法の不動産概念に近いともいえる。わが法のものは，両者が独立した不動産であった沿革にも由来するが，そのような伝統のないドイツでは，所有権をできるだけ名目的なものとし，物権法の中で，むしろ使用権を主たるものとしようとした旧東ドイツの政策と無関係ではない。

　なお，わが法上の建物の独立的扱いは，明治初頭までの地域慣習の反映であるが，ある意味では家屋は動産の扱いでもあった。ただし必ずしも統一されておらず，地域

によっては吸収されるとする扱いもあった（民事慣例類集「第二篇財産，第一章　財産所有事，第一款　不動産所有ノ権，第二款　動産所有ノ権」参照），また，法典調査会・民法主査会議事速記録（日本近代立法資料叢書13・1988年）593頁（87条＝現行86条相当をも参照）。

㊴　利用権の保護については，③14頁以下参照。Vgl. Schnabel, Die Sachenrechtsbereinigung in den neuen Bundesländern, NJW 1999. S.2465; Kadner, Die Transformation des Vermögensrechts in Ostdeutschland nach der Wiedervereinigung, ZEuR, 1997, S.86.

㊵　Böhringer, Das Zweite Eigentumsfristengesetz und die Suspendierung der Grundbuch-Publizität, VIZ 2000, S.129. 権利喪失からの保全については，ders. Sicherung von Rechtspositionen an ostdeutschen Grundstücken vor Rechtsverlust, DtZ 1996, S.34; ders. Sicherung von Rechtsposition durch Widerspruchseintragungen in Ostdeutschen Grundbüchern, VIZ 1999, S.569.

　　近代的な不動産制度において，不動産登記簿が土地に関する権利を一元的に把握することが望ましいのはいうまでもないが，種々の例外のあることがあり，わがくににおいても，一元的把握は必ずしも実現されていない。

　　近時，最判平11・11・30民集53巻8号1965頁は，買戻特約付売買の買主から目的不動産につき抵当権の設定をうけた者が，抵当権にもとづく物上代位権の行使として，買戻権の行使により買主が取得した買戻代金債権を差し押さえることができると解した。その理由として，「買戻特約の登記に後れて目的不動産に設定された抵当権は，買戻しによる目的不動産の所有権の買戻権者への復帰に伴って消滅するが，抵当権設定者である買主やその債権者等との関係においては，買戻権行使時まで抵当権が有効に存在していたことによって生じた法的効果までが買戻しによって覆滅されることはない」とし，また，買戻代金が，実質的には買戻権の行使による目的不動産の所有権の復帰についての対価であり，目的不動産の価値変形物として民法372条により準用される304条にいう目的物の売却又は滅失によって債務者が受けるべき金銭に当たるとした。

　　その結論はいうまでもないが（小野・逐条民法特別法講座④〔川井健＝清水湛編・1994年〕113頁。買戻権の実行を最初の売買の解除とするのは，売買以後に設定された負担を解消し，買戻権者に不動産取得の優先権を確保させるための法の技術的構成に過ぎないからである。実質に則してみれば，問題は買戻権者と抵当権者との物権取得に関する対抗と類似の関係と把握しうる。また，解除の効果と不当利得に給付利得の概念をいれた場合の当然の帰結でもある），つまり，これで抹消された登記にも一定範囲（抵当権者と設定者やその債権者との関係）で効力が残存することになるのである。これにつき，【大学】384頁をも参照。

　　また，各種の行政的な制限については，そもそも不動産登記の対象とすらされていない。建築基準はいうまでもないが，必ずしも土地の内在的な制限とはいえない日照権に関する日影規制や建担などである。【専門家】325頁参照。ほかに，民法上の物権そのものでも，入会権は，登記を要しないものとされ（大判大10・11・28民録27輯

2045頁)，また，通行地役権の存在が客観的に明らかで，承役地の譲受人が認識可能な場合には，同人は，信義則上，登記欠缺を主張することができないとされる（最判平10・2・13民集52巻1号65頁)。不動産登記法4条または5条の場合のほかに，登記の欠缺を主張する者に信義に反する事由があるときには，その者は，登記の欠缺を主張するにつき正当な利益を有する第三者たりえないとされるが，その内容として特定の種類の物権（あるいはその一部）が，対抗要件具備の必要性から定型的に逸脱するときには効果は重大である。

さらに，最判平12・12・19金判1115号3頁の例がある。不動産競売手続における建物の買受人が民法94条2項・110条の法意により建物所有権を取得しても，その敷地の賃借権を取得しないとされた事例である。無効な抵当権により，抵当目的物の所有権を取得できない場合は多いが，本件は，Aが子B名義で建物を建築し，建物が家屋補充課税台帳にB名義で登録され，Aの知らない間に，建物につきBを所有者とする所有権保存登記がされ，ついでBからCに所有権移転登記がされ，さらに，Dを権利者とする根抵当権設定登記も行われた事例である。Dによる根抵当権の実行，不動産競売手続において，Yが，本件建物を買いうけた。他方，Xは，Aから土地の賃借権の贈与をうけ，Yに対し，土地の賃借権にもとづき，土地所有者Eの所有権にもとづく物上請求権を代位行使して，Yに，建物収去土地明渡しを求めたものである。

判決は，善意・無過失のDが，有効に建物に対する抵当権の設定をうけ，競売の買受人Yが，建物の所有権を民法94条2項・110条の法意により取得することを認めたが，「建物について抵当権を設定した者がその敷地の賃借権を有しない場合には，右抵当権の効力が敷地の賃借権に及ぶと解する理由はなく，右建物の買受人は，民法94条2項，110条の法意により建物の所有権を取得することとなるときでも，敷地の賃借権自体についても右の法意により保護されるなどの事情がない限り，建物の所有権とともに敷地の賃借権を取得するものではない」とした。

わが登記簿には公信力がなく，民法94条2項が，例外的にこれを補っていることから，昭和40年代から，その類推適用と拡大が行われてきた。しかるに，本件は，土地と建物の独立性から，賃借権に対するその保護を否定した。その論理は，一面的に，最判昭40・5・4民集19巻4号811頁と本件とは事案を異にするものとするにとどまる（同事件では，建物所有者自身が建物に抵当権を設定)。しかし，本件でも，建物所有者Aは，みずからの不実の建物名義の作出を行い，いわば建物を処分しているのである。外観法理のうえで，賃借権が付随することに障害はないはずである。また，先例においても，最判昭39・12・11民集18巻10号2127頁は，借地上の建物を目的とする仮装の売買契約が締結された場合には，同建物の所有権の譲渡とともに，その借地権の譲渡をも仮装したものと認めるべきであるとする。本件は，仮装の売買契約ではなく，他人名義の建築であるが，仮装の贈与と対応させることができ問題の本質は異ならない。所有者の主観的処分の意思のみによって，外観法理が制限されるのは理由がない。

しかし，判決の論理では，善意の第三者Dを承継したYは，登記簿に公信力がないことから，所有者であるCの建物所有権の取得を信頼できないのみならず（無効の登

167

記),94条2項の適用により,建物取得を保護されたものの,土地賃借権の取得を否定されることによって,実質的には建物取得の意義をも没却されることとなるのである。これにつき,小野・金判1125号参照。

なお,土地と建物の所有権が別個の不動産であるとの体系は,必ずしも貫かれているわけではない。前述の最高裁昭和40年判決の場合のほか,建物保護法の存在(現在では,借地借家法10条)があり,これは,土地賃借権の保護を建物に依存させるものであるし,その修正によれば,土地(賃借権)の帰属は,かなり一般的に建物に依存するのである。また,同様の考えかたは,抵当権レベルであれば,最判平9・2・14民集51巻2号375頁にもみられ,法定地上権の成立に関する,いわゆる土地と建物の全体価値評価説にも現れている。建物が滅失すれば,土地利用権価格が土地に吸収されるとするものである(最高裁昭和40年判決では,逆にいわば建物に土地利用権が吸収される関係である)。

(41) Rodenbach, a.a.O(前注7), NJW 1999, S.1425; ders, a.a.O. (VIZ) 1999, S.1.
(42) すでに1990年10月16日,連邦参議院は,チューリンゲン州とブランデンブルク州の要請により,投資優先法の導入手続の申請期間を延長することに同意していた。その後,東ドイツ地域の司法大臣会議は,1998年9月14日に,司法省に,申請期間の延長を求めた。

連邦政府は,1998年11月18日に,2000年12月31日まで投資優先法の期間を延長する法案を提出した。連邦議会と参議院の承認により,同法は,1998年12月18日の期間の経過前に発効した。Vgl. Rodenbach, a.a.O(前注7), NJW 1999, S.1429; VIZ 1999, S.7.
(43) たとえば,ユダヤ人に対するナチス被害補償の拡大や Wohnraummodernisierungsgesetz, v.17.7.1997, BGBl. I,S.1823. である。
(44) Rodenbach, a.a.O(前注7), NJW 1999, S.1429, VIZ 1999, S.7.
(45) 折半の原則については,その憲法上の位置づけについて争いがある(Lang, Wider Halbteilungsgrundsatz und BVerfGE NJW 2000, S.457)。自由権の過大性に対する制限とみる見解が基本法14条を理由とするほか(BVerfGE 93.121, NJW 1995, S. 2615, すなわち,所有権が公共の福祉〈Wohle der Allgemeinheit〉のために義務づけられることによる),近親,連邦財務裁判所判決(Urteil v.11.8.1999, NJW 1999, S.3798)は,もっと形式的な理由によった。連邦法が州法を破るとの31条を理由としたものである。その理解にも相違があるが,連邦法の裁量的性格を強調することにより,この原則が憲法上のものではないことに帰する判断とも位置づけられる。Vgl. Sendler, Der Halbteilungsgrundsatz und die Etymologie, NJW 2000, S.2481. 後者の立場からは,連邦法により与えられた折半の原則は,連邦法によっても修正されうるのである。
(46) Vgl. Gesetzgebung, VIZ 1999, S.710. 詳細については,Hirschinger, Das Vermögensrechtsergänzungsgesetz, NJ 2000, S.460.
(47) Ib., S.710.
(48) 同種の問題は,農業補助だけではなく,工場の進出といった産業分野にもみられる。

これは，EU一審裁判所が，1999年12月15日の判決において，フォルクスワーゲン社（VW），その子会社であるザクセンVW，ザクセン州がEU委員会に対して提起した無効訴訟を認容したことにみられる（EuG. Entscheidung v.15.12.1999, EuZW 2000, S.115 = JZ 2000, S.251 = VIZ 2000, S.440）。EU委員会が，州の行った補助がEU条約87条に違反するとの決定をしたことに対するものである。ただし，必ずしも申立の理由づけにそったものではない。また，連邦政府のした同じ問題に対する訴訟はなお継続中であり，ザクセン州，VW，ザクセンVWも控訴したので，約9000万マルクの補助に関する争いが終わったわけではない。

　発端は，1991年のザクセン州のVWに対する数億マルクを超える補助金の支出である。これにより自動車工場の進出が決定されたが，EU委員会は，1996年の決定で，その額が制限されるべきものとした。しかし，ザクセン州は，これを超えて，9070万マルクの支出を行ったのである。

　東ドイツ地域への助成は，従来，私有化だけでなく，この地の失業やインフラの改善のために重点的に行われてきたが，それが特定の企業との関係でより具体化され細かなものになるに従って，ヨーロッパの他の地域との競争の観点から新たに問題とされることになったのである。Vgl.Pecstein, Die EuG-Entscheidung zu Beihilfen des Freistaats Sachsen für Volkswagen, VIZ 2000, S.388.

(49)　Gesetzgebung, ib., VIZ 1999, S.710.

(50)　収用地は，件数で合計1万3699件，面積で合計322万5364ヘクタールであるが，このうち，100ヘクタール以上の土地が7112件と件数は少ないものの，面積では250万4732ヘクタールと大多数を占めていた（①6頁，その注9参照）。

　この時期に収用された土地は，旧東ドイツ地域の面積の3分の1に相当する広範なものであった。

(51)　西側諸国の民営化においては，非商業型が採用されることはないが，間接的には，国庫収入の増大の結果，減税という形で国民への還元が行われることはある。小さな政府の実現という結果は同一になるが，おそらくそのプロセスは異なる。恩恵をうけるのは，形式的には，広くTax payer一般であるが，おそらくもっとも恩恵をうけるのは高額所得者である。他方，旧東側諸国の非商業型の私有化の場合には，もっと頭割りに近い方法となるであろうからである。もちろん，前者の場合でも，各種公共料金の引き下げという形をとった場合には，後者に類似した効果を伴うものとなる。

第4篇　財産関係の改革と現代化
―2002年改正法・利用権保護の後退―

第1章　はじめに

1　問題の所在

(1)　1990年のドイツ再統一以来，旧東ドイツ地域においては社会主義的な財産関係の清算を目ざして，かつて収用された財産権の返還と，法的・技術的には返還しえない財産権の私有化が行われてきた。東ドイツ地域（新たな連邦諸州〔5つの新たな州〕としてドイツ連邦共和国＝西ドイツに編入された旧東ドイツ地域）における未解決の財産問題（die offene Vermögensfragen in den neuen Bundesländern）といわれる。その内容にはかなりの変遷がみられ，再統一からほぼ10年を経て，大きな転換点を迎えた。これに関して，近時も新たな立法が活発に行われている。

財産問題のうち不動産に関しては，第1に，東ドイツ時代に収用された土地の返還（173頁の表の(a)参照），および国による強制管理の廃止，返還（同(d)）が行われる。返還の問題そのものは，再統一から10年余をへて，すでに解決のレールがひかれている。その内容については，すでにいくつかの機会に紹介，検討したことがある[1]。

しかし，単純な返還によって解決されない問題も多い。旧ソ連の占領時代の収用の効果はくつがえされないから，返還の問題は，その重点を金銭的補償の問題に転化している。いわば直接的な返還請求権は，金銭的な補償請求権に転化されているわけである。また，返還されない場合には，かなり複雑な貸借関係が存続し，その清算も問題となる。これらについても，ふれたことがあるので，本稿〔第4篇〕では立ち入らない。

2000年9月15日成立（22日公布）の財産法補充法（Vermögensrechtsergänzungsgesetz)は，再統一以来数回目の大改正と位置づけられる。詳細にはふれえないが，返還に関する財産法には，かねて以下のような大きな修正があった。いずれも，基本的には，返還不能な財産権の安定，ひいてはその上に新たな投資を呼び込むことを目的とした。財産関係が不安定なままであると，国内外からの新たな投資の障害となるからである。

(i) Hemmnisbeseitigungsgesetz, v. 1991.3.22.

(ⅱ) Zweites Vermögensrechtsänderungsgesetz, v. 1992.7.14.

(ⅲ) Registerverfahrensbeschleunigungsgesetz, v. 1993.12.20.

(ⅳ) Wohnraummodernisierungssicherungsgesetz, v. 1997.7.17.

2000年の改正は，財産法（Vermögensgesetz）および関連法規の手続の不備を修正し，裁判例などで指摘された欠陥の手直しを目的とする。とくに，この改正は，1999年1月20日のEU委員会の決定（ABl-EG 1999 Nr.L 107/21），1998年9月17日の憲法裁判所判決（VIZ 1999, S. 30），1998年11月19日の憲法裁判所判決（VIZ 1999, S. 149）をうけたものでもあった[(2)]。

(2) 第2に，旧所有者との間の返還の手続によっては回復されないとされた収用財産も，従前の不安定な状態のまま公有財産として留めておくことはできないから，私有化あるいは新たに公用としての転換が行われ，確定される必要がある。そのさいに，財産の利用の形態に従って営業的使用が行われ，その営業が私有化された場合には，主体である企業とともに私有化された（173頁の表の(b)参照）。しかし，げんに行政財産として使用され，あるいは公共の施設として利用されている場合には，地方自治体などに帰属させる必要がある（同(c)参照）。そのいずれの形態のものに帰属させるかが問題となる（Vermögenszuordnung, Grundstücksrechtsbereinigungsgesetz）。

(3) 第3に，旧東ドイツの収用は，必ずしも「所有権」の人民所有化（収用）という形式をとらない場合にも（西側の見地からの適正な手続なしに），実質的に行われていた。住宅用土地として，その上に「建物所有権」が設定された場合，あるいは公共用地として道路などに使用された場合である。このうち，住宅用の土地とされた場合については，後述のように，1994年法が存在する（後述(4), 173頁の表の(d)参照）。

しかし，それ以外の公共用地として使用される場合についても，その処理の仕方をめぐって，強制管理を廃止するか（同表(e)参照），あるいは公共性が

171

高い場合には、公的機関の取得を認めて、改めて公有のものとするか（同表(f)参照）を選択する必要がある。後者の場合には、形式的には、私有地の公有化という現象が生じることとなる。再統一から10年をへて、今まで後回しにされていた問題の解決が迫られているのである。

本稿は、まず、この第2、第3の問題を、以下の、第2章、第3章で検討する。

(4) つぎに、以下の第4章では、1999年の憲法裁判所の判決をうけた財産法の改正についてふれる。これは、おもに債務法調整法（Schuldrechtsanpassungsgesetz）の改正に関する。再統一の結果、旧所有者に返還される不動産上の利用権に関しては、かねて2つの調整法があった。

1994年の物権整理法（Sachenrechtsbereinigungsgesetz, v. 21.9.1994）と、同年の債務法調整法（Schuldrechtsanpassungsgesetz, v. 21.9.1994）である。本法は、後者の改正に関するものである。前者は、返還される不動産の価値に関して、いわゆる折半の原則（Halbteilungsprinzip）を打ち出し、長期の利用権の保護あるいは借主の先買権を認めた点で、返還の原則（Restitutionsprinzip）の実質的な転換をもたらした[3]。しかし、債権的な利用権には、必ずしもこのような強い保護は与えられないのである。

2 未解決の財産問題の処理の状況

東ドイツ地域の不動産所有権の処理については、財産権そのものの返還問題は、すでに相当程度が終了し、おもな対象は、返還不能の場合の金銭的な補償や貸借関係の調整に移動している。その最終的な処理には、なお相当な時間がかかりそうであるが、金銭補償が国と旧所有者の関係になることから、個別の財産権の返還問題という不動産の帰趨にかかわる投資の障害は、除去されたものと目される。

東ドイツ地域の経済状況は、全体的には、いまだ西地域に比較するとかなり停滞しているが、先端産業の導入など構造改革の一部は、西地域に先んじているとの統計もある。すなわち、東地域において、価値生産の中で工業生産の占める割合は、16.4パーセントであるが、西地域では、26.8パーセントであり、脱産業化の進展は、先行しているともいえるのである[4]。また、東地域の経済成長率は高く、新規産業の率も高いという特徴をも有している。

市場経済化により，東ヨーロッパの市場を失い，新規巻き直しによる構造改革をよぎなくされたからである。これらは，1991年からほぼ5年の間に，信託公社が1万4000の企業を民営化し，4000以上を清算するという荒療治をした成果でもある。

もっとも，見方によっては，再統一時に，製造業を中心とした大企業が，通貨統合による実質的な切り上げの結果崩壊し，また，再統一後の企業の解体・売却により，産業基盤が確立されていないための脱産業化ともいわれる。これは，西による東の植民地化とさえいわれる。さらに，東ドイツ地域は失業率が高く，外部資本のいっそうの導入が必要とされる。しかし，1時間当たりの労働コストも，西地域では27USドルであり，ヨーロッパでも最高水準であるのに比して，東地域では17USドルであり，これは，イタリアとほぼ等しく，スペインの14USドルを上まわる水準にとどまり，一面では有利な点でもある[5]。

旧区分	返還される土地	私有化される土地	行政財産となる土地
人民所有の土地	(a) 返還，私有化。 Vermögensgesetz SachenRBerG	(b) 帰属の決定。 企業とともに私有化1991。 VermögenszuordnungsG	(c) 帰属の決定。 公有（道路など）。 VermögenszuordnungsG
公用の私有地	(d) 強制管理の廃止，返還。住宅地に94年法。 VG, SachenRBerG	(e) 強制管理の廃止。返還。公用の廃止。 GrundRBerG	(f) 取得権，買い受け。公有（道路など）。 GrundRBerG

住宅地は単純に返還されるのではなく，借主の利用権保護，買受権も認められる。
物権的な使用が行われていた土地には，いわゆる折半の原則（Halbteilungprinzip）が適用される。

第2章　人民所有地と私有化

1　財産帰属法

再統一時の1990年10月3日までに，旧東ドイツ地域には，戦後の占領のプロセスやその後の東ドイツの政策により収用され，人民所有（Volkseigentum）とされた多数の財産が存在した。収用は，土地では，東ドイツの全土地面積（10.8万平方メートル）の半分にも達する大規模なものであった（450万カ所。占領期間中の収用のみでも，322万ヘクタール）。そして，残りの面

積の約半分は，党（ＳＥＤ）や大衆組織，種々の団体，教会と個人に属した。しかし，そのうちの個人所有権は，他の共同所有権や公有地に比して劣後的な扱いをうけ，多くは居住用の土地とその庭のみに限られたのである。

この人民所有権は，統一によって，所有権の形態が大幅に変更されたことにより，消滅することとされた。東ドイツ地域にも，ドイツ民法典（ＢＧＢ・1900年）の適用が回復され，人民所有権はこれと両立しないものとされたからである。人民所有権を私有化し帰属を決定するための法としては，1990年7月1日の信託法（Treuhandgesetz），1991年3月29日の財産帰属法（Vermögenszuordnungsgesetz）がある[6]。

信託法は，財産の帰属が決定されるまでの間，所有主体をかつての信託公社とし，計画的な私有化を図るためのものであった。しかし，同法は，手続の主体を定めたにすぎない。人民所有の経営体やコンビナートは，1990年7月1日に，強制的に株式会社に転換され，信託公社がその株式を取得した。そして，信託公社は，1994年までの間に所有する財産を私有化し，解散した。前述のように，ほぼ5年の間に，約1万4000の国有企業を民営化し，4000以上を閉鎖したのである。

人民所有の財産には，収用された旧所有者に返還される場合があり，これを定めたのが，返還申請法などの特別法である。しかし，収用された土地を旧所有者に返還するものとする返還申請法の適用がない場合が，占領中にされた収用の場合を中心として相当数ある。その場合で，かつ地方自治体などの用途に供されている人民所有の財産は，それらの自治体に移管されなければならない。この基準を定めたものが，財産帰属法である。

財産帰属法は，3つの場合を予定した。

(a) 第1は，財産帰属の決定により，人民所有の土地がまず人民所有の営業体のものとされ，さらに，これが株式会社に形態を転換することにより当然に私有化される場合である。

(b) 第2は，狭義の行政財産として，地方自治体に帰属する場合である。これは，当然に私有化のプロセスにのらないものを割り当てる手続である。また，第3のものと異なり，旧所有権の内容にかかわらない。

(c) 第3は，戦後の1945年以降，国家により無償で人民所有とされた不動産が，地方自治体に返還される場合である。旧東ドイツは集権国家として，

州などの土地を国家に集中したからである（州は廃止され，15の県（Bezirk）が創設された。州は，1990年の再統一にあたって再建された）。

このうち(b)(c)は，実質的には地方自治体への移管にすぎないが，(a)は，実質的には，移管と民営化の混合形態である[7]。(b)(c)の主張がある場合には，信託公社の後継である信託管理企業の財産の修正も行われる。

財産の帰属の決定を行うベルリンの上級財務局（長）は（Oberfinanzpräsident der Oberfinanzdirektion Berlin），連邦政府が所有する財産管理会社ＶＫ（VK = Servicegesellschaft für Vermögenszuordnung und Kommunalisierung GmbH）の援助のもとで，財産帰属の決定を行っている。旧東ドイツの普通財産（Wirtschaftsvermögen）に関し，ベルリンの上級財務局の管轄にかかる350万件の申請のうちおよそ80パーセントが，すでに処理された。従来の人民所有の企業とコンビナートは，ＢＶＶＧ（BVVG = Bodenverwertungs- und -verwaltungs GmbH, 不動産利用管理会社），ＴＬＧ（TLG = Treuhand Liegenschaftsgesellschaft GmbH, 土地信託会社），およびその他の公法的な法人（öffentlichrechtliche Körperschaften）に承継され，土地に関する信託的作業が行われている。これらは，私有化の作業を行った信託公社の後継企業である。この帰属決定の作業では，とりわけベルリンの上級財務局およびその局長の判断が重要となっている。

2000年1月までに，62万5000カ所の土地に対する25万2000の帰属申請のうち，85パーセントが処理された。1945年以降，地方公共団体の所有から人民所有となった土地のほかに，およそ1万2200カ所の目的不動産が新たに帰属を決定された。その内訳は，1100カ所のごみ処理場と保管場，650カ所の職業学校，1360カ所の幼稚園と保育所，480カ所の行政用の建物，3000カ所のスポーツ施設，140カ所の文化施設，2600カ所の住宅用土地，2000カ所の営業的な定住施設（Gewerbeansiedlungen），1000カ所の近距離交通用の施設とされている。また，多数の道路用地や，都市の市庁舎の土地が含まれている[8]。このうち，道路および交通用の土地の帰属は，とくに影響が大きいことから，早急な解決が必要とされる。そこで，この問題が優先的に処理される（後述第3章参照）。

財産の帰属決定には，種々の考慮が必要とされる。私有化された企業とともにこれに帰属させるか，旧所有権を主張するかあるいは自治的任務のため

に主張する公共団体に帰属させるかの利益の衝突を考慮しなければならないからである。このような作業が終了するためには，連邦政府の予測で，2003年の末までかかると考えられている[9]。

2　財産帰属法の修正

2001年，連邦政府は新たな修正法を提出した（Gesetzentwurf der Bundesregierung, Entwurf eines Gesetzes zur Änderung des Vermögenszuordnungsgesetzes, v. 15.8.2001）[10]。財産の帰属決定を処理する官庁および手続を統一的に定め（Zuständigkeitskonzentration），また財産帰属法上の実務的に不適切な規定を調整するためである。

前者により，財産法の問題を固有の任務としていない官庁の負担が軽減され，関係者の負担も軽減される。他方，財産法上の割当作業が可能な限り集中される[11]。そこで，かつて信託公社が行っていた財産の処分を一括する主体として，これに代えて上級財務局長（Zuständigkeiten eines Oberfinanzpräsidenten）の処分権が明示された（7条6項の修正，Artikel 1, Nr.1 b）。この改定により，人的資源および管理上の連邦の費用の節約も可能となる。

「連邦財務大臣は，法律により，信託公社総裁〔および上級財務局長〕の管轄権を〔全部または一部〕連邦の他の官庁に移譲することができる」。（〔 〕括弧内が修正箇所である）。

また，現在，財産帰属法7条の施行規定（Durchführungsvorschriften）により，帰属の決定（同条1項，2項）が行われ財産の移転はそれによるものとされているが，この規定の適用による手続が行われるのは，2003年12月31日までとされる（7条5項3文の追加，Artikel 1, Nr. 1 a）。そこで，これ以降に行われる財産の移転には，費用を節約するための従来の有利な手続は適用されず，たとえば，公証の費用の負担が必要となる。期間が限定されたのは，必要な決定を行うための猶予はこれで十分とされたからである[12]。

第3章　私有地の公的利用の解消

1　土地所有権の整理に関する法律

また，2001年5月31日，旧東ドイツ地域における土地所有権の整理に関す

る法案（Entwurf eines Gesetzes zur Bereinigung offener Fragen des Rechts an Grundstücken in den neuen Ländern = Grundstücksrechtsbereinigungsgesetz - GrundRBerG）が公表された。

　旧東ドイツでは，人民所有にするための管理権の移転（eine förmliche Überführung）なしに，私有地が公的な目的のために収用され，あるいは法的な基礎づけなしに公私の種々の目的のために使用されることも，しばしば行われた。これらの土地は，形式的にはなお私有地のままとされた。それというのも，旧東ドイツでは，不動産所有権は，物権の中心となる地位を失っていたからである。この状態は，再統一後もただちに解消されたわけではなく，とくに道路や交通用の土地などの公的な使用が多数継続されてきた。

　1994年9月21日の物権整理法（Sachenrechtsbereinigungsgesetz）は，法的な収用が行われないままに（建物所有などに）私的に使用されている不動産やこれに組み込まれた財産（Ausnahme im komplexen Wohnungsbau）については，権利関係を整理する方途をおいたが，公的な使用の場合については，規定がおかれていない。そして，これについては，民法典施行法233—2a条9項の猶予規定により，2001年9月30日まで，暫定的に使用が認められていた。これを解決しようとするのが，この改正法の中心である交通用の土地の整理法である（Verkehrsflächenbereinigungsgesetz）[13]。

2　1998年・憲法裁判所判決

　その契機となったのは，1998年の憲法裁判所判決（v. 8. 4. 1998, 1 BvR 1680/93）であった。1992年7月22日から1994年12月31日までの物権法的な利用の猶予に関する。利用者に対する不動産所有者の法定の対価請求権が予定されていないことから，物権整理法，民法典施行法233—2a条8項1文は，基本法14条1項1文（所有権の保護。Eigentum und das Erbrecht werden gewährleistet.）に反するものとされた。

　この問題のうち，住居地の利用は，物権整理法により，また他の私的に利用されている土地についても，2000年11月2日の不動産法改正法（Grundstücksrechtsänderungsgesetz）4条2項により解決された。さらに，公的に使用される土地の対価の問題をも解決しようとするのが，本草案の骨子である。これにより，3つの法律が改定される（施行期日は，2001年10月1日）。

177

第1は，新法である交通用の土地の整理に関する法である（Artikel 1, Gesetz zur Bereinigung der Rechtsverhältnisse an Verkehrsflächen und anderen öffentlich genutzten privaten Gründstücken‐Verkehrsflächenbereinigungs-gesetz (VerkFlBerG)）。公的な使用が継続されている場合に，使用と所有を公的な利用者の手に帰属させることを目的とする。物権整理法をモデルとして，公的な利用者には，取得権（Erwerbsrecht）が与えられる。しかし，この権利が，2007年6月30日までに行使されないときには，土地所有者は，売却による物権の整理を公的な利用者に請求することができる。支払われる対価については，草案は，一般の道路地の収用に関する実務の方式を参照することにしている。さらに，法は，物権整理法の規定を準用している。

第2は，民法典施行法の改正である（Artikel 2, Änderung des Einführungs-gesetzes zum Bürgerlichen Gesetzbuche）。民法典施行法233‐2a条9項の変更により，使用権の対価の支払に関して，本法による土地所有者の支払請求権は，1992年7月22日から2004年12月31日の期間について，遡求的な部分についても可能とされて拡大された。

第3は，物権整理法の改正である（Artikel 3, Änderung des Sachenrechts-bereinigungsgesetzes）。これは，比較的技術的な問題であり，物権整理法12条の変更により，実務的な問題の解決がはかられている[14]。

3　土地と建物の関係

(1) 土地に建物が吸収される関係にあるドイツ法の体系のもとでは（のみならずヨーロッパ法一般の基本的な立場でもある），賃貸借を例にとると，賃借人の賃借権の存続中に，権限によって建物の所有権を留保しても，留保されるのは，本来は建物が土地に吸収されることの一時的な例外にすぎない。建物は土地と独立せずに，原則として所有権や地上権に附属するからである（ドイツ民法典94条（wesentlicher Bestandteil），スイス民法典655条，667条（Liegenschaften i. V. m. Grund und Boden），なお，フランス民法典517条（immeuble par natur ou par destination））。

他方，日本法のもとでは，土地と建物は別個の不動産であり，権限によって当然に土地の使用ができ建物の所有権も留保されるから，ドイツ法とは基本的に異なる。別個の不動産であるから，建物の所有権としては，ごく当然

のこととなる。

　しかし，賃借人の権限が消滅したあとは，相違が先鋭化する。前者のもとでは，建物の所有権は，土地に吸収され（ドイツ民法典94条），賃貸人の取得となる。建物は土地の所有権に附属するからである。それによる利得は，不当利得として償還されるにとどまる（附合の清算）。

　これに対し，日本法のもとでは，権限が消滅しても，建物の所有権は，いぜんとして賃借人のものでありつづける。他方，賃借人も，収去権を有する（598条，616条）。そして，賃貸人には，譲渡請求権のみがある（地上権についての269条）。これらの権利は，一見衡平なようでありながら，賃貸人の物権的な妨害排除請求権を考えると，賃借人にとってかえって無意味なことが多く，これが特別法により，建物（あるいは造作）買取請求権がおかれた原因でもある。そして，賃貸人（買主）に対し，賃借人（売主）が買取請求権の行使をして，賃貸人が売買代金の支払をすることを通じてはじめて，実質的な不当利得の償還が行われる[15]。

　(2)　例外的に，この日本法と類似の法律関係を生じるのが，旧東ドイツの建物所有権（Gebäudeeigentum）その他の，土地と関連づけられない利用権（dingliches oder schuldrechtliches Recht zum Besitz des fremden Grundstücks）の場合である。もっとも，旧東ドイツ法でも，原則としては，建物は土地の本質的な構成部分であった。

　しかし，この原則には多くの例外があった（旧ＺＧＢ295条，296条）。ドイツ民法典（ＢＧＢ）が本来予定した利用権とは異なり，ＺＧＢの建物所有権その他の特殊な利用権は，土地所有権とは独立に存続することを予定するものであったから，土地と関連づけられる利用の権限がなくても，土地に附合しないものとされる。その結果，無制限に，また土地登記簿とも関連づけられることなく存続したのである。そこで，土地登記簿のほかに，とくに建物に固有の建物登記簿（Gebäudegrundbuchblatt）も用意されていたのである。

　これは，旧東ドイツにおいて，土地所有権の社会的機能を奪うためでもあった。このような所有権の機能の限定は，1954年に始まり，1976年の東ドイツ民法典（ZGB）の制定後には，一般化した[16]。

　(3)　しかし，特殊な物権である建物所有権は，再統一によりドイツ民法典（ＢＧＢ）の効力が回復されたことと，特殊な物権の存在を否定する立場（物

権法定主義。numerus clausus の拡大は容認されなかった）からは容認しえない。

ここで，解決方法は2つある。第1は，利用権を主として，所有権をこれに従たるものとする場合である。利用が投資目的で行われ，所有権による回復が行われない場合（財産法の投資優先規定が働く場合）や，公的利用が優先される場合がこれである。いわば，収用が行われる場合である。このさいには，所有者には，収用の対価が支払われる。第2は，所有権を主として，利用権をこれに従属させる場合である。公的な使用が重要でない場合には，収用が解除される。ここでは，逆に使用権の解消が行われるのである。もっとも，後者では，利用者の取得権が消滅したときに，所有者が土地の買受を請求することもできる（交通用の土地の整理法8条2項）。法的な利用関係を明確にするためである(17)。

第1の場合はいうまでもなく，第2の場合においても，使用権だけではなく，所有権も場合により処分の対象となる点が特徴である。使用の安定が目的とされている。第1の場合に相当するのは，わがくにの農地改革による土地の収用の場合である。

(4) 交通用の土地に関する法3条1項は，第1の，利用者による取得権を認めている。すなわち，公的な利用者は，土地の所有者に対し，土地の売却を請求することができる（1文）。この取得権は，売買契約の締結のための公証された提供により行使される（2文）。土地所有者は，提供の内容が本法に合致しているときには，提供を受諾しなければならない（3文）。

もっとも，土地所有者が売買契約の締結を拒絶することができる場合もある。取得権の行使の時点で，土地の公的な利用が，10年以上継続しないことが明らかな場合である。この場合の法律関係は，9条に従う。土地所有者は，公的負担の解除を求めることができ，公的負担は，取得権の行使から長くても10年内に制限される（2項）。

本法による利用は，土地だけではなく，建物の利用，その他の建築的な利用（Nutzungbauliche Anlagen）にも適用される（4条1項）。

売買価格は，土地の公的な利用の方法により異なる。交通用の土地の代金は，同種の更地の価格のおよそ20パーセントとして評価される。人口1万人までの町では，各平方メートルごとに，最低0.1ユーロ，最高5ユーロである。人口1万から10万人までの町では，最高10ユーロ，人口10万人以上の町

では最高15ユーロである。人口の基準となるのは，2001年12月31日である。価格の評価にあたっては，価格評価法（Wertermittlungsverordnung）3条2項が参照される（5条）。その他の利用には，6条が適用され，土地価格の半分で評価される（最低1平方メートルあたり0.1ユーロである）[18]。

売買契約の詳細については，物権整理法が準用される。同62条ないし64条，75条，76条の規定が準用され，代金額が提供されたことにより，土地の占有は，公的な利用者に移転するべきものとされる[19]。

土地と建物・建物買取請求権と東ドイツの建物所有権

	建物が土地に吸収される場合	建物と土地が別個の不動産の場合
原則	ドイツ民法典（94条，Erbbaurecht,1012条以下），フランス民法典（517条），英米法 lease の財産法的な構成など。	日本・別個の不動産。東ドイツ・建物所有権。（独立した所有権）。
賃借人の権利の存続中	権限によって建物の所有権を留保。本来は建物が土地に吸収されるから，建物の所有権としては，例外。【建物は地上権に附属する】	権限によって，建物の所有権を留保。別個の不動産として，当然に建物の所有権として存在する。独立した建物所有権。
賃借人の権利の消滅後	権限消滅・建物の所有権は，土地に吸収される（BGB 94条）。賃貸人の取得。【建物は土地所有権に附属する】	権限消滅の場合・建物の所有権は，賃借人のもの。賃借人は，収去権（598，616条。269条1項では，地主に譲渡請求権がある）。賃貸人は，排除請求権。→東ドイツでは建物が優先。
清算	附合に対して，賃貸人が支払。（不当利得の償還請求）。	→日本では，特別法・建物買取請求権。賃貸人が支払。東ドイツ・折半の原則。
同時履行の抗弁権	吸収されるから，所有権移転が先（留置のよちはない）。 ⇔ =	建物・判例は敷地の返還拒否も肯定（日本）。造作・判例では否定（日本）。
債務不履行の場合	利益があれば償還可能。	買取請求・判例は否定（日本）。*東ドイツの建物所有権は権限による区別をしない。事実的権利。

* 旧法下の裁判例であるが，借地借家法13条に関して，最判昭35・2・9民集14巻1号108頁，最判昭54・5・29判時930号68頁。同14条に関しては，大判昭11・2・14民集15巻193頁，最判昭33・4・8民集12巻5号689頁，最判昭39・6・26民集18巻5号910頁，最判昭49・2・21金法713号40頁。不法占拠者の建物を競落した者につき，大判昭18・9・2新聞4870号6頁など参照。

第4章　債務法調整法の改正

1　1999年・憲法裁判所判決
(1)　1999年7月14日判決において憲法裁判所は，1994年の債務法調整法のいくつかの規定を基本法に反するものとして，法の変更を求めた（1　BvR 995/95, 2288/95 und 2711/95-BVerfGE 101, 54）。それにより，公共の負担をうける土地を利用した小庭園または休暇用の小土地（der kleingärtnerisch genutzten Grundstück, der Erholungs- oder Freizeitgrundstück）に関する利用者の参加（eine Beteiligung des Nutzers an den öffentlichen Lasten des Grundstücks）〔公的負担への参加〕を確保することが必要となった。他方，とくに大きな土地の所有者には，一部告知の方法により，利用権の存続を場所的に減少させるよちが認められた。

利用権の対価を定めた利用料法（Nutzungsentgeltverordnung）の適用にあたっても，いくつかの不明確な点が指摘された。とくに，通常の土地利用の対価を考察するために必要な比較の基準や対価の引き上げの可能性の事由が，従来はあまり明確に規定されていなかったことである。

ここで問題となっているのは，具体的には，いわゆるダーチャ（Datsche, ロシア語の夏別荘およびそのための土地）の利用権である。郊外の小土地の利用は，東ドイツの時代には，余暇としてのみならず，収入を補うものとしても積極的に行われた。そして，ＢＧＢの用益賃貸借（Pacht）によるよりも強力な利用権が利用されていたのである。統一にあたっても，利用者が土地に多大の労力を投下してきたことが考慮されるべきものとされた。そこで，所有者との関係を調整するものとして，告知権からの保護と，その代償としての費用をカバーするべき利用の対価（kostendeckendes Nutzungsentgelt）が支払われることとなったのである[20]

統一後，これらの他人の土地の利用は，ＢＧＢの体系にしたがって，賃貸借とされた（Pacht- und Mietrecht 用益賃貸借と使用賃貸借である）。しかし，1994年の債務法調整法（Schuldrechtsanpassungsgesetz, 1994; BGBl, I, S.2538）は，契約形態の転換が利用者に不利なことを考慮して，きわめて広範な期間の保護を与えた。告知からの保護は2015年までとされ，1990年10月3日〔す

なわち，再統一時〕に，60歳以上の利用者に対しては，告知が否定されることとされた。すなわち，一生利用が可能とされたのである。また，利用料法も，段階的かつ限定的な賃料の増加のみを可能としていたのである[21]。

また，ドイツ法は，土地と建物を別個の不動産とはしていないから，債務法調整法は，建物所有権の喪失に対する補償をも考慮する必要があった。なぜなら，建物所有権は，利用契約の終了後に，必然的に土地に附合し，土地の所有者に移転するからである。土地の所有者が告知しても，利用者は，信頼保護を理由として（aus Gründen des Vertrauensschutzes），自分の建築した建物について時間的な範囲で（in Höhe des Zeitwertes）価値の賠償の請求権を取得するのである。これは，機能的には，日本の建物買取請求権に対応するものである。請求できる範囲は，通常は，物の価値を限度とする。利用者は，取り壊し費用（Abrisskosten）を負担しない（§12 Abs.2, §15 Abs.1 SchuldR AnpG）。もっとも，利用者の側から契約を告知する場合には，建物によって，土地の取引価格が増加した分しか賠償を請求しえない（§12 Abs. 3 SchuldRAnpG）。また，利用者は，この場合に，取り壊しが1年以内にされるときには，費用の50パーセントを負担しなければならない（§15 Abs. 1 SchuldRAnpG）。したがって，利用者の側からの告知により，利用関係が終了することはほとんどありえない。

建物自体にだけではなく，建物に必要な工作物（垣根や門）や開発的な施設（浄化のための穴やエネルギーの導管）についても，価値が現存する限り（werthaltig），請求権は発生する。賠償請求の代わりに，自分で利用するために利用者が建物の工作物を土地から収去することもできる。植樹に対しても，契約終了後に，所有者から賠償が支払われる（§27 SchuldRAnpG）[22]。

(2) こうして，従来の債務法調整法は，告知権の制限が広範なことと，利用料が限定され，契約終了時の利用者の権利や保護もきわめて包括的という特徴があった。これに対して，土地の所有者から，憲法訴訟が提起されたのである。

憲法裁判所は，前述の判決において，告知保護と損害賠償請求権を全体として合憲としたが，いくつかの点で，所有者の利益が考慮されていないとした。土地の公的負担への利用者の相当な参加（angemessene Beteiligung des Nutzers an den öffentlichen Lasten des Grundstücks）と大土地のために所有者

が一部告知する権利を付与することが必要としたのである。

これをうけて，連邦司法省と東ドイツ地域の全ラントの代表からなる作業グループが作られ（Bund-Länder-Arbeitsgruppe），利用者と所有者の利益を調整するための作業が行われた。債務法改正法の第1草案（BT-Drs. 14/6884）は，2001年6月27日に閣議決定され，債務法調整法の改正案として連邦議会に提出された（Gesetzentwurf eines ersten Gesetzes zur Änderung des Schuldrechtsanpassungsgesetzes）。これにより，憲法裁判所判決にしたがった改正が行われ（Artikel 1, Nr.1 und Nr.3. なお，後述の修正案では，Artikel 1, Nr. 1 und Nr. 4），また公的な負担をうける土地への利用者の関連づけの範囲と手続が明確にされる（Artikel 1, Nr. 2. 修正案では，Nr. 3）。さらに，所有者のために，休暇用に利用されている大きな土地の一部告知権が創設される（Artikel 1, Nr. 4. 修正案では，Nr. 5）。また，そのような土地の利用者にも，補充的に一部告知権が認められる（Artikel 1, Nr. 4-§23a Abs. 4. 修正案では，Nr. 5）。利用料法の修正では，通常の土地利用の対価の決定のための比較の基準が明確にされ，対価引き上げの可能性の事由が明示される（Artikel 2, Nr. 1. 修正案では，Artikel 3, Nr. 1）[23]。

この政府案に対しては，ＰＤＳ（民主社会党，もとの共産党であるが，統一後は，東ドイツの地域政党として，東ドイツ地域の利用者の利益を代表している）が，所有者と利用者の間の利益調整が不十分として反対した。政府案は撤回され，修正のうえ再提出された。

この修正案（ＳＰＤと緑の党連立政権による）は，2002年2月22日，連邦議会で，また同年3月22日，連邦参議院（無修正）において，可決成立し，2002年6月1日から施行された[24]。

2 論　点

(1) 憲法裁判所は，土地所有者に課せられる賠償義務（Entschädigungspflicht des Grundstückseigentümers）が過大であり違憲であるとした。とくに，期限前の契約の告知が財産の増大を導かない場合にも賠償義務が予定されている点である。たとえば，所有者が，土地を自己使用の目的のために，住宅を建てて利用するとして，契約を告知する場合である。判決によれば，土地所有者が自分の土地を建物建築のために利用し（§23 Abs. 2 Satz 1 Nr.

3），または投資優先法の意味において，特別の投資意図で（§23 Abs. 6 Satz 3）利用しようとする場合には，賠償義務は生じない。賠償義務は，これらの告知事由による期限前の告知には，制限される。改正法は，この趣旨のものである（Artikel 1, Nr. 1 = Änderung von §14 SchuldRAnpG）[25]。

(2) また，憲法裁判所の前述の判決によれば，債務法調整法20条も利用料法（Nutzungsentgeltverordnung）も，小庭園や休暇用の土地の利用者が，公的な負担に適切に関与するよちを予定していなかった。利用の対価を社会主義的なものから市場経済的な関係に調整するルールによれば，土地の所有者のみが一方的に負担することが正当化されるわけではない。長期の告知権保護期間の代償として，土地所有者に経済的に相当の補償（Verwertung）を付与するとの調整ルールは，公的な負担から所有者に生じる損失の内容によっては，疑わしいものとなるのである。そこで，現在の許諾の包括主義（Buttoentgeltsystem）は，違憲とされた。

ドイツの賃貸借法によれば，賃料は，当該の土地の通常の額が基準となる[26]。そこで，利用料法3条2項2文に，通常（ortsüblich）の対価とは，1990年10月2日〔つまり，同年10月3日の再統一前日〕後，同一の市町村またはこれと比較しうる市町村において，同等の種類，面積，特性により一致しうる賃料と規定された（Artikel 3, Nr. 1 = Änderung der Nutzungsentgeltverordnung）。

利用者の公的負担への参加の規定は，債務法調整法1条1項1号によって小庭園，休暇用の土地として使用されている土地の法律関係を対象とする。所有者は，2001年6月30日以降，これらの利用者から，土地に生じる回帰的な公的な負担に対する償還（Erstattung）を請求することができる。償還は，負担に関する賃貸借の終了後遅くても12カ月が経過するまでに，利用者に書面によって請求しなければならない（改正法20 a条1項）。

類似の法律関係であっても，ガレージとして使用されている土地は含まれない。施設に関する土地の利用は，もともと含まれないからである（außerhalb von Kleingartenanlagen）。判決によれば，従前の利用料に関する規定は，長期の告知保護期間の代償として市場経済的な関係に利用料を調整しているが，経済的に相当の補償までも可能としているわけではない。しかし，これは，ガレージ用の土地には当てはまらない。というのは，利用料法

は，これに市場価格による段階的な適合ではなく，場所的に通常な対価をただちに認めているからである（5条1項）。ガレージ用の土地については，小土地に対するような制限は予定されていないのである。

　改正法は，連邦小庭園法（Bundeskleingartengesetz）による小庭園の利用の範囲で，利用者の公的負担への参加（angemessene Beteiligung）を規定するものとした。土地所有者は，告知保護の継続中，土地を自分で利用できないとの損害をうける。他方，土地の公的な負担には，保護が与えられなければならない。そこで，改正法は，①回帰的な公的負担と一回性の負担とを区別し，②通常の将来的・回帰的な公的負担（wiederkehrende öffentliche Lasten）は，利用者によってすべて補償されるものとした（前述20a条1項）。2001年6月1日以降，土地所有者は，補償を請求することができるようになる。これは憲法裁判所が設けた新規定のための期限でもあった。ただし，回帰的な負担であっても，過去のものは請求できない。

　他方，③1回的な負担（einmalig erhobene Beiträge und sonstige Abgaben）は，原則として，1990年10月2日から法改正の前までに所有者に生じていたときにのみ補償される。所有者には，それによる価値の増加が原則として土地に残るものと期待されるからである。もっとも，後者の場合に，最大，半分まで（bis zu einer Höhe von 50 Prozent）利用者に負担させることができる（同条2項）。これは，利用者にも，契約の存続する間，利益が帰するからである。②は，定められた方式（in Textform）により，③は書面（schriftlich）により請求しなければならない。土地の利用者が，新たな負担に耐えられるように，賠償義務のおわされる部分は，年ごとに小額に分割される。また，利用者の補償義務は，契約関係が終了したときには，消滅する（Artikel 1, Nr. 3 = Einfügung von §20a SchuldRAnpG）[27]。すなわち，賠償義務は，利用の存続と不可分とされているのである。

　(3)　前述の1999年7月14日の判決は，債務法調整法23条（告知制限規定）も，ガレージ用の土地（Garagengrundstücke）が1999年12月31日後において制限をうけ，BGBの一般規定の適用をうけないとする場合には，基本法14条に反するものとした。従来の6条1文は，1994年6月16日に建築により利用されている土地以外の利用告知権を制限し，ガレージ用の土地にも2002年12月31日まで告知保護を認めていた。そこで，これが修正され（Artikel 1,

Nr. 4 = Änderung von § 23 Abs. 6 Satz 1 SchuldRAnpG), ガレージ用の土地に関する利用契約の告知保護は, 1999年12月31日までとされる[28]。

(4) 同判決は, 債務法調整法23条により, 休暇用の小土地の比較的大きな部分について, 所有者に一部告知 (Teilkündigung) の可能性を認めることを求めた。土地の一部が分割可能で, 所有者がみずからも使用可能であれば, 保護期間の経過まで土地のすべてを利用者にゆだねる必要はない。そこで, 新法は, 以下の点を認めた。

① 所有者は, 利用される土地が1000平方メートルより大きいときには, 一部告知ができる。この場合に, 利用者には少なくとも400平方メートルが留保され, 後者は, 従来の利用を不当でない補償により (ohne unzumutbare Einbußen) 継続しうる (23a条1項)。

② 所有者は, 利用者の利用権が場所的に制限されることによる不可避の支出 (die Aufwendungen, die infolge der Einschränkung der räumlichen Erstreckung des Nutzungsrechts notwendig sind) を, 利用者に補償しなければならない (同条2項)。たとえば, 新たな道路の整備を必要とする場合である。

③ 他方, 利用者は, 告知された一部土地の利用に必要な影響を受忍しなければならない (同条3項)。

④ 所有者が, 一部告知権を行使せずに, 利用権の変更をしないことが, 利用者に不当に過酷な状況をもたらす場合には (zu einer unzumutbaren Härte führen würde), 利用者の側にも, 補助的に (subsidiäres), 一部告知権が認められる (同条4項1文, 2文)。利用者が不要な土地を保持するのは, 土地の有効な利用の妨げとなるからである。対象となるのは, 1000平方メートル以上の土地であり, 告知される土地の部分も400平方メートル以上でなければならない (同4項3文)。告知される土地も, 所有者にとって相当の利用価値 (angemessen nuzbar) がなければならない。とくに, 建物のある土地の領域の一部が, 独立して建築のために利用可能な場合には (selbständig baulich nutzbar), あるいは, そうでなくても, 相当の経済的な利用価値がある場合には (angemessen wirtschaftlich nutzbar), ここでいう「相当の利用価値」があるとされる (同4項4文)。

この場合に,利用者は,所有者にとって利用権が場所的に制限されることによる不可避の支出 (die Aufwendungen, die infolge der Einschränkung der räumlichen Erstreckung des Nutzungsrechts notwendig sind) を,補償しなければならない (同4項5文)。

一部告知の効果については,ほかに,11条以下が適用される。補償請求権には,12条と14条が適用される (Artikel 1, Nr. 5=Einfügung von §23a Schuld-RAnpG)[29]。

(5) 実務においては,3条2項の,調停による,場所的に通常の利用料の決定には,基準が不明確なことから,しばしば解釈上の困難が生じた。調停の基準を具体化することが必要である。従来の3条の使用と建築のほかに,一連のメルクマールが定められた。これは,土地の種類,面積,性状と状態 (Art, Grosse, Beschaffenheit und Lage) によるものである (Artikel 2, Nr. 1 = Änderung von §3 Abs. 2)。土地の性状と特性は,とくに,土地の形状,土地の質 (Bodenbeschaffenheit),環境あるいは利用可能性などにより決定される (§5 Abs. 5 der Wertverordnung)。土地の大きさも,状況のメルクマールたりうる。これらが,明確性のために基準として明示された。また,土地の具体的な状況も (die konkrete Lage des Grundstücks),重要な基準である。位置的基準 (Lagemerkmale) とは,交通の便,隣との関係,環境の影響などをいう (§5 Abs. 6 der Wertverordnung)[30]。

(6) 1997年7月24日の利用料法 (Nutzungsentgeltverordnung v. 24. 7. 1997; BGBl. I, S. 1920) の改正は,その6条1項に関するものである (Artikel 2, Nr. 2 = Änderung von §6 Abs. 1)。同条2文により,所有者は,定められた方式により値上げを行い,理由づけなければならない (in Textform zu erklären und zu begründen)。同条3文により,値上げの請求は,場所的に通常な対価 (die ortübliche Entgelte) を超えてはならない。土地の利用の対価の比較には,対象となる場所3カ所を指摘することでたりる。これにより,比較の基準がより明確なものとされる。

実務では,法文適用のうえでの不備が生じていた。従来の構成では,土地所有者による値上げの理由が選択可能であることが明確ではなかった。選択が自由になり,他方,今回の改正では,利用のための「相当の対価」への制限は意図されなかった。政府草案の理由づけでは,所有者が「専門知識の鑑

定，または建築法192条による鑑定委員会の解決によるか，比較可能な土地およびこれらの土地で合意された対価を示す」[31]といった確定方法を意図している。

これらを法文の中で明確にするために，6条1項では，所有者に目的的に寄与するべき，値上げ請求の基礎づけの補助手段をも列挙している（1～3号）。

その場合には，比較される土地の利用のための場所的に通常の対価に関する鑑定委員会の鑑定（ein Gutachten des örtlichen zuständigen Gutachterausschusses über die ortsüberlichen Nutzungsentgelte für vergleichbar genutzte Grundstücke），取引範囲で合意された対価の鑑定委員会の情報，合意された土地の利用料に関する公的かつ権威ある専門知識の鑑定，あるいは個々の比較可能な土地の利用の対価（entsprechende Entgelte für die Nutzung einzelner vergleichbarer Grundstücke）の指摘などが重要となる。

このような鑑定を採用した方法は，2001年のドイツ賃貸借法の改正に一致するものでもある[32]。これにより，所有者は，結果として，値上げを求めるために関連づけられる種々の理由によって証明することができ，従来よりも有利な地位に立つ。また，所有者は，通常利用される理由づけ（die häufigsten und üblicherweise genutzten Begründungsmittel）を明確にすることもできるのである。ここで，法の列挙するものは，制限的な（abschließend）ものではないとされる。

値上げの請求があっても場所的に通常の対価を超えていないとして，所有者が考慮しうる他の理由を援用することもできる[33]。理由づけの範囲は，このシステムがモデルとした賃料制限法2条（Miethöhegesetz）の適用の場合と同様に，限定されていない[34]。

(7) なお，修正法3条によれば，修正法2条の対象とする利用料法の部分は，たんに利用料法によって修正されるだけではなく，民法典施行法232-4条2項により変更される（Artikel 3）[35]。いわゆる直接〔障害除去〕規定（Entsteinerungsklausel）である。

189

第5章　むすび

(1)　2001年から2002年までの財産問題に関する諸改正は，再統一以来の10年間の財産関係の調整のやり残しの部分の仕上げを意味する（財産帰属法の修正と，土地所有権の整理に関する法律。本稿の第2章，第3章）。

これに対し，債務法調整法の改正には，もっと大きな意味がある。すなわち，旧東ドイツの利用権のかなり大幅な見直し（いわば切り下げ）である（本稿第4章）。

物権整理法による建物所有権の保護は，土地と建物を別個の不動産とする東ドイツの法体系を，ＢＧＢの体系に変更することを意味した。これにより，従来の建物の所有者は，土地の利用権者の地位を与えられたのである。場合によっては，土地所有権の取得の可能性も与えられていた。土地と建物が附合する場合に，どちらが所有者の地位を取得するかは，政策的には裁量のまちのある問題だからである（折半の原則）。わがくにでも，かつて江戸時代の甘土権，上土権が，地租改正のおりに，たんなる利用権とされたことには，批判があった。投下された資本・価値によっては，土地が建物に附合することもありうるからである。居住用の建物の整理は，所有権を付与しなかったもののかなり物権的地位を考慮したうえで行われた。

これに対し，たとえ建物が存在していたとしても，別荘やリクリエーション地の利用には，債権的な利用の法律関係が与えられたにすぎなかった。それでも，債務法調整法は，建物の所有者が有した地位を維持するために，ＢＧＢに比較すると，かなり手厚い保護を与えていた。しかし，今回の改正の結果，たんなるＢＧＢの契約的な賃貸借と同視されることにより，賃料の増額の可能性が大幅に与えられた。また，建物の存在していない場合には（ときに存在していても），一部告知が認められ，その限度において終了することとされたのである。債権的概念の一人歩きした結果ともいえる。

(2)　物権整理法では，建物の利用権は，旧東ドイツ法のもとで，正当な収用が行われていない場合でも与えられるものとされ（事実的物権），ＢＧＢの体系のもとでも，物権（地上権）が付与された。これに対し，債務法調整法が付与したのは，債権的な利用権のみであり，両者の相違は大きい。もとも

第5章 むすび

と，旧東ドイツ法のもとでは，両者に本質的な相違はなかったが，このような区別が行われたのは，物権整理法の対象がおもに居住用の建物所有権であり，このような建物の保護にはより大きな価値があるとされたからである。これを否定した場合の政治的な混乱も予想された。すなわち，直接に対象とされたのは建物ではないが，建物（およびそのための利用権）保護は，無視できなかったのである。

これに反し，債務法調整法の改正の審議において，土地利用者の法的な地位をより強化することは，工作物（これが存在する場合もかなりある）に対する所有者に類似する地位にもかかわらず，行われなかった。居住用の建物ほどの保護が必要ではないとされたのである。物権整理法の対象が狭く，かねてから債務法調整法とのそごを生じていたことについての修正はなく，片面的修正は今回の改正の前提でもあった。具体的には，連邦議会における専門家の聴聞（Expertenanhörung）の結果でもある。連邦司法省も，今回の改正について，所有者の利益となる改正をすることのみが，憲法裁判所の求めたことであり，これと同時に利用者の利益となるような修正をして判決に反することはできなかったとしている[36]。

債務法調整法の修正は，再統一による東から西への大幅な財産権の移転の結果，東西の亀裂の修復が困難であることを示した。財産権の私有化問題の困難が，利用権と所有権の調整に集中していることをも現わしている。また，その結果は，この10年間の政治的状況の反映でもあろうが，実質的に東の利益の切り下げを意味するものとなった。しかし，その端緒は，債務法調整法における利用者の法的地位の契約的構成にまで帰せられるのである。

(1) 小野・①「東ドイツ地域における不動産所有権の返還問題」一橋大学研究年報・法学研究24号（1993年），② Land Reform in Japan (1945-1951) and in the former East Germany (1945-1949)：The Decision of the German Constitutional Court in April 23, 1991, Hitotsubashi Journal of Law and Politics, Vol. 22, 43 (1994)，③「財産権の返還と投資の保護—東ドイツ地域の改革—」国際商事法務27巻1号（1999年），④「共同所有権の私有化—その過程における所有権の金銭債権化」山内進編・混沌のなかの所有〔2000年〕165頁以下（専門家の責任と権能〔2000年〕にも再録）。〔①〜③は，本書第1部1篇，2篇，第3部1篇に所収。〕

また，より広く東ヨーロッパの返還問題をも視野にいれたものとして，⑤「財産権の返還と私有化・民営化—東ヨーロッパにおける私有化—」一橋大学研究年報・法学

研究36号33頁(2001年)〔本書第1部3篇〕。
(2) これらの判決については，⑤75頁以下参照。〔本書第1部3篇〕
(3) これらの改正法についても，⑤74頁参照。また，③14頁以下参照。
(4) Zeitschrift Deutschland, 2000, No. 4, S. 46ff. もっとも，この10年間に，多額の公共投資が行われた結果，かなりいびつな経済構造が生じたとの指摘，あるいは投機的な需要や狭い地域への集中的な資本の投下によるバブルが生じたとの指摘もあり，評価は必ずしも定まっていない。
(5) Zeitschrift Deutschland, 2000, No. 1, S. 14ff., S. 24ff.
　　また，2001年から2002年の法改正については，以下のものが詳しい。Messerschmidt, Die Entwicklung des Vermögens- und Investitionsrechts 2000/2001, NJW 2001, S. 3014. (これは包括的な解説であり，財産法関係の裁判例にも詳しい)。
　　Matthiessen, Das Grundstücksrechtsänderungsgesetz (GrundRÄndG), VIZ 2001, S. 457 ; Schwarze, Nutzungsentgelt nach dem Grundstücksrechtsänderungsgesetz, NJ 2001, S. 187. (これは所有者の利用対価に関するもので，民法典施行法231-10条 (Artikel 231 §10〔以下このように略する〕) と登記法の改正に詳しい)。
　　Trimbach und Matthiessen, Das Grundstücksrechtsbereinigungsgesetz, VIZ 2002, S. 1 ; vgl. Studzinski, Ansprüche nach dem SachenRBerG gegenüber der Deutschen Bahn, NJ 2001, S. 187. (公共用地，とくに交通用地の帰属に関する)。以下のものは，財産法の改正をおもに対象とした文献である。なお，財産法の改正は，2000年の法律でも必ずしも十分ではなく (Erstes Vermögensrechtsergänzungsgesetz)，新たな修正も検討されている (Entwurf eines Zweiten Vermögensrechtsergänzungsgesetzes, v. 17.8.2001 ; BR-Dr. 641/01)。
　　Gesetzgebung, Bundesregierung : Entwurf eines Zweiten Vermögensrechtsergänzungsgesetzes, VIZ 2001 ; S. 587 ; Schnabel, Rechtsprechung zur Schuldrechtsanpassung und Sachenrechtsbereinigung, NJW 2001, S. 2362 ; Purps, Das Vermögensrechtsergänzungsgesetz (VermRErgG), VIZ 2001, S. 401 ; Hirschinger, Das Vermögensrechtsergänzungsgesetz, NJ 2000, S. 460.
(6) Bange, Vermögenszuordnung bringt Ordnung im Beitrittsgebiet - Ein Beitrag zum 10. Jahrestag ihres Bestehens, VIZ 2001, S. 296f.
　　なお，財産帰属法は，1992年8月3日 (BGBl. I, S. 1464)，1994年3月29日 (BGBl. I, S. 709) に修正され，2000年6月27日 (BGBl. I, S. 897) にも修正されている。
(7) Bange, a.a.O., S. 297.
(8) Bange, a.a.O., S. 297. 後者の中には，すでに私有化されたものもある。
(9) Bange, a.a.O., S. 298.
(10) 本法について，Gesetzentwurf der Bundesregierung, Entwurf eines Gesetzes zur Änderung des Vermögenszuordnungsgesetzes, 15.8.2001. 本法は，PDFファイルにより，連邦司法省ホームページ (http://www.bmj.bund.de/inhalt.htm) からも参照することができる。Gesetzentwurf, S. 1-4 ; Begründung, S. 5ff.
(11) Gesetzentwurf, a.a.O., S. 5. (Begründung A. Allgemeines II, S. 6 (Die Vor-

第5章　むすび

schriften im Einzelnen).

(12)　Gesetzentwurf, a.a.O., S. 5. (Begründung A. Allgemeines II, S. 6 (Die Vorschriften im Einzelnen).

(13)　本法について，Gesetzentwurf der Bundesregierung, Grundstücksrechtsbereinigungsgesetz. 本法は，紙媒体である各種の雑誌のほか，ＰＤＦファイルにより，連邦司法省ホームページ（http://www.bmj.bund.de/inhalt.htm）からも参照できる。Gesetzentwurf, S. 1-55; Begründung, S. 16ff. また，前掲のTrimbach und Matthiessen, Das Grundstücksrechtsbereinigungsgesetz, VIZ 2002, S. 1. をも参照。

　　また，Böhringer, Das Verkehrsflächenbereinigungsgesetz aus grundbuchrechtlicher Schau, VIZ 2002, S.193.

(14)　Gesetzentwurf, S. 4ff.

(15)　もっとも，わがくににおいても，土地と建物の所有権が別個の不動産であるとの体系は，必ずしも貫かれているわけではない。最判昭40・5・4民集19巻4号811頁や最判平12・12・19金判1115号3頁の場合（建物所有権の取得と土地の賃貸借の取得の関係。前者では肯定）のほか，建物保護法の存在（現在では，借地借家法10条）があり，これは，土地賃借権の保護を建物に依存させるものであるし，その修正によれば，土地（賃借権）の帰属は，かなり一般的に建物に依存するのである。

　　また，土地と建物の価値の統一的な把握という考えかたは，抵当権レベルであれば，最判平9・2・14民集51巻2号375頁にもみられ，法定地上権の成立に関する，いわゆる土地と建物の全体価値評価説にも現れている。建物が滅失すれば，土地利用権価格が土地に吸収されるとするものである（最高裁昭和40年判決では，逆にいわば建物に土地利用権が吸収される関係である）。これについては，一橋大学研究年報・法学研究36号69頁以下参照。

(16)　諸外国における建物の保護は，建物それ自体ではなく，建物の建っている利用権の保護を通してであり，建物それ自体を保護目的とした建物保護法にみられるわが民法の行き方とは異なる。英米法のleaseも，大陸法的な賃貸借と比較すると保護はあついが，それも建物そのものに向けられているわけではない（賃貸借の財産権的〔いわば物権的〕構成につき，【危険】381頁以下参照）。もっとも，わが法のもとでも，借地借家法10条は，第2項において建物の滅失にさいして，掲示による対抗力保全を認めたから，保護の対象は建物から権利にやや転換することになった。東ドイツの建物所有権は，その権利が建物それ自体を保護の対象とする点で破格の意味をもっている。しかも，石造りの家屋が中心であるから，木造家屋が多い日本とは異なり，建物の保護は，半永久的なものを目ざしていたのである。

　　旧東ドイツ法のもとでの利用権については，20年以上も前の以下の文献が詳しい。東ドイツが消滅し，新たな東ドイツ法の発展がなくなった現在（統一条約の規定によりその適用は部分的に残されている），解釈の参照とするにはなお意義があろう。Klinkert, Oehler und Rohde, Eigentumsrecht, Nutzung von Grundstücken und Gebäuden zum Wohnen und zur Erholung, 1979.（とくに，63頁以下）。土地の利用関係には，社会主義的な土地政策が基礎にあることが明示されている。利用権の取得

では，個人所有権と契約は小さな役割を果たすにすぎず，むしろ人民所有化と共同体的な割り当てが中心であった（69頁以下，78頁以下）。また，再統一後の文献としては，Heuer, Grundzüge des Bodenrechts der DDR 1949-1990, 1991, S. 86. (とくに，土地と建物の関係について)。

(17) Gesetzentwruf, a.a.O., S. 44.

(18) Ib., S. 36ff, S. 38.

(19) Ib., S. 40.

(20) 債務法調整法の経緯について，小野③「財産権の返還と投資の保護」国際商事法務27巻1号16頁参照〔本書第1部2篇所収〕。同年の法である物権整理法についても，同書参照。

(21) Bericht des Bundesministeriums der Justiz; Warum war die Änderung des Schuldrechtsanpassungsgesetzes? -die Kostenbeteiligung der Nutzer von „Datschen" -Grundstücken-erforderlich?

(22) Ib.

(23) Gesetzentwurf der Bundesregierung, v. 27. 6. 2001, A. Problem und Ziel, B. Lösung, S. 1-2.

(24) これらにつき，vgl. Deutscher Bundestag 14. Wahlperiode, Drucksache 14/8299 (v. 20.02.2002), S. 2. 連邦参議院（Bundesrat）の審議については，vgl. Bundesrat Gesetzes Beschluss, Drucksache 158/02 (v. 01.03.02)

(25) A. a. O., Begründung, B. Die Vorschriften im Einzelnen, S. 7.

(26) ドイツ賃貸借の概要については，小野「賃貸借法における保護規定と投資，労働流動性，環境保護―ドイツ賃貸借法の2001年現代化法―」国際商事法務29巻11号1321頁，12号1463頁参照。とくに，場所的に通常の賃料（ortsübliche Vergleichsmiete）の算定については，12号1463頁参照。〔本書第2部1篇所収〕

(27) A. a. O., Begründung, B. Die Vorschriften im Einzelnen, S. 8ff.

(28) A. a. O., Begründung, B. Die Vorschriften im Einzelnen, S. 12.

(29) A. a. O., Begründung, B. Die Vorschriften im Einzelnen, S. 13ff.

この一部告知権のあり方は，わが法との比較では，建物保護法の対抗力の範囲に関する最判昭30・9・23民集9巻10号1350頁を彷彿させる。同事件は，借地上の建物が登記されている場合に，賃貸人である土地所有者が，土地を分割して建物の存在しない部分を譲渡したことにつき，譲受人に対する対抗力を認めたものである。これに対しては，建物の存在を重視し，借地である8筆のうち2筆に建物が存在しなかったことから，対抗力を否定した最判昭44・12・23民集23巻12号2577頁がある。

建物所有という目的は異なるが，賃借権の効力の及ぶ範囲に関して，わが法上，裁判例が豊富である。建物と土地の関係は，建物所有の目的をもって貸与（地上権の場合）された限り，土地の範囲が確定されていなくても，建物の利用に必要な範囲を対抗できるのが一般論である（大判大14・4・23新聞2418号15頁）。また，古くは，登記した建物が1棟あれば，その土地に登記しない建物があっても，土地全部の借地権を対抗できるとした判決がある（大判大3・4・4民録20輯261頁）。

もっとも，実際の必要性の判断はかなり微妙であり，土地使用の目的がゴルフ場としての使用であったとして，事務所用の建物が従たる目的となり，借地法の適用が否定された判決（最判昭42・12・5民集21巻10号2545頁）や，運動場として利用されている幼稚園の敷地が，園舎の所有それ自体のために使用されているものとはいえないとされた判決（最判平7・6・29判時1541号92頁）がある。もっとも，これらには，事案固有の要素が認められる。

　他方，一体的な利用に積極的な裁判例もあり，近時では，ガソリンスタンドの一体利用が行われている2筆の土地の一方のみ建物があるケースで，登記された建物のない土地を買い受けた新所有者の明渡請求が権利の濫用になるとして退けられた判決がある（最判平9・7・1判時1614号63頁）。

　ドイツの土地登記は平均の登記面積がかなり大きいから（わが国の登記筆数は，土地と建物で2億7000万筆に及ぶが，ドイツのそれは，土地登記で2500万筆に過ぎない），分割した処理をすることに意義があるのであろう（小野「ドイツにおける登記簿のコンピュータ化」国際商事法務27巻10号，11号，【専門家】257頁，264頁参照）。また，本告知権が特殊な利用目的に関するものにすぎないこともあわせ考えると，同様な分割に積極的な考え方はわが法に当然には参考とならないであろう（ちなみに，日本の総面積は37万8000平方キロメートル，ドイツは35万7000平方キロメートルで，大差はない。もちろん，わがくにでも，山林の面積は1筆でもかなり広いことが多いから，その限りでは参考にならないわけではない）。

(30)　A. a. O., Begründung, B. Die Vorschriften im Einzelnen, S. 18.

(31)　BR-Drs. 381/97, S. 19.

(32)　小野・前掲（前注26）国際商事法務29巻12号1463頁参照。〔本書第2部1篇所収〕

(33)　BR-Drs. 381/97, S. 19.

(34)　A. a. O., Begründung, B. Die Vorschriften im Einzelnen, S. 18f. 賃料制限法が2001年の賃貸借法改正で民法典に採り入れられたことについては，小野・前掲論文1463頁参照。〔本書第2部1篇所収〕

(35)　A. a. O., Begründung, B. Die Vorschriften im Einzelnen, S. 19f.

(36)　Bericht des Bundesministeriums der Justiz; Warum war die Änderung des Schuldrechtsanpassungsgesetzes?

第 4 篇　財産関係の改革と現代化―2002 年改正法・利用権保護の後退―

新たな連邦 5 州（東ドイツ）

メクレンブルグ・フォーボンメルン — Mecklenburg-Vorpommern (Schwerin)
Schleswig-Holstein (Kiel)
ベルリン Berlin
Hamburg
Bremen
Niedersachsen (Hannover)
Brandenburg (Potsdam) — ブランデンブルク
Sachsen-Anhalt (Magdeburg) — ザクセン・アンハルト
Nordrhein-Westfalen (Düsseldorf)
(Bonn)
Hessen (Wiesbaden)
Thüringen (Erfurt) — チューリンゲン
Sachsen (Dresden) — ザクセン
Rheinland-Pfalz (Mainz)
Saarland (Saarbrücken)
Baden-Württemberg (Stuttgart)
Bayern (München)

第2部　農地法，賃貸借法，判例研究

第1篇　賃貸借法における保護規定と投資，労働流動性，環境保護
―ドイツ賃貸借法の2001年現代化法―

第1章　賃貸借法の2001年改正

1　はじめに

2001年3月29日，ドイツ連邦議会（Bundestag）は，賃貸借法の改正を可決した。この賃貸借法は，2000年11月9日に，政府草案として提出された「賃貸借法の整理，簡素化および改革に関する草案」（Entwurf eines Gesetzes zur Neugliederung, Vereinfachung und Reform des Mietrechts（Mietrechtsreformgesetz））を修正したものである。2001年に改正が予定された2つの重要な民法改正のうちの1つである[1]。草案は，その後，5月11日に，連邦参議院（Bundesrat）の賛同をえて，成立した。新法は，2001年6月25日に官報により公布され，9月1日から施行された（BGBl. 2001, I, Nr.28, S.1149）。

賃貸借法の改正は，世紀の転換期をむかえて，いくつか予定されている法律，司法の現代化作業の1つである。債権総論，売買法の改正を中心とする債務法改正は，2002年1月から施行された。ほかに，法曹養成制度の改革などが予定されている。〔ドイツの法曹養成制度については，「ドイツの大学改革と法曹養成制度」【大学】174頁以下所収，「法曹養成の現代化法～ドイツの2002年改正法」国際商事法務30巻9号参照〕

2　改正法の背景

現行の賃貸借制度は，すでに内容的に古く，また多くの修正の結果，見通しの悪いものとなっている。全面的な改正は，すでに1974年から意図されていた（政府に対する連邦議会の決議）。今回の改正法案は，1998年10月の総選挙で，SPD〔社会民主党〕と緑の党の連立政権が成立するさいの合意事項

の1つでもあった。もっとも，その基礎は，1996年の連邦と州のワーキンググループ（Bund- Länder- Arbeitsgruppe）の提案にあった。その間に，ＣＤＵ・ＣＳＵ〔キリスト教民主・社会同盟〕とＦＤＰ〔自由民主党〕のコール政権からＳＰＤ〔社会民主党〕緑の党連立のシュレーダー政権への交代があったことから，いくつかの修正が計られ，多様な内容となっている[2]。

改正法により，従来の個別の法規は，一元的に民法典に統一され，整理される。これにより，賃貸借の成立から告知にいたるプロセスが包括的に規定された。近時の社会変動が考慮され，関連する判例による解釈も明文化される。改正法は，賃貸人と賃借人の利益の調整と契約による自己責任の拡大を目的としており，これにより，年間約30万件に及ぶ賃貸借関係の訴訟が減少するものと目される。ドイツでは，個人の権利主張が強く，また訴訟保険が完備し加入率も高いことから，近隣紛争の数の多いことが特徴である（後述第4章2をも参照）。

2001年の改正法は，民法の賃貸借法の部分のほか，関連する重要法規である賃料制限法（Das Gesetz zur Regelung der Miethöhe vom 18.12.1974（BGBl. I, S.3603f., 後述。最近では，1998年6月9日に改正），住居供給の不足地域における社会条項法（Das Gesetz über eine Sozialklausel in Gebieten mit gefährdeter Wohnungsversorgung vom 22.4.1993; BGBl.I, S.446,487）など6つの法を廃し（Artikel 10），民法規定として取りこんだ。また，1954年の経済刑法の賃料規定を改正するなど，50近くの関連法規を修正した（Artikel 1～5, 7）。

なお，この改正には，1990年代初めからの東ドイツ地域の改革の影響がみられる。東ドイツ地域の改革は，財産権の私有化や自由経済の導入という目的をもっていたが，東地域の改革は，その目的や地域を超えて，種々の新たな思潮をもたらし西地域の諸制度にも反映されつつある。たとえば，環境や労働問題，賃借人保護と投資の関連などの観点である[3]。

3　新たな視点

そこで，改正法のもとでも，たんに，弱者たる賃借人の保護という観点だけではなく，労働市場の必要性，投資の刺激，環境保護の機会という従来賃貸借とは無縁と思われた新たな観点が結合されるものとされている[4]。

まず，低所得者向けの集合住宅の居住者に対する賃料の値上げ率の制限が

強化され，30％から20％に縮減される。また，障害のある賃借人は，住居や階段をバリアフリーに改造する権利を取得した。さらに，賃借人が死亡したときには，一定の同居人や共同居住者（Lebenspartner oder Mitbewohner）は，賃貸借契約を引き継ぐことができる。これは，従来は配偶者（Ehepartner）にのみ認められていた。他方，多様な賃貸借にそくして，完全な定期賃貸借（Zeitmietvertrag）も可能となり，当事者の自由が拡大された。特殊な賃貸借（Index- und Staffelmiet）では，賃料に関する期限のないものが可能となる（第3章2参照）。

新法は，労働市場の流動性をも考慮し，新たな契約からは，賃借人のする告知には，3カ月の告知期間でたりることになった。従来からある契約でも，別段の合意がないかぎり，これが適用される。賃貸人のする告知には，賃貸借の期間により異なる告知期間が適用されるが，最長期間は，12カ月から9カ月に縮小された。告知期間ある告知における期間制限である（befristete Kündigung，第3章3参照）。また，新法では，賃料は，つねに先払い，遅くとも各支払期間の3日目までに支払うものとされる（556b条1項）。旧551条では，任意法規ではあったが，後払いと規定されていた（日本の民法614条と同じ）。これを，一般的な契約の実態に合わせたのである。わがくにと同様，後払いの規定では，まったく実態にそぐわないからである。

環境保護の観点からは，持続的にエネルギーを節約する方法が賃貸借でも採用可能となる。賃料込みの場合の，電気や暖房などの付随費用（Nebenkosten）は，改正法では，基本的に使用量によって算定されるようになり（従量制），施設の近代化は賃借人にも有利に反映される（第3章4参照）。

4　日本法との比較

うえの諸改革との比較では，部分的には，日本の賃貸借法の改正のほうが先行している点もある。たとえば，1991年〔平3年〕の借地借家法（施行は1992年）で採用された定期賃貸借（同38条）や古く1966年〔昭41年改正〕で採用された内縁の妻の居住権（借家法7条ノ2，借地借家法36条）である。しかし，種々の新しい観点（広く同棲者の居住権）もあり，注目に値いするものがある。居住権の承継についても，相続人との関係を新たに規定しており，これも参考に値いする点である（後述第3章）。

第2章　賃貸借法の骨子

1　民法と特別法

(1)　ドイツ法における賃貸借の規定のうち，従来の基本的な構成をも，あらかじめ概観しておくことが有益であろう。ドイツ民法においても，法典の成立以後，賃借人保護に関する諸規定が追加され，内容は格段に豊富になっている。この点においては，わがくにと基本的な状況は同じであるが，わが民法と異なるものとして，賃料に関する特殊な制限法規がある（後述2）。そのため，従来は，民法と，賃料に関する特別法とが別個に存在し，全体的な体系は必ずしも明確ではなかった。

ドイツ法においても，賃借人保護のおもな内容としては，賃借権への対抗力の付与，期間の保護，告知権の制限などがある[5]。

(2)　まず，対抗力の問題については，旧571条（改正法566条）において，「売買は賃貸借を破らない」ことが承認されている（なお，関連規定として，旧572条ないし579条，改正法566a条ないし567b条)[6]。

(3)　つぎに，解約告知権の制限については，賃貸人の告知権に関する旧553条以下（改正法543条2項以下）につづいて，法定事由以外の告知権の合意を無効とする定めがあり（旧554b条，改正法569条4項。告知の書式の必要性＝旧564a条，改正法568条)，また旧556a条（改正法574条）では，契約に従った賃貸借の終了が酷なとき（Härte）に，告知に対する賃借人の異議が認められ，逆に，旧564b条（改正法573条「正当事由」）では，告知に関し賃貸人の側に考慮される事由についての詳細な規定がある（ほかに，賃借人の告知権―旧542条～544条，改正法543条，569条）。

(4)　期間の定めのある賃貸借においては，更新による保護がある（旧564c条・565条・556c条・567条，改正法575条・580a条・574c条・544条。賃貸借の書式の必要性＝旧566条，改正法550条）。また，契約の黙示の更新が定められている（旧568条，改正法545条）。ただし，改正法では，一定の要件のもとで，定期賃貸借に近いものが認められるようになった（改正法575条）。

(5)　さらに，賃借人の変更についても，賃借人の死亡，移動により不要になる賃貸借の告知権（旧569条・570条，改正法580条）のほか，家族・配偶者

による承継が認められている（旧569a条・569b条，改正法563条～564条）。

（6）旧法では，規定はかなり場当たり的に配置されていたが，改正法は，賃貸借の規定を3つに大別し，I総則（535条以下），II住居に関する賃貸借（549条以下），IIIその他の物の賃貸借（578条以下）とした。このうち，IIの規定が大部分を占め，これは，6つに大別される。1総則（549条以下），2賃貸借（556条以下），3賃貸人の担保権（562条以下），4契約当事者の変更（563条以下），5賃貸借の終了（568条以下），6賃貸された住宅の取得に関する特則（577条以下）である。さらに，2は，(a)賃貸借の合意，(b)賃料に，そして，5も，(a)総則，(b)不特定期間の賃貸借，(c)定期賃貸借，(d)社宅などの労働関係にもとづく賃貸借に分けられた。おおむね契約の成立から効力，消滅の順に整理され，見通しのよいものとなった。

2 賃料の規制

うえの賃借人保護の諸規定に対応するものとして，賃貸人からの，賃料の増額請求権がある。これは，従来民法典によらずに特別法によっていた。すなわち，前述の賃料制限法によれば，第1条によって，告知権の排除と賃料の増額請求権が定められていた。「賃料の増額のための住宅の賃貸借の告知は，認められない。賃貸人は，2条ないし7条の方法に従って，賃料の増額（Erhöhung）を請求することができる。合意によって排除された場合，または，とくに特定の期間，確定した賃料で賃貸する合意のある場合など，〔増額請求権を〕排除することが状況によって明らかなときには，賃貸人は，この権利を有しない」。

これは，いわば賃貸人に有利な規定であるが，規定の体裁としては，賃貸人の告知権の排除という形をとり，賃借人保護の一環としての意味をもっていた。また，2条以下に詳細な増額基準の定めがあることが特徴である。さらに，合意による排除が可能とされ，必ずしも無制限の権利とはされていない。

本法は，改正法により，民法に組入れられた（改正法557条以下）。557条3項「賃料の増額が合意により排除され，または状況から排除されていることが明らかな場合を除き，賃貸人は，賃料の増額を，558条ないし560条の方法に従って請求することができる」。すなわち，近傍の通常の賃料までの増額

を請求しうるのである（558条）。

3　暴利の禁止，刑法

もう1つの賃料に関する法規としては，暴利の禁止に関する規制がある。もっとも，これは，たんに賃貸借固有の問題というよりも，沿革上，暴利の禁止の一般的な規定に関連するために，民法，刑法の各種の分野にまたがり，すこぶる複雑な規制となっている。規制が，利息制限法と同じく，ドイツ法における暴利の禁止に関する立法の一環として成立してきたからである[7]。刑法規定は修正されない（後述第3章2(5)の経済刑法に関する法律参照）。

また，従来，わがくにでは，賃貸借にあたり授受される金銭の保護は，利用権の保護に比して，等閑視されることが多かった。立法上も（物価統制令のような一般的規定を除き），たんに賃料の制限がないだけではなく，たとえば敷金，担保（Kaution）に関する規制も，きわめて不十分である。その結果，賃貸借終了にあたっての賃貸人の返還義務があいまいになっている。

これに比して，ドイツ法では，比較的詳細な規定がある。たとえば，旧550b条（改正法551条）では，まず，賃借人が賃料の保証として給付する額は，月額の賃料の3倍を超えることはできないとの総額の定めがされており（1項），また，賃貸人は，受領した額を，自分の財産と分離して，金融機関に3か月の定期預金（Spareinlagen）に通常の利率で預けなければならない。この利息は，賃借人に属し，授受された担保金額を増額させる（3項）。これに反する賃借人に不利な定めも無効とされる（4項）[8]。

わがくにでは，従来，不動産の賃貸借には更新による契約の継続が強く，賃料や敷金などの金銭的な給付について，賃貸人に有利に考慮される（あるいは有利な条項がそのまま放置される）ことが多かったのは，その代償としての意味あいが強かった。しかし，金銭給付であるからといって，賃借人の保護を無視していいことにはならず，しかも，今日では，契約の更新のない定期賃貸借が認められているから，更新の埋め合わせとしての賃料に関する規制もきちんと行うべきであろう。

第3章　賃貸借法の現代化

1　賃料改定のシステム

　以上の経過から，ドイツの賃貸借法の現代化の重要な部分が，なお賃料の増額システムにあることは明らかであろう。これは，従来の賃貸借紛争の多くを占めてきた。賃貸借法の改正は，形式的には，賃料制限法を民法典に組みこむ点にみられる。

　しかし，内容的な修正もある。改正法には，前記（第1章3参照）の4つの論点があるといっても，相互に関連する点もあり，必ずしもそう明確に分類できるわけではない。そして，改正法には，部分的には，すでに日本法にみられるものや，賃貸借の形態の相違から，ドイツ法のみに特有な部分とみられるものもある。以下では，これらについては，立ち入らない。とくに新しい分野と観点に注目することにしよう[9]。

2　賃料の調整

　賃料確定に関する改正点は多い。賃料の具体的基準を定める法文の多いことは，従来からドイツ法の特徴であったが，改正法でも，これを明確にする努力が行われた。どんぶり勘定的な日本法の処理に比して参照とするべき点も多いが，他面では，共通する面もあり，具体的基準を明示することの必要性をも示している。規定の多くは，従来の賃料制限法を民法に取りこんだものである。

　(1)　賃貸借では，数十年来，比較による賃料の調整方法（Vergleichsmietenverfahren）が行われてきた。このシステムが実務の中で有効性を示してきたことから，その強化が図られた。賃料の調整手続は，賃貸人と賃借人の市町村や利益代表者により共通に認められた「場所的に通常の賃貸借」（ortsübliche Vergleichsmiete）との比較を基礎とする（単純な賃貸借基準＝einfacher Mietspiegel）。これを逸脱する請求は認められない。新法は，「場所的に通常の賃貸借」の確定を容易にすることによって，効率性を高めようとしている（558条，558c条）。また，改正法は，新たな選択肢として，適格な賃貸借基準（qualifizierter Mietspiegel）という概念を導入した。これは，学術

的な原理（nach wissenschaftlichen Grundsätzen）に従って立てられ，賃貸人と賃借人の市町村や利益代表者により認められるものである。この基準により，賃料の増額の手続が簡単になり，争いが避けられる（558ｄ条）。また，市町村は，これらの基準に代わるものとして，新たに，恒常的な賃貸借のデータバンクの設立ができるようになった（558ｅ条）。その場合には，従来の賃貸借基準による必要はなくなる。

(2) 上限制限（Kappungsgrenze）は，賃料増額の変動割合の制限である。賃料は「場所的に通常の賃貸借」を限度額（Obergrenze）とし，従来は，契約内容により，最高の変動幅が20％〜30％とされていた。人工密集地帯の安価な住宅で，とくに社会住宅（Sozialwohnungen）などにおける低所得の家族にとっては，この割合は酷となる。そこで，このような場合の上限は統一的に20％とされた（558条3項）。法的安定性の観点からである。この制限は，3年以内の賃貸借にのみ適用される[10]。〔なお，東ドイツ地域においては，従来この比較による賃料の調整方法には，種々の例外があった。これは，原則として統一された。後述(5)をも参照〕。

賃料の値上げに関しては，2001年9月1日以降，改正法が適用される。9月1日前に，賃借人にされた値上げについては，旧法が適用される。じっさいにいつから支払うかには関係しない。そこで，賃借人Ａが，2001年12月の賃料を30％値上げするとの8月28日付の賃貸人からの手紙を9月1日に受領したとすると，値上げ率は改正法による20％に縮小される。Ａは，賃貸人の意思表示を9月1日に受領しているから，改正法が適用され，そこでは，20％が上限とされるからである（Ｄ，Ⅲ例示1。なお，以下のＡ－Ｄについては，前注1，9参照）。旧法のもとでは，30％が基準であった。

他方，Ｂが，8月20日にすでに，11月から30％の値上げをするとの賃貸人の意思表示を受領していたとすると，旧法が適用される。賃料の値上げは，改正法の発効後であるが，旧法の対象となる。もちろん，場所的に通常な賃料であるとの，値上げのための他の要件を具備することが必要である（同例示2）。

(3) 住宅の近代化（Modernisierung）は，居住の質の向上を目的としているだけではなく，経済的（資源の有効な利用という国民経済的観点）にも環境保護的にも意味がある。とくに，多くの建物が老朽化している東ドイツ地域

では必要性が高い。改正法は，近代化のための費用のうち11％の賃借人による分担（Modernisierungsumlage）を認めた（559条）。近代化は賃料の値上げの理由となるのである。環境保護の観点から，持続的にエネルギーの節約をするすべての近代化の方法が，対象となる。従来は対象は狭く，電気も対象に入らず，暖房のみが対象とされていた。

改正法は，とくに近代化工事の通知期間と近代化による賃料の値上げの主張期間（従来は2カ月，改正法では3カ月）の点において，旧法と異なっている。近代化工事の通知が，改正法の発効前に行われていれば，旧法による。旧法は，近代化による賃料の値上げの意思表示が2001年9月1日前に行われたときにも適用される。たとえば，賃貸人が，2001年8月15日に，賃借人Aに，10月16日から近代化工事をすると通知をしたときには，通知は，改正法発効前に行われているので，旧法が適用され，賃貸人は，工事の2カ月前に通知すればたりる。しかし，改正法の適用がある場合には，3カ月の猶予期間が必要となる（554条3項1文）。（D, V例示1）。

賃貸人が，2001年8月15日に，賃借人Bに近代化工事の通知をしても，工事が，10月16日に開始され，工事の完了後，2002年2月に，賃貸人が，Bに，賃料の値上げの意思表示をした場合には，4月から賃料を値上げするとはいえない。改正法では，3カ月の期間が必要であるから，2002年5月からしか値上げはできないのである（559ｂ条2項）。値上げの意思表示は，改正法の発効後に到達しているからである（同例示2）。

（4）資本コスト（Kapitalkosten）の増大を賃貸借に転嫁することは廃止された。これは複雑であり，賃貸借を近傍のものと比較するシステムにそぐわないからである（旧賃料制限法5条の廃止）。そこで，賃料増額の算定にあたって，金利の上昇などは，もはや考慮されない[11]。つまり，賃料の算定には，基本的に近隣との比較による利用利益が基本となっており，所有利益は考慮されない。わがくにでは，公租公課の増加（とくに農地の宅地並み課税）が小作料の増額請求の根拠たりうるかとの議論があるが，参照されるべきであろう。〔これにつき，後述第2篇，第3篇参照。〕

（5）賃料の過大な値上げからの保護制度は，維持された。経済刑法（Wirtschaftsstrafgesetz, 1954）5条の暴利条項は，住宅の賃貸の過大な賃料を違法とし，それに罰金を課している。暴利的な賃料の予防機能は必要とされる。

改正法は，1990年より古い建物（Altbauten）に関する厳格な規定（5条2項2号）を廃止したが（廃止部分は，1993年に東ドイツ地域に多い古い建物の賃貸借の保護のために導入されたが，賃貸人の支出をカバーしえず投資を阻害するとされた），つぎの保護規定を維持した。改正法は，民法関連法規の統合であるが，刑法関連法規の修正ではないからである。

　同5条「(1)　故意または軽率に（leichtfertig）住居用の部屋またはそれと一体をなす付随給付のある賃貸に，不当に高い対価（unangemesse hohe Entgelte）を要求し，約束させ，または受領した者は，不法（ordnungswidrig）とされる。

　(2)　不当に高い対価とは，同等の〔他の〕部屋よりもわずかな提供をすることによって，当該の市町村または同種の市町村において，同等の種類，大きさ，設備，状態の部屋またはそれと一体をなす付随給付のある賃貸に対し過去4年間に合意されたか，あるいは運営費用を除き変更された通常の対価を，20％以上超過することをいう。不当に高くない（nicht unangemessen hoch）対価とは，賃貸人の通常の支出をカバーするのに必要なものをいう。ただし，それが，1項で基準となる対価を基礎として，賃貸人の給付といちじるしく不均衡でないことを要する」[12]。

(6)　指標による賃貸借（Indexmiete）は，指標となる額で賃料が決定される賃貸借であり（連邦統計庁の家計支出の価格指標によって決定するとするもの，557a条），段階的な賃貸借（Staffelmiete）は，あらかじめ一定の期間ごとに特定の額で賃料が定められる賃貸借である（たとえば，最初の1年は低額に据え置き，2年目，3年目に増額する。557b条）。いずれも，書面による合意が必要である。従来，これらは，種々の期間的制限を課せられていた。しかし，賃貸人と賃借人の価格形成のよちを増加させる必要から，改正法では，（賃料に関する）期間的な制限は廃止された。指標による賃貸借の賃借人の保護は，指標を合法的かつ公知のもの＝生活基準的費用の指標（einer zulässigen und allseits bekannten Preisindex (Lebenshaltungskostenindex)）とすることにより，また，段階的な賃貸借の賃借人の保護は，契約から4年経過後に発生する特別な告知権による。

3　告知期間の保護

(1) 告知期間の制限規定は存続する。これは，保護規定というだけではなく，労働の流動性に関する規定とも位置づけられる。

引越しや，予見しえない労働場所の変更，急な養老院や養育院への入院がある。従来の12カ月までの告知期間という制限は，しばしば厳格すぎる。改正法は，賃貸借関係の継続期間とは無関係に，賃借人の告知期間を3カ月に短縮した（573ｃ条）。これは，賃貸人にとっても，つぎの賃借人を探すのに十分な期間である。他方，告知期間が告知からの保護を目的とするものであることから，従来，賃貸人に関しては，賃貸借関係の継続に従って定められるかなり長期の期間が必要であった。しかし，これも，改正法では，最大9カ月となる。短縮は，賃借人の側の期間の短縮と釣り合わせたものである。改正法では，賃借人と賃貸人の告知期間は一致しないことになる。この相違は，賃借人が長期の賃貸借によってすでに周囲に溶けこみ，新しい住居を探すためには十分な時間が必要であり，賃借人の利益がより重大な点を考慮したためである。

賃貸人の告知期間は，5年以上居住した場合には3カ月，8年までは6カ月，8年以上は9カ月である（573ｃ条）。従来の10年以上の場合の12カ月は廃止された。

改正法の新しい告知期間に関する規定は，2001年9月1日から適用される。賃貸人と賃借人が，賃貸借契約の中で告知期間に関する特則を定めている場合はこの限りではない。たとえば，1988年にした契約において，特別の告知期間の定めがなければ，賃借人Aが契約を2001年9月2日に，すなわち改正法の発効後，11月末日によると告知したとすると，ここでは，新しい3カ月の告知期間が適用される。そして，Aは，11月末に住宅を明け渡すことができる。しかし，Aが，すでに3月2日に告知していたとすると，告知期間は，旧法の12カ月となる（旧565条2項2文）。この場合には，Aが改正法によって11月の末をもって明け渡そうとしても，賃貸人は，12カ月の期間を主張することができるのである（Ｄ，Ⅰ例示1）。

しかし，賃借人Bが1999年に賃貸借契約を締結し，その中で，最初の8年間は告知期間を6カ月とすると合意していたとすると，Bが，2001年9月2日に契約を告知し，11月末に明け渡そうとしても，賃貸人は，合意された告知期間を主張できる。そこで，Bは，2002年2月末まで明け渡すことはでき

ない(同例示2)。

　他方,賃借人Cが,1995年の賃貸借契約において,告知期間は法律の規定によるとし,とくに告知期間の合意をしなかったときには,Cは,2001年9月2日に契約を告知し,11月末をもって明け渡すことができる。旧565条2項の6カ月の告知期間によって,2002年2月末に契約が終了するのではない。告知期間の合意は,たんに法律の規定によるとしたのではたりない。それでは告知期間の特則を定めたものとはならずに,改正法の告知期間(3カ月)が適用される(同例示3)。

　(2) 賃貸された住宅を自分の所有住宅に転換(Umwandlung von Mietwohnungen in Eigentumswohnungen)するための告知は,濫用の可能性が高いので,とくに維持される必要がある。たとえば,賃貸人Vが賃借人Mに賃貸借後に,Vから取得者Aにその住居が売買され,Aが,みずから使用するためにMに告知する場合である。改正法は,複雑な規定を簡素化し,自己使用のための正当事由(auf berechtigte Interessen)を理由とする告知(Eigenbedarfs- und Verwertungskündigung)には,譲渡後,3年を必要とした(577a条)。この期間は,とくに市場において住宅の不足した地域では,州の規制によって,10年まで延長することができる。なお,賃借人も,居住する住宅が第三者に売却された場合には,先買権を有する(577条)。

4 運 営 費

　運営費(Betriebskosten)に関する規定は,ドイツの賃貸借の特徴を反映するものである。居住用の住居の賃貸借では,運営費こみの場合(Miet-warm)と,運営費を含まない場合(Miet-kalt)がある。日本では,マンションなどの共益費を除き,後者が原則であるが,ドイツの賃貸借は,むしろ前者を原則とする。契約書には,賃貸人が維持するべき室温などの詳細な規定のおかれることが多い。事情変更の原則の例として,わがくにでは,売買物と代金額の不均衡が例となることが多いが,ドイツの行為基礎論の重要な紛争に,賃貸条件の履行と賃料の不均衡に関する場合がかなりあったのは,このためである[13]。

　賃貸借における賃貸人の給付義務の経費が高いことから,運営費は,現在でも賃貸借の重要な論点となっている。改正法は,この運営費をより透明性

の高いものに改めた。賃借人も賃貸人も，付随費用 (Nebenkosten) が増大し，俗にいう「第2の賃貸借」(Zweite Miete) となることに，しばしば不満をもつからである。そこで，透明性と計算の正当性が必要とされる。特段の合意のないかぎり，改正法では，使用や寄与により把握できる運営費は，使用に応じて負担することとされる (556a条, 560条)。これは，同時に，エネルギーに対する意識を増加させる。それができない場合には，運営費は，居住面積に応じて割当てられる。また，賃貸人は，運営費を，原則として1年以内に，経済性を考慮して清算しなければならない (556条)。

改正法は，運営費の清算に関して，負担の方法，賃貸人の追加請求の除斥期間，清算に対する賃借人の抗弁権などを修正している。しかし，改正法は，改正法の発効前の契約の清算期間には適用されない (後述の例示2参照)。そこで，賃借人Aの締結した賃貸借契約によると，運営費の清算期間が毎年1月1日から12月31日までであったという例で，2001年について，賃貸人が，2003年3月に清算するとして，400マルクを追加請求したとしても，改正法によれば，清算期間の終了から12カ月以降の請求は許されない (556条3項2文，3文)。2001年の清算期間については，改正法が適用され，賃貸人は，新しい規定の除斥期間を考慮しなければならない。この場合には，帰責事由なくして遅滞した清算しか請求できない (D, IV例示1)。

しかし，賃借人Bが，2001年3月に，2000年分の請求をうけた場合に，2002年4月に，その計算について抗弁できるかについては，2000年の清算期間に関するものであるから，2001年9月1日以前に終了しない清算期間には，改正法は適用されない。ただし，改正法が適用される場合には，清算に対する抗弁は，請求から12カ月以内にしなければならない (556条3項5文，6文) (同IV例示2)。

ちなみに，わがくにとの比較では，わがくにでは，従来この種の運営費込みの賃貸借の形態はまれであり，また，最低限の家具のついた賃貸借 (möbliert) も，外国人向けのマンション以外ではまれであった。しかし，近年は，ウィークリーあるいはマンスリー・マンションが盛んに建築されている。保証人がいらず，家具つきで入居が簡単であり，権利金や礼金，仲介料といったわがくに特有の不明朗な支払がないことによる。合計の費用も，1～2年であれば，アパートの家賃よりも安いといわれる。ほぼ2年ごとに契約更新

料が事実上必要なことを考慮すると，とくに単身者向けのワンルームのアパートと競合する。定期賃貸借によって期間の保護がない場合には，アパートを選択する利点はほとんどないからである。ホテルの1種でもあるが，欧米では，不動産屋もとくに区別することなく紹介している。居住の多様化であり，彼我の均一化がみられる。また，金銭給付といえども，明確にする必要があることの証左である。金銭的な給付の場合と同様に（第2章3参照）将来的には，厳格性がわがくにでも必要となろう。

5 賃貸借の承継

(1) 賃借人の死亡のさいの賃貸借の承継可能性は拡大された。旧法でも，賃借人が死亡したときには，配偶者と家族（Ehegatte und Familienangehörige）は，賃貸借契約の当事者となって，契約を継続することができた（旧569a条，改正法563条1項）。しかし，現在の生活習慣では，これではたりない。判例は，婚姻関係にない共同生活者も契約の当事者となりうることを認めている。そこで，改正法は，これを明文化し，契約継続・更新権（Eintritts- und Fortsetzungsrecht）を，賃借人と「継続的に共同生活をしていた者」（auf Dauer angelegten gemeinsamen Haushalt leben）に拡大した（563条2項）。ここで意図されたのは，たんに経済的にまた建物を共同にすること（Wirtschafts- und Wohngemeinschaft）ではたらず，世帯の共同（Haushaltsgemeinschaft）を必要とする。これは，賃借人と継続的に密接に結合された関係である。夫婦に類似した共同関係であるが，性的な関係を必要としない。そこで，養老院にいかずに，相互に代理権を与えあい責任をもち監護する複数の老人のような継続的な共同生活者や，特殊な共同生活者（hetero- od. homosexuelle Partnerschaft）でも，この要件を満たすにたりるのである[14]。

(2) 他方，建物に居住していない相続人に対する告知は容易になる。死亡した賃借人の建物に同居していない相続人は，賃貸借法の保護をうける必要はない。そこで，改正法は，賃貸人は，正当な利益（ein berechtigtes Interesse）なしに告知できることとした（564条）。従来の裁判例では，この要件が必要とされていた。

日本の借地借家法36条が，同居人の賃貸借の承継を，基本的に相続人の権

利の上に承認していることと比較すると（賃借人が「相続人なしに」死亡することを要する），より独立した地位を認めるものとみることができる[15]。

6　定期賃貸借

期間の定めのある賃貸借（Zeitmiet）は，特定の期間だけ継続される賃貸借である。従来は，その中に，更新の可能性のある単純な期間賃貸借（einfache Zeitmiet）と，更新の排除される定期賃貸借（qualifizierte Zeitmiet）の2種類があった（旧564c条）。ここでも，従来の賃貸借法はやや複雑すぎるとされ，改正法は，単純な期間賃貸借の保護を廃止した。改正法が予定するのは，告知事由なしに契約の確定的な終了を目的とした真正の定期賃貸借のみである（575条）。定期性は，当事者に法律関係の安定性を与えるものとなる[16]。

改正法施行前に締結された期間の定めのある賃貸借契約には，旧法が適用される。とくに，賃貸借期間と契約の終了に関して，旧法が適用される。たとえば，賃借人Aが，1998年に，期間5年の賃貸借契約を締結したとすると，Aは，この契約を期間途中の2001年9月2日に，改正法の3カ月の告知期間である11月末日をもって告知することはできない。賃貸人が望む場合には，Aは2003年まで契約に拘束される。9月1日前の賃貸借には，なお旧法が適用されるからである（D，II例示1）。

また，賃借人Bが1998年に期間5年の賃貸借契約を締結したとする。2003年の契約の終了時であっても，Bが賃貸借の存続を請求した場合に，賃貸人は，これを拒絶しえない。なぜなら，9月1日前の契約には，旧法が適用され，Bは，賃貸借の終了にあたり，契約の存続を請求しうる（564c条1項）（同例示2）。旧法の期間のある賃貸借は，必ずしも契約の終了を保障したものではなかったからである。

第4章　むすび

1　新たな視点―賃貸借と投資，労働の流動性，環境保護―

2001年の賃貸借法の大改正は，従来の賃貸借保護を，新しい住宅，経済，社会関係から大幅にみなおしたものである。賃料規制が存続，厳格化したの

に対し，定期賃貸借の導入により更新保護が後退し，あるいは告知権の規制が簡素化したことが特徴的である。同時に，賃貸借契約にも，従来とはまったく異なり，かつ近時の重要なキーワードと関連づけられる視点が採り入れられたことが新しい。たとえば，賃貸借と投資，労働の流動性，環境保護の観点である。

　もっとも，これらの観点も，視野を広げると，まったく新規のものとはいえない。とくに，インフラが整わない東ドイツ地域では，財産権の返還問題において，早くに新しい投資優先基準の観点が採り入れられ，また，その後も投資の観点が重視された。労働流動性も，1990年代以降の規制緩和を反映するものである。環境保護の観点は，やはり1990年代後半からのドイツの一般的傾向を反映したものである[17]。これらが，新しい賃貸借法にも反映されたのである。

　〔東ドイツ地域の改革が先行したことは，「変化は周辺から生じる」という現象の１つでもある。同様のことは，大学改革（注３参照），暴利の禁止立法が，刑事法規やかねてのオーストリアの辺境であるガリシアにおける制限法が先駆であったことにもみられる。「19世紀における利息制限法の発展」，「利息制限法と暴利の禁止」【利息】131頁，149頁参照。また，【大学】382頁をも参照。〕

２　隣　人　紛　争

　以上のほかに，議会による修正点にも，近時の社会状況をかなり反映したとみられるものがある。つぎの２つである。

　(1)　隣人紛争の増大を反映した規定が修正された。ドイツでは，もともと近隣紛争が多く，その増加をうけて，家庭の平安（Hausfrieden）の妨害を理由とする告知が，1963年の民法改正で新設された（554 a 条）。これに相当する規定は，政府草案にもあったが，議会の修正案は，濫用を防止するために規定をより詳細なものとした（569条２項）[18]。

　家庭の平安を持続的に妨害する者は，その妨害が共同生活を期待しえないほど重大であるかぎり（erheblich），賃貸人であれ，賃借人であれ，ただちに告知される。ただし，個別のすべての事情，とくに当事者の過失，双方の利益の衡量が行われ，契約の存続が期待されえないことを要する。内容的には，必ずしも改正法による新設とはいえないが，明確にされた点に意味があ

213

る。妨害の受忍不可能性が基準となること，また妨害者の過失が重要な要素となることが，明確とされた。子どもの泣き声で告知しえないことは当然である。また，共同居住者の1人が，異なった生活習慣のある外国人であるという場合も同様である[19]。ただし，このような例は，問題の深刻さを示したものでもある。

(2) 改正法は，老人や障害のある賃借人に対し，バリアフリーに対する法的な根拠を与えている。必要があれば，住居を適切な方法で改造することができるようになる。たとえば，段差（Treppenhaus）をスロープにする工事である。賃貸人は，その代わりに，もとに戻す費用（Rückbau）のための担保（Sicherheit）を請求することができる[20]。

554a条「(1) 賃借人は，賃貸人に対し，正当な利益（ein berechtigtes Interesse）がある場合には，建築上の変更または他の設備に関する合意を求めることができる。賃貸人は，変更された賃貸物または建物を保持する利益が，賃借人の障害にそくした賃貸物の使用に対する利益を超える場合には，同意を拒むことができる。この場合には，当該の建物における他の賃借人の正当な利益をも考慮しなければならない。

(2) 賃貸人は，当初の状態の回復のための相当な付加的担保の給付を条件として同意することができる。551条3項と4項を準用する。

(3) 賃借人に不利な合意で第1項に反するものは無効とする」。

2項で準用された551条は，敷金，担保供与の方法に関する技術的な規定である。

障害者に対する考慮は，わがくにでも2000年の成年後見法や遺言規定の改正にみられる[21]。改正法は，これが，賃貸借という債務法の中心的分野にも及んでくる時代の趨勢を反映したものとして興味深いものである。

(1) 当初の政府草案は，BT Drs.14/4553，また修正された法案（および両者の対照）は，BT Drs.14/5663に詳しい。また，これらは，それぞれ http://dip.bundestag.de/btd/14/045/1404553.pdf および http://dip.bundestag.de/btd/14/056/1405663.pdf においても参照することができる。PDFファイルで，628KB（103頁），611KB（85頁）に及ぶ大部のものである（以下A，Bとして引用する）。
なお，もう1つの重要な改正である債務法現代化法案については，小野・国際商事法務29巻7号，8号参照。

(2) 改正法については，ほかに，vgl. Horst, Mietrechtsreform 2001, MDR 2001, S. 721. また，Das Mietrechtsreformgesetz -Geschichte, Überblick über die Rechtsänderungen und synoptische Darstellung, Beilage zu NJW Heft 25/2001, S.1 には，概観のほか，新旧法の対照が付せられている。

1974年10月17日の連邦議会決議については，BT Drs.7/2629. Entschließung des Deutschen Bundestages v.17.10.1974 zum Antrag des Rechtsausschusses, Stenografischer Bericht des Deutschen Bundestags 7/8325 C.

(3) 東ドイツ地域の所有権改革のプロセスにおける賃借人保護と投資保護については，小野・国際商事法務27巻1号参照。〔本書第1部2篇所収〕。ほかに，近時出されている種々の大学改革の議論にも，10年来の東ドイツ地域の大学改革が契機となっているところが多い。【大学】17頁以下参照。

(4) 簡単には，A, S.34ff.; C（後注9参照）4 a-n; Horst, a.a.O.（MDR），S.721.

(5) A, S.63f.

(6) 小野「賃料と暴利」【利息】552頁。

(7) 同554頁以下参照。

(8) ドイツ法における賃貸借の担保（敷金，保証金，Kaution）については，簡単に，【判例】103頁注17をも参照。このような緩さが，日本法では，大幅ないわゆる敷引やその制限への契機となっているのである。最判平10・9・3民集52巻6号1467頁，【判例】101頁参照。

旧550b条では，学生寮（Studenten- od. Jugendwohnheim）の賃貸借では，賃貸人には，担保金に対する利息をつける義務は発生しないとされた。通常ごく短期だからである。この部分は，2000年の政府案では廃止されたが，2001年の修正案で復活した（改正法551条3項4文）。

(9) 改正法の概略は，上述のもののほか（前注1，2参照），Bundesministerium der Justiz, Mitteilungen, 11.5.2001. および Mitteilung, 30.8.2001. にもある（以下，それぞれC，Dとして引用）。ただし，Cは，前述のA（S.34ff. Begründung, A.Allgemeines, 2 Inhaltliche Modernisierung des Mietrechts）を基礎としている。Dは，経過規定を中心とした解説であるが，変更点が具体的に説明されているので有用である。

(10) 過大な制限は，基本法の所有権の保護に反する可能性がある（vgl.BVerfGE 37, 132; 71, 230）。

(11) D, S.68; Horst, a.a.O.（MDR），S.723.

(12) 同法の1975年の原始規定については，小野・前掲書（前注6）560頁参照。【利息】560頁所収。

(13) ドイツの行為基礎論と賃貸借について，たとえば，RGZ 86,397（1915,5,4）; RGZ 99,258（1920,7,8）; RGZ 100,129（1920,9,21）である。電気，暖房費の運営費を負担する場合に，賃貸人の負担はより積極的になり，賃料の名目化にとどまらないからである。

(14) A, S.37（c），S.38; C, 4,k.

(15) 日本の法文は判例法の追認にすぎない（相続人の賃借権を援用するとの構成のものとして，最判昭37・12・25民集16巻12号2455頁，同42・4・28民集21巻3号780頁ほか）。立法的な解決としては，むしろ，本文のドイツのような独自の継承権を認めるべきではなかったかと思われる。日本では，このような迂遠な（援用の）構成を立法のうえでも採用したことから，相続人からの明渡し請求を権利の濫用として封じる必要も生じるのである（たとえば，最判昭39・10・13民集18巻8号1578頁ほか，我妻栄・民法講義 V_2 ［1957年］483頁など）。

(16) A, S.69; Horst, a.a.O. (MDR), S.725. 従来は，期間の更新が可能であった（旧556b条，あるいは，Räumungsschutz, §721, Abs.7, §794a Abs.5 ZPO）。

(17) 東ドイツ地域の投資優先基準については，小野・前掲（前注3）国際商事法務27巻1号，とくに，14頁以下参照。また，1990年のドイツの環境保護法（Umwelthaftungsgesetz）は，広範囲な無過失責任を採用している（1条）。Ono, Modern Development in Environment and Product Liability, Hitotsubashi Journal of Law and Politics, No.27, p.16 (1999). ほかの環境関連の立法も多い。

(18) A, S.64; vgl. C 4 j. 俗に週末を除く賃貸借といわれるものがあり，賃貸借の広告などでは，賃借人として，週末に旅行する者（Wochenende-Fahrer）を望むとするものがかなりみられる。週末を静かに過ごしたい（とくに老人の）賃貸人がおり，このような場合は，賃料にも反映することがある。

(19) これらは，C, 4 j にみられる例である。

(20) Vgl.C, 4 1; Horst, a.a.O. (MDR), S.725. 重大な事由による告知期間なき告知，たとえば，健康危殆による告知なども，旧法から引き継がれている（569条。旧544条）。

(21) 成年後見制度はどちらかというと，精神的な健全性の障害に関するが，聾唖者との関係では，遺言規定の修正が興味深い。小野「公正証書遺言と方式」民商121巻2号．【専門家】204頁以下所収。これらに対し，身体的な障害に関する法律的な手当ては，これからの課題である。時代にそくした賃貸借法の修正が必要となろう。

〔見通しのよくなった新賃貸借法の構成。この体系および条文は，2001年1月の債務法現代化による民法の大改正後も同様である。〕

Dritter Titel-Mietvertrag, Pachtvertrag
 I　Allgemeine Vorschriften für Mietverhältnisse　535-548条
 II　Mietverhältnisse über Wohnraum
　　1．Allgemeine Vorschriften　　　　　549条以下
　　2．Die Miete
　　　a．Vereinbarungen über die Miete　556条以下
　　　b．Regelungen über die Miethöhe　557条以下
　　3．Pfandrecht des Vermieters　　　　562条以下
　　4．Wechsel der Vertragsparteien　　　563条以下
　　5．Beendigung des Mietverhältnissese

a．Allgemeine Vorschriften　　　　568条以下
　　b．Mietverhältnisse auf unbestimmte Zeit　573条以下
　　c．Mietverhältnisse auf bestimmte Zeit　　575条以下
　　d．Werkwohnungen　　　　　　　　576条以下
　6．Besonderheiten bei der Bildung von Wohnungseigentum an vermieteten Wohnungen　　　　　　　　　　　577条以下
III　Mietverhältnisse über andere Sachen　578-580a 条

第2篇　農地に対する課税額が小作料の額を上回っていることを理由として，小作料の増額請求が認められなかった事例（大阪高判昭61・9・24判時1227号61頁）

1　事　実

(1)　Yは，Xから本件農地を借りうけて小作し，小作料として昭和55年まで年額6096円を供託してきたが，同56年11月7日以降，本件農地の小作料を年額27万5230円とする旨の判決が確定した。

ところが，本件農地に対する固定資産税・都市計画税の額は，昭和56年度に27万5230円，57年度に33万0274円へと上昇し，58年度には39万6329円，59年度には41万6309円となった。これは，本件農地が市街化区域内の土地区画整理事業の施行区域内にあり，いわゆる宅地並み課税が行われたため，固定資産税・都市計画税が増大したことによるものである。

そこで，Xは，昭和58年8月，および同59年3月にYに到達した書面によって，小作料を各年度の税額と同額にまで増額する旨の意思表示を行い，増額後の小作料の確認を求めて本訴を提起した。これに対し，Yは，小作料の額が税額に達しないからといって小作料の増額を求めることはできない，と主張して争った。

なお，本件農地については，昭和59年6月に換地処分がなされ，地目は田（786平方メートル）から畑（640平方メートル）へと変更されている。

(2)　第1審の奈良地裁は，①農地の小作料は，昭和45年9月まで小作料の最高額が統制されていた（旧農地12条）が，同年10月以降この統制は廃止された。②農地法は，農業委員会が農地の生産量，生産物の価格，生産費等を参酌して小作料の標準額を定めて公示し，契約による小作料がこの標準額を超えるときには減額の勧告ができるとしている（同法24条の2，24条の3〔同条は，平13年＝2001年改正後の23条，24条に相当〕）が，現在では農地の小作関係は強者たる土地所有者と弱者たる小作人の関係へと単純にひきなおせるものではなく，両者は対等かむしろ地位が逆転しているともいえるから，標準

小作料をもって小作料の最高統制額と同視することはできず，またそれゆえ，この減額勧告はたんなる行政指導にとどまり，強制手段を有しない。③さらに，小作料は他人の農地を使用することの対価であり，その間所有者は当該農地を使用収益することができないから，特別の事情がないかぎり，所有者は経済採算を無視して，当該農地について負担する税額以下の小作料を甘受するべき理由はない―として，Xの請求を認め，58年および59年度の小作料を各年度の税額と同額とする旨の確認をした。

敗訴したYから控訴。

2 判　旨

「農地法は，小作農の保護をもその目的としていること（同法1条），農業委員会において小作料の標準額を定めることができること（同法24条の2第1項），右の標準額を定める際には通常の農業経営が行なわれたとした場合の生産量，生産物の価格，生産費等を参酌し，耕作者の経営の安定を図ることを旨としなければならないこと（同第2項），右の標準額は原則として土地残余方式即ち粗収益から物財費，雇用労働費，家族労働費，資本利子，公租公課（小作農が当該農業経営に関して負担するものをいう。）及び経営者報酬を控除して算出すべきものとされていること（昭和45年9月30日45農地B第2802号次官通達），右の標準額に比較して著しく高額な契約小作料に対しては減額勧告制度を定めていること（同法24条の3），借地法が土地に対する租税その他の公課の増減を地代増減請求の斟酌事由として明定しているのに対し，農地法は農作物の価格もしくは生産費の上昇もしくは低下その他の経済事情の変動を斟酌事由として定めるにとどまり，小作地に対する公租公課の増減は直接の斟酌事由とはしていないこと（同法23条1項本文），他方災害等不可抗力によって小作料の額がその年の粗収益に比して著しく高率になった場合，畑にあっては収穫された主作物の価額の1割5分（田にあっては，米の価額の2割5分）まで小作料の減額を請求することができる旨を定めていること（同法24条）に照らすと，農地法は，小作料につき耕作者の地位ないし経営の安定に適うものであることを要し，その額は主として又は専ら当該農地の通常の収益を基準として定められるべきであるとしているものと解され，単に当該農地に対する課税と小作料との間に逆ざや現象があるというだけで直

ちにこれを解消するだけの小作料の増額請求を許容することは認めてはいないものと解するのが相当である。」

そして，原判決を取り消し，Xの増額請求の意思表示は効力を生じていないとしてその請求を棄却した。

3　農地の小作料の規制
(1)　農地法23条〔本条は，平13年＝2001年改正後の21条に相当する。条文番号の変更のみで，内容は同一〕は，小作料の額が農産物の価格もしくは生産費の上昇もしくは低下その他の経済事情の変動によりまたは近傍類似の農地の小作料の額に比較して不相当となったときには，契約の条件にかかわらず，当事者は，将来に向かって小作料の額の増減を請求することができる，とする（1項1文）。借地法12条，借家法7条の類似の規定と同じく，事情変更による小作料の増減請求権を認めたものである。

みぎの規定は，昭和45年に小作料の最高統制額が廃止されたときに追加されたものである。小作契約のような継続的契約ではその対価を合理的に調整することが必要だからである（加藤一郎・農業法〔1985年〕209頁）。従来，小作料の額の統制は，昭和14年の小作料統制令以来，戦後の農地調整法（9条ノ3），農地法（旧21条）にひきつがれ，昭和45年の改正にいたるまで存続した。旧農地法が，この制限を存続させたのは，経済的強者である土地所有者と経済的弱者である小作人との間には対等の関係がなく，その結果いちじるしく高額な小作料が出現していることから，耕作者に耕作の成果を享受させ，その地位の安定を図ることが必要であり，また農地改革の成果を維持する意味もあったからである（和田正明・新農地法早わかり〔1952年〕35頁，同・農地法詳解〔1981年〕188頁以下。なお，旧農地法下の統制の詳細については，我妻栄＝加藤一郎・農地法の解説〔1947年〕285頁参照）。

(2)　ただし，昭和45年の農地法改正後も，農地法附則8項は，新農地法施行のさい現に設定されている小作地であってその設定の相手方が個人の場合の小作地については，その設定が存続する限り，法律の施行の日から起算し10年を超えない範囲内において政令で定める日までは，新農地法の適用をせず，旧農地法21条ないし24条の規定が効力を有するとして，従前の小作料の統制を残したのである。農業経営への急激な変化を避けるために設けられた

経過的措置である。

　また，改正農地法は，小作料の統制に代わって農業委員会による勧告の制度を置いた。すなわち，農業委員会は，その区域内の農地につき，その自然的条件および利用上の条件を勘案して必要な区分をなし，その区分ごとに小作料の額の標準額を定めうるとし（24条の2），契約で定める小作料の額が小作料の標準額に比していちじるしく高額であると認めたときには，当事者に対し，小作料の減額を勧告できることとしている（24条の3）。

　もっとも，この勧告には私法上の強制力はなく罰則もないため，まったくの行政指導としての意味をもつにとどまる。しかしながら，小作料の統制が撤廃された今日では，この小作料の標準額が，合理的な農業経営への努力と農業委員会の指導力によって，いちおうの実効性をもつことが期待されているのである（加藤・前掲書211頁）。

4　農地に対する公租の状況
(1)　他方，農地につき新たな状況が生じた。これは，日本経済の高度成長とそれにともなう人口の都市への集中が農地を宅地化する圧力となって，農地の価格が急騰したことにもとづく。そして，昭和44年施行の新都市計画法は，農林漁業との健全な調和を図りつつ，健康で文化的な都市生活および機能的な都市活動を確保すべきことならびにこのために適正な制限のもとに土地の合理的な利用が図られることを基本理念として，都市計画を行うべきことを定めた（同法2条）。

　その眼目は，無秩序な市街化を防止し，計画的な市街化を図るため，都市計画区域を区分して，市街化区域および市街化調整区域を定めることにある（同法7条11項）。このうち，市街化区域とは，すでに市街地を形成している区域およびおおむね10年以内に優先的かつ計画的に市街化を図るべき区域をさし（同条2項），また市街化調整区域は，市街化を抑制すべき区域をいう（同条3項）。そして，区域を分けるいわゆる線引が行われたが，そのさい都市近郊では農地の宅地化を促進するためその市街化区域への編入が行われた。その結果，市街化区域に編入された農地は開発が自由になり，その価格も急騰したのである。

(2)　これをうけて，昭和46年には，市街化区域の農地にいわゆる宅地並み

課税を実施するため，地方税法の改正が行われた（同法附則19条の2～19条の3）。この改正は，農地をその評価額によってA・B・Cに分け，段階的に宅地並み課税をすることを予定していたが，反対があり1年延期され，さらにA・B農地への宅地並み課税へと縮小され，昭和48年から実施のはこびとなった。これによって，宅地並み課税を実施された農地では，固定資産税と都市計画税をあわせた公租額はかなりの高額にのぼっている。本件におけるような小作料との逆ざや現象は，これにもとづくものであり，地価の暴騰の続くおりから，類似の事件の多発が予想される。

5　借地法・借家法，従来の裁判例
(1)　以上の農地の小作料についての規制と公租のあり方の経緯からすると，従来，両者は別々に展開してきており，したがって本件で問題となっている逆ざや現象も，その事実からただちに不当なものとはいえないであろう。ただし，賃料と公租との間に関連性をおく立法例として，借地法12条，借家法7条〔借地借家法11条，32条に相当〕の例がある。これらは，明文をもって賃料が租税その他の公課の増減によって不相当になった場合にも，その増減の請求を認めている。しかし，農地法23条には，公租額の増減は，直接には小作料の増減請求権の斟酌事由としてはあげられていない。そこで，この場合をも借地法・借家法と同じに扱うべきかは，もっぱら農地法の精神と宅地並み課税の理念の調整・解釈の問題となるのである。

なお，農地法23条，借地法12条と類似する規定が若干ある。土地改良法は，土地改良事業によって地上権，永小作権，地役権，賃借権またはその他の使用もしくは収益を目的とする権利の目的たる土地の利用を増した場合には，その土地の所有者，賃貸人その他使用・収益をさせている者は，地代・小作料・地役権の対価・賃貸料などの対価の相当の増額を請求できるとし（62条），土地区画整理法も，土地区画整理事業の施行により地上権・永小作権・賃借権その他の土地を使用し，もしくは収益することができる権利の目的である土地または地役権についての承役地の利用が増し，または妨げられるにいたったため，従前の地代，小作料・賃借料その他の使用料または地役権の対価が不相当となった場合においては，当事者は，将来に向かってこれらの増減を請求できるとする（113条。なお，建築物移転のさいの賃貸借料の増

減請求権については，116条）。

　しかし，みぎの規定も，小作料や賃料の増減は，使用価値の増減に対して認められているにすぎず（ちなみに，この限度では，本件においても小作料の増加を認めるよちがある），公租のような負担を斟酌する構造にはなっていない。それゆえ，事情変更による対価の増減請求権が，もっぱら借地法12条や借家法7条にそくして解されるべきものとはいえないであろう。

　(2)　本件と類似の事件として，以下の裁判例がある。

　①　東京地判昭51・3・15判時832号67頁は，XがYに農地を貸していたところ，昭和46年の地方税法の改正によって市街化区域内の農地に宅地並み課税が実施され，課税額（48年度に6万2110円，49年度には12万4250円，50年度には21万7440円）が小作料（47年度に年5000円）を大幅に上回ることになったため，Xが課税額まで，小作料の増額を求めた事件である。同事件では，農地の小作料の最高統制額が昭和45年の農地法で廃止されたのに，改正法附則8項によって10年間は統制が存続するものとされたことから，その憲法違反（憲29条）の主張がなされている。

　判決は，小作料は農地の使用の対価であり，それが耕作によってえられる収益のうち社会的経済的にみて妥当な割合に限られるのは当然であり，公租公課の上昇分をたやすく賃借人に転嫁できないのはやむをえないこととしている。そして，農地法改正附則による小作料の統制も経過的なものにすぎず，一方，固定資産税および都市計画税は資産の所有に対して課せられる財産課税であること，宅地並み課税とはいってもその税額は類似宅地の2分の1以下に軽減されていること，税額のうち小作料の額を超える部分については徴収猶予の制度も設けられていることから，農地法改正附則が合憲性を失うものではないとして，小作料の増額請求を認めなかった。

　②　東京高判昭60・5・30判時1155号261頁の事案は，小作料額の統制撤廃後の増額請求に関するものであり，本件の事案に近い。XはYに対し，昭和20年ごろから，農地1398平方メートルを賃貸していた。その土地は，昭和45年に市街化区域に指定され，区画整理事業の施行によって同50年に仮換地931平方メートルの指定がなされた。他方，昭和52年から固定資産税および都市計画税が宅地並み課税されることになった。

　Xは，すでに昭和47年から賃料を税額まで増額するように請求していたが，

Yは，統制小作料に準拠して，昭和52年以降は年4210円，同56年以降は標準小作料にもとづいて年1万5000円を供託してきた。Xは，昭和56年に農地法附則8項による小作料統制の経過措置の切れたのを機に，小作料を年30万円とする請求を行った。

判決は，農地法が小作農の保護をもその目的としていること，農業委員会が小作料の標準額を定め，また高額な契約小作料に対する減額勧告制度を定めていること，借地法とは異なり，公租公課の増減は，農地法上の小作料増減請求権の直接の斟酌事由とはされていないこと，農地法24条が不可抗力による減収のさいに小作料の減額を求めうるとされていることなどから，農地法は，同法の適用をうける小作料については耕作者の地位ないし経営の安定に適うものであることを要し，小作料の額は主としてまたはもっぱら当該農地の通常の収益を基準として定められるべきものとしていると解され，たんに農地に対する課税と小作料の間に逆ざや現象があるというだけで小作料の増額を請求することを認めていない，としたのである。

6 農地の使用価値と財産的価値との乖離

(1) 従来の裁判例の数は少ないが，本判決をも含めて多くは，公租公課の増加による小作料の増額請求を否定する傾向にある。それらの評釈者（①判決については，東條武治・判評220号131頁，②判決については，竹屋芳昭・判評323号192頁参照）も同旨である。本件第1審のみが，小作料の増額請求を税額にそくして肯定した，まれな例外である。本判決と第1審判決との相違は，結局，農地法の精神および小作料最高額の統制撤廃の意義をどう理解するかにかかってこよう。

本件第1審判決は，小作料の統制が撤廃され，これに代わる減額勧告の制度が行政指導にとどまること，小作料は他人の農地を使用することの対価であり，その間所有者は当該農地を使用収益できないから，所有者は経済採算を無視して，負担する税額以下の小作料を甘受すべき理由はないことをあげる。

しかし，農地法が小作人の保護をも目的としていることは無視されるべきではないし，また，農地法が認める標準小作料の算出は，使用価値を基準としたものである。すなわち，農地につき通常の農業経営が行われたとした場

合における生産量，生産物の価格，生産費等を参酌し，耕作者の経営の安定を図るべきものとされている（24条の2第2項）。また，借地法と異なり，農地法は農作物の価格もしくは生産費の上下その他の経済的事情の変動のみを斟酌事由とし，小作地の公租の増減を直接の斟酌事由とはしていない。そうすると，本判決のいうように，農地法は，小作料につき耕作者の地位ないし経営の安定に適うものであることを要するとし，その額は主としてまたはもっぱら農地の通常の収益を基準として定められるべきものとしているといえよう（なお，本判決と②判決とのこれら理由づけは，ほとんど同一である）。

また，小作料が農地の使用収益の対価であることからすると，本件第1審判決がいうのとは異なり，何ゆえ農地の負担する公租公課がただちに小作料に反映されねばならないのかが理解しにくい。市街化区域農地の宅地並み課税は，農地としての高収益に対し課せられる性質のものではなく，宅地並みの資産価値を有することから近隣の宅地と横ならびに課せられたものであり，本判決のいうように，財産税的性格が強い（①・②判決は，このように性格づける。もっとも，固定資産税・都市計画税の性格づけに関しては争いがあり，またかりに固定資産税の性格を収益税と解しても，直接農地を耕作して清算される収穫と，小作農地から小作人によって支払われる小作料とを同一次元において収益性を論じることはできない，とする指摘がある。東條・前掲論文134頁参照）。

さらに，宅地並み課税は，地価対策を目ざしたいわば政策的な税であり，この課税によって生じる不利益は，農地を農地にとどめたまま小作料を増額して小作人に転嫁することによってではなく，農地を宅地に転用して宅地として収益をあげることによって解消することが期待されているのである。土地所有者は，農地を農地として利用するかぎりは，みずから使用する場合と同じく，小作させた場合にも低い収益と高い公租との差額を負担しなければならないのである（竹屋・前掲論文195頁は，宅地並み課税は，資産運用の一つの経費として，農地として利用する土地所有者が負担するべしとする）。逆に，公租の増額をただちに小作料の増額に直結させたのでは，農地法の保護目的ばかりではなく宅地並み課税の目的にも反する。そして，経済的には，土地所有者の資産運用の選択の誤りを小作人の負担で填補することになり，前者は資産価値の増大を期待しながらその経費を他に転嫁できる結果となろう。

(2) したがって，公租が高額の土地から低額の小作料しかとれないとの問

題は，高い潜在的収益力をもつ土地を，収益性の低い農地として利用することに原因があるから，その最終的な解決は，小作契約の解消によるほかはあるまい。農地法は，農地の転用を原則として制限する（同法4条1項本文）が，市街化区域内の農地の転用には，知事の許可を要しない（同条1項但書5号）。もっとも，本件土地には小作権が存在し，小作契約の解約には知事の許可を要する（20条1項本文）。だが，農地を農地以外のものにすることを相当とする場合には，知事の許可が可能であり（同条2項2号），都市計画法，地方税法の精神からすれば，この場合にあたるとみることができる。しかも，知事は許可にあたって条件を付することができることから（同条4項），小作人保護のために離作料の交付という条件を付せば，事案の公正な解決の手段たりうるとの指摘もある（竹屋・前掲論文195頁）。借地慣行の立退料に相当するものである。

ところで，②事件については，賃借人は，仮換地を自家用の野菜栽培に利用するのみであって本業を別に有し，農地法上の保護に価いする耕作者といえるかに疑問が呈されている（竹屋・前掲論文195頁）。本件においても，耕作面積からすると，それだけでは農業経営には不十分であり，また控訴審での双方当事者の主張によれば，X・Yも本件土地で農業を行うことが不可能であるとの認識はもっており，むしろ離作料の額で不一致がみられた場合のようである（Xは，農業収入を基礎に1000万円程度とするが，Yは，土地の時価から1億円という。これは，小作料の増額請求の場合に比して，離作料の算定に関しては，継続小作料の算定を土地の使用価値から算定するか（本件ではYが主張），資産価値から算定するか（Xが主張），との考え方が逆転しているのである）。なお，現在の農業経営では兼業形態が通常であるから（これについて，第3部1篇の Appendix II 参照），たんに兼業であることで農地法の保護を否定することはできない。

本件紛争の基礎には，小作契約の解消・離作料の支払という問題があるわけであり，小作料の増額請求はその一角にすぎず，しかし，それが表面に出ていないことが事案の全体像の把握を困難にしているのである。その点に立ちいって推察すれば，宅地並み課税の結果，Xも農業をやめたいのが本音ではあるが，離作料でYとおりあわず継続することをよぎなくされている。その意味では，Xにすれば農業を継続したいのはYであり，したがってその経

費（公租）はYが払え，ということになるが，Xが小作料増額請求という法的手段を選択するかぎり，前述したようにXがこれをYに転嫁することは困難であろう。問題の解決には，契約の解消を正面から主張することが必要である。

(3) なお，農地法によって保護される小作契約の場合であれば考慮されるべきものとして，農地法24条〔本条は，平13年＝2001年改正後の22条に相当する。条文番号の変更〕がある。同条によれば，小作料の額が，不可抗力によって，田では収穫された米の価額の2割2分，畑では収穫された主作物の価額の1割5分を超えることとなった場合には，小作人は土地所有者に対し，その割合に相当する額まで小作料の減額を請求することができる。同法23条が将来にわたっての小作料の増減であるのに対して，これは不作の年だけの個別的な減免請求権である。契約による小作料が収穫の2割5分・1割5分を超えることになったときには，それがみぎの割合まで減額されるというのであるから，小作料の最高限度を設けたものといえる。もっとも，減収は不可抗力を原因とするものでなければならない。

そして，現在では小作料の最高限度額の制限がないから，たとえば契約小作料を4割と定めたときには，不可抗力がなければその割合までの支払義務があるのに反し，不可抗力によって減収が生じれば，小作料が2割5分・1割5分に減額されることになる。通常作の場合と不作の場合とで不均衡が生じ，規定の不備ともいわれる（加藤・前掲書211頁）が，小作人保護の趣旨を明らかにしたものといえる（同条は，民法の永小作権の規定〔274条・275条—原則として減収による小作料の減免を認めない〕，および賃貸借の規定〔609条・610条—借賃よりも少ない収益をえたときには収益の額まで借賃の減額を請求できる〕を修正したものである。これらにつき，小野「収益の減少と賃料・小作料の減免請求権」商論55巻1号，【反対給付論】232頁以下所収）。

みぎの24条の「不可抗力」の意義については問題があるが，同条が，小作料の最高限度に代わるものを提供した趣旨と解すれば，同条所定の制限を超える高額の小作料の支払は，つねに「不可抗力」によって妨げられたものともいえる。同条の制限が収穫という農地の使用価値を基準にしたことはいうまでもなく，耕作者の地位ないし経営の安定という本条の趣旨に照らしても，農地法23条の増減請求権が（農地の交換価値を基準として）公租の増減を当然

に小作料に反映させるものだとの理解には，無理があろう。

第3篇　農地に対する宅地並み課税と小作料の増額請求（最判平13・3・28民集55巻2号611頁，判時1745号54頁）

1　事　実

(1)　Xは，奈良県天理市内の市街化調整区域内の所有の農地一・二をYらに賃貸し，農業委員会の定めた小作料の標準額に従った額の小作料の支払をうけていた（小作料各2万0312円，1万5400円）。農地一からえられる利益（稲作など）は年額3万円程度，農地二では自家消費用の野菜を栽培していた。

当該農地は，いずれも市街化区域内の農地であったが，その固定資産税などについて，従来は宅地並み課税がされていなかった。しかし，平成3年度の地方税法の改正により，生産緑地地区に指定された場合を除き，平成4年度から当該小作地が宅地並み課税の対象とされることになった。

そこで，Xは，生産緑地地区の指定をうけることを希望し（その指定により宅地並み課税を免れ，6分の1程度の低い負担ですませることができる），Yらの同意を求めたが，Yらが同意しないことから，その指定をうけることはできなかった。その結果，農地一の固定資産税の額は，平成4年度，11万9119円，農地二のそれは，10万0240円へと増加した（宅地並み課税のされない場合の額は，それぞれ2万0100円，1万6661円であった）。Yらが同意しなかったのは，指定によって土地の評価額が低く抑えられ，将来の合意解約のさいの離作補償の点で不利になることを危惧したからであった。

宅地並み課税の結果，固定資産税などの額が小作料の額を大幅に上回ることになったので，このいわゆる「逆ざや現象」を解消するために，Xは，Yらに小作料の増額を請求した（平成4年の請求で，同5年分を，それぞれ11万9119円，10万0240円とする。同5年の請求で，同6年分を，それぞれ年額15万円とする）。Yらがこれに応じないので，Xは，小作料の増額の確認を求めて訴訟を提起した。

(2) 1審（奈良地判平7・2・14判タ903号234頁）は，農地法は公租公課の増額のみを理由とする小作料の増額請求を認めていないとして，Xの請求を棄却した。

しかし，原審（大阪高判平7・9・22判タ903号231頁）は，信義，公平の原則から，逆ざや解消のために小作料の増額を認めるべきであるとして，Xの請求を固定資産税などの額と同額の限度で認容した。原審の理由づけは，第1に「農地法は，耕作者の地位ないし経営の安定を図るため，同法の適用を受ける小作料の額につき，主として当該小作地の通常の収益を基準として定められるべきものとしていることは疑いがない。しかして，これは，農地としての課税がなされている通常の農地を前提としているとともに，農業生産以外の要素を一切斟酌しえないことを意味するものではないと解される。小作料の増減額請求に関する農地法23条1項の規定は，農地としての課税がなされている通常の場合を想定し，当該小作地の収益を考慮しているものであるから，同条項の『その他の経済事項の変動』のなかに小作地の公租公課の変動は含まれないというものではない」，第2に「市街化区域内農地の転用は比較的容易であり，小作契約の合意解約もできないわけではないが，本件では，Xは，本件各土地の宅地転用を望まず，これを農地のまま保全したいと考えて，生産緑地地区の指定を受けようとしたもので，Xのこの希望は尊重されて然るべきであると思われるし，小作契約の合意解約は，Yらの要求する離作補償等の条件の折り合いがつかなかったことからすると，必ずしも，容易に実現するものとは考えられない。他方，Yらは，右指定につき同意したからといって，当面，本件各土地の従前同様農地としての耕作継続に何ら支障はなく，将来のXの希望による小作契約の合意解約に際しての離作補償金額に対する思惑などは，右同意拒否の正当な理由とならない」というものである。

敗訴したYらから上告した。破毀自判。

2 判　旨

最高裁は，いくつかの理由（後述）を列挙したあと，「以上説示したところからすれば，小作地に対して宅地並み課税がされたことによって固定資産税等の額が増加したことは，法23条1項に規定する『経済事情の変動』には

該当せず，それを理由として小作料の増額を請求することはできないものと解するのが相当である。これに反し，農地所有者が宅地並み課税による固定資産税等の額の増加を理由として小作料の増額を請求した事案において，小作料の増額を認めた原審の判断を正当なものとして是認した最高裁昭和58年(オ)第1303号同59年3月8日第一小法廷判決は，変更すべきものである」とした。

山口繁，河合伸一，井嶋一友，金谷利廣，北川弘治，奥田昌道，梶谷玄各裁判官の多数意見である。また，千種秀夫，元原利文両裁判官の補足意見があり，福田博，藤井正雄，大出峻郎各裁判官の反対意見，さらに，亀山継夫，町田顯，深澤武久各裁判官の（制限的）反対意見がある。〔詳細については，本篇末尾の最高裁判決参照〕

3　問題の所在

小作料は，戦前からその最高額が統制されていたが，昭和45年の農地法の改正により，統制は廃止された（ただし一定期間は継続）。代わりに標準小作料の制度が導入され，農業委員会は，通常の小作料に比していちじるしく高額の小作料には減額の勧告ができることになった（農地24条の2，3〔これらは，平13年＝2001年改正後の23条，24条に相当〕）。また，契約当事者間には，農地法の規定により，小作料の額が農産物の価格もしくは生産費の上昇・低下その他の経済事情の変動によりまたは近傍類似の農地の小作料の額に比較して不相当となったときに，小作料の額を調整するための増減請求権がある（農地23条1項）。〔旧23条は，平13年＝2001年改正後の21条に相当。条文番号の変更のみで，内容は同一〕。

他方，昭和43年に都市計画法が制定され，農地法の改正が行われた。改正により，市街化区域内の農地を宅地に転用する場合には，都道府県知事の許可は不要となり，農業委員会への届出でたりることとされた（農地4条1項5号）。これにより農地の宅地への転用が容易になり，農地の価格は周辺の宅地並みとなったが，税額は周辺宅地に比して不均衡となり，また農地所有者の売り惜しみにより宅地化も進まないこととなった。そこで，課税の均衡と宅地の供給促進のために，昭和46年に，宅地並み課税の制度が導入され，同48年から実施された（宅地並み課税の経緯につき，後述の諸判例評釈のほか，

堤新二郎「市街化区域農地の宅地並み課税について」ジュリスト1004号32頁が，とくに平成4年の改正について詳しい）。

しかし，宅地並み課税は，農業の収益とは無関係に固定資産税などを賦課するものであるから，税額が小作料を大幅に上回ることは，避けられない。これが「逆ざや」といわれる現象である。農地の所有者は，税との差額を小作料に上乗せしようとし，他方，営農を継続しようとする耕作者はこれに反対することから，紛争が生じる。小作料額の統制されていた時代には，統制の合法性・合憲性が争われたが，小作料の統制撤廃後には，増額請求訴訟が提起されるようになった。

本件は，昭和60年代から類似の事件の多発が予想されていた論点につき（小野・判評345号44頁），最高裁大法廷が明確な立場を打ちだしたものである。

4　従来の裁判例

(1)　従来の下級審裁判例の多数は，逆ざやを小作料に上乗せすることに反対する消極説である。東京高判昭60・5・30判時1155号261頁（これにつき，竹屋芳昭・判評323号30頁。判旨賛成），大阪高判昭61・9・24判時1227号61頁（これにつき，小野・前掲判評345号42頁。判旨賛成。ほかに，判時1745号55頁のコメントによると，公刊物に不登載の大阪高裁判決が2つある）。本件の第1審も消極説である（前述の奈良地裁平7・2・14判決）。

小作料の増額に関する裁判例に先立つものとして，小作料の統制下で，公租公課が小作料の統制額を超過する逆ざや現象に関し，統制の違憲性を否定した諸判決がある（東京地判昭51・3・15判時832号67頁，その上告審である最判昭55・1・22判時956号39頁。前者の地裁判決に賛成するものとして，東條武治・判評220号17頁。さらに，農地調整法・農地法の小作料の最高額の定めが違憲でないとした最判昭43・4・23民集22巻4号1008頁，最判昭45・10・9判時610号39頁ほかがある）。統制のもとでは，たんなる増額請求という手段にはよりえないからである。また，逆ざや現象の解消には，小作料の増額の方途のほかに，税額の軽減という逆の方法もあり，これに関しては，逆ざやを生じた固定資産税の賦課の違法性を否定した判決（名古屋地判昭52・11・7判タ365号345頁，名古屋高判昭53・4・6行集29巻4号497頁）がある。

これらに対し，逆ざやを小作料に上乗せすることを認める積極説は，本判

決が引用し，かつ否定した最判昭59・3・8（公刊物不登載）とその原審（大阪高判昭58・8・10公刊物不登載）のほか，奈良地判昭59・9・26判時1227号65頁（前掲大阪高裁昭61・9・24判決の1審）がある。さらに，やや折衷的な見解として，本件の原審の立場がある（前述の大阪高裁平7・9・22判決，これにつき，牧賢二・判タ945号104頁）。

(2) 形式論理からすると，小作料の額が農産物の価格もしくは生産費の上昇・低下その他の経済事情の変動によりまたは近傍類似の農地の小作料の額に比較して不相当となったときに，当事者は小作料の額の増減を請求できるとする農地法23条1項の解釈がおもな問題となる。

同様の規定は，借地借家法11条1項にもあり，そこでは，もっと包括的に，地代が，土地に対する租税その他の公課の増減により，土地の価格の上昇・低下その他の経済事情の変動により，または近傍類似の土地の地代に比較して不相当になったときには，地代の増減を請求できるとする（ほかに，同32条1項，借地12条1項，借家7条1項）。文言の上では，農地法23条1項は，後者とは異なり，公租公課の増減を小作料の増減請求の理由とは規定していない。この相違を重要なものとみるかが相違点であるが，必ずしも形式論理だけでは決せられない。

実質的な争点は，農地法の耕作者保護の理念を貫徹させるか，宅地並み課税をより優位において農地法との調整を計るかどうかである。前者の場合には，農地法23条1項の規定の解釈にあたって，公租公課，とくにその逆ざやを考慮することに消極的になるであろうし，後者の場合には，考慮することも妨げないということになる。さらに，折衷的な見解として，生産緑地地区の指定への協力という視点から，農地としての利用を望みながら，指定に協力しなかった耕作者に対しては，増額請求を肯定する見解がある。

いずれの見解の論拠や批判も，従来の議論においてほぼ出つくしている感がある。そして，それらは本件最高裁判決にも詳細である。本判決の意義は，最高裁の立場が示されたというだけではなく，反対説をも含めて，その論拠・論点が明確とされた点にもある。そこで，重複を避けるために，それぞれの論拠や批判は，最高裁判決にそくして概観しよう。

5　農地の使用価値と財産的価値—最高裁判決

(1) 本件最高裁判決は，最高裁昭和59年3月8日判決を変更した。しかし，先例たるものは，これにとどまらない。関連判決としては，前述の最判昭55・1・22判時956号39頁がある。これは，市街化区域の農地に宅地並み課税がされたことを理由に，小作料の統制を継続した農地法改正法附則が憲法29条に違反するとの主張を，「これらの規定は，最近，市街化区域農地の価格が著しく騰貴し，その値上り益が当該農地の価値のなかに化体していることに着目して新設されたものであり，右固定資産税等の税額が，当該農地を他に賃貸した結果得られる収益である小作料の額を超過することがあるとしても，そのことが直ちに当該農地の所有者の権利を侵害する不合理なものであるということはできない」として退けたものである。

また，逆ざやを解消する方途として，小作料の増額（統制額の違法をいうもの）とは反対の構成，すなわち税額の軽減（賦課の違法をいうもの）という構成もあるが，これについては，最高裁判決はなく，消極説にたつ下級審判決があるだけである（前述の名古屋高裁昭和53年判決ほか）。しかし，これも，逆ざやを所有者が他に転嫁することを否定したものとして，実質的な先例となる。

そこで，最高裁昭和59年判決は，本件判決によって変更されたとはいうものの，もともと未公刊であり，従前の下級審判決への影響はそう大きいとはいえない。明示的に，これに言及したものもない。もっとも，その直後に出された，前述の奈良地裁昭和59・9・26判決は，文言上，これを前提とするようである。そこでいう「小作料は他人の農地を使用することの対価であり，その間，所有者は当該農地を使用収益することはできないのであるから，特別の事情のない限り，所有者は経済採算を無視し，当該農地について負担する税額以下の小作料を甘受すべき理由はない」との説示は，最高裁昭和59年判決とその原審の大阪高裁昭和58・8・10判決（この2判決は未公刊であり，判時1745号56頁コメントによる）の理由と同一である。しかし，その控訴審である前掲大阪高裁昭和61・9・24判決は，この地裁判決を破棄しているのである。

農地法と宅地並み課税の優先順位に関する実質的な先例は，むしろ前述の最高裁昭和55・1・22判決や多数の下級審裁判例であったというべきであろう。そこで，判例変更といっても，かなり形式的なものにすぎない。本件の

第1審判決もまた，消極説である。

(2) 宅地並み課税の小作料への上乗せに消極的な見解は，基本的に，小作料の算定の基礎として農業収益をおく。この考え方のもとでは，農業収益の所得への課税とはいえない宅地並み課税の地代への転嫁は認められないことになる。耕作者保護の理念とも合致する。

消極説である多数意見もこれによる。第1に，農地法23条1項と借地借家法11条1項との相違を指摘し，前者が経済事情の変動の例として「農産物の価格若しくは生産費の上昇若しくは低下」をあげるだけで，公租公課の変化を入れていない。そして，農地法が，小作料の標準額を定め（24条の2第1項），いちじるしく高額の小作料に減額の勧告ができるとし（24条の3），また，小作料の標準額を定めるには，耕作者の経営の安定を図ることとし（24条の2第2項），災害など不可抗力による減収のさいに，一定の減額請求を認める（24条）。これらと，農地法の耕作者の地位の安定の理念（1条）をあわせ考慮すると，「法は，小作料の統制廃止後においても，耕作者の地位ないし農業経営の安定を図るため，当該農地において通常の農業経営が行われた場合の収益を基準として小作料の額を定めるべきものとしている」とし，農地法23条1項もこの趣旨に沿って解釈するべしとする。

第2に，宅地並み課税は，市街化区域農地が騰貴し，値上がり益が農地の資産価値の中に化体していることに着目したものであるから，その税負担は，値上がり益を享受している農地所有者が資産維持の経費として担うべきとする。また，小作料が農地の使用収益の対価であり，農地所有者が宅地並みの資産を維持するための経費を小作料に転嫁することはできないとする。資産課税の小作料への転嫁を否定するものである。

第3に，農地所有者が逆ざやを負担し不利益をうけても，賃貸借契約を解約し，宅地に転用し利用すればその不利益を解消でき，また，それが，宅地並み課税による宅地の供給促進の理念に適う。他方，小作農には，宅地並み課税の負担を小作料に転嫁されても，これを解消する手段がなく，離農をよぎなくされたり契約を解除され，いちじるしい不利益を招くおそれがあるとする。

第4に，反対意見が重視する生産緑地地区への指定にYらが同意しなかったことについては，賃借人にこれに同意すべき義務を認める規定がないこと，

生産緑地地区内の賃貸農地を管理する義務をおうのは，使用収益権を有する賃借人であり，生産緑地における農業経営は30年間継続することが予定されているから，「同意するかどうかは，各自の生活設計にわたる事柄というべきであって，賃借人の意向が尊重されるべきものであ」り，信義則上，同意の義務があるということもできないとする。

(3) 千種秀夫裁判官の補足意見も，民法609条，農地法1条，21条，22条，23条1項，24条の規定から，小作契約が耕作による収益を基本とすることを出発点とする。そこで，反対意見のように，税負担を小作料の算定に含めることは，収益を超える小作料の支払義務を認めることになり，契約の趣旨に反するとする。宅地並み課税による負担を解消するには，農地法20条などの法律関係の解消，より収益の高い用途への転用しかなく，小作農にその負担を転嫁し営農を継続させることは制度の趣旨に反する。また，小作農自身が，より収益の高い別の用途にあてることはできないので，公租の転嫁は「一方的に回収不能の負担」をおわせる。つまり，農地や小作契約が存続する限り，小作の「法律関係は従来と変わるものではなく，ただ，その状態が早期に終了することが期待されているだけである」とする。

元原利文裁判官の補足意見は，公租公課の増額を考慮しようとする反対意見は，農地法23条1項に関する長年の解釈と運用を地方税法の改正を機会に大きく変更しようとするものであるが，そのような変更は，地方税法の改正時に予定されておらず，また，反対説が指摘する高額の離作料の支払や解約の困難については，離作料は無償，低額の場合もあること，また使用目的が農地として限定されている賃貸借契約の解消の離作料は，最有効利用を目的とする宅地の立退料とは算定方法が異なること，これが農地法20条2項2号ないし5号の離作料の算定にあたっても考慮されるべきものとする。そして，逆ざやの解消は，農地法20条による解約のほかはないとする。なお，宅地化が期待できない農地の市街化調整区域への編入（いわゆる逆線引き）が考慮されるべきことをも示唆する。

また，生産緑地地区の指定へのYらの不同意についても，同意を利害関係人の自分の権利の管理の問題とし，指定が30年間の営農義務を生じ，将来の予想も立たないことから同意をためらうこともありうるものとする。

(4) 反対に，宅地並み課税の小作料への上乗せに積極的な見解は，基本的

に小作料の算定の基礎として農地の資産価値としての把握を肯定し，その限りで耕作者保護の理念が後退することもやむなしとする。

　もっとも，最高裁の反対意見は，2つに大別される。まず，福田博，藤井正雄，大出峻郎裁判官の反対意見（以下反対意見①という）のみが正面からこれを肯定する。小作料と公租公課の関係について，法は明示していないが，宅地並み課税は，農地の宅地としての放出を税制面から促進するもので，「農業保護に関連する立法政策の明らかな転換を見ることができ」，宅地並み課税の負担が転嫁されないと，「小作農は大幅に増加した課税の痛みを感ずることなく」離農も促進されないので，小作料が農業収益を上回る状態を現出させることが，立法者の意思にかなう。多数意見は，宅地並み課税の負担は，値上がり益を享受する農地所有者が資産維持の経費として担うべきとするが，当該農地は小作農の使用収益にゆだねられている。また，小作料が「農地を契約の目的に従い他人に使用させるについて掛かる費用に見合」う必要があり，さらに，多数意見がいう逆ざや解消のための賃貸借の解約には，一般に離作料の支払義務を生じ，「現行の運用の下では」所有者は相当高額の離作料の負担をおい，解約権の行使は事実上制約される。そこで，逆ざやの解消を認め，その根拠を農地法23条1項の「経済事情の変動」に求めるべきであるとする。

　(5)　つぎに，亀山継夫，町田顯，深澤武久裁判官の制限的反対意見（以下，反対意見②という）がある。これは，反対意見といっても，反対意見①とはかなり異なる。すなわち，宅地並み課税の増額分を転嫁するために，「小作料の増額を請求することは，通常は許されない」とする。しかし，本件では，「この一般論で律することが，Xに著しい不利益を課し，他方Yらに不当な利益を与えることとなると解すべき特段の事情があるから，法における信義，公平の原則の上から，例外的に宅地並み課税による固定資産税等の増額を理由に，これを転嫁するため小作料の増額を請求することが許される」とする。

　本件の特殊性は，生産緑地地区の指定をめぐる経緯にある。Yらは，指定により土地の評価額が低くなり，将来の合意解約のさいの離作補償が不利になることを危惧して，これに同意せず，指定をうけることはできなかった。しかし，生産緑地地区の指定があっても，賃借の目的は損なわれず，Yらは指定により30年間の営農義務を負担するが，その「違反については罰則等の

制裁はなく，賃借人であるYらは，賃借権の譲渡又は合意解約によって，賃貸借関係を脱することにより営農義務を免れることも可能」とする。

他方，Xが生産緑地地区の指定により宅地並み課税から除外される利益は顧慮されるべきであり，Yらの不同意は離作補償の不利を危ぐしたにすぎず，合理性がなく，また離作補償のための不同意は，市街化による資産価値の増加を離作補償として享受する意思を表わすものであるから，「資産価値の増加を根拠とする宅地並み課税の負担」をさせることが妥当である。農地の賃貸借のような長期の信頼関係が強く要請される契約には，信義，公平の原則にかんがみ，小作料の増額請求ができるべきものとする。

6 むすび

消極説（多数意見）と，積極説（反対意見①）の争点は明確である。これは，農地法と宅地並み課税のそれぞれの理念の優越とその達成方法をめぐる対立である。立法趣旨の理解と調整の可否が焦点であり，興味深いが繰り返しになるので，立ちいる余裕はない。どこまで農地法の小作料調整条項に公租公課の変動を読みこみうるかである。

より端的には，使用価値と資産価値の齟齬を，どう把握し負担させるかが問題である。出発点は，従来，ともに前者によって算定されていた小作料と公租公課の負担のうち，後者の算定が資産価値に重点を移したことによる乖離であるから，その解消方法は，二つしかない。なお使用価値を基準として，使用価値が低く有効活用されていない資産では，これを転換するか（転換しない場合には，使用価値を基準とする），逆に資産価値まで，使用価値を高めるかである。しかし，後者の場合に，営農そのものによる使用価値の増加は期待しえないから，これはたんなる小作料の高騰をもたらすにすぎない。基準とする使用価値と資産価値という活用形態の転換は，所有者のイニシアチブ（小作契約の解消）に期待されているものである。

この場合に，負担転嫁のプロセスと政策的な判断には，不明な点も多い。小作料への上乗せを否定し，直接に所有者に宅地への転換を促すとするのが望ましいか，上乗せを肯定し，耕作者を離農させた上で，所有者に宅地への転換を促すのが望ましいのかは，そう明確ではない。後者は，反対意見①のいうものであるが，疑問である。プロセスとして間接的であるし，そのため

に，従来の農地法の小作料の算定方法を変えて，わざわざ宅地並み課税を考慮に入れる必要性は乏しいからである。じっさい的にも，土地価格の継続的な上昇が期待できる限りは，宅地への転換は容易には期待しえないから（自分で保有していても，緑地地区の指定あるいはこれに代わる種々の補助金の受給により保持をつづける），小作料の増額は，むしろ転換への圧力を軽減するものにしかならない。

これらに対し，反対意見②の位置づけはやや微妙で，制度相互の優越関係については，多数意見と同一であり，見かけほどの相違はない。判例時報コメントによれば，本件判決と同日に，同じ争点の別事件に関する大法廷判決があり（未公刊），そこでは，農地所有者が生産緑地の指定を希望したのに耕作者がこれに同意しなかったとの事情がないために，反対意見②が多数意見に回り，多数意見12名，反対意見3名で，消極説に立った原判決を維持し，上告を棄却したとされる。両者の親近性を示すものである。もっとも，この反対意見②も，生産緑地地区の指定の同意（ひいては営農義務の継続）が必ずしも耕作者の自由な判断によるものではないとする点で，多数意見と異なり，本件耕作者の農地法的な保護の必要性を疑問としており，その限りで，反対意見①と共通する側面もみられる。

なお，べつの組合せとして，積極説（反対意見①）に反対意見②を附加した見解がありうる。本件の原審がこれであるが，積極説に立つうえは，必ずしもこのような附加は必要ではないであろう（むしろ，みぎの別事件のように，不同意につき耕作者に信義則上「責めに帰するべき事由」がない例で，判断の齟齬をきたすことになり有害である。反対意見①に立つ限り，端的に増額請求を認めればたりる）。

〔消極説（多数意見）は，農地法と宅地並み課税の理念の優越に関し，農地法の小作料調整条項に公租公課の変動を読みこむことを否定した。比較法的な見地から参考に値いするのは，2001年のドイツ賃貸借法の改正である。〔本書第2部1篇所収〕

そこにおいては，資本コスト（Kapitalkost）の増大を賃貸借に転嫁することは廃止された。これは算定が複雑であり，賃貸借を近傍類似のものと比較するシステムにそぐわないからである（旧賃料制限法5条の廃止）。そこで，賃料増額の算

定にあたって，金利の上昇などは，考慮されないこととなった。もともとドイツの賃料額の算定には収益還元的方法が採用されているが，必要とされる経費についてはこれを賃料に反映させることが認められていた。これが，より一律の比較賃料（農地であれば農地相互の比較のみ）に代えられたのである。本書第2部1篇参照。〕

最判平13・3・28民集55巻2号611頁

	増額請求	重点	根拠	宅地なみ課税	解約
多数意見	不可。	農地法。	標準小作料。農地24条・減額請求，耕作者の安定。	課税負担は，所有者がおう。小作は使用の対価。	逆ざやは，解約，宅地への転用によって解消する。
補足意見一　　　　　二		生産緑地の指定による営農。	耕作の安定，収益。農地23条を変更しない。不同意はやむないもの。	適性小作料以上は継続の対価。自作，小作ともに営農は期待されない。離作料ゼロもあり。宅地の立退料とは違う。	
反対意見一　反対意見二	可能。本件では可能。	宅地なみ課税。生産緑地の不同意。	地位の安定は後退。生産緑地の指定の同意をしなかった。	離作料が高いから，解約は困難。【原審・経済事情の変動，生産緑地の指定に同意しない】	

反対意見二は，一般論では，かなり多数意見に近い。通常は，増額請求を認めない。
同日の判決では，多数意見に回った。

多数意見として，山口繁，河合伸一，井嶋一友，金谷利廣，北川弘治，奥田昌道，梶谷玄，
補足意見として，千種秀夫，元原利文
反対意見として，福田博，藤井正雄，大出峻郎
反対意見（制限的）として，亀山継夫，町田顯，深澤武久

（付・最高裁判決）以下は，最判平13・3・28民集55巻2号611頁における最高裁の判断部分である。〔なお，上告人Y，被上告人Xである。〕

　4　しかしながら，原審の上記判断は是認することができない。その理由は，次のとおりである。
　(1)ア　法は，昭和45年に行われた改正（同45年法律第56号による改正。同年10月1日施行）によって，同14年の小作料統制令による統制以来行われてきた小作料の最高額の統制を廃止し，小作料を当事者の自由な決定にゆだねるとともに（ただし，同55年9月30日まで統制を存続する旨の経過規定がある。同45年法律第

56号附則8項，同45年政令第255号附則6項），当初定められた小作料の額がその後の事情の変更によって不相当となった場合における小作料の増減請求に関する規定として23条を置き，同条1項は，「小作料の額が農産物の価格若しくは生産費の上昇若しくは低下その他の経済事情の変動により又は近傍類似の農地の小作料の額に比較して不相当となつたとき」には，当事者は，将来に向かって小作料の額の増減を請求することができる旨を規定した。この規定は，継続的契約関係における当事者間の利害を調整しようとする規定であって，借地借家法附則2条により廃止された借地法12条1項や借地借家法11条1項と同一の趣旨のものであるが，これらの規定が土地に対する租税その他の公課の増減を地代の額の増減事由として明定しているのに対し，経済事情の変動の例として「農産物の価格若しくは生産費の上昇若しくは低下」を挙げているにすぎず，小作地に対する公租公課の増減を増減事由として定めていない。

また，法は，小作料の統制廃止後においても，不当に高額の小作料が取り決められて耕作者の地位の安定を害することがないようにするため，上記改正に当たり新たに小作料の標準額の制度を設け，農業委員会は，小作料の額の標準となるべき額（小作料の標準額）を定め（24条の2第1項），契約で定める小作料の額が小作料の標準額に比較して著しく高額であると認めるときは，当事者に対し，その小作料を減額すべき旨を勧告することができるものとした（24条の3）。そして，小作料の標準額を定めるに当たっては，「通常の農業経営が行なわれたとした場合における生産量，生産物の価格，生産費等を参酌し，耕作者の経営の安定を図ることを旨としなければならない」と規定した（24条の2第2項）。さらに，法は，災害等による一時的な減収があった場合の耕作者の地位の安定を図るために，小作料の額が不可抗力により，田にあっては収穫された米の価額の2割5分，畑にあっては収穫された主作物の価額の1割5分を超えることになった場合には，小作農は，上記割合に相当する額になるまで小作料の減額を請求することができる旨を定めている（24条）。

これらの規定に加え，法が耕作者の地位の安定をその目的の1つとしていること（1条）を合わせて考慮すると，法は，小作料の統制廃止後においても，耕作者の地位ないし農業経営の安定を図るため，当該農地において通常の農業経営が行われた場合の収益を基準として小作料の額を定めるべきものとしていると解するのが相当であり，法23条1項もこの趣旨に沿って解釈すべきである。そして，前記のように昭和46年に農地に対する宅地並み課税の制度が創設され，同48年度以降，その対象が拡大されてきた過程においても，法の上記各規定には何らの変

更も加えられなかったのであるから，宅地並み課税の対象とされる農地の小作料の額についても，上記説示と異なるところはないというべきである。

イ また，農地に対する宅地並み課税は，市街化区域農地の価格が周辺の宅地並みに騰貴して，その値上がり益が当該農地の資産価値の中に化体していることに着目して導入されたものであるから（最高裁昭和52年（オ）第773号同55年1月22日第3小法廷判決・裁判集民事129号53頁参照），宅地並み課税の税負担は，値上がり益を享受している農地所有者が資産維持の経費として担うべきものと解される。賃貸借契約が有償契約であることからみても，小作料は農地の使用収益の対価であって，小作農は，農地を農地としてのみ使用し得るにすぎず，宅地として使用することができないのであるから，宅地並みの資産を維持するための経費を小作料に転嫁し得る理由はないというべきである。

ウ もっとも，農地所有者が宅地並み課税による税負担を小作料に転嫁することができないとすると，農地所有者は小作料を上回る税を負担しつつ当該農地を小作農に利用させなければならないという不利益を受けることになる。しかし，宅地並み課税の制度目的には宅地の供給を促進することが含まれているのであるから，農地所有者が宅地並み課税によって受ける上記の不利益は，当該農地の賃貸借契約を解約し，これを宅地に転用した上，宅地として利用して相応の収益を挙げることによって解消することが予定されているのである。また，賃貸借契約の解約後に当該農地を含む区域について生産緑地地区の指定があったときは，宅地並み課税を免れることができるから，農地所有者は，これによっても不利益を解消することができる。そして，当該農地の賃貸借契約について合意解約ができない場合には，農地所有者は，具体的な転用計画があるときには法20条2項2号に該当するものとして，あるいは当該農地が優先的かつ計画的に市街化を図るべき区域である市街化区域内にあることや逆さや現象が生じていることをもって同項5号に該当するものとして，解約について知事の許可（同条1項）を申請し，具体的事案に応じた適正な離作料の支払を条件とした知事の許可を得て（同条4項。農地法施行規則14条1項7号参照），解約を申し入れることができるものと解される（民法617条）。

農地所有者には宅地並み課税による不利益を解消する方法として，上記のとおりの方途が存在するのに対し，宅地並み課税の税負担を小作料に転嫁した場合には，小作農にはその負担を解消する方法が存在せず，当該農地からの農業収益によって小作料を賄うこともできないことから，小作農が離農を余儀なくされたり小作料不払により契約を解除されたりするという事態をも生じ兼ねないのであっ

て，小作農に対して著しい不利益を与える結果を招くおそれがあるというべきである。

(2) 以上説示したところからすれば，小作地に対して宅地並み課税がされたことによって固定資産税等の額が増加したことは，法23条1項に規定する「経済事情の変動」には該当せず，それを理由として小作料の増額を請求することはできないものと解するのが相当である。これに反し，農地所有者が宅地並み課税による固定資産税等の額の増加を理由として小作料の増額を請求した事案において，小作料の増額を認めた原審の判断を正当なものとして是認した最高裁昭和58年(オ)第1303号同59年3月8日第1小法廷判決は，変更すべきものである。

(3) 生産緑地法3条1項の規定による生産緑地地区の区域内の農地は宅地並み課税の対象から除外されるが（地方税法附則19条の2第1項），当該農地に対抗要件を備えた賃借人がいる場合には生産緑地地区に関する都市計画の案について賃借人の同意が必要とされているため（生産緑地法3条2項），当該農地の所有者が生産緑地地区の指定を受けることを希望したとしても，賃借人が同意しない限り，当該農地を含む区域が生産緑地地区に指定されることはない。しかし，所有者が生産緑地地区の指定を受けることを希望している場合に，賃借人にこれに同意すべき義務を認める規定は見当たらない。また，生産緑地地区の区域内の農地が賃貸されているときにこれを農地として管理する義務を負うのは，当該農地について使用収益権を有する賃借人であり（同法7条1項），生産緑地における農業経営は原則として30年間継続することが予定されているのであるから（同法10条参照），同意をするかどうかは各自の生活設計にわたる事柄というべきであって，賃借人の意向が尊重されるべきものである。そうすると，賃借人には同意をすべき信義則上の義務があるということはできず，上告人〔Y，以下同じ〕らが同意をしなかったことをもって，信義，公平に反するとして，これを理由に小作料の増額を認めることもできないというべきである。

(4) そして，被上告人〔X，以下同じ〕は，小作料の増額を請求する理由として，本件各土地に対して宅地並み課税がされた結果固定資産税等の額が増加したことのみを主張し，他に小作料を増額すべき事由を主張しないから，被上告人の請求はいずれも理由がない。

5　以上によれば，原審の前記判断には，法令の解釈適用を誤った違法があり，その違法は原判決の結論に影響を及ぼすことが明らかである。論旨は理由があり，原判決のうち上告人らの敗訴部分は破棄を免れない。そして，前記説示によれば，被上告人の請求をいずれも棄却した第1審判決は正当であるから，前記敗訴部分

第3篇　農地に対する宅地並み課税と小作料の増額請求

につき被上告人の控訴を棄却することとする。

　よって，裁判官千種秀夫，同元原利文の各補足意見，裁判官福田博，同藤井正雄，同大出峻郎の反対意見，裁判官亀山継夫，同町田顯，同深澤武久の反対意見があるほか，裁判官全員一致の意見で，主文のとおり判決する。

●裁判官千種秀夫の補足意見は，次のとおりである。

　私は，多数意見に同調するものであるが，福田裁判官，藤井裁判官，大出裁判官の反対意見にかんがみ，多数意見の趣旨を補足しておきたい。

　1　小作契約は，農地又は採草放牧地を賃貸する契約である。この際，農地に限って述べるが，このように農地の所有者以外の者が当該農地を耕作するについての権利関係は，古く民法制定以前から存在し，その内容も様々であった。民法は，農地の賃貸借契約を特に小作契約とは称しなかったが，これが宅地の賃貸借とは異なるものであることを前提として，特に609条を設け，「収益ヲ目的トスル土地ノ賃借人力不可抗力ニ因リ借賃ヨリ少キ収益ヲ得タルトキハ其収益ノ額ニ至ルマテ借賃ノ減額ヲ請求スルコトヲ得但宅地ノ賃貸借ニ付テハ此限ニ在ラス」と規定したのである。そして，農地法は，耕作者の地位の安定と農業生産力の増進とを図る目的（1条）から，農地の使用収益の対価である小作料について，原則として定額の金銭以外のものの支払を禁じ（21条，22条），さらに，「小作料の額が農産物の価格若しくは生産費の上昇若しくは低下その他の経済事情の変動により又は近傍類似の農地の小作料の額に比較して不相当となつたときは，契約の条件にかかわらず，当事者は，将来に向つて小作料の額の増減を請求することができる。」（23条1項本文）とし，小作料の額が不可抗力により収穫物の価額の一定割合を超えることとなったときは，その割合に相当する額まで小作料の減額を請求することができる（24条）として，減額の具体的基準を示した外，農業委員会に小作料の標準額を定める権限を与え，かつ，その算定に当たっての考慮事項として，「通常の農業経営が行なわれたとした場合における生産量，生産物の価格，生産費等を参酌し，耕作者の経営の安定を図ることを旨としなければならない。」（24条の2第2項）と規定しているのである。これら民法及び農地法の規定からすれば，小作契約は，その対象とする農地を耕作することによって得た収益を基本として，その一定割合の価格に相当する金銭を小作料として所有者に支払うことを内容とする契約であって，小作料が当初からその収益を超える事態は想定されていないといえるのである。小作料増額請求に関する前掲の規定の文言が，借地借家法の地代の増額請求に関する規定の文言と異なるのも故なしとしない。

2　反対意見は，原則として，以上の前提を否定するものではないと思われるが，農地所有者にとって当該農地の固定資産税の負担は，小作契約の目的である農地の提供を維持する費用であるから，その対価である小作料の算定に当たっては，これを含めてその額を決すべきであるとし，固定資産税額が従前の小作料額を上回る事態が生ずれば，その理由のいかんを問わず，耕作者たる小作農がこれを負担すべきものとするようである。しかし，そのように小作農に収益を超える小作料の支払義務を認めることは，前記の小作契約の趣旨に反し，解釈論の域を超えるものと考える。

3　確かに，反対意見もいうように，「小作料と公租公課の関係については，法は何ら規定するところがない」。そして，反対意見がその理由として述べているところも，理解し得ないものではない。しかし，固定資産税は，地方税法に基づき市町村が当該不動産の資産価値に応じてその所有者に課する普通税であって，課税台帳に登録された価格を課税標準として算出されるものである。農地の資産価値は農地として利用されることを前提として定められるのであるから，通常は，現実の農業収益を超える利益を生む資産として評価されることはあり得ない。もし，これを農地としてではなく，宅地として評価するのであれば，そのようにすべき特別の理由がなければならず，その理由は法律によって認められていなければならない。そのことは，小作ではなく自作である場合を考えれば余りにも明らかである。収益を超える公租公課を課せられるならば，農業は存立し得ない。事実，今日までの実務の運用において，通常の場合，農地の固定資産税が小作料を上回るような事態は生じていないはずであり，本件における従前の課税額もまたその例に漏れるものではなかった。

しかしながら，本件のように法律に基づいて宅地並み課税が行われる場合は事情は異なる。反対意見もいうとおり，地方税法の改正が意図するところは，「市街化区域農地について，近傍宅地との課税の均衡を図るとともに，農地の宅地化を推進するため，……農地としての収益性を度外視した宅地並みの課税を実施すること……により農業経営の不採算の状態を招来して，耕作者の離農を余儀なくさせ，農地の宅地としての放出を税制面から促進しようとする」ものであることに違いはない。その限りにおいて，改正法はもはや対象農地を農地として存続することを期待していないのである。しかし，そのことは，取りも直さず，改正法が小作契約の存続もまた期待していないことを意味する。収益を超える固定資産税の負担を小作農に転嫁することによって小作契約を永続することは法の趣旨とするところではない。市街化区域農地への宅地並み課税の措置は小作地に限ったも

のではないのであって，農地法が原則としている自作農こそがその対象なのである。自作農において，収益を超える固定資産税を課せられた場合，その負担を解消するには，農地をより収益の高い用途に転用するかこれを手放すしか方法はないのである。たまたま，これが小作に出してあったからといって，小作農にその負担を転嫁し，営農を継続させることは改正法の趣旨とするところではないことはもちろん，前述の小作契約の趣旨にも反する。農地所有者は，自ら所有する農地を他の用途に転用し，あるいは処分する権能を有するから，即時とはいかないまでも，自己の資産の運用として，しかるべき時期と方法によってこの事態に対応し，結果としてその損失を補てんすることが可能である。しかし，小作農としては，農地として借りた土地をより収益の高い別の用途に転用することはできず，また，自らこれを処分することもできないのであって，この負担を免れるためには，小作契約を解約し，農地を農地所有者に返還するしか方法はない。もちろん，その場合でも，小作農が小作契約の存続を希望し，収益以上の対価を支払って当該農地による営農を申し出た場合，これを禁ずる理由はない。ただ，その場合に支払われる対価のうち適正小作料の額を超える部分は，仮にこれを小作料と称しても，本来の小作料ではなく，小作契約継続のための対価とでもいうべきものである。したがって，その額は，農地所有者と小作農との間において将来の精算方法も含めて協議されるべきものであって，農地法23条によって農地所有者の一方的意思により，小作農に負担させ得るものではなく，農業委員会が考慮すべきものでもない。そうでないと，小作農は，農業を営むことによって，一方的に回収不能の負担を負わされる結果となり，もしこれを支払わなかった場合には債務不履行として契約を解除され，離作料さえ受領できない立場に立たされるからである。

4　本件は，改正地方税法により，市街化区域内の農地に宅地並み課税がされた結果，固定資産税の額が従来の小作料を超えるに至った事例である。上述のように，法の趣旨とするところは，その区域内においては，生産緑地等の例外を除いては，自作，小作の別を問わず，農地の存続を期待していないのである。ただ，法はその直接の効果として当該区域内の農地を廃止したり，あるいはこれに農地法の適用を除外する方法をとらず，宅地化の手続は営農従事者の責任と判断にゆだねたのである。したがって，法の趣旨とするところは，当該区域内の農地の早期の宅地への転用であって，その永続ではない。農業経営が継続することを前提として小作料額をどう決するかは，改正法の予定していないところである。しかし，農地が存続し，小作契約が存続する限りにおいては，小作契約をめぐる法律

関係は従来と変わるものではなく，ただ，その状態が早期に終了することが期待されているだけである。多数意見がその意味において農地法20条の解釈適用を考慮しているのは当然の帰結であり，これによってこそ，「逆ざや」といわれる異常な状態は解消されるべきであると考える。

　5　なお，小作農が農地所有者の意図に反し，生産緑地法3条2項の同意をしなかった場合には，固定資産税分を小作料に転嫁するため小作料の増額を請求できるとする亀山裁判官，町田裁判官，深澤裁判官の反対意見については，元原裁判官の補足意見の該当部分を援用する。

●裁判官元原利文の補足意見は，次のとおりである。
　私は，多数意見に同調するものであるが，反対意見にかんがみ，多数意見の趣旨を補足しておきたい。
　1　福田裁判官，藤井裁判官，大出裁判官の反対意見（以下「積極説」という。）について
　(1)　積極説は，要するに，都市計画法7条1項により市街化区域に組み入れられた農地に対する宅地並み課税による逆ざやという事態の下では，経済的合理性を有する賃料の決定という要請を満たすことができないから，小作料の決定に際しては，小作農の地位の安定という農地法の目的と，宅地並み課税を通じた宅地化の促進という地方税法の目的のいずれかの一方を犠牲にするほかはないというに帰するものであって，宅地並み課税の導入によって，小作農の地位の安定の要請は後退し，宅地並み課税の負担を小作料に転嫁することは許されるとし，その法律上の根拠を農地法23条1項の「その他の経済事情の変動」が生じたと認められることに求める。その結果，小作農が小作料の負担に耐えかね，何らの補償を受けることなく離農のやむなきに至る事態が生じても，むしろ，そのような事態は宅地化を促進するために望ましく，立法者意思に沿うというのである。
　(2)　そこで，都市計画法の制定時あるいはその後に，都市計画法と農地法との関係についてどのような手当がされているかをみると，まず現在の都市計画法の制定時にその附則において農地法を一部改正し，市街化区域内の農地について転用制限の緩和を定め（同法4条1項5号），次いで昭和45年に農地法を一部改正し，市街化区域内の農地について小作地の所有制限を撤廃することを定めている（同法7条1項14号）。
　(3)　次に，農地法23条1項が従来どのように解釈され運用されてきたかをみると，借地借家法11条，32条のように，公租公課の増減が地代若しくは建物の借賃

の増減の理由となる旨が明示されておらず、また、農地法の目的や同法に定める小作料に関する諸規定から、農地に対する公租公課の増減は小作料増減の理由とはならず、同法23条１項にいうその他の経済事情の変動には、農地に対する公租公課の増減は含まないと解釈され、現在まで、農業委員会を含む農地の賃貸借契約の現場において、そのように運用されてきたことは公知の事実である。

(4) 積極説は、このような状況の下で、宅地並み課税の対象となる市街化区域内の農地（市街化区域農地）について、小作料の算定に当たり、農地法23条１項に関する長年の解釈と運用を大きく変更しようとするものである。しかも、このような重要な変更を、都市計画法制定時のように、あるいは昭和45年の農地法一部改正時のように、農地法自体の改正を経ることなく、地方税法の改正の機会に、農地法23条１項に関する確定した解釈と運用を変更することによって実現しようとするものである。しかし、市街化区域農地の賃貸借について小作料の算定基準の変更が必要であれば、地方税法改正時にその附則において、その趣旨の農地法の一部改正を行うことに何ら障害がなかったはずである。かえって、地方税法附則29条の５においては、市街化区域農地の所有者が農地の計画的な宅地化を図る場合には固定資産税等を軽減する措置を設けているところからみると、宅地並み課税制度は、農地の所有者が、税負担の不利、有利を勘案しつつ宅地化を志向することを期待しているものと思われ、このことは、農地が賃貸借契約の目的となっているか否かによって異なるところはないと解されるのである。したがって、立法者の意思は、少なくとも、積極説が想定する内容ではなかったということができよう。

(5) また、積極説は、賃貸借契約の解約の際にはいわゆる離作料の支払が必要となり、それが往々にして高額であるから、実際には農地所有者による賃貸借契約の解約は困難であり、農地所有者は逆ざやの不利益を解消できず、宅地化は進まないとして多数意見を批判する。

なるほど、合意解約に伴って高額な離作料が授受される例が世上見掛けられないでもない。しかし、他方、小作農に農業の後継者がない場合には、農地は無償あるいはほとんど無償に近い条件で解約される例も存在する。要は、離作料の多寡は、合意解約をめぐる当事者間の個別具体的な事情や打算・思惑によって決定されているのが実態であり、これが高額となる場合としては、たまたま宅地の買い手などが現われ、農地の所有者が取引の完結を急ぐ例などが考えられよう。

市街化区域農地の賃貸借契約は、土地の使用目的が農地としての利用に限定されており、宅地に準ずる土地としての最有効利用が認められていない。この事実

は，農地の賃貸借契約の解約に当たり賃借人に交付される離作料の額については，宅地の借地関係の終了に際して借地人に交付されるいわゆる立退料の算定方法とは異なった視点で考えるべきことを示しているのであり，知事が農地法20条2項2号ないし5号に該当するとして賃貸借契約の解約を許可する際に定める離作料の額についても，これらの事情が考慮されるべきものである。

(6) 以上のとおり，市街化区域農地の賃貸借契約の合意による解約ができないときは，農地所有者が逆ざやを解消するみちは，現行法上農地法20条による許可を得て解約する以外にはないと考えるものであるが，市街化区域内の農地の現況にかんがみ更に付言しておきたい。

都市計画法施行時の市街化区域と市街化調整区域の指定（いわゆる線引き）の当時，市街化区域に編入されても農地に賦課される公租公課の額に変動はなく，また，近い将来これが増加するとも想定されていなかったため，農地の所有者のみならず，線引きにかかわった行政の担当者においてすら，線引きの場所については厳格に考えず，緩やかであった地域があったことは否めない。

その証左として，都市計画法が市街化区域の指定基準として「すでに市街地を形成している区域及びおおむね10年以内に優先的かつ計画的に市街化を図るべき区域」と定めていたにもかかわらず，同法施行後既に30年余を経過した今日においてすら，なお宅地化が達成されていない市街化区域内の農地が存在しているのである。その理由は，農地の所有者あるいはその賃借人において，宅地化を望まない場合を別として，当初の線引きが緩やかに過ぎたため，農地の周辺において，ガス，上下水道，道路等の都市設備が十分でなく，仮に解約のために離作料を支払い，造成費用を投下しても，宅地としての使用が不能ないし困難な農地が市街化区域に取り込まれていたことにあると思われる。

そうだとすると，宅地の供給不足も沈静化した今日，宅地化されていない市街化区域内の農地について改めて実情調査を実施し，線引きが緩やかに過ぎて今後も宅地化が期待できないことが明らかな農地については，市街化調整区域への編入（いわゆる逆線引き）を考慮すべきではないかと考えられ，そうすることが，本件類似の争いの減少につながると思うのである。

2 亀山裁判官，町田裁判官，深澤裁判官の反対意見について

(1) 農地法23条1項の立法趣旨と，それがどのように解釈されてきたか，また，宅地並み課税の対象とされる農地についても，その解釈を変更する理由がないこと，宅地並み課税の実施後も，農地の賃貸借におけるいわゆる逆ざや部分は農地の所有者が負担するものと解すべきことは，多数意見の4の(1)及び(2)に述べたと

おりである。

(2) 上記反対意見は，本件のような事情の下においては，信義公平の原則にかんがみ，農地法23条1項の解釈に例外を認め，逆ざや部分を小作料に上乗せして小作農が負担すべきものとする。すなわち，生産緑地法3条2項の適用に当たり，農地の所有者が，賃貸借の目的である農地について，生産緑地法による生産緑地地区の指定を受けるため賃借人に同意を求めたところ，賃借人が，将来の契約の合意解約に当たり，離作補償の点で不利となることを危ぐして同意しなかったため，生産緑地地区の指定を受けることができなかったのであるから，これによって生ずる賃貸人と賃借人の利害を比較考量すれば，賃貸人は賃借人に対し，宅地並み課税による負担の増加を理由として，増加分を限度として，小作料の増額請求をすることができるというのである。

(3) そこでまず，生産緑地法3条2項による同意を求められた際，同項に列挙された農地の利害関係人が，農地の所有者の申出に同意すべき義務があるか，もし同意できないときは，その理由を所有者に開示する義務があるかについて考えると，これを肯定する法律上の定めはないのみか，事は利害関係人の自らの権利の管理の問題であって，農地の所有者の容かいできる事項ではないのであるから，いずれも否定すべきであろう。

(4) また，農地の賃借人に限定して考えてみても，生産緑地に指定されると原則として30年間の営農義務を負うことになるところ，30年の期間中には少なくとも1回の代替りを予想するのが通常であろう。また，相続人が農業を承継せず，都会での勤務を望むのも最近の傾向である。30年間の営農義務の発生を前にして，将来の予想も立たないまま同意をためらうことは十分あり得ることであり，これが故に賃借人を責めることはできない。本件の賃借人が将来の離作料額に思いを及ぼしたのも，将来の営農継続の可能性を離れては考えられない。

(5) 以上のとおり，本来，生産緑地法3条2項による同意の申出に対しこれに応ずる義務もなく，同意しない理由を開示する義務もない賃借人について，たまたま同意しない理由が判明し，それが将来の離作補償に対する配慮であったとしても，その故に，増額請求が許されるとは考えられないのである。

●裁判官福田博，同藤井正雄，同大出峻郎の反対意見は，次のとおりである。
　私たちは，多数意見と異なり，宅地並み課税による固定資産税等の増加を理由として，小作料の増額を請求することができると考える。その理由は，次のとおりである。

1　土地の賃貸借における賃借人の使用収益に対する対価としての賃料は，これを経済的にみると，賃料を支払う賃借人にとっては費用であるが，賃料を受領する賃貸人にとっては収入である。農地の賃貸借（小作関係）においては，小作農は，農業生産によって得るものを収入とし，生産費のほかに小作料をその費用として支出するのであり，他方，農地所有者は，小作農から支払われる小作料を収入とし，当該農地に課せられる固定資産税等をこの収入を得るために必要な費用として負担する。そうすると，小作料は，小作農が得る農業収益を上回るものであってはならないと同時に，当該農地に対する固定資産税等を下回るものであってもならないことになる。

　法は，小作料統制の制度の撤廃後も，小作農の経営安定のために，生産量，生産物価格，生産費等を参酌して小作料の標準額を定め，これを指針として小作料の高騰を抑制する方策をとるとともに，一般的な経済事情の変動等による小作料の増減請求のほか，特に不可抗力による減収を理由とする小作料の減額請求を認め，農業収益と小作料の関係に十分な配慮をしてきた。これに対して，小作料と公租公課の関係については，法は何ら規定するところがない。これは，わが国の税制上，農地については，それが農地である限りにおいては収益力がごく低いことにかんがみ，固定資産税等を低額に抑える政策が長く維持継続されており，その税額が小作料を上回るような事態の発生は予想されていなかったからであると考えられる。

　ところが，時代が変わって，市街化区域内の農地については，農地としての収益力にかかわりなく，類似宅地の価格に比準する価格を課税標準としていわゆる宅地並み課税が実施されることとなり，その適用範囲が順次拡大されてきた。こうなると，宅地並み課税が行われている農地の小作料を定めるに当たって，前述の経済法則にのっとって，農業収益より上回らず，かつ固定資産税等より下回らないという2つの要請をともに満たすことはもはや不可能となり，いずれか一方の要請は無視せざるを得ないことになる。この場合に，どちらを生かしどちらを犠牲にするかは，そのような矛盾した事態を生み出した立法者の意思を推知して決めるほかはない。

2　法は，耕作者の地位の安定と農業生産力の増進を図ることを目的として制定され，農地をめぐる税制もこれと整合性を保つように定められ，長年にわたりそのように運用されてきたのであるが，都市への人口集中による宅地需要の増大が，農地と税の関係に大きな変化をもたらした。すなわち，地方税法は，市街化区域農地について，近傍宅地との課税の均衡を図るとともに，農地の宅地化を推

進するため，農地に対する従前の低廉な課税を改め，農地としての収益性を度外視した宅地並みの課税を実施することとし，これにより農業経営の不採算の状態を招来して，耕作者の離農を余儀なくさせ，農地の宅地としての放出を税制面から促進しようとするに至ったのである。ここに農業保護に関連する立法政策の明らかな転換を見ることができる。

　市街化区域農地に対する宅地並み課税がこのように国の離農・宅地化政策の手段として位置づけられるものであることからすると，それは現実の耕作者の負担に帰せしめられるのでなければ，実効は期し難い。小作地の場合において，土地所有者に対し宅地並みに課せられた固定資産税等を小作農に転嫁することを認めないならば，小作農は大幅に増加した課税の痛みを感ずることなく営農利益を確保し，土地所有者のみが小作料を上回る逆ざやの大きな金銭的負担を背負い，離農は促進されない。また，そのような課税の負担の下では，自己所有地で自作農として営農するよりも，他人の農地を賃借して小作農として農業を営む方が有利となる。これらはいずれも合理的な事態とはいえない。これを要するに，耕作者の地位の安定を志向した法の理念は，宅地並み課税が実施された場面においては大きく後退を余儀なくされているのであって，固定資産税等を小作料に転嫁し，小作料が農業収益を上回る状態を現出させるのもやむを得ないとしたものと解するのが，立法者の意思にかなうというべきである。

　3(1)　多数意見は，市街化区域農地の値上がり益が当該農地の資産価値の中に化体しているから，宅地並み課税の税負担は，値上がり益を享受している農地所有者が資産維持の経費として担うべきであるという。しかし，当該農地は現に小作農の使用収益にゆだねられてその支配下にあり，土地所有者は資産の値上がり益を現実に享受する機会を当面有していないのであり，宅地並み課税による増税分を小作料に上乗せすることを当然に否定する理由とはなり得ない。

　(2)　また，多数意見は，賃貸借契約が有償契約であることからみても，小作料は農地の使用収益の対価であって，小作農は農地を農地としてのみ使用し，宅地としての使用はできないのであるから，宅地並みの資産を維持するための経費を小作料に転嫁し得る理由はないという。しかし，これは契約の一方当事者の立場だけからの議論である。小作料は，借主である小作農の側から見れば，農地を契約の目的に従って使用することによって得る収益に見合ったものでなければならないが，他方，貸主である所有者の側からすれば，農地を契約の目的に従い他人に使用させるについて掛かる費用に見合ったものでなければならない。農地であるからといって専ら小作農の側にのみ経済的合理性のあるものでなければならな

いとする理由はなく，有償契約性という観点から当然に課税の転嫁を不可とする答えが導き出せるものではない。

(3) さらに，多数意見は，固定資産税等が小作料を上回る逆ざやを解消するには，法20条2項2号又は5号により知事の許可を得て賃貸借を解約する方法によるべきであるという。本件においては，被上告人は，現時点では農地の具体的な転用計画を有しているとはうかがわれないから，これがあることを必要とする行政上の運用（平成3年9月10日付け3構改B第998号農林水産省経済局長・構造改善局長通達）を前提とする限り，2号に当たるとはいい難いが，市街化区域内にあって前述の逆ざや現象が生じていることをもって5号の正当事由に該当すると解することは，（現状では未だそのような議論が熟しているとはいえないけれども，）十分考慮に値するといえよう。しかし，2号又は5号のいずれにより許可される場合であっても，同条4項により，許可の条件として，いわゆる離作補償（離作料）の支払義務を課されるのが一般である。離作料とは，本来，農地の賃貸借の終了によって賃借人が被る農業経営上，生計上の損失を補う目的をもって，慣行上，賃借人に支払うものとされる金銭である。ところが，市街化区域農地の場合には，往々にして，これを宅地見込地として評価した額の何割という離作料が要求され，また，そのような算定の仕方を支持する見解が示されることが少なくないようである（本件においても，上告人らがそのような額の離作料を期待していることは明らかである。）。これは，宅地の借地関係におけるいわゆる立退料の算定に準じた考え方によっているものと思われる。借地の場合にあっては，法律上借地契約の継続が強く保護され，容易に契約が終了しない構造になっていることから，土地の価格の一部を把握する借地権価格というものが観念され，立退料の算定においてこれが考慮されるようになったものである。これに対し，市街化区域農地の小作の場合には，上述したように，現行法制上，営農の継続につき原則として否定的な評価がされ，小作関係が早晩終了に至ることが予測され期待されているのであり，小作農が土地について借地権者に類するような強固な権利を持っているわけではないのであるから，あたかも小作農が土地の価格の一部を把握しているかのような前提の下に離作料を算定しなければならないとする理由はない。離作料についてはそのあり方を再考してみる必要があると思うが，現行の運用の下では，市街化区域農地の所有者は，賃貸借の解約ができるといっても相当高額の離作料の負担を免れず，結局，その解約権の行使は事実上制約される可能性が高いといわざるを得ない。

4 以上述べたようなことからして，私たちは，市街化区域農地については，

第3篇　農地に対する宅地並み課税と小作料の増額請求

所有者が宅地並み課税により増加した税額を小作料に転嫁して逆ざやを解消することは妨げられないと解するものであり，そのような増額請求をすることができる法律上の根拠を，法23条1項の「その他の経済事情の変動」に求めたいと思う。

逆ざや解消のために増額請求をしたことにより形成される小作料の額は，多くの場合，固定資産税等の額を限度とすることで満足しなければならないであろう。何故ならば，小作料は，本来，農業収益より少なく，固定資産税等より多いものでなければならないのに，宅地並み課税によりこの両者を同時に満たすことができず，一方を犠牲にするほかはないので，犠牲となる側の損失をできるだけ小さいものにする必要があるからである。

よって，これと同旨に帰する原審の判断は正当であり，論旨は理由がないから，本件上告を棄却すべきである。

●裁判官亀山継夫，同町田顯，同深澤武久の反対意見は，次のとおりである。

1　いわゆる宅地並み課税による固定資産税等の増額分を小作料に転嫁するため，その増額を理由に小作料の増額を請求することは，通常は許されないものと解すべきであり，その理由は，多数意見が4の(1)及び(2)に述べるとおりである。

しかし，本件においては，この一般論で律することが，被上告人に著しい不利益を課し，他方上告人らに不当な利益を与えることとなると解すべき特段の事情があるから，法における信義，公平の原則の上から，例外的に宅地並み課税による固定資産税等の増額を理由に，これを転嫁するため小作料の増額を請求することが許されるものというべきである。

2　その理由は，次のとおりである。

(1)　被上告人は，本件各土地が生産緑地法に定める生産緑地地区に指定された場合を除き，宅地並み課税の対象とされることになったことから，天理市が行った意向調査に応じて，本件各土地につき生産緑地地区の指定を受けることを希望することとし，上告人らに対して指定に必要な賃借人としての同意を求めたところ，上告人らが生産緑地地区の指定によって土地の評価額が低く抑えられ，将来の合意解約の際の離作補償の点で不利になることを危ぐして同意しなかったため，生産緑地地区の指定を受けることができなかった。

本件土地（一）に対する固定資産税等の額は，宅地並み課税が実施された結果，平成4年度及び同5年度は11万9119円，同6年度は12万5074円であり，本件土地（二）に対する固定資産税等の額は，同4年度及び同5年度は10万0240円，同6年度は12万5241円であるが，本件各土地につき生産緑地地区の指定があると，宅地

並み課税が課されないため，同4年度の固定資産税等の額は，本件土地（一）は2万0100円，本件土地（二）は1万6661円となるところであった。
(2) 生産緑地制度の概要は，次のとおりである。
　生産緑地地区は，都市における農地等の持つ緑地機能を積極的に評価し，市街化区域内の農地等を計画的に保全することにより良好な都市環境を形成することを目的として，都市計画に定められるものであり，その指定に当たっては，当該農地等の所有者，対抗要件を備えた賃借権者等の同意を得なければならない（生産緑地法2条の2，3条）。生産緑地地区の指定を受けると，生産緑地について使用又は収益をする権利を有する者は，当該生産緑地を農地等として管理しなければならない（同法7条1項）が，これを怠った場合の罰則はない。生産緑地地区内においては，建築物の新築，宅地の造成等が原則として禁止され，これに違反したときは，市町村長により原状回復命令が発せられる（同法8条，9条）。禁止又は命令に違反した者には刑事罰がある（同法18条，19条）。生産緑地の所有者は，指定から30年が経過したとき，又は農業等の主たる従事者が死亡し，若しくは農業等に従事することを不可能にさせる故障として建設省令で定めるものを有することとなったとき等には，市町村長に当該生産緑地を時価で買い取るよう申し出ることができるものとされている（同法10条。なお，同法15条）。
(3) 上告人らは，被上告人から本件各土地を耕作の目的で賃借しているが，本件各土地につき生産緑地地区の指定があっても，賃借の目的を何ら損なわれることはない。すなわち，生産緑地地区の指定があると，地区内の農地は，原則として30年間は農地として利用することしか許されないこととなるが，耕作目的で賃借している上告人らは，もともと本件各土地を農地としてのみ使用できるにすぎないのであるから，この制約は，上告人らに不利益を課するものとはいえない。かえって，転用目的のための賃貸人による解約（法20条2項2号）が制限されることとなる結果，上告人らは，賃借関係が安定するという利益を受ける立場にあるものということができる。確かに，上告人らは，生産緑地地区の指定により営農義務を負うこととなるが，営農義務違反については罰則等の制裁はなく，賃借人である上告人らは，賃借権の譲渡（生産緑地法7条2項は，このような場合の市町村長の援助をも予定しているものと解される。）又は合意解約等によって，賃貸借関係を脱することにより営農義務を免れることも可能である。
　他方，農地所有者である被上告人は，生産緑地地区の指定により本件各土地を30年間農地等として維持する義務を負担することとなるが，宅地並み課税から除外されるため，上記のとおり宅地並み課税の場合の6分の1程度の低い負担です

むこととなる。したがって，長期間農地等として土地を保有し続けたい希望を持つ土地所有者にとっては，生産緑地地区の指定を受ける利益は極めて大きく，土地所有者の土地利用についての意思ないし希望と宅地並み課税制度の政策目的とをできる限り合理的に調整するという観点からすれば，上記の利益は十分に顧慮されてしかるべきである。

(4) 以上を前提に，本件において宅地並み課税による固定資産税等の増加分を小作料に転嫁するため小作料の増額を請求することに理由があるかを検討する。

本件において，上告人らが生産緑地地区の指定が賃貸借契約を維持する上で格別の不利益をもたらすものではないのに，指定に同意しなかったのは，指定により土地の評価額が低く抑えられ，将来の合意解約の際の離作補償の点で不利になることを危ぐしたことによる。確かに，市街化区域内の農地を宅地化するため所有者の申出により当該農地の賃貸借契約を合意解約するに当たり，離作料が授受されることが広く行われ，その額が土地の価額の3割ないし5割に達することが少なくないことはよく知られているところであるから，上告人らが生産緑地地区の指定に同意しなかったことも一見無理もないように見えないでもない。しかし，賃借人である上告人らの権利は，当該土地を使用，収益することであり，かつ，これを耕作することにおいて農地法上の特別の取扱いを受けるものであるところ，賃貸人が生産緑地地区の指定を希望したことは，土地の農地としての使用，収益を長期にわたり安定したものとして保証することになるのであるから，賃貸人からの解約の申出があることを予定して指定に同意しないことに合理性があるものとはいえない。また，上告人らが生産緑地地区の指定により地価が低く抑えられ，離作補償の点で不利になることを避けるため同意をしなかったということは，市街化に伴う土地の資産価値の増加を離作補償を通して享受する意思を表すものである。したがって，上告人らがこの資産価値の増加を根拠とする宅地並み課税の負担を負わないと解することは，上告人らに不当に利益を与えるものといわねばならない。

他方，被上告人は，所有者として，本件各土地を農地等として長期間保有し，併せて土地の税負担を低くするため，生産緑地地区の指定を希望したものと認められるが，市街化区域内の農地の持つ緑地機能としての価値を考えれば，この希望は正当なものとして評価される。平成3年の税制改革による宅地並み課税の対象の拡大に伴う生産緑地地区の指定は，その運用上は，同4年12月末日までに行うものとされ，関係各市町村の意向調査に応じ指定を希望したものについては，要件を満たす限り原則として指定が行われたが，同5年以降はごく例外的にしか

指定は行わないこととされている（同5年1月27日付け建設省都公緑発第7号建設省都市局長通達「生産緑地法の運用について」）。したがって，本件各土地につき，被上告人が指定を希望したときに上告人らが同意をしておれば，生産緑地地区の指定が行われたことはほぼ確実であったと認められるが，将来本件各土地が被上告人に返還され，又は上告人らが同意することに態度を変えても，生産緑地地区に指定されることはほとんど期待できない。そのため，生産緑地地区の指定が行われていれば，被上告人は，ほぼ従前の小作料に相当する低い額の固定資産税等を負担すれば足りたのに，今後長期にわたりその約6倍もの税の負担を余儀なくされ，また，多数意見のいうように，小作料の増額が許されないものとすれば，固定資産税等の6分の1程度の小作料を甘受しなければならないこととなり，受ける不利益は極めて大きい。そして，被上告人がこれら不利益を解消するには，多数意見が指摘するとおり，本件賃貸借契約を合意解約し，または法20条2項2号又は5号により解約するほかないが，その場合には離作料の支払をする必要があり，その額も現在慣行として行われているところによれば，相当な額に上ることが予想され，かつ，その後に本件各土地につき生産緑地地区の指定が行われる可能性が乏しいことを考慮すると，結局被上告人としては，農地等として長期にわたり保有を続けたいとの希望を放棄し，その意思に反し，本件各土地を宅地化して利用することを余儀なくされることとなるものと思われる。

　以上のことに，本件のような農地の賃貸借は，長期間継続することが予定され，それだけに当事者間の信頼関係が強く要請されることをも併せ考えれば，本件においては，法の基本に存する信義，公平の原則にかんがみ，被上告人は，上告人らに対し，宅地並み課税による負担の増加を理由として，小作料の増額請求をすることができるものと解すべきである。

　もっとも，このように解すると，上告人らは本件各土地での農業収入を超える小作料の支払をしなければならないこととなることが予想されるが，これを避けるためには，法20条2項5号により上告人らから解約を求めるほかない。この場合に，上告人らが当面の離作補償を求めるときは，同条4項により許可の条件として被上告人からの離作料の支払を命ずることもできるものと解することは可能であろう。ただし，その場合の離作料の額が賃貸人である被上告人からの解約の申入れの場合よりも相当低額となることが考えられるが，同項の許可の条件が解約の経緯等を総合して判断されるべきことよりすれば，当然である。

　3　よって，これと同旨の原判決は正当であり，論旨は理由がないから，本件上告を棄却すべきである。

第3篇　農地に対する宅地並み課税と小作料の増額請求

(裁判長裁判官　山口　繁　裁判官　千種秀夫　裁判官　河合伸一　裁判官　井嶋一友　裁判官　福田　博　裁判官　藤井正雄　裁判官　元原利文　裁判官　大出峻郎　裁判官　金谷利廣　裁判官　北川弘治　裁判官　亀山継夫　裁判官　奥田昌道　裁判官　梶谷　玄　裁判官　町田　顯　裁判官　深澤武久)

第4篇　借家法1条ノ2にいわゆる正当の事由にもとづく都営住宅の解約申入れと東京都営住宅条例（昭26年東京都条例112号）20条1項6号の適用の有無（最判平2・6・22日判タ737号79頁，判時1357号75頁）

1　事　実

(1)(ア)　Yは，昭和23年6月25日，都心にある本件都営住宅の使用許可をうけ，ここに家族（妻，長男，長女）とともに居住し，大学教授として勤務していた（床面積39.39平方メートル。使用料は，昭和55年7月以降，月額1万円であった）。しかし，Yは，昭和49年に東京・世田谷に一戸建て住宅（宅地99.17平方メートル。2階建住宅76.84平方メートル）を購入し，妻，長女とともに転居した。それ以後，右住宅は，もっぱら成人した長男が1人で居住しているほか，Yは，蔵書の一部など荷物を置き，週に1，2回泊まるなどして使用するにすぎない状態となっていた。

(イ)　そこで，本件住宅の使用状況がこのようなものであったことから，X＝東京都は，昭和56年2月23日，東京都営住宅条例（昭和26年東京都条例第112号。以下，東京都条例という）20条1項6号にもとづき，本件都営住宅の使用許可を取消しその明渡しを求めた。すなわち，①Yは，住宅を取得し，都営住宅入居継続の資格を失ったから，Xの使用許可の取消により本件住宅の使用関係は終了した。住宅困窮が要件（東京都条例5条1項3号）でもあるから，入居者が，他に移転可能な住宅を取得したときには，入居資格を失うとするものである。

訴訟では，Xは，さらに，借家法1条ノ2〔借地借家法28条相当。以下も同じ〕にもとづく解約をも主張した。その主張によれば，②公営住宅の使用関係にも，基本的に借家法の適用があり，条例20条1項6号に規定する「都営住宅の管理上必要がある」という趣旨は，借家法1条ノ2にいう正当事由を都営住宅の管理者の立場から，これにそくして規定したものにすぎない。XがYに対してした昭和56年2月28日限り本件建物の使用許可を取消す旨の意思表示は，借家法1条ノ2の解約申入れにもあたるが，本件都営住宅の明渡

第4篇　借家法による都営住宅の解約申入れと東京都営住宅条例

については、管理の必要、すなわち、借家法1条ノ2にいう正当事由がある。都営住宅には、入居希望者が多く、Xは公平な運用を期待されているが、Yは主として長男の生活の本拠として本件住宅を使用しているのであるから、これをそのまま許容することは使用権の承継を認めることとなり、都営住宅の適正、公平な運用を欠くこととなり、またY側にとっても使用の必要性は少ない。

　(ｳ)　これに対し、Yは、①住宅困窮者であることは、入居の要件にすぎない。②借家法に規定する解約事由は、公営住宅法にいう明渡事由には該当しない。また、かりに正当事由が問題となるとしても、長男の本件住宅使用の必要が考慮されるべきであり、すでに使用権の承継が許可されている以上、Xの解約申入に正当事由はない。

　(2)　一審では、X勝訴。ついで、原審（東京高判昭61・9・29判タ627号152頁）は、以下のように述べて、Xの請求を認容した。

　①住宅困窮者であることは入居資格の要件にすぎないから、その後困窮状態が解消されたこと自体を理由として明渡を求めることはできない。

　②「公営住宅の使用関係については、法及びこれに基づく条例が特別法として民法及び借家法に優先して適用されるが、法及び条例に特別の定めがない限り、原則として一般法である民法及び借家法の適用がある」。条例20条1項6号と借家法1条ノ2との関係については、「条例20条2項（即時明渡し義務）と借家法3条1項〔6カ月前の解約申入れ〕を対比すると使用関係終了の時点を異にするから、条例20条1項6号は借家法1条ノ2と同趣旨の使用関係解消を規定したものとはいえない」。

　しかし、公営住宅法、条例の列挙する明渡事由に該当しない場合でも、「借家法に定める解約事由に該当する場合には、解約申入れ（形式は使用許可取消しであっても）により賃貸借関係が終了する」。明渡事由が法の規定のみに限定され借家法に規定する解約事由が排除されるものとは解されない。そして、本件においては、Xの主張は、「管理上の必要があるとの理由で、借家法1条ノ2にいう正当事由に基づく解約申入れをしたとの趣旨に解すべきである」。

　「XのYに対する昭和56年2月28日限り本件建物の使用許可を取り消す旨の意思表示は法21条2項、条例14条の転貸禁止に反するとして明渡しを求め

る趣旨であることが明らかであるから，これを借家法1条ノ2に基づく正当事由による解約申入れとみることはできない」。しかしながら，「Xが昭和58年12月16日の本件口頭弁論期日においてYに対し，条例20条1項6号に基づく本件建物の使用許可取消しの意思表示をしたことは当事者間に争いがなく，弁論の全趣旨によれば右意思表示には借家法1条ノ2に基づく正当事由による解約申入れの趣旨が含まれている」。そして，Xの解約申入れには，借家法1条ノ2の正当事由がある（世田谷の自宅はYの家族の生活に適した規模の住宅であり，使用権の承継が認められた事実もない），というものである。

2　判　　旨

上告棄却。「原審は，公営住宅法に基づく公営住宅の使用許可による賃貸借についても，借家法が一般法として適用され，同法1条ノ2に規定する正当の事由がある場合には，同条により解約の申入をすることができ，東京都営住宅条例（昭和26年東京都条例第112号）20条1項6号は適用されないものとしたうえ，適法に確定した事実関係の下において，同号の使用許可の取消の意思表示をその主張事実から借家法1条ノ2による解約申入とし，その正当の事由を肯認し，権利の濫用に当たらないとして，Xの本件明渡請求についてこれを認容したものであって，右判断は正当として是認することができる」。

3　問題の所在

公営住宅の使用関係についても，借家法が一般法として適用されることについては，学説上も争いがなく（有泉亨「公営住宅の使用関係」ジュリ178号36頁，同・契約法大系III97頁，幾代通・注釈民法(15)456頁，星野英一・借地借家法466頁，田中二郎・行政法総論236頁など），また，すでに，最高裁昭和59年12月13日判決（民集38巻12号141頁，判タ546号85頁，判時1141号58頁）が，その旨を明らかにしている。

すなわち，事業主体と入居者との法律関係は，基本的には私人間の家屋賃貸借関係と異なるところはなく，公営住宅の使用関係については，公営住宅法およびこれにもとづく条例が，特別法として民法および借家法に優先して適用されるが，これらに特別の定めがないかぎり，原則として一般法である

民法および借家法の適用がある（古い裁判例としては，入居者の家賃不払＝公営住宅法22条1項2号にもとづく解除を認めた大阪地判昭34・3・4下民10巻3号492頁。入居者の転貸＝公営住宅法22条1項4号，同21条にもとづく解除を認めた大阪地判昭34・9・8下民10巻9号1919頁がある。その後のものとしては，建替えのため公営住宅法23条の6による明渡請求を認めた前橋地判昭50・2・4判時772号28頁がありその控訴審である東京高判昭50・8・28判時791号24頁は，借家法1条ノ2の適用が排除されるとする。なお，後者に関し，河野弘矩・判評202号147頁。以上は，明渡請求を認容した事例である）。比較的近時の最判昭和59年前掲は，同様の前提のもとで，これらの判決とはむしろ逆に，無断増築が明渡事由にあたるとしながら（公営住宅法21条4項，22条1項4号，条例15条4号，20条1項5号），信頼関係理論によって明渡請求を無効としたものである。

そこで，特別法に定めがあるかぎり，いちおうこれが優先適用されることになるが，東京都条例（昭26年東京都条例112号）20条1項6号に関しては，特殊な問題がある。すなわち，公営住宅法（昭和26年）22条は，公営住宅の明渡事由として，①不正の行為による入居，②家賃滞納，③故意の毀損，④21条（保管義務違反，転貸など），⑤25条1項（住宅，施設の管理について必要な事項は条例で定めるとする）にもとづく条例違反をあげるにとどまる。そして，都道府県や市の条例は，これにもとづいた類似の規定を置いているが，このほかに入居者が正当の事由がないのに住宅を使用しない場合などに関し修正を加えていることが多い（なお，公営住宅法22条1項所定の明渡事由自体にも，部分的には，その妥当性に関して争いがある。これらの明渡事由のうち，とくに⑤については，条例違反という抽象的包括的事由をここに入れるのは妥当ではなく，したがって，条例違反が明らかに信頼関係を裏切る債務不履行となる場合に限って解除できると解すればたりる，との反対がある。渡辺洋三「公営住宅使用の法律関係」自治研究34巻9号53頁（とくに66頁以下，69頁）。また，①②③④所定の明渡事由がある場合でも，さらにそれに借家法や民法の信頼関係理論の適用のよちがあることは，最判昭和59年前掲が述べている）。

そして，東京都条例は，20条で，①不正の行為による入居，②使用料の滞納，③住宅を使用しない，④みだりにき損，④の2　第18条の2（一時的使用）に違反，⑤条例違反，⑥「前各号のほか，知事が都営住宅の管理上必要があると認めたとき」には，知事は都営住宅の使用許可を取消し，または住

宅の明渡を請求することができるとし，さらに，第2項では，明渡の請求をうけた者は，「直ちに住宅を明渡さなければならない」としている。条例20条1項各号の事由のうち，①，②，④，⑤は，公営住宅法22条1項と同内容であり問題はないが，③，⑥に相当する規定は，後者にはない。③については，公営住宅法25条による条例への授権事項に含まれると解し，同法22条1項⑤によって明渡事由とすると解することもできるが，⑥については，なんらの根拠もない。そこで，同条項の有効性が従来から争われてきた。

　他県の条例では，たとえば，兵庫県・県営住宅設置管理条例（昭35年）では，28条1項が入居の取消，明渡事由として，①―③入居手続の違反，住宅の不使用，④不正の行為による入居，⑤家賃の滞納，⑥故意の損傷，⑦21条―23条（保管義務違反，転貸など）違反，⑧24条（知事は，管理上必要な指示をなしうる）違反のみをあげ，明渡の請求をうけたときには，指定期限までに明渡さなければならない，としており，東京都条例20条1項6号に相当する規定は存しないし，また東京都条例で同号によって処理されることのある転貸なども，公営住宅法にもとづいた処理が可能となるのである（なお，無断譲渡・転貸は，東京都条例14条でも禁じられているから，同条例20条1項5号（条例違反）による明渡事由となる。後述の東京地裁昭和60年判決は，無断譲渡と構成し5号によった）。

4　学説・判例
(1)　東京都条例20条1項6号の有効性については，従来，以下の見解があった。第1は，これが，法律の根拠なくして，民法，借家法の原則を改変しようとするものであり，無効とするものである。すなわち，公営住宅法25条1項は，「事業主体は，この法律で定めるものの外，公営住宅及び共同施設の管理について必要な事項を条例で定めなければならない」とし，同法22条1項5号は，みぎの条例に違反したときに，明渡の請求ができるとしている。明渡請求がなされるのは，入居者に一定の行為規範を示す条例があってそれに違反したときに限られ，これに対応する東京都条例の規定は，20条1項5号であり，6号ではない。6号は，条例違反とは無関係に，明渡請求ができるとするものであり，公営住宅法には根拠がなく無効，とするものである。また，かかる条例は家主の一方的決定で明渡請求を許すものであり，住宅利

用の安定性に反し，実質論からも不当とする（望月礼二郎・判評83号130頁，有泉・前掲ジュリ178号36頁は，東京都条例20条1項6号が，公営住宅法22条が明渡事由を列挙した趣旨に副うものか「疑わしい」とする。渡辺・前掲論文72頁）。もっとも，無効説をとっても，その場合には，借家法1条ノ2の問題として処理することになるから，結論は以下の第3説とあまり変わらないことが多い。

　第2は，みぎと逆に，東京都条例20条1項6号の規定は，「公営住宅法25条に基づき公営住宅の管理について必要な事項として，かつ法律上の義務として特に設けられたもの」であるとする見解である。このように，条例20条1項6号が，公営住宅法25条に根拠をもつとすれば，その場合には，それは，借家法1条の2の特則をなし適用される（東京地判昭40・6・15判時410号6頁）。公営住宅の利用関係も，基本的には私法上の賃貸借関係であるが（前掲最高裁昭和59年判決），法および条例に特別の規定があれば，それが優先するのは，いうまでもないからである。しかし，公営住宅法は，管理上の必要にもとづき条例を定めうること（同法25条1項）と，その違反に対し使用を取消しうること（同法22条1項5号＝東京都条例20条1項5号）とを定めたにすぎず，条例の基準なしに管理上の必要から明渡の請求をすること（東京都条例20条1項6号）を認めているわけではない（望月・前掲論文132頁）。

　第3は，東京都条例20条1項6号を，借家法1条ノ2と同趣旨を管理者の立場から規定したものであり，有効とするものである（以下(2)参照）。

(2)　従来の下級審の裁判例の多数は，第3説に立脚する。

　たとえば，東京地判昭57・5・19判時1062号110頁によれば，公営住宅法には公営住宅の管理上必要があるときには明渡を請求しうることを認めた規定はなく，「したがって，東京都条例20条1項6号は，公営住宅法の規定だけでみる限りは，法令の認めていない明渡事由を定めたもので無効ではないかとの疑がないわけではない」とし，しかし，条例の規定を法律と調和するように合理的に解釈すると，東京都条例20条1項6号は，借家法1条ノ2の正当事由と同趣旨の規定を，「都営住宅の管理者である知事の立場から規定したものであると解するのが相当である。したがって，右規定にいう『管理上必要がある』か否かは，都営住宅管理者と入居者との双方の利害関係，その他社会的，客観的な立場から諸般の事情を考慮し，社会通念に照らし明渡

を認めるのが妥当か否かの見地から考察すべきである。そして，東京都営住宅条例20条1項6号に基づき明渡が認められる場合には，明渡請求をした日から6か月を経過したときに使用関係は終了するものと解すべきである」とする（同旨，東京地判昭58・6・29判時1113号99頁，東京地判昭59・12・24判時1177号77頁，東京地判昭59・12・26判時1177号69頁）。そこで，東京都も，みぎの昭和57年判決以降の事件では，条例20条1項6号だけではなく，予備的に借家法1条ノ2をも明渡請求の根拠にあげている。

　ところで，これらの諸判決は，老朽化した住宅を高層化するための建替えのために明渡が求められたものである（ただし，東京地判昭59・12・24前掲は，旧住宅の敷地が新住宅の敷地自体ではなく児童公園になり，別の場所に建替えられる場合）。本件判決とのかかわりでは，東京地判昭58・3・29判時1086号120頁，判タ500号181頁が，内容上近い。すなわち，入居者がほかに住宅（マンション，69・88平方メートル）を有し保護を要する住宅困窮者に当たらないとして，明渡請求が認められたものである。同判決は，建替えに関する前記諸判決と同じく，条例20条1項6号は，「借家法1条ノ2の正当事由による解約申入れの制限と同じ趣旨を都営住宅について定めたものと解するのが相当」である，とした。

　同じ建替えのケースであっても，条例の規定の仕方によっては，問題の発生が，東京都条例とは若干異なることが注目されるべきである。大阪地判昭61・9・22判時1228号102頁，判タ627号159頁は，建替えのための明渡の可否が争われた事件であるが，そこでは，条例は，公営住宅法にそくした規定をおいている。争点は，たんに，条例にもとづく明渡の請求が，同時に借家法1条ノ2の解約申入と解することができるかどうか，にかかわるものであった。すなわち，大阪市営住宅条例21条（公営住宅法25条1項相当）は，「市長は，市営住宅の修繕，改築，建替え，撤去等のため必要があるとき又は管理上必要があると認めるときは，他の市営住宅又は仮設建物を提供して，当該住宅の入居者を立ちのかせることができる。」と規定し，その違反の場合に，同23条1項6号（公営住宅法22条1項5号，東京都条例では，20条1項5号に相当）が明渡請求を認めるが，同事件は，これらの規定によって，市営住宅の建替えのための明渡請求をしたものである。この事案では，市側が，右明渡請求は，借家法1条ノ2の解約申入にあたり，正当事由もあると主張し

た訴が認容されたが，判決は，住宅条例21条の規定は，借家法１条ノ２の正当事由による解約制限と同趣旨を規定したものと解されるとし，同23条１項６号の明渡請求を，借家法１条ノ２の解約申入と解することができる，としたのである（また，同じく建替えのケースで，横浜地判昭59・10・18判時1148号135頁は，たんに公営住宅法23条ノ６を根拠に（建替のための明渡請求），また，借家法が適用されないとして明渡請求を認めている。さらに，東京高判昭57・６・28判時1046号７頁は，割増賃料の滞納と無断増築にかかる明渡請求事件であるが，公営住宅法22条１項４号などの明渡事由にあたるとして，また，信頼関係理論の適用を認めず請求を認容した。すなわち，東京都条例20条１項６号の場合とは異なり，ほかの場合には，ほとんど特別法としての公営住宅法，あるいは条例の適用が認められているのである）。この場合には，意思表示の転用のみが問題であり，条例の有効性は問題とされない。

なお，古い裁判例で，建替えのための明渡請求に東京都条例20条１項が用いられたケースで，同条例20条１項１号ないし５号の場合には，入居者の義務不履行または条例違反が原因であるのに対し，６号の場合には，管理上の必要を理由としたものであるから，「両者の均衡からいっても，この場合は使用許可の取消により直ちに解約の効果を生ずる趣旨ではなくてたんに賃貸借の解約申入をなしうることを定めたものであり，これによって賃貸借終了の効果を生ずるには正当の事由の存在を必要とする」としたものがある（東京簡判昭39・９・２下民15巻９号2122頁）。別個の明渡事由とする点で，比較的，本件の構成に近い場合である。

(3) 学説では，公営住宅条例は，（法の委任にもとづいて条例の中で規定されている条項についても）公営住宅法の委任があればいかなる内容も定めることができると解すべきではなく，まず，公営住宅法の規定，趣旨に反することができず，また，借家法が住宅法の上位規範と解すれば，民法・借家法の規定・趣旨に反する場合には，当該条例の効力は無効と解すべきである。したがって，公営住宅法に定めておらず条例にのみ定められている明渡事由は，たとえ22条１項５号により包括的に委任されているとしても，民法・借家法の趣旨により再検討されるべきであり，公営住宅法の趣旨をも考慮しつつ，借家法１条ノ２の正当事由があるかの判断が必要，とする見解が有力である（内田勝一「公営住宅条例」篠塚昭次編・公営住宅条例69頁以下，33頁以下。東京

都条例20条1項6号については，「その妥当性は非常に疑問である」とする）。

5　原審および最高裁の論理
(1)　本件のXも，第3の見解に立って，Yに対する使用許可の取消の意思表示中には，借家法1条ノ2による解約申入の意思表示が含まれ，正当事由があるから，都営住宅の使用関係は，使用許可の取消の日から6カ月を経過したことによって終了したと主張し，本件第1審も，この構成により，正当事由のあることを認めて，Xの請求を認容した。これは，前述の下級審裁判例に従ったものといえる。
(2)　これに対して，原審（判タ627号152頁）は，公営住宅の賃貸借についても，借家法が一般法として適用されるとし，しかし，条例20条2項が即時明渡を規定しているとして，第3説によらなかった。もっとも，Xの主張は，管理上の必要があるとの理由で借家法1条ノ2の正当事由にもとづく解約申入をしたとの趣旨のものであるとして，正当事由の存在を認めて，Yの控訴を棄却したのである。
最高裁は，この原審の判断をいれて，条例20条1項6号は，借家法1条ノ2と同趣旨を管理者の立場から規定したものではなく，これとは別個の明渡事由を定めたものであり，借家法1条ノ2の正当事由に当たる事実を主張して，都営住宅の明渡を求める場合には，条例20条1項6号によって使用許可を取消すのではなく，借家法によって解約申入をするべきことを認めた（二重適用ではなく，借家法のみの適用）。条例20条1項6号を限定解釈したことに意味があろう。
(3)　公営住宅法および条例には，借家法1条ノ2に規定されている解約事由に相当する規定はない。そこで，前者に規定のない事由によって解約しようとする場合には，借家法1条ノ2にしたがって，解約のための正当事由を具備しなければならない。東京都条例20条1項には，他県の条例と異なり，転貸に関する事由は明示されていないから（5号を経由すれば可能），結局，借家法1条ノ2にしたがって，正当事由を主張しなければならないのである。
(4)　なお，原審判決の第1点に関しては，先例として，東京地判昭60・2・27判タ559号146頁がある。住宅困窮者であることが，たんに入居開始の要件であるだけではなく，入居継続の要件でもあるとされた（同事件では，

公営住宅法22条1項5号，25条1項，東京都条例5条1項3号（住宅困窮者），20条1項5号にもとづき明渡請求がされている。あわせて条例20条1項6号も主張されているが，5号が認容されているから，6号は問題とされていない）。ちなみに，これは，東京都の行政運用であるが，本件の原審は否定した。

6 本件判決の射程

(1) 原判決は，条例20条1項6号について，「要件の抽象的な同号には問題が存する」とする。無効説をとるかどうか，は明らかではない。ここで要件が抽象的であるとしてその適用のよちが狭められるとすれば，事実上，棚上げされることになろう。もっとも，その場合には，結局，借家法1条ノ2により賃貸借関係の終了の有無を判断することになるから，条例の趣旨を借家法1条ノ2と同じと解する（前述第3説）のと，結果的にはあまり異ならないことになる。

また，本件は，無断譲渡ともいえるケースであるから，内容のあいまいな条例6号ではないほうが，規定のあり方によっては，より定型的な処理が可能となり，また明確性の点ではより望ましいものといえる。この点，ほかの条例では，兵庫県・県営住宅設置管理条例（前述）では，28条1項7号が転貸違反が明渡事由になるとし，公営住宅条例20条1項4号にもとづいた規定をおいている。この場合には，東京都条例においても，14条において，「使用者は，都営住宅を転貸し又はその使用権を譲渡することができない」旨の規定があるから，その違反として，条例違反（20条1項5号）によることもできるのである。

さらに，従来から裁判例の多い建替えのケースでは，大阪市営住宅条例（前述）21条，23条1項6号では，やはり公営住宅法にもとづいた規定がおかれている。このように，条例制定上，法律にもとづいた規定が不可能ではないのであるから，請求の根拠づけに問題があるともいえる。東京都条例の場合には，20条1項6号が，いささか安易に用いられすぎる感がある（なお，東京都条例は昭和23年に制定され，昭和26年公営住宅法の制定に合わせて，同年改正された。法律との整合性が不十分なのはその経緯によるものであろう）。

(2) 最高裁は，条例20条1項6号の定める明渡事由がどのようなものかを明らかにしていない。上述のように，条例の適用される場合を制限的に解す

れば，その残された適用範囲がどのようなものかが問題となる。これに関し，条例20条2項が同号の明渡事由がある場合には，即時明渡義務の発生を規定しているので，借家法の正当事由と同趣旨を規定したとの見解を取らないとする原判決を是認していることから，即時明渡を相当とするような債務不履行に当たる事由を想定しているとも解することができるとの見解がある（判例時報コメント参照）。

しかし，債務不履行の場合の多くは，すでに明文規定があり（20条1項①②④⑤，14条・転貸の禁止，16条・保管義務違反など），また，かりにこれらにカバーされない場合でも，本件の場合と同じく，借家法による判断が不可能とは思われないから，実際上，その適用範囲はごくまれなものとなろう。み

本判決当時の法令の比較

公営住宅法 昭26年（1951年） （地方自治213）	東京都 昭23年・旧 昭26年・改正	兵庫県 昭35年	大阪市
22条1項　①　不正の行為で入居 　　　　　②　家賃の滞納 　　　　　③　故意に毀損 　　　　　④　21条違反・譲渡・転貸， 　　　　　　　保管義務違反 　　　　　⑤　25条1項違反↓	20条1項 ③不使用 ④の2 一時 　　　使用 ＝① ＝② ＝④ ⑤条例違反＊ ⑥管理上必要 　なとき	28条1項①② ③・入居手続 の違法・入居 しない ＝④ ＝⑤ ＝⑥ ⑦21条―23条 違反 ⑧24条違反 ―	23条1項 ①②③④⑤ ⑥21条違反
2項　すみやかに明渡し	20条2項 直ちに明渡し	28条2項 指定期限まで に明渡し	
25条1項　必要な事項を条例で定める		24条・必要な 事項の指示	21条・※

＊⑤「この条例又はこれに基く知事の指示命令に違反したとき。」
　⑥「前各号のほか，知事が都営住宅の管理上必要があると認めたとき。」
※「市長は，市営住宅の修繕，改築，建替え，撤去のため必要があるとき又は管理上必要があると認めるときは，他の市営住宅又は仮設建物を提供して，当該住宅の入居者を立ちのかせることができる」。

ぎの見解は，条例の適用範囲を求めて，むりに有効とされる場合について解釈しているように思われる。むしろ，規定の欠缺があり，20条1項6号の適用のよちがあるとすれば，従来の裁判例の多い建替えの場合であろう。しかし，本件のような債務不履行的なものでさえ，借家法による判断を必要とするのであるから，管理者側の事由である建替えでは，いっそう借家法の判断を排除する理由はないであろう。

〔追記〕　なお，東京都営住宅条例（条例第77号。これは，平成9年（1997年）10月16日に昭和26年条例第112号を全面改正したものである）は，39条につぎの明渡請求権の規定をおいている。条文は詳細になっているが，本件で問題となった旧⑥「前各号のほか，知事が都営住宅の管理上必要があると認めたとき」に相当する⑧「前各号に掲げるもののほか，知事が一般都営住宅の管理上必要があると認めるとき」が存在する。

「第39条　知事は，次の各号のいずれかに該当する場合は，使用者に対し使用許可を取り消し，住宅の明渡しを請求することができる。

　1　不正の行為により入居したとき。

　2　正当な事由がなく使用料を3月以上滞納したとき。

　3　正当な事由がなく1月以上一般都営住宅を使用しないとき。

　4　一般都営住宅又は共同施設を故意にき損したとき。

　5　第18条から第20条まで，第21条第1項及び第22条の規定に違反したとき。

　6　前号に掲げるもののほか，この条例又はこれに基づく知事の指示命令に違反したとき。

　7　一般都営住宅の借上げの期間が終了するとき。

　8　前各号に掲げるもののほか，知事が一般都営住宅の管理上必要があると認めるとき。

2　前項の規定により明渡しの請求を受けた者は，速やかに住宅を明け渡さなければならない。この場合，使用者は，損害賠償その他の請求をすることができない。」

（3項以下は省略）

また，公営住宅法は，平成14年（2002年）2月8日の改正条文によると，38条

が以下の明渡請求に関する規定をおいている。

「第32条　事業主体は，次の各号の一に該当する場合においては，入居者に対して，公営住宅の明渡しを請求することができる。

　1　入居者が不正の行為によつて入居したとき。
　2　入居者が家賃を3月以上滞納したとき。
　3　入居者が公営住宅又は共同施設を故意に毀損したとき。
　4　入居者が第27条第1項から第5項までの規定に違反したとき。
　5　入居者が第47条の規定に基づく条例に違反したとき。
　6　公営住宅の借上げの期間が満了するとき。

2　公営住宅の入居者は，前項の請求を受けたときは，速やかに当該公営住宅を明け渡さなければならない。」

（3項以下は省略）

第5篇　農地売買後の法令の変更による所有権の移転と知事に対する許可申請協力請求権の消滅時効（最判平6・9・8判時1511号66頁，金判958号21頁）

1　はじめに

　農地の売買後に，所有権移転登記がなされず，権利の移転に関する知事に対する許可申請協力請求権が時効消滅した。その後，法律の改正によって，みぎの知事の許可が不要となる場合に，買主たる地方公共団体が，売買契約によって所有権を取得しうる要件を判断した判決である。事案そのものは，地方公共団体が買主である特殊な場合に関するが，知事の許可申請協力請求権が時効で消滅した場合でも，農地の現況の変化によって，売買契約による農地の所有権が移転することが認められており，その延長形態として注目される。

2　事　　実

　(1)　本件土地は，もとA（訴外）の所有であり農地であったが，Y（昭63年㈦第110号事件被告・被控訴人，上告人）は，具体的な使用目的を定めないまま，昭和32年9月30日に代金217万円でこの土地を買い受け，同33年5月30日までに代金全額を支払った。Yは，本件土地につき，同37年1月25日受付で所有権移転仮登記を経由した。原判決の認定によれば，「さしあたって使用する必要がなかったため，買い受け後も同人にそのまま使用を許し，必要とするときに明渡及び所有権移転登記手続をすることにしたもの」である。Aは，昭和46年5月24日に死亡し，X（第110号事件原告・控訴人，被上告人）が本件土地を相続し，同62年5月28日，相続を原因とする所有権移転登記を経由した。

　土地二は，当初Aが占有していたが，その後，Yが学校給食共用調理場として使用するため，昭和42年4月ごろから造成し，建物を建て，同43年4月から利用している。他方，土地一は（この土地一が争点である），そのまま，

A，Xが耕作を継続したが，Yは，昭和62年5月ごろ，本件土地を中学校のインテリジェント・スクール計画に伴う拡張のための敷地として使用することを確定した。

Xは，AY間の売買契約の成立を否定し，Aから相続した本件土地のうえに存するYの仮登記の抹消を求めた（昭63年(ワ)第110号事件）。これに対して，Yは，Xに対して，本件土地の明渡および所有権移転登記手続を請求した（昭63年(ワ)第111号事件）。本件は，これらが併合審理されたものである。

(2) 第1審は，売買契約の成立を認め，Yが所有権を取得しているとして，Yの明渡請求を認容した。

第2審において，Xは，AY間の本件土地に関する契約は，農地法5条の県知事に対する許可を停止条件とする売買の予約にすぎず，この予約の完結権および農地法5条の県知事の許可の申請協力請求権は，契約から10年を経過したことにより時効によって消滅したと主張した。これに対して，Yは，昭和45年10月1日施行の農地法5条の改正によって，県知事の許可が不要になったと主張した。

原判決は，XがYに対して本件土地の仮登記の抹消登記手続を求めた請求を認容し，またYがXに対して本件土地の所有権移転登記手続およびその明渡を求めた請求を棄却した。その理由として，本件売買は，農地法所定の富山県知事の許可が法定条件となっていたところ，YがXに対して有していた同県知事に対する許可申請協力請求権は，本件売買の成立した昭和32年9月30日から10年を経た同42年9月30日の経過とともに（かりに，Aが同37年1月25日に本件土地につき仮登記手続に応じていることを時効中断事由としての承認と解しても，それから10年を経た同47年1月25日の経過によって）時効によって消滅し，これにより右法定条件が成就しないことに確定し，本件土地の所有権はYに移転しないこととなった，という。そして，「その後，農地法令が改正されているが，改正によって，許可を要しない状態になったからといって，一旦許可の申請協力請求権が時効により消滅し，所有権を取得しえないことに確定した契約が，法令の改正といった当事者の意思に基づかない理由で有効に転換すると解するのは相当で」はない，とする。これに対して，Yが上告した。

第5篇　農地所有権の移転と許可申請協力請求権の時効消滅

3　判　　旨

「地方公共団体が，買主として，使用目的を定めないで農地の売買契約を締結した後に，当該農地を農地法5条1項4号，農地法施行規則7条6号所定の用途に供することを確定したときには，その時点において，売買は，都道府県知事の許可を経ないで効力を生ずるものと解するのが相当である。けだし，農地法が農地に係る権利の移転等について原則として都道府県知事の許可を要するとしながら，農地法施行規則7条6号に定める要件を備える場合に例外として許可を不要としたのは，公共の利益となる事業のための農地の利用に係る権利移転等については規制をする必要がないと認められることによるものであって，同条6号に定める要件を具備するに至ったのが，売買契約の成立後であったとしても，規制の必要性が認められないことに変わりはないからである。そして，農地の買主が売主に対して有する都道府県知事に対する許可申請協力請求権の時効による消滅の効果は，時効期間の経過後に売主が右請求権についての時効を援用したときに初めて確定的に生ずるものであるから（最判昭和59年(オ)第211号同61年3月17日第2小法廷・民集40巻2号420頁），農地の買主が売主に対して有する都道府県知事に対する許可申請協力請求権の消滅時効期間が経過しても，その後に買主である地方公共団体が当該農地を農地法施行規則7条6号所定の用途に供することを確定した場合には，買主に所有権が移転し，その後にされた時効の援用は効力を生じないと解すべきである」。

本件についても，農地法5条1項4号，農地法施行規則7条6号によれば，市町村が学校教育法1条に規定する学校の敷地に供するため，その区域内にある農地を取得する場合には，農地法所定の都道府県知事に対する許可を要しないから，Yが，昭和62年5月ごろに，本件土地を中学校敷地として使用することを確定した後に，Xから，許可申請協力請求権の消滅時効が援用されたのであれば，本件売買は，みぎ使用目的が確定した時点で当然に効力を生じ，Xは本件土地の所有権を喪失したことになり，許可申請協力請求権の消滅時効は問題とするよちがない，とする。

そこで，Xの消滅時効の援用と本件土地の使用目的の確定の各時点の先後関係について審理判断しなかった原判決には，審理不尽，理由不備の違法があるとして，破棄差戻。

4　農地法5条の許可申請協力請求権の時効消滅

　農地所有権の移転には，農地法3条の許可が必要であるが，許可前であっても売買契約は有効であるから，売主は買主に対して，所有権を移転するために，許可をえたうえで買主に移転登記をする義務がある。この許可申請協力請求権が消滅時効にかかるかについては，最判昭50・4・11民集29巻4号417頁があり，買主が売主に有する知事に対する「許可申請協力請求権は，許可により初めて移転する農地所有権に基づく物権的請求権ではなく，また所有権に基づく登記請求権に随伴する権利でもなく，売買契約に基づく債権的請求権であり，民法167条1項の債権に当たると解すべきであって，右請求権は売買契約成立の日から10年の経過により時効によって消滅する」とした。農地法3条の許可にどの程度重きをおくかにかかる問題であるが，積極説は，実際問題として，契約成立後，10年も許可申請協力請求権を行使しなかった買主を保護する必要はないことをも理由とする（田尾桃二・判解民昭50年18解説150頁）。

　もっとも，みぎ判決までは，許可申請協力請求権は，許可があった場合に取得する土地の所有権にもとづく物権的請求権に随伴するものであり，消滅時効の適用がないとする消極説もみられた（東京高判昭47・7・31判時679号18頁）。

5　農地法5条の許可と現況主義

(1)(ア)　しかし，このような知事の許可手続が不要とされる場合がある。

　第1は，本件でみられたような例外規定の適用の場合である。農地法が権利の移転等について原則として都道府県知事の許可を要するとしながら，「農地法施行規則7条6号に定める要件を備える場合に例外として許可を不要としたのは，公共の利益となる事業のための農地の利用に係る権利移転等については規制をする必要がないと認められることによるもの」（本件判決）である。

　農地法3条の権利の移転制限は，当初は，農地改革の成果を保持し地主制の復活を防ぐために，厳格な制限をおいていたが，その後は，構造改善のために，農地の流動化，土地利用の効率化への誘導が図られた。昭和45年の改

正は，その一環であった（加藤一郎・農業法〔1985年〕138頁）。公共目的の権利移転もその過程でいれられたものであるし，もともと農地改革の理念とは無関係のものである。

　第2に，実際問題として重大なのは，農地の現況主義による例外である。すなわち，農地のいわゆる現況主義から，農地が非農地化した場合には，農地法5条の許可の対象から外れ，売買契約は許可なしに効力を生じるとするのが判例である（最判昭35・3・17民集14巻3号461頁）。農地かどうかは，帳簿の記載によってではなく，その土地の事実状態によって決定されるのを原則とするからである。学説も，すでに転用された農地を農地であるといっても，これがもとの農地に戻るわけでもなく，許可なしに事実上転用されてしまったときには，罰則で取り締まるだけで（農地83条の2，93条3号），農地でなくなったものとして取り扱うほかはないとする（加藤・前掲書118頁，165頁）。もっとも，地目が農地となっていれば，権利移動についての許可書がなければ移転登記はできないから（不登35条1項4号の書面），判決による場合（同27条）以外は，事実上登記が制限される。

　とくに昭和40年代以降には農地の宅地化が問題となることが多く，たとえば最判昭42・10・27民集21巻8号2171頁は，売主であるYが「売買後に本件土地に土盛りをし，地上には建物が建築され，そのため本件土地が恒久的に宅地となっ」たことから，Xが，Yに対して残代金と引換えに，所有権移転登記を求めた事件である。判決は，「土地は農地の売買契約の締結後に買主の責に帰すべからざる事情により農地でなくなり，もはや農地法5条の知事の許可の対象から外されたものというべきであり，本件売買契約の趣旨からは，このような事情のもとにおいては，知事の許可なしに売買は完全に効力を生ずるものと解するを相当」とし，買主からの売主に対する移転登記の請求を認めた（本件につき，鈴木重信・判解民昭42年96解説536頁。しかし，学説は宅地化にだれが原因を与えたかという主観的な理由ではなく，農業政策という公益的見地から，農地が非農地化されたことに適当な客観的状況があれば，知事の許可を要しないとし，比較的批判的である。中尾秀俊・民商58巻6号880頁，宮崎俊行・民商63巻1号107頁，判評119号110頁，平井宜雄・法協85巻10号1439頁）。同旨の判決として，最判昭44・10・31民集23巻10号1932頁，最判昭45・11・26判時617号48頁などがある。

自然に農地でなくなった場合だけでなく，売主がみずから許可を要しない状態にしたときに，許可がないことによって売買の無効を主張しえないとするものもある。一種のクリーンハンドの原則の適用といえる（千種秀夫・判解民昭44年58解説576頁）。

(イ)　他方，買主が農地を宅地化した場合には，みずから違反行為をした買主は，5条の許可なしに売買契約が効力を生じたと主張することはできず，売買契約は許可のないかぎり無効とされる（加藤・前掲書166頁。鈴木・前掲論文541頁は，昭和42年の最高裁判決もこの考えとする）。しかし，現況主義を徹底して，農地でなくなった場合には，売買が効力を生じるとの見解をまったく否定するものかについては疑問もあり，たとえば，最判昭50・11・28判時805号63頁は，売主，買主のいずれの主張も，土地の宅地化を前提としているとして，売買契約が許可なしに効力を生じる可能性を認めて，市街化調整区域に属する農地が宅地化された場合にも売買の無効を認めた原判決を破棄した（なお，最判昭52・2・17民集31巻1号29頁は，実質的には許可があった場合に関する）。この問題は，脱法行為の防止と買主の保護の調整に帰せられよう。

(2)　この現況主義と時効の援用の関係については，最判昭61・3・17民集40巻2号420頁があり，知事に対する許可申請協力請求権の消滅時効期間が経過しても，その後に農地が非農地化した場合に，買主に所有権が移転し，非農地化後にされた時効の援用は効力がないとした。

AがBに売却した農地の買主の地位を譲受したCの相続人Xが，Aの相続人であるYに対して所有権移転登記を求めた事件である。売買の当時は農地として耕作されていたが，その後，非農地化した。最高裁は，民法167条1項は「債権ハ十年間之ヲ行ハサルニ因リテ消滅ス」と規定しているが，他方，145条，146条によって，時効による権利消滅の効果は，当事者の意思をも顧慮して生じさせることとしているから，時効による債権消滅の効果は，時効期間の経過とともに確定的に生じるものではなく，時効が援用されたときにはじめて確定的に生じるとし，「農地の買主が売主に対して有する県知事に対する許可申請協力請求権の時効による消滅の効果も，10年の時効期間の経過とともに確定的に生ずるものではなく，売主が右請求権についての時効を援用したときにはじめて確定的に生ずるものというべきであるから，右時効

の援用がされるまでの間に当該農地が非農地化したときには，その時点において，右農地の売買契約は当然に効果を生じ，買主にその所有権が移転するものと解すべきであり，その後に売主が右県知事に対する許可申請協力請求権の消滅時効を援用してもその効果を生ずるに由ないものというべきである」とした。

この判決は，時効の効果の発生時点を論じ，時効の効果は完成によって確定的に生じるのではなく，援用されたときにはじめて確定的に生じるとの不確定効果説をとったものであり，最高裁が大審院の確定効果説を修正した意義をもつものと位置づけられている（柴田保幸・判解民昭61年10解説175頁，松久三四彦・民商96巻1号114頁以下，119頁参照）。

時効に関する停止条件説をとると，時効の援用がないと，時効期間の満了のみでは請求権は消滅しない。同判決はこれによる。実質的にも，代金の支払をうけながら，請求権が10年の時効にかかったというだけで，しかも非農地化した土地について私法上の権利が覆滅されるのは不合理であるからである。

ここでは，時効が援用されるまでの間に非農地化して，売買契約が当然に効力を生じるのであれば，買主にその所有権が移転し，その後に売主が右県知事に対する許可申請協力請求権の消滅時効を援用してもその効果を生じないとして，売買契約による効力を認めている。

しかし，この判決の論理は，時効が援用されていないから許可申請協力請求権があるといい，援用（のないこと）だけが，かえって許可申請協力請求権の存続の唯一の根拠とされている点に危うさが残る。不確定効果説だけが，売買契約の効力を肯定する基礎となっているのである。おそらく論理的には，許可申請協力請求権の消滅時効を否定するか，遡って，許可なしにも売買契約の効力が生じるとする方がすっきりするであろう（本件は，売買契約だけで，農地の所有権が移転するとする範囲で，従来の判例を微調整したものとも位置づけうる）。しかし，従来の判例のわく組みを維持することと，本件の特殊性から，以下の考量が必要となる。

6　農地法5条1項4号，農地法施行規則7条6号
(1)　本件は，非農地化ではなく，法律の変化によって知事の許可が不要に

なった場合であるが，知事の許可が不要なのは，売買契約後に学校にすることが確定した場合でも同じであり，昭和61年判決につらなるものといえる。もっとも，本件では，たんに法律の変更だけでなく，変更された法律に従って学校敷地に指定されることまでが必要である。昭和61年判決に従うと，許可が不要になった後にされた時効の援用は効力を生じないことになる。

　農地法の解釈（これにも争いのよちがあるが）との連続性からすると，買主に責に帰すべき事由がある場合に例外の可能性があるが，法律の変更の場合であり，この点には問題がない。しかし，時効の援用のあとで，Yが使用目的を確定して許可を不要としたのでは不当と思われるので，Xの消滅時効の援用後には，許可が不要になるような使用目的の確定があっても，許可が不要となったことを対抗しえないとする制限は必要であろう。

　(2)　原判決は，より狭く解している。改正法令の施行のまえに，「許可を要しない」要件を具備していることも必要とする。「具体的に使用目的が確定し，それが許可を要しない場合に該当するに到ったときは，同改正法令の施行によって，同契約は，許可を要しない無条件の契約に転換する」。そして，これを具備せずに，いったん時効が完成してしまえば，その後，法令の改正によって許可を要しない状態になったからといって，所有権を取得しえないことに確定した契約が有効に転換することはない，とする。すなわち，有効になるためには，時効完成まえに，学校敷地として確定し，許可不要な状態になっていなければならないとする。売買契約が無条件になる場合についての理解が狭いのと，時効の完成について，確定効果説的な点が最高裁とは異なる（なお，原判決は，土地一について，使用目的は，買収当時は具体的に確定していなかっただけではなく，「昭和62年4月の紛争発生に至って使用目的を学校敷地とすることにしたというべきである」としており，時効の援用が事実上早かったというニュアンスがみられる）。

　(3)　時効の援用と法令の変更といった調和点をさぐる意味では，また従来の判例の論理の延長としては，最高裁判決のようになろう。実質的な判断としては，代金が全額支払われていること，また，売買契約の効力として所有権が移転するとの原則により忠実なことが考慮されるべきである。

　しかし，この論理によると，買主が学校敷地に指定することによって，時効の効力を免れる結果になり，不公平だとの評価もありうる。一面では時効

制度の趣旨を没却する可能性がある。一般の買主との不公平は否定しえまい。もっとも，農地法の規定そのものが，許可を不要とする範囲で地方公共団体を優遇するものであるから，この点はわりきるほかはない。また，早く指定するとこの優遇規定の恩恵をうけることができることになり，場合によって差が出ることになるが，この点でも，遅く指定することは，それだけ必要性の程度の低いことを意味するから，消滅時効の援用に遅れる結果になることもやむをえまい。なお，時効援用に遅れて指定すると，時効の効果を否定しえないことで当事者の利益が調整されている。

本件判決に対する批判があるとすれば，それは同時に，最高裁昭和61年判決（前掲）にまで遡るべきものであろう。

7 取得時効

なお，争点とはなっていないが，Ｘの保護との関係では，時効取得の成立も想定される。しかし，農地の売買では知事の許可があるまではなおＸが所有者であり（一般的には自己のものの取得時効もありうるが），また，売買契約上の義務として知事に対する許可申請協力義務を負担するＸの善意性，自主占有性に問題が残る。この点は，許可なしには農地所有権が移転しないとの理論を前提にすれば，知事に対する許可申請協力請求権が消滅時効にかかることとパラレルに解するべきであり，同請求権が消滅したときにはじめて取得時効を論じるべきである。

また，逆に，Ｙが占有していたとすれば，その取得時効のよちがあろうが，この点も，農地の売買では知事の許可が必要であり所有権を取得していないことを知っていたときには，所有の意思に問題が残るが，肯定するべきである（なお，追記2の最判平13・10・26は，農地を農地以外のものにするために買いうけた者Ｙの自主占有を肯定した。したがって，自主占有かどうかは，事実の問題というよりも，かなり規範的な判断ということになる。そこで，これとパラレルに，Ｘが占有している場合の自主占有は前述したように限定的に解されることになろう。農地以外のものにするために売却した者の自主占有性は限定されるからである。ただし，本件では相続があり，相続による自主占有への転換があったかは，べつの問題となる）。

〔追記１〕　ドイツにおいても，農地は，不動産取引法（Grundstückverkehrsgesetz（28,7,1961; BGBl.I, S.1091））の適用をうけ，法律行為による土地の譲渡には，ラントの農業省あるいは地区行政庁の認可（Genehmigung）が必要とされる（２条１項）。しかし，連邦またはラントが契約の当事者の一方の場合には，この限りではないとされている（４条１号）。

日本法は，物権変動に原則として意思主義を採用したから，農地法の許可が不要になる場合には，ただちに（意思主義を修正する説によっても，少なくとも代金の支払によって）所有権は移転することになる。本稿の問題は，契約後に許可が不要になった場合にも，この原則にどこまで忠実であるかということに還元される。

〔追記２〕　最判平13・10・26民集55巻６号1001頁は，買主の時効取得のための自主占有を肯定した事例である。現況主義と同じく，買主の取得を肯定する構成の１つとして注目される。ＸがＹに農地を売却し，代金が完済されたが，農地法５条の知事の許可がなく，移転登記もされなかった。その間，ＸがＹから賃借していたことから，Ｙの仮登記の抹消を求めたものである。Ｙは，取得時効を主張した。原審は，許可がないことから，所有権はＸにあるとし，また，Ｙの自主占有を否定した。しかし，最高裁は，農地を農地以外のものにするために買いうけた者は，農地法５条所定の許可を得るための手続が執られなかったとしても，特段の事情のない限り，代金を支払い当該農地の引渡しを受けた時に，所有の意思をもって同農地の占有を始めたものと解するのが相当とした。

「農地を農地以外のものにするために買い受けた者は，農地法５条所定の許可を得るための手続が執られなかったとしても，特段の事情のない限り，代金を支払い当該農地の引渡しを受けた時に，所有の意思をもって同農地の占有を始めたものと解するのが相当である。

これを本件についてみると，Ｙは，本件売買契約を締結した直後に本件農地の引渡しを受け，代金を完済して，自らこれを管理し，その後はＸに管理を委託し，又は賃貸していたのであるから，本件許可を得るための手続が執られなかったとしても，Ｙは，所有の意思をもって本件農地を占有したものというべきである」。

第6篇　建物所有権の譲渡と建物収去請求の相手方（最判平6・2・8民集48巻2号373頁）

1　事　実

(1)　Xは，平成2年11月，本件土地を競売による売却で取得したが，土地上には，本件建物が存在した。建物は，Yの夫であるAの所有であったが，昭和58年5月4日，その死亡によってYが相続により取得してその旨の登記を了している（同年12月2日）。さらに，Yは，昭和58年5月17日，建物をBに250万円で売却したが，登記簿上，建物は，Yの所有名義のままとなっている。

(2)　Xは，建物の所有者はその所有権移転登記を有するYであり，Yが建物を所有することによって本件土地を占有していると主張して，所有権にもとづき建物収去・土地明渡を請求した。これに対して，Yは，Bへの売却によって建物の所有権を失っているから，土地を占有するものではないと抗弁する（占有関係は，必ずしも明確ではない）。Bは，敷地につき何ら権原を主張していない。

(3)　第1審は，Yの主張をいれて，Yが本件建物を所有することによって本件土地を占有しているとのXの主張には理由がないとして，その請求を棄却した。第2審も，同様の理由をもって，その控訴を棄却。Xは，Yが所有権を喪失したとしても，その登記を経由していない以上，所有権の喪失をも対抗できないとして上告した。最高裁は，この上告をいれて，原判決を破棄自判した。

2　判　旨

「1　土地所有権に基づく物上請求権を行使して建物収去・土地明渡しを請求するには，現実に建物を所有することによってその土地を占拠し，土地所有権を侵害している者を相手方とすべきである。したがって，未登記建物

の所有者が未登記のままこれを第三者に譲渡した場合には，これにより確定的に所有権を失うことになるから，その後，その意思に基づかずに譲渡人名義に所有権取得の登記がされても，右譲渡人は，土地所有者による建物収去・土地明渡しの請求につき，建物の所有権の喪失により土地を占有していないことを主張することができるものというべきであり（最高裁昭和31年（オ）第119号同35年6月17日第2小法廷判決・民集14巻8号1396頁参照），また，建物の所有名義人が実際には建物を所有したことがなく，単に自己名義の所有権取得の登記を有するにすぎない場合も，土地所有者に対し，建物収去・土地明渡しの義務を負わないものというべきである（最高裁昭和44年(オ)第1215号同47年12月7日第1小法廷判決・民集26巻10号1829頁参照）。」

「2　もっとも，他人の土地上の建物の所有権を取得した者が自らの意思に基づいて所有権取得の登記を経由した場合には，たとい建物を他に譲渡したとしても，引き続き右登記名義を保有する限り，土地所有者に対し，右譲渡による建物所有権の喪失を主張して建物収去・土地明渡しの義務を免れることはできないものと解するのが相当である。けだし，建物は土地を離れては存立し得ず，建物の所有は必然的に土地の占有を伴うものであるから，土地所有者としては，地上建物の所有者の帰属につき重大な利害関係を有するのであって，土地所有者が建物譲渡人に対して所有権に基づき建物収去・土地明渡しを請求する場合の両者の関係は，土地所有者が地上建物の譲渡による所有権の喪失を否定してその帰属を争う点で，あたかも建物についての物権変動における対抗関係にも似た関係というべく，建物所有者は，自らの意思に基づいて自己所有の登記を経由し，これを保有する以上，右土地所有者との関係においては，建物所有権の喪失を主張できないというべきであるからである。もし，これを，登記に関わりなく建物の『実質的所有者』をもって建物収去・土地明渡しの義務者を決すべきものとするならば，土地所有者は，その探究の困難を強いられることになり，また，相手方において，たやすく建物の所有権の移転を主張して明渡しの義務を免れることが可能になるという不合理を生ずるおそれがある。他方，建物所有者が真実その所有権を他に譲渡したのであれば，その旨の登記を行うことは通常さほど困難なこととはいえず，不動産取引に関する社会の慣行にも合致するから，登記を自己名義にしておきながら自らの所有権の喪失を主張し，その建物の収去義務を

否定することは，信義にもとり，公平の見地に照らして許されないものといわなければならない。」

そして，本件についても，建物の所有者であるYはBとの間で本件建物についての売買契約を締結したにとどまり，その旨の所有権移転登記手続を了していないから，Yは，Xに対して建物の所有権の喪失を主張することはできず，建物収去・土地明渡しの義務を免れない，としたのである。

3 問題の所在

(1) 物権的請求権の相手方は，げんに無権原でその物を占有している者，またはその侵害状態を除去しうべき地位にある者であるとされる（（好美清光）舟橋諄一編・注釈民法⑥55頁，我妻栄＝有泉亨・民法講義Ⅱ266頁参照）。そして，他人の土地上に無権原で建物を所有する者は，その「建物カ存在スル以上」，他人の土地を侵害していることになるので，建物収去・土地明渡請求の相手方となる（大判昭11・3・13民集15巻471頁）。

(2) ここで，建物が譲受人Bに譲渡され所有権が移転しているが，登記名義がなお譲渡人Aにある場合が問題とされる。従来の学説には対立がみられるが，多数説は，譲受人を相手方とするべしとする。これは，物権的請求権の相手方の問題であり，現実に建物を所有し土地を占有している者が土地所有権の侵害者であり，請求の相手方と把握するからである（舟橋諄一・物権法198頁，43頁，柚木馨＝高木多喜男・判例物権法総論234頁，水本浩・不動産取引判例百選56頁）。

しかし，土地所有者Cが，登記なき譲受人Bを不法占拠者と認めることは妨げないが，登記を移転しないAをなお建物の所有者，不法占拠者と認めることもできる（我妻＝有泉・前掲書172頁。我妻・旧版104頁），あるいは対抗問題ではないが，真実の権利者でないから責任をおわされないという譲渡人Aの利益と比較して，責任の相手方が明確であるとの土地所有者Cの利益がより重く，177条の趣旨を拡張してAは，責任のないことを主張しえないとする見解も主張されていた（鈴木禄彌・物権法講義132頁。広中俊雄・物権法244頁参照）。

4 先例との比較

(1) 本判決は，登記ずみ建物の所有者が，これを譲渡したあとも，なお登記名義を保有する場合の関係についての（正面から論じた）はじめての最高裁判決である。

古い裁判例は，これを物権変動の対抗関係の問題ととらえず，土地所有者は，建物譲受人の登記の欠缺を主張しうる「正当ノ権利又ハ利益ヲ有スル」第三者でなく，これに所有権移転を主張するには登記を要しないとし（大判大9・2・25民録26輯152頁），あるいはいったん建物の所有権を譲渡したときには「其ノ移転登記ノ有無如何ヲ問ハス」，譲渡人は「土地ヲ占有セサル」ものであり収去義務をおうものではないとした（大判昭13・12・2民集17巻2269頁。同大判6・10・22民録23輯1674頁）。さもないと，所有者でない譲渡人が譲受人の建物を収去する義務をおい，あるいは真実の所有者である譲受人が収去義務を免れるからであるとする。しかし，大判昭16・12・20法学11巻719頁は，土地の所有者は，建物の譲受人との関係で，「登記の欠缺を主張するに付正当の利益を有する第三者」であり，また譲渡人との関係でも同様と解して，所有権がないことを譲渡人が土地所有者に対して主張しうるとした原判決を破棄差戻した。

(2) 最高裁判決にも，これを対抗問題としてではなく，物権的請求権の問題としてとらえ，「現実に家屋を所有することによって現実にその土地を占拠して土地の所有権を侵害している」譲受人を相手方とするべしとするものがある。もっとも，その旨を判示した最判昭35・6・17民集14巻8号1396頁の事案は，未登記建物が譲渡された場合であった。すなわち，土地所有者Xが，Yに建物収去・土地明渡を請求したが，Yは，かつては建物の所有者であったが，建物を未登記のままAに譲渡したというものであり，「現在においては右家屋に対しては何ら管理処分等の権能もなければ，事実上これを支配しているものでもなく，また，登記ある地上家屋の所有者というにもあたらない」場合であった。そこで，判決は，「Yは現実にXの土地を占拠してXの土地の所有権を侵害しているものということはできない」として，Yに対して物上請求権を行使することはできないとしたのである。すなわち，この事案は，実質的には登記がなく，占有だけが基準となる場合であった（もっとも，Y名義の保存登記があるが，これは譲渡後にXの仮処分申請にもとづき裁判所の嘱託によってなされたものであり，Yの関知するところではない，と認

定されている。ただし，最判昭31・5・25民集10巻5号554頁は，未登記不動産の譲渡後仮処分決定にもとづく裁判所の嘱託により譲渡人のためになされた保存登記も，一般の保存登記と同一の効力を有するとする。金山正信「判例批評」民商44巻1号90頁も対抗関係を否定)。

また，最判昭47・12・7民集26巻10号1829頁では，建物の所有名義はY_1にあるが，同人は実際には建物を所有したことはなく，無断で賃借権を譲受したY_2が建築し，登記だけを妻Y_1にしていた事案である。判決は，「建物の所有権を有しない者は，たとえ，所有者との合意により，建物につき自己のための所有権保存登記をしていたとしても，建物を収去する権能を有しないから，建物の敷地所有者の所有権に基づく請求に対し，建物収去義務を負うものではない」とした。すなわち，この事案は，所有名義人には，所有権が帰属したことがなく，登記に意義はないことから，やはり実質的な所有者を探究するべき場合であった。

したがって，以上の2件の判決は，登記が実質的に機能しえない場合ともいえ，本件とは事案をかなり異にするといえる。本件は，譲渡人が所有者となっておりはじめから登記名義をも有しながら移転しない場合である。本判決も，2つの先例が，本件の判旨と矛盾しないことを指摘する（判示1の部分）。もっとも，さかのぼれば大審院昭和13年判決を修正することは争えない（同判決は，本件とは逆に，譲渡人は移転登記なしには土地所有者に対抗できないとした原判決を破棄差戻して，譲渡人の責任を否定しているからである）。

さらに，最判昭49・10・24判時760号56頁も，最高裁昭和35年判決を引用して，名義を有する家屋譲渡人に対する収去請求は許されないことを前提としている。事案では，Yは，Aから，建物を買いうけ所有権移転の仮登記をしたが，その後，Xが建物の敷地の所有権にもとづき建物の所有名義人であるAに提起していた建物収去土地明渡の訴が，Xの勝訴で確定した。さらに，その後，Yが本登記手続をした場合に，Yは，口頭弁論終結以前に建物収去義務をAから承継していたから，口頭弁論終結後の承継人にあたらないとされたのである（また，最判昭52・12・23判時881号105頁参照）。

5 対抗関係と物権的請求権

(1) ところで，どのような範囲の3者の関係を対抗問題として解決するか

どうかは，従来からかなりの議論があるところである。

すなわち，本件とはパラレルなケースで，①(a)土地所有権の譲渡の場合に関するものであるが，土地が譲渡され，譲受人が賃借人に明渡の請求をするために登記を必要とするかどうかという場合には，判例はこれを対抗関係ととらえ（大判昭8・5・9民集12巻1123頁），賃料の請求をするにも登記を必要とする（最判昭49・3・19民集28巻2号325頁ほか）。これに反し，有力説は，対抗関係は，両立しない物権取得者相互の関係においてだけ問題となり，土地の譲受人と賃借人の地位とは両立するから対抗関係にはないとする（舟橋諄一・前掲書189頁，川島武宜・民法Ⅰ168頁）。(b)他方，判例も，不法占拠者に対する明渡の請求あるいは損害賠償の請求には，登記が必要ではない，とする（大判昭6・6・13新聞3303号10頁ほか）。ここでは，土地を譲受した者は，登記なしに不法占拠者に対抗できる。

②　建物の譲渡の場合についての議論はこの延長にある。不法占拠者が，地主の明渡に対抗するについては，前述4の諸判決があり，登記は基準にならないとしてきた。そこで，判例は，不法占拠者との関係では一貫性があったともいえる。

このように，(1)①(a)で賃借人との関係では登記が基準となる。しかし，(1)①(b)の不法占拠者に対する明渡請求，逆に②不法占拠者が地主の明渡を拒絶するには，登記は基準にならないとするのが従来の理論であった。したがって，必ずしも両者が一致しなければならない必然性はないが，本件は，このうち後者を一部修正したものである。

(2)　さて，本件の場合に，名義人を相手方とするか，現実の所有者を相手方とするかは，結局，登記名義人と，土地所有者の利害の調整の問題に帰着することになろう。さらに，具体的には，建物収去の代替執行の費用の負担の問題に帰着する。

近時の学説あるいは最高裁昭和47年判決，最高裁昭和49年判決の大隅裁判官の反対意見も，登記名義人を相手方とすることを主張するが，本件の問題を177条の対抗関係そのものというわけではなく，たんに対抗関係によって決するのが妥当とする。すなわち，土地所有者は，建物所有権の帰属そのものを争っているのではなく，他人の建物による自己所有の土地の不法占拠を問題にしているのであるから，建物の物権変動について登記の欠缺を主張す

るにつき正当な利益を有する者とはいえず，厳密な意味では177条の第三者には当たらないが，この場合でも，土地所有者がこの請求をするについては，登記が不動産物権変動の公示方法とされているから，公示の原則を尊重し，「移転登記未了の家屋の譲渡人は所有権の喪失をもって第三者に対抗することはできなく，その所有権の変動については敷地の所有者も民法177条にいわゆる第三者にあたるものと解」するべし，とするのである（さらに，94条2項の適用可能性をも指摘）。

そして，本件判決も，建物所有者の変更の場合について，「あたかも建物についての物権変動における対抗関係にも似た関係というべく」として，土地所有者との関係を二重譲渡の3者の対抗関係に擬したものである。そこで，形式的には，最高裁昭和35年・同47年判決とは事案を異にするともいえるが，実質的には，従来の裁判例を修正する意味を有するものである（本件の判例解説である松岡久和・法教168号149頁参照）。

(3) もっとも，建物所有権の喪失を主張できないというためには，建物の譲渡人が，「自らの意思に基づいて自己所有の登記を経由し，これを保有する」ことが必要である，とされている。従来，不法占拠者との関係は，もっぱら建物所有による占有という事実にそくして，物権的請求権の次元で解決されていたのに対して，譲渡人の意思的要素をも考察して，「あたかも建物についての物権変動における対抗関係にも似た関係」を肯定したのである。不法占拠者といっても，①(b)の土地の譲渡では土地の譲受人の登記がもっぱら問題となり，不法占拠者の態様が問題とならないのに反し，建物の譲渡では，不法占拠者の態様が登記の有無を考慮するとかなり違うことに着目したものである。従来の多数説が，「不法占拠者たるや否やは事実上の観念であって登記の有無に直接の関連を有するものでない」ことを理由に，現実に土地を不法に占有しない者にその登記名義人たるのゆえに収去や賠償を請求することを許すべきものではない（柚木＝高木・前掲書234頁），とした見解には対立するものである。

しかし，このような意思的要素も，客観的に判断することになろうから，譲渡人が登記をしていた場合には，対抗に類似した関係として処理され，そうでない場合には，物権的請求権の問題として処理されることになり（松岡・前掲論文は，事案によって登記名義人説と実質的所有者説を使い分けること

を疑問とする），その理論上のバランスや，振り分けが今後の課題となろう。

6　実質的な相違，対抗要件主義との関係

(1)　さて，本件の判決にしたがうと，さらに実質的にも従来の裁判例と異なる結果が生じるか。最高裁昭和35年判決には，以下の批判があった。真実の所有者を相手方とするとすれば，地主はそれを確定しえず，あるいはその探究を強いられ不利益となる（同47年判決の大隅意見もこれを指摘。もっとも，94条の類推適用で善意の土地所有者は保護されるとする）。また，たとえば，譲渡人が，登記をそのままにしておきながら，所有権は譲渡したと主張して，容易に明渡を拒みうることの是非，あるいは譲渡人が未登記のままで二重譲渡したときには，地主の不利益が大きいことなどである（我妻＝有泉・前掲書172頁によれば，Aが他の譲受人Dに建物を譲渡して登記すれば，当初の譲受人Bは遡って所有者たる地位を失う。従来の判例が譲受人Bを収去義務者としたのは，譲渡人A＝名義人には，所有権がないから収去できないことを理由とするが，名義人が，二重譲渡すれば，第2譲受人が取得できるから，Aはなおそのような処分権を保有している，ともいえるのである）。

(2)　他方，これに対する反対は，登記名義人である譲渡人に明渡義務を認めると，所有者でない譲渡人が建物を除去する義務をおうことになり，建物の譲受人に不利益となる。もっとも，最高裁昭和47年判決では，「建物の所有権を有しない者は，たとえ，所有者との合意により，建物につき自己のための所有権保存登記をしていたとしても，建物を収去する権能を有しないから，建物の敷地所有者の所有権に基づく請求に対し，建物収去義務を負うものではない」とする（なお，この判旨に対する執行法上の疑問については，田尾桃二・判例評釈・判解民昭47年296頁参照）。

しかし，本判決を率直に解すれば，名義人に対する判決をもって建物を収去できることを予定したものである。建物譲渡人が，土地所有者と「あたかも建物についての物権変動における対抗関係にも似た関係」になり，譲渡を対抗できないとすれば，建物の譲受人もまた，その所有権の取得を対抗しえないはずであるからである。そのように解すると，名義人を相手方としうるとの見解（我妻説など）による前述した長所が生かされることになり，本判決は，実質的にも従来の裁判例を修正するものとなる。

(3) これによって，登記なくして対抗できない第三者の範囲の拡大が実質的にみられ，なるべく登記によるとの思想がみられ，従来の判例では，必ずしも両立しない物権相互の関係ではないとされるにもかかわらず，賃貸人が変わった場合の賃借人との関係に登記が基準とされたことに近い。反面で，不法占拠者は，取引の当事者ではなく対抗関係に立たないとの理念は狭まり，これは，登記がまったくない場合にのみ生きることになる。

7 本判決の意義・射程

(1) 本判決は，登記にかなり重要な機能を与えている。登記による権利の推定力から，収去義務を導く。自分の意思で登記しているときには，あたかも取引の当事者に立つかごとき地位を承認するために機能している。これが，公示主義を拡大することの問題や不法占拠者に対する関係であることと調和するのか，問題が残ろう。また，登記の機能を重視した結果，土地所有者は，建物の所有名義人を相手方とすることができるということとなり，その善意を前提としないことから，登記による外観保護というにとどまらず，登記を有することに対する禁反言を認めるものとなる（最高裁昭和47年判決の評釈である石田喜久夫・民商69巻4号733頁は，94条2項ないし禁反言の適用を示唆する）。

逆に，そのように登記を重視すると，譲受人Bにも請求できるかが，問題となる。従来の反対説では，所有者として収去を請求できることは当然の前提とされている。そこで，Bにも請求できるとすれば，必ずしも登記だけが基準ともいえないことになり，Yとの関係で，登記を重視したこととの理論的調整が問題となろう。このことと，「対抗関係」が類推にすぎないことを合わせ考えると，本件は，公示主義の重視を指摘しながらも，むしろ実質は，外観保護を超えた信義則，禁反言によって個別的処理を目指すものと位置づけられるべきことになり，また，そうすることで，従来の第三者の範囲に関する理論との衝突をも回避することが可能となる。

もっとも，名義人との関係では，実質的には判例変更ともいえる。占有や所有権の実態関係よりも，登記による抽象的な形式が重視される姿勢が打ち出されている。かりに判例変更とみないとしても，登記中心主義的な考慮がなされる範囲の拡大としては意義がある。対抗関係やそれに類似する関係は，

従来権利の取得の側面で考慮されることが多かったが（例外は，不法占拠者に対する明渡請求である。土地所有権と建物所有との間には，食うか食われるかの関係がないとの見解と対抗関係に準じて考える見解とがある），負担の分配についても対抗関係に類似の関係が認められる。放置自動車や廃棄物の収去費用の負担などで類似する問題について，現実的な意義も大きいであろう。登録名義人が，観念的な所有権を譲渡したと主張するのみで，収去義務を免れることは許すべきではないからである。一面では，所有者責任に類する関係とも位置づけられる（715条参照）。

　(2)　本件事案には，不明な点も多い。たとえば，本件土地の現在の占有状態も必ずしも明確ではない。本判決は，建物の収去義務をおうのが，名義人Ｙであるとしただけであり，建物の現実の占有者がＢであれば，これを退去させるには，建物退去の請求が必要となるが，これはべつの問題である（判決は，ＹＢ間では「契約を締結したにとどま」る，とするだけであり，なおＹが占有しているようにも読めるが，他方「250万円で売り渡した」といい，必ずしも仮装の譲渡ともいえないようである）。

第 3 部　農地改革と東ドイツの土地改革

第1篇 Land Reform in Japan (1945-1951) and in the former East Germany (1945-1949) - The Decision of the German Constitutional Court in April 23, 1991-

I Introduction

1. German Unification and The Private Land System

(a) In October 3, 1990 East and West Germany were reunified after about 40 years of being splits part. After many innovations were adopted and restructuring was partly accomplished, in the former East Germany, entry toward a western market-system and the establishment of capitalism is progressing [1]. Among these changes it is especially important to make clear the property system of land, houses and other installations, because fixed property, which constitutes one of the most important basics of an economic system, was in the hand of the State or People (*Staats- od. Volkseigentum*) in the former East Germany. After unification these public lands are being privatized [2].

There are two ways to achieve private ownership. The first is for public lands to become private lands by way of sale. The second is for public lands to be returned to their former owners prior to the land reform (*die Bodenreform*) of 1945-49, which deprived many owners of their lands, houses or other properties.

Most of the East European countries have chosen the first way. Germany, however, chose the first method only for land that was confiscated before 1949 under the USSR occupation (①). Land confiscated after 1949 under the East German Government shall be returned to the former owners (②)[3].

The process of recovery of land is so complex that it has greatly added to the burden of restructuring of society and the economy of the former East Germany. After reunification the German Government tried to accelerate a return to the private property system. However, the great number of claims for the recovery

I   Introduction

of land has drastically slowed the process, because there is so much land for which an owner cannot be determined [4]. In addition to the problem of land confiscated after 1949 (②, return to the former owners), there is also a problem of land confiscated before 1949, because there is a constitutional question regarding the laws, treaty and regulations (①, no return to the former owners), e.g., whether the effect of Land Reform before 1949 should be preserved.

For the first time on April 23, 1991 the German Constitutional Court (*Bundesverfassungsgericht*) admitted the constitutionality and effectiveness of the law and treaty, although there are still some arguments regarding the decision of the Constitutional Court following the collapse of the USSR [5].

(b) On the other hand the Japanese Supreme Court admitted earlier the legality of Agrarian Land Reform between 1945 and 1951 [6], carried out under the US occupation. While these decisions were reached in the 1950's, the author can find some suggestions from Japanese agrarian land reform. In this paper the author would like to introduce some theories regarding Japanese court decisions and contrast them with the decision reached by the German Constitutional Court.

2. A Comparison of Japan and East Germany

Perhaps the greatest difference separating Japan and East Germany stems from the fact that the former was occupied by the United States (August 30, 1945 to September 8, 1951) while the later was occupied by the USSR (May 8, 1945 to October 7, 1949). In both countries the apparent purpose of land reform was similar (infra II and III), but in actuality they were not. East Germany and the USSR used land reform to establish collective farms or to serve socialistic purposes [7].

In addition, large differences in the way land reform was accomplished began to appear after the occupation. In Japan, the occupation ended in September 8, 1951 with the signing of the San Francisco Peace Treaty, but, two primary laws of agrarian land reform (*The Agrarian Adjustment Law* and *The Law concerning Special Measures for the Establishment of Owner-Farmers*) were not immediately abolished. They remained effective until October 20, 1952. At length the new *Agrarian Land Law* was enacted in October 21, 1952 (Law No.229 of 1952), which still has an effect as the fundamental code of agriculture [8].

In East Germany after the occupation, new laws replaced the land reform laws enacted under the USSR occupation. The purpose of the new laws was the confiscation of property of persons who escaped from East Germany to West Germany [9]. Since East German laws were based mainly on socialistic principles and ideology, they became ineffective after unification. Properties confiscated under the former East German administration are now recoverable (*Restitution vor Entschädigung,* the principle of restitution; infra III 3.) [10].

3. Legal Steadiness of Property in Japan, Unsteadiness in East Germany

In Japan, the decisions of Supreme Court in the early 1950's confirmed that the agrarian land reform which occurred during the occupation should be preserved. There was no change in either the laws or policies during and after the occupation. In fact, the property system for land which was established during the occupation has continued in effect to this day, and it is admitted by most that the confiscation and redistribution of land contributed greatly to Japan's development after the war and to the establishment of capitalism.

In East Germany on the other hand, property confiscations which occurred after 1949 are to be overturned (more than 1,400,000 applications for the recovery of properties by former owners have been filed.). It should also be noted that even if the effect of the confiscations prior to 1949 were not certain until the decision of the Constitutional Court was handed down on April 23, 1991, the generally unsettled situation has hindered economic stability [11].

A court decision which finalizes the problem of the effectiveness of confiscation of property before 1949 seems very necessary to allow the development of economic stability in East Germany. Prior to 1949 the confiscation of land was very large scale; for example, the confiscated lands amounted to 3,225,364 ha., or about one third of the land in East Germay [12]. The decision by the German Court on land reform follows that of the Japanese Supreme Court by almost 40 years. The confiscation of land in both countries are similar, however, in that they occurred during period of occupation and since both countries have now admitted the legality of the confiscations. Despite the differences in time and place, a comparison of the two land reforms may shed valuable light on the processes.

II Agrarian Land Reform in Japan 1945-1951 [13]

1. The Purpose of Land Reform

Japanese agrarian land reform was part of a democratic reformation following World War II. Land reform was undertaken due to the intense overcrowding prior to the war, caused by absentee landowners who did not farm and did not even live within the administrative district of the city or village where the lands were situated [14], which was one of the major causes for the upwelling of Japanese militarism. The landholding system prior to the war caused the sons of many impoverished farmers to join the military in order to survive, and was one of the reasons Japan undertook the colonization of overseas lands.

Land reform was carried out vigorously by US occupation forces following the end of the war. However, even during the occupation, the Japanese Government was in existence and functioned actively. In Germany, the Western Sector was administrated by the Western Allied Forces, while the Eastern Sector was administrated by the USSR. During the occupation the Japanese Government operated under the auspices of the *Supreme Commander for the Allied Powers (Douglas MacArther, 1880 to 1964)*. The US occupation force governed indirectly, so the laws developed under the occupation were formally enacted by the Japanese Diet.

Soon after the war, a GHQ Memorandum (*General Headquarters, Supreme Commander for the Allied Powers*) of December 9, 1945 on "Rural Land Reform" was announced as follows:

"1. In order that the Imperial Japanese Government shall remove economic obstacles to the revival and strengthening of democratic tendencies, establish respect for the dignity of men, and *destroy the economic bondage which has enslaved the Japanese farmer to centuries of feudal oppression,* the Japanese Imperial Government is directed to take measures to insure that those who till

第1篇　Land Reform in Japan (1945-1951) and in the former East Germany (1945-1949)

the soil of Japan shall have a more equal opportunity to enjoy the fruits of their labor.

2. The purpose of this order *is to exterminate those pernicious ills which have long blighted the agrarian structure of the land* where almost half the total population is engaged in husbandry. The more malevolent of these ills include:

a. Intense overcrowding of land.

Almost half the farm households in Japan till less than one and one-half acres each.

b. Widespread tenancy under conditions highly unfavorable to tenants.

More than three-forths of the farmers in Japan are either partially or totally tenants, paying rentals amounting to half or more of their annual crops.

c. A heavy burden of farm indebtedness combined with high rates of interest on farm loans.

Farm indebtedness persists so that less than half the total farm households are able to support themselves on their agriculture income. (etc.)"

According to this memorandum the Japanese Government was directed to submit to the GHQ before March 15, 1946 a program of rural land reform. This program was to contain plans for a transfer of land ownership from absentee land owners to land operators, provisions for the purchase of farm lands from non-operating owners and provisions for the tenant to purchase land at annual installments commensurate with tenant income [15].

2. The Process of Agrarian Land Reform

(a) The First Agrarian Land Reform of December 29, 1945

Soon after the War (October 1945), the Japanese Government proposed an amendement to the *Agrarian Land Adjustment Law,* which was originally enacted in 1938. The new Agrarian Land Adjustment Law (1945 - Law No.64) was proclaimed on December 29, 1945 and was enacted on February 1, 1946. It is known as the *First Agrarian Land Reform.*

Even before the war there was an attempt at land reform in Japan. In 1924 the *Committee for Research of Tenancy* of the Government made plans for a special low interest governmental loan program, to create new owner-farmers and to

II Agrarian Land Reform in Japan 1945-1951

prevent farmers from losing their lands. Ordinances by the Ministry of Agriculture and Forestry encouraging the creation and maintenance of farmers were enacted in 1926 and 1938. But these ordinances were based on the freely concluded contracts between landowners and tenants. The role of the Government was limited to the extent that it loaned to the farmer who wanted to buy land. The transfer of property was in principle made on the basis of a private contract between landowner and tenant [16].

The First Agrarian Land Reform succeeded this old structure. The new Agrarian Land Adjustment Law stipulated that all tenanted land owned by an absentee landowner who had a residence outside the administrative district of the city, town or village, and also tenanted land over 5 chou (= 4.95865 ha.) [17] owned by a presentee landowner who had his address within the administrative district of the city, town or village, were to be sold upon the demand of the tenant and with the conciliation of the Agricultural Land Commission of the city, town or village concerned. The contract and the transfer of the land would be freely concluded by the mutual agreement of the parties. There was even a compulsory transfer system but it was invoked only when the landowner completely rejected the transfer. In the latter case, the Agricultural Land Commission of the city, town or village concerned could bring suit for the decision of transfer to the Agricultural Land Commission of the prefecture (from Art.4 to Art.4-12).

(b) Result of the First Land Reform

This First Agrarian Land Reform program was far from sufficient. In traditional Japanese society in rural areas, it was very difficult to conclude contracts freely and equally between large landowners and tenants by mutual agreement. It was all the more difficult to sue for compulsory transfer. The results of the First Agrarian Refom in 1946 were very slight, amounting to only 118,371 chou (117,392 ha.) [18].

(c) The Second Agrarian Land Reform Program of December 29, 1946

There were many in opposition to the First Agrarian Land Reform Program. Landowners and conservative politicians opposed any form of land reform. But the First Agrarian Land Reform confronted opposition from another source.

第1篇　Land Reform in Japan (1945-1951) and in the former East Germany (1945-1949)

Many people perceived that it was not enough to establish an owner-farmer system in Japan. The strongest opposition was made during discussions at *the Meeting of the Allied Council for Japan*. It was thought the reform efforts were not sufficient [19].

Also, GHQ was not satisfied by the results of the First Agrarian Land Reform [20]. A *Defacto Directive* to the Japanese Government on the *Second Agrarian Land Reform* was issued on July 1, 1946 [21].

The Japanese Government prepared new drafts of a new *Law concerning the Special Measure for the Establishment of Owner-Farmers* and an amendment of the Agricultural Land Adjustment Law. This was accepted on August 14th by GHQ. And on September 7th the drafts were passed in the Diet without any amendments and proclaimed on October 21st (enacted from December 29, 1946 and November 22, 1946). There was some opposition in the Diet, but in fact there was no chance to amend the draft [22].

In October 11, 1946 General MacArthur welcomed this legislation and stated: "The Diet's passage of the Land Reform Bill is *one of the most important milestones yet reached by Japan in the creation of an economically stable and politically democratic society*. It marks the beginning of the end of an outmoded agricultural system that has persisted from time immemorial. If its letter and spirit are faithfully carried out, Japanese farmers will find in it their long awaited Bill of Rights...

While this action of the Diet follows somewhat the pattern generally envisaged in the search for agrarian reform, it penetrates far deeper to root out existing evils than has yet before been attempted in most lands. It thereby at once crystalizes an advanced concept in the liberal treatment of this social evil which throughout history has plagued mankind. For it, Japan may be credited with a contribution which should profoundly and beneficially influence the course of human society. By it, there will be here established the basic policy that those who till the land shall reap the profit from their toil. *There can be no firmer foundation for a sound and moderate democracy and no firmer bulwark against the pressure of an extreme philosophy* [23]."

II Agrarian Land Reform in Japan 1945-1951

3. The Structures of the New Reform Law

The new Law concerning the Special Measure for the Establishment of Owner-Farmers regulated all of the tenanted land owned by an absentee landowner who had a residence outside the administrative district of the city, town or village (Art.3. (1)-1) but also tenanted land over 1 chou (= 0.99173 ha.) owned by a landowner who had his address within the administrative district of the city, town or village (*presentee landowner*), and claimed the right of the government to confiscate without the demand of a tenant (Art.3 (1)-2). Under this Law the maximum area of tenanted land owned by a (presentee) landowner was decreased from 5 chou to 1 chou (in Hokkaido 4 chou)[24]. No land owner could hold more land in total (either by personally farming the land or leasing out the land) than 3 chou (details differ by areas, exceptionally in Hokkaido 12 chou) (Art.3 (1)-3).

In the Second Agrarian Land Reform Programm, the Government was expected to play the main role. Reform lands were to be compulsorily purchased under the plan of the Agricultural Land Commission of the city, town or village concerned. Reform lands were not to be sold directly by the landowner to the tenant, but from the Government to the tenants after compulsory purchase (Art. 6,Art.18). The contract system between the landowner and tenant in the First Agrarian Land Reform Program was abolished. Here it was no longer necessary to have the mutual agreement of both parties.

One years later, an amendement of the Law on December 26, 1947 (No.241) declared that not only agrarian lands but also reclaimed lands came under the jurisdiction of the Law concerning the Special Measure for the establishment of Owner-Farmers (from Article 40-2 to 40-6)[25].

4. Decisions of The Supreme Court of Japan

(a) In the process of agrarian land reform many lawsuits were filed. Among them, the most important were lawsuits challenging the constitutionality of the Land Reform Laws [26]. These lawsuits were based on the new Japanese Constitution, enacted in May 3, 1947, which replaced the old Constitution enacted in 1890.

301

第1篇　Land Reform in Japan (1945-1951) and in the former East Germany (1945-1949)

The Constitution guarantees the right of property in Article 29: "(1) The right to win or to hold property is inviolable.

(2) Property rights shall be defined by law, in conformity with the public welfare.

(3) Private property may be taken for public use upon just compensation therefor."

The constitution also guarantees that in a criminal procedure (in Article 39) "No person shall be held criminally liable for an act which was lawful at the time it was committed, or of which he has been acquitted, nor shall be placed in double jeopardy."

Land reform was attacked as unconstitutional on many grounds. The objectors claimed that it was ineffective legally and in conflict with the Consitution (Art.29). There were many causes: First, compulsory purchase authorized by the Law was not in conformity with the public welfare. Second, compensation under this procedure was not just. Third, the process of land reform which allowed compulsory purchase based on the facts as of November 23, 1945 and did not admit any changed facts was a kind of retroactive punishment, etc.

Before the decision by the Supreme Court, there were some decisions by lower courts which were concerned with this problem (unconstitutional: Yamagata Dist. Court, December 10, 1947 [27] ; constitutional: Fukuoka Dist. Court, November 5, 1948 Gyousei Saiban Geppopu 10.28; Kofu Dist. Court, May 1, 1950, Gyousei-jiken Saibanreishu 1.4.552 etc.[28])

(b) A decision by the Supreme Court was to be expected, given diverse decisions of the lower courts. In its ruling the Supreme Court of Japan disallowed all of the attacks regarding the constitutionality of the law [29].

① S.C (Supreme Court) Decision November 25, 1953, Saikousaibansho hanreishu [Supreme Court's Decision Reports, civil cases, SCD-Reports] vol.7, no.11, p.1273.

The first problem was the constitutionality of the Law concerning the Special Measure for the Establishment of Owner-Farmers in accordance with Article 29 (3) of the Constitution, which demanded that private property may be taken "for public use". Compulsory purchase of land by the Government is not a public

II Agrarian Land Reform in Japan 1945-1951

service but benefits tenants. However, most of the lower courts ruled the reform was constitutional. The Supreme Court ruled the same.

This decision admitted that compulsory land purchase by the Government promoted the public interest because the Law concerning the Special Measure for the Establishment of Owner-Farmers was based on the public welfare and served the public interest. The decision said that compulsory purchase could be settled by the Agricultural Land Commission and the right of the landowners were restricted for the public welfare. This decision authorized the law on the basis of the public welfare instead of "for public use".

② S.C. December 23, 1953,SCD-Reports vol.7, no.13, p.1523.

③ S.C. October 26, 1955,SCD-Reports vol.9, no.11, p.1690.

The next problem was the constitutionality of the Law concerning the Special Measure for the Establishment of Owner-Farmers in accordance with Article 29 (3) of the Constitution, which demanded that private property may be taken upon "just compensation" therefor. The Law fixed an official price for land. That is, where there was a lease price established by the Land Register Law, the price of a rice field could not exceed 40 times the lease price of the land, the price of other field could not exceed 48 times the lease price of the land (Article 6 (6)). One large problem was whether it was possible that the price officially set by law could be regarded as just compensation when it did not equal the market price. It was usually the case that the official price established by the Law was far less than the market price.

The former decision ② of the court ruled that the price of land in accordance with the Law concerning the Special Measure for the Establishment of Owner-Farmers was constitutional. Since "just" compensation does not mean "complete" compensation but "reasonable" compensation when private property is taken for public use, for the property rights shall be defined by law, in conformity with the public welfare (Art.29 (2)). Then when it is necessary to promote or maintain public welfare, the use or disposal of property shall be restricted. Also the price of property shall be restricted. The latter decision ③ admitted the same on the price fixed by Law on reclaimed land (Law concerning the Special Measure for the Establishment of Owner-Farmers, Art.31 (3)).

④ S.C. May 18, 1949, SCD-Reports vol.3, no.6, p.199.

⑤ S.C. April 25, 1958, SCD-Reports vol.12, no,6, p.91

These decisions relate to Article 39 and Article 29 of the Constitution. The Law concerning the Special Measure for the Establishment of Owner-Farmers provides that the Government can make plans for compulsory purchase based on the facts as of November 23, 1945 (from Article 6-2 to Article 6-5) and admits none of the changed facts thereafter. Opponents insisted that this was a type of retroactive punishment.

But the court decision stated that Article 39 of the Constitution did not apply to civil cases and also that the Law concerning the Special Measure for the Establishment of Owner-Farmers sought to improve the public welfare and did not countervene Article 29 of the Constitution.

(c) There are other decisions of the Supreme Court focussing on the constitutionality of compulsory purchases which were handed down after the occupation period in accordance with the *Agrarian Land Law* (Law No.229 of 1952) and other laws.

⑥ S.C. February 10, 1960, SCD-Reports vol.14, no.2, p.137

The Agrarian Land Law restricted the resolution of the lease-contract on agrarian lands. But this decision stated that it is not unconstitutional and is reasonable as a means of public welfare, even if it restricts the property rights of the landowner.

⑦ S.C. July 12, 1978, SCD-Reports vol.32, no.5, p.946

This decision stated that it is a legislative or political problem and falls under the Diet's discretion whether land confiscated by the Government shall be recovered by law, e.g., by the *Law concerning the Special Measure for the Sale of State Agrarian Lands* (*Law 1971 No.50*), in cases when it was not sold to tenants, or how to set the resale-price to the former owner of the land, which was originally confiscated by the Government. Here there is no constitutional problem.

(d) It is characteristic that these decisions depend on the concept of the "public welfare". These decisions stated that land reform was constitutional because while it indeed ignored the right of property, it was in conformity with the public

II Agrarian Land Reform in Japan 1945-1951

welfare. By appealing to the concept of public welfare or its interest, the decisions overcame the question of constitutionality. There is no decision which refers to the characteristics of land reform under the occupation or the super-constitutional procedure used by the occupation, contrary to the German Decision (infra III). This is the reason why the effects of land reform survived after the occupation (after 1951) without question [30].

There was indeed some arguments, which mentioned those super-constitutional procedures, in the literature, and in the opinions of those opposed to the decision ② (e.g., by Justice *Inoue* and *Iwamatsu*), which insisted on the possibility of the unconstitutionality of the Law in a normal period (e.g., not during an occupation period). They recognized the constitutionality of the law in this period on the basis that land reform was carried out under the initiative of GHQ. This opinion held that the effect of the land reform could only be justified and its effect maintained by the super-constitutional procedure prevailing under the occupation.[31]. But this opinion was not shared by the majority.

5. Results

As a result of agrarian land reform more than 1,933,009 chou (= 1,917,023 ha.) of land (rice fields 1,136,575 chou and other fields 796,434 chou) were compulsorily confiscated by the Government and sold to small farmers [32]. Landowners of confiscated land (individuals) reached 1,250,969 and juridical persons (companies) 142,165. Among this number there were 695 landowners and 227 juridical persons who owned more than 50 chou fields [33]. The Government sold these lands (1,899,269 chou) to 4,747,541 small farmers [34]. The agrarian lands were far better detailed in terms of description and ownership than in East Germany. The lands were mainly confiscated between 1947 and 1948. The next graph shows the amount of confiscated land annually from 1946 to 1950 [35].

Confiscated land totalling 1,933,009 chou (= 1,917,023 ha.) is a very large area in Japan. The total land area of Japan is 37,800,000 ha. but 67 percent (25,260,000 ha.) of Japan is mountains and forests (as of 1989)[36]. Agrarian fields account for only 14 percent [37]. It is better to note that agrarian lands in 1965 amounted to 6,040,000 ha. and in 1991 only 5,204,000 ha.[38]

第1篇 Land Reform in Japan (1945-1951) and in the former East Germany (1945-1949)

Annual Areas of Land Reform (1946–50) (1000 chou)

	1946	1947	1948	1949	1950
Reform areas	118	1177	367	74.8	44.9

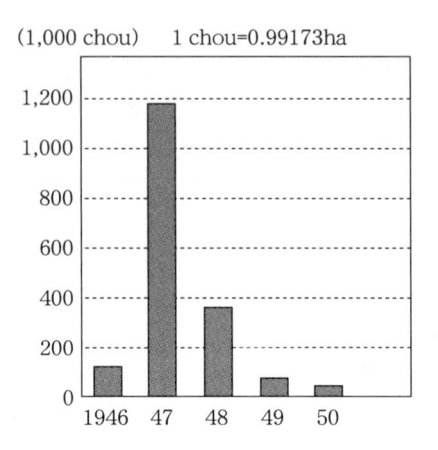

(1,000 chou)   1 chou=0.99173ha

[Bar chart showing reform areas from 1946 to 50]

Composition of Farm Households by tenure status

	owner	owner-tenant	tenant-owner	tenant
1944	1,728,529	1,114,010	1,102,446	1,573,730
1955	4,199,550	1,308,335	284,890	239,310

　Owner owns 90 percent or more of land employed for agriculture; owner-tenant owns 50 to 90 percent; tenant-owner holds the land of which 50 to 90 percent is leased; tenant holds the land of which 90 percent or more is leased.
　In 1955 there were 10790 exceptional farms, which refer to farm households engaged in livestock breeding and sericulture without tilling land or hothouses.

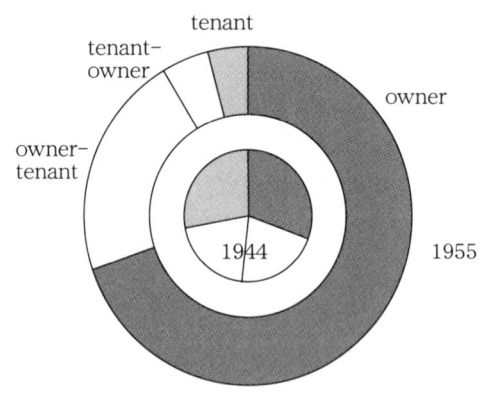

[Donut chart comparing 1944 (inner) and 1955 (outer) composition: owner, owner-tenant, tenant-owner, tenant]

III "Die Bodenreform" in East Germany 1945-1949

1. Confiscation before 1949

(a) Land Reform (*Bodenreform*) in the Soviet occupied zone began from October 1945 on the basis of the *Potsdam Protocol* (August 2, 1945), which agreed: *"völlig Abrüstung und Entmilitarisierung Deutschlands und die Zerschlagung der gesamten deutschen Industrie, welche für eine Kriegsproduktion benutzt werden kann."* (disarmament and demilitarization of Germany, and the destruction of all munitions industries).

The Allied Forces together exercised dominion over all of Germany but each occupation force controlled its own occupied territory on the basis of the Potsdam Protocol. Because of this, there occured different kinds of developement between Western occupied territory and Soviet occupied territory [39].

(b) In Soviet occupied territory an Order of SMAD (*Befehl der sowjetischen Militäradministration in Deutschland*) on confiscation was first promulgated in October 1945. It aimed to remove the feudal and *"junkerlich"* large landownersystem and to give land to the tenants, small farmers and other refugees from the Eastern part of Germany [40]. The lands of war criminals, Nazi leaders and active Nazi supporters, as well as lands owned by a person totalling more than 100 ha. (*Großagrarier*), were confiscated without compensation. A Land-Fund (*Bodenfonds*) was established from the confiscated lands. More than 540,000 people received land from this Fund (each 5 ha. for a total of 2,170,000 ha.) [41]. The rest of the land was designated as the Peoples Property. In addition to land 9,870 enterprises (banks, insurance companies, mines, electric companies etc.), including small handicraft industries and shops were confiscated [42].

The result of the *Bodenreform* is as follows:

第1篇　Land Reform in Japan (1945-1951) and in the former East Germany (1945-1949)

Bodenreform
The number of confiscated lands in "*Bodenreform*" totaled 13,699 and the land area totaled 3, 225, 364 ha. 2, 500, 473 ha of these areas were comprised of 7,112 large farms of than 100 ha. The details of the confiscated land are shown in the nest table and graph.

	private farms over 100 ha	private farms under 100 ha	national lands *	national residential areas	national forests	others
numb	7,112	4,278	1,203	129	373	604
area	2,504,732	123,868	329,123	18,321	161,269	88,051

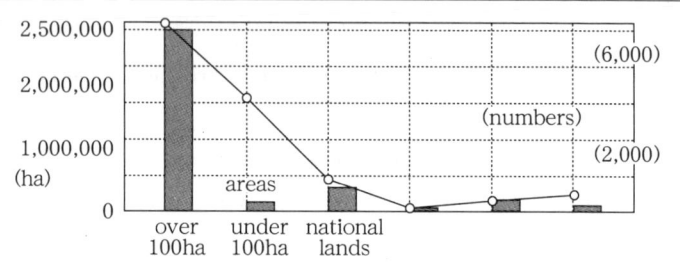

```
2,500,000
                                                          (6,000)
2,000,000

                                            (numbers)
1,000,000
 (ha)                                                     (2,000)
              areas
     0
       over     under    national
       100ha    100ha    lands
```

＊National lands include military areas. The objective of "Bodenreform" includes not only the Federal (*Reich* or *Bund*) lands but also state (*Land*) land. The confiscation of private lands meant a total change of ownership. But in respect of the military land the change in control was sometimes only nominal. After unification about 240,000 ha of land were used for the 380,000 USSR forces, who continued to be stationed in East Germany. (vgl. Repkewitz, Sowjetische Truppen und deutsches Verwaltungsrecht, Verw. Archiv 82 (1991), S.388 (S.389). The station continued till August 31, 1994).

2. Confiscation after 1949

There were also confiscations after 1949. They were carried out by the former East German Government. These were confiscations of the property of persons who escaped from East Germany [43]. There was not only confiscation but also compulsory state control (*staatliche Verwaltung wegen Flucht aus der DDR*), which deprived the property of substantial value. As a result, it is said that properties of more than 1,000,000 citizens of West Germany came under the state control of East Germany. These properties which were confiscated or put into state control served socialistic purposes in collective enterprises (*ex. LPG = landwirtschaftliche Produktionsgenossenschaft.* agricultural collective farm). These restrictions on property continued until democratization in the autumn of 1989 [44].

There were more than 1,200,000 lawsuits after unification (at October 3, 1992)

III *"Die Bodenreform"* in East Germany 1945-1949

which demanded the return of property or decontrol. The total sum of lawsuits amouted to 15,000,000,000 DM (45). There were also about 9,000 suits to recover 12,000 enterprises (46).

3. Regulations regarding the Confiscation

(a) In the process of unification, the return of confiscated property became an unavoidable problem.

So the Joint statement (*Die Gemeinsame Erklärung zur Regelung offener Vermögensfragen,* June 15, 1990) stated as follows. "Bei der Lösung der anstehenden Vermögensfragen gehen beide Regierungen davon aus, daß ein sozial verträglicher Ausgleich unterschiedlicher Interessen zu schaffen ist. Rechtssicherheit und Rechtseindeutigkeit sowie das Recht auf Eigentum sind Grundsätze, von denen sich die Regierungen der Deutschen Demokratischen Republik und der Bundesrepublik Deutschland bei der Lösung der anstehenden Vermögensfragen leiten lassen. Nur so kann der Rechtsfriede in einem künftigen Deutschland dauerhaft gesichert werden.

Die beiden deutschen Regierungen sind sich über folgen Eckwerte einig:

1. *Die Enteignungen auf besatzungsrechtlicher bzw. besatzungshoheitlicher Grundlage (1945 bis 1949) sind nicht mehr rückgängig zu machen.* Die Regierung der Sowjetunion und der Deutschen Demokratischen Republik sehen keine Möglichkeit, die damals getroffenen Maßnahmen zu revidieren. Die Regierung der Bundesrepublik Deutschland nimmt dies *im Hinblick auf die historische Entwicklung* zur Kenntnis. Sie ist der Auffassung, daß *einem künftigen gesamtdeutschen Parlament* eine abschließende Entscheidung über etwaige staatliche Ausgleichsleistungen vorbehalten bleiben muß."

The rule mentioned here is that no confiscation under Soviet occupation between 1945 to 1949 shall be voidable. West Germany accepted this result with regard to the historical development.

Contrary to confiscations prior to 1949, it is said that confiscations after 1949 can be recoverable.

"*2. Treuhandverwaltungen und ähnliche Maßnahmen mit Verfügungsbeschränkungen über Grundeigentum, Gewebebetriebe und sonstiges Vermögen sind*

第 1 篇　Land Reform in Japan (1945-1951) and in the former East Germany (1945-1949)

aufzuheben. Damit wird denjenigen Bürgern, deren Vermögen wegen Flucht aus der DDR oder aus sonstigen Gründen in eine staatliche Verwaltung genommen worden ist, *die Verfügungsbefugnis über ihr Eigentum zurückgegeben."* (3.-14 [omitted])

This Joint Statement became a part of the Unification-Treaty (Art.41 I and its suppplementary provision III, BGBl.1990, II S.123f.). *Einigungsvertrag,* Art.41 (1) says :"Die von der Regierung der Bundesrepublik Deutschland und der Regierung der Deutschen Demokratischen Republik abgegebene Gemeinsame Erklärung vom 15.Juni 1990 zur Regelung offener Vermögensfragen (Anlage III) ist Bestandteil dieses Vertrages."

(b) Two new laws were enacted to realise this Joint Statement. The first is the Law concerning the Application of the Recovery of Property (*Verordnung über die Anmeldung vermögensrechtlicher Ansprüche,* v. July 11, 1990). Any person whose property was confiscated by the laws stated in Article 1 (eight East German laws) can make application for recovery (Art.2). This law does not apply to confiscations by the occupation force (Art.1.(5)(a)).

The second is the Property Law (*Gesetz zur Regelung offener Vermögensfragen* = *Vermögensrecht,* v. September 29, 1990). This law makes it possible to recover property which was confiscated without compensation and listed as the Peoples' Property or put under state control (Art.1 (1), Art.3 (1)). This law also does not apply to confications by the occupation force (Art.1 (8)).

The restrictions on recovery come from the principle of the Joint Statement in 1990 [47].

(c) These laws became West German Law after unification in October 3, 1990 (Unification-Treaty = Einigungsvertrag, Anlage II Kap.III Sachgebiet B: Bürgerliches Recht, Abschnitt I 3,4,5).

4. The Question of the Constitutionality of the Laws and Treaty

(a) After unification, the Constitution of West Germany (*Grundgesetz*) was applied also to areas of the former East Germany (Unification-Treaty, Art.3).

At the same time the Unification-Treaty amended the Constitution as follows. Art.4 of the Unification-Treaty

"Das Grundgesetz für die Bundesrepublik Deutschland wird wie folgt geändert: 1.-3...

4. Der bisherige Wortlaut des Artikels 135a wird Absatz 1. Nach Absatz 1 wird folgender Absatz angefügt:

《(2) Absatz 1 findet entsprechende Anwendung auf Verbindlichkeiten der Deutschen Demokratischen Republik oder ihrer Rechtsträger sowie auf Verbindlichkeiten des Bundes oder anderer Körperschaften und Anstalten des öffentlichen Rechts, die mit dem Übergang von Vermögenswerten der Deutschen Demokratischen Republik auf Bund, Länder und Gemeinden im Zusammenhang stehen, und auf Verbindlichkeiten, die auf Maßnahmen der Deutschen Demokratischen Republik oder ihrer Rechtsträger beruhen.》

5. In das Grundgesetz wird folgender neuer Artikel 143 eingefügt:

《Artikel 143

(1) *Recht* in dem in Artikel 3 des Einigungsvertrags genannten Gebiet [the former East Germany] *kann längsten bis zum 31.Dezember 1992 von Bestimmungen dieses Grundgesetzes abweichen,* soweit und solange infolge der unterschiedlichen Verhältnisse die völlige Anpassung an die grundgesetzliche Ordnung noch nicht erreicht werden kann. Abweichungen dürfen nicht gegen Artikel 19 Abs.2 verstoßen und müssen mit den in Artikel 79 Abs.3 gennanten Grundsätzen vereinbar sein.

(2) *Abweichungen von den Abschnitten II, VIII, VIIIa, IX, X und XI sind längsten bis zum 31. Dezember 1995 zulässig.*

(3) Unbahängig von Absatz 1 und 2 *haben Artikel 41 des Einigungsvertrags und Regelungen zu seiner Durchführung auch insoweit Bestand, als sie vorsehen, daß Eingriffe in das Eigentum auf dem in Artikel 3 dieses Vertrags genannten Gebiet nicht mehr rückgängig gemacht werden.* 》

6... "

These amendment aimed to justify the constitutionality of the Unification-Treaty, the Joint Announcement and the rules that no confiscation before 1949 is recoverable.

(b) In spite of these amendments it was still difficult to eliminate all questions on the constitutionality of the Unification-Treaty and the rules which were regulated by the Joint Announcement and the Law concerning the Application of the Recovery of Property or the Property Law that no confiscation before 1949 is recoverable [48].

The Constitution of West Germany guarantees the right of property (Art.14 (1)), the limit of the change of the Constitution (Art.19 (2), 79 (3)), equality under the law (Art 3 (1)) and legislative power under the Constitution (Art.20 (3)). Materially these next articles are important.

Art.14 (1) *"Das Eigentum und das Erbrecht werden gewährleistet.* Inhalt und Schranken werden durch die Gesetze bestimmt."

Art.19 (2) "In keinem Falle darf ein Grundrecht in seinem Wesensgehalt angetastet werden."

Lawsuits were brought against the law and treaty on the basis of the Constitution.

IV The Decision of the German Constitutional Court, April 23, 1991 [49].

1. The Process

(a) One of the plaintiffs was the heir of his grandfather who was the owner of land in *Sachsen-Anhalt.* The grandfather and his son (the father of the plaintiff) operated a fashionable and ready-made clothier's. The share of the enterprise of the grandfather was confiscated by Order No.124 of SMAD (October 30,1945) in 1946, because he was a Nazi SA branch leader. The confiscated property became a Peoples-Property (*Volkseigentum*). In addition, the enterprise and the land the shop was located on was confiscated later by the Directives to SMAD-Order Nr.64 of April 17,1948.

11 of the plaintiffs were owners or heirs of agrarian lands in the Soviet occupied zone and because of the *Bodenreform* lost their rights. Two of them insisted that they had under 100 ha. land (96 ha. or 86 ha.). Another nine had land between 104 ha. and 1000 ha.

One of the plaintiffs insisted that he was heir to the owner of a factory in *Brandenburg* and the property was confiscated by Order Nr.124 of SMAD.

One of the plaintiffs insisted that he was heir to the owner of 237 ha. agrarian

IV The Decision of the German Constitutional Court, April 23,1991.

land in *Sachsen-Anhalt* and the land was confiscated in the *Bodenreform* [50].

(b) The main point of the appeals stressed the unconstitutionality of the Unification-Treaty which amended the Constitution and provided the grounds for the Laws concerning the Application of the Recovery of Property [51].

The appeals cast blame firstly on the laws and treaty, claiming that they violated the Constitution on the ground that they ignored the guarantee of property rights. Secondly the appeals blamed the laws and treaty on the ground of equality.

In arguing against the appeal the Government insisted on the constitutionality of the laws and treaty on the grounds that the resolution of the property-question between West Germany and East Germany was an unavoidable assumption for unification, which was also a very important constitutional duty of the Government, and that the consent of the USSR which demanded maintainance of the effect of land reform under its occupation was indispensable to unification [52].

2. The Consent of the USSR and the Unification

The decision laid stress on the consent of the USSR as an indispensable condition to allow the unification of the two German States. It was the intention of the USSR to maintain the effects of the confiscation under the occupation by the USSR.

"Aus dem Ablauf der Vertragsverhandlungen im Zuge der Herstellung der staatlichen Einheit Deutschlands und den dazu vorliegenden Materialien ergibt sich im übrigen zweifelsfrei, daß die in Frage stehende Regelung nach dem Willen der Partner des Einigungsvertrages und auch der Sowjetunion, die über die Zwei-plus-Vier-Verhandlungen am Einigungsprozeß beteiligt war, in diesem Sinne zu verstehen ist. In der mündlichen Verhandlung haben Bundesminister Dr. Kinkel und Ministerpräsident a.D. de Maizière, die beide maßgeblich an den Vertragsverhandlungen beteiligt waren, bestätigt, daß *insbesondere auch die Aufrechterhaltung der durch die Bodenreform geschaffenen Eigentumsverhältnisse eine zentrale Forderung der Deutschen Demokratischen Republik bildete. Diese Forderung entsprach der Position der Sowjetunion.* Dies ist in der mündlichen Verhandlung durch die Angaben von Staatssekretär Dr. Kastrup bestätigt

第1篇　Land Reform in Japan (1945-1951) and in the former East Germany (1945-1949)

worden und ergibt sich im übrigen aus der von der sowjetischen Regierung am 27.April 1990 durch TASS veröffentlichten Erklärung sowie dem Aide-mémoire, das der deutschen Botschaft in Moskau am 28.April 1990 übergeben worden ist [53]."

This was also one of the main object of the Government. "Bei den Verhandlungen zur Wiederherstellung der deutschn Einheit habe sich von Anfang an gezeigt, daß *die Untastbarkeit der Enteignungen in den Jahren 1945 bis 1949 sowohl für die Regierung der Deutschen Demokratischen Republik als auch für die Regierung der Sowjetunion eine nicht negotiable Vorbedingung gewesen sei.* Die Regierung der Deutschen Demokratischen Republik habe sich zunächst generell geweigert, die Wiederherstellung früherer Eigentumsrechte grundsätzlich zu erwägen. Nach ihren Vorstellungen sei ein Ausgleich allenfalls in der Weise in Betracht gekommen, daß für Enteignungen eine Entschädigung in Geld gezahlt werde. Diese Haltung sei von dem damaligen Ministerpräsidenten Modrow in Briefen vom 2.März 1990 an Bundenkanzler Kohl und an den sowjetischen Staats- und Parteichef Gorbatschow dargelegt und näher begründet worden. Erst nach dem sich im Laufe der Verhandlungen herausgestellt habe, daß sich die generelle Ablehnung des Restitutionsgrundsatzes nicht durchhalten lasse, habe die Regierung der Deutschen Demokratischen Republik den Standpunkt bezogen, daß aufgrund völkerrechtlicher Gesichtspunkte jedenfalls *die Enteignungen unter sowjetischer Besatzungshoheit in der Zeit von 1945 bis 1949 nicht zur Disposition der beiden deutschen Staaten stünden. Die sowjetische Regierung habe diesen Standpunkt geteilt* und ihre Auffassung in einer am 27. März 1990 veröffentlichten Erklärung sowie in einem an den deutschen Botschafter in Moskau übergebenen Aide-mémoire vom 28.April 1990 bekräftigt."[54]

3. The Decision in April 23,1991

The decision in April 23,1991 of the Constitutional Court admitted the constitutionality of the laws and treaty on unification, which did not allow the demand to recover property confiscated in 1945-49. The grounds are as follows [55].

(a) Art.143 (3) of the Constitution (GG = Grundgesetz) which was amended by Art.4 No.5 of the Unification-Treaty is in conformity with Art 79 (3). The

IV The Decision of the German Constitutional Court, April 23,1991.

formal reasoning is as follows:

"Das von der Bundesregierung eingeschlagene Verfahren, 《beitrittsbedingte Änderungen des Grundgesetzes》 im Einigungsvertrag zu vereinbaren mit der Folge, daß der Bundestag darüber nur in Form eines Zustimmungsgesetzes nach Art.59 Abs.2 GG befinde konnte, *hatte seine Rechtsgrundlage im ehemaligen Art. 23 Satz 2 GG in Verbindung mit dem Wiedervereinigungsgebot des Grundgesetzes und war danach verfassungrechtliche nicht zu beanstande* (vgl.BVerfGE 82, 316 [320]). Das Zustandekommen des Einigungsvertrages bildete unter den gegebenen Umständen die Voraussetzung dafür, daß die Chance der Herstellung der staatlichen Einheit Deutschlands genutzt werden konnte. Die Kompetenz der Bundesregierung, einen solchen Vertrag auszuhandeln und darin auch beitrittsbezogene Änderungen des Grundgesetzes aufzunehmen, die sich nach ihrer pflichtgemäßen Einschätzung aufgrund des Verlaufs der Verhandlungen mit der Deutschen Demokratischen Republik und der Sowjetunion als hierzu notwendig erwiesen, *folgt aus ihrer verfassungsrechtlichen Verflichtung, auf die Wiederherstellung der Einheit Deutschlands hinzuwirken* (vgl.BVerfGE 36,1 [18]; 77,137 [149])."(56)

(b) Art 79 (3) GG does not demand compensation for confiscation by a foreign government for which the German Government is not responsible. This is the material reason.

"*Die Enteignungen im Gebiet der sowjetischen Besatzungszone Deutschlands können* unabhängig davon, ob sie unmittelbar von der sowjetischen Besatzungsmacht veranlaßt wurden oder ob den von dieser Besatzungsmacht eingesetzten deutschen Stellen insoweit ein eigener Entscheidungsspielraum zustand, *nicht dem Verantwortungsbereich der dem Grundgesetz verpflichteten Staatsgewalt der Bundesrepublik Deutschland zugerechnet werden*. Die Bundesrepublik hat sich zwar seit jeher im Sinne der Präambel des Grundgesetzes für das ganze Deutschland verantwortlich gefühlt (vgl.BVerfGE 36,1 [16]). *Ihre Staatsgewalt beschränkte sich aber nicht nur tatsächlich, sondern auch staatsrechtlich auf das damalige Gebiet der Bundesrepublik* (Art.23 Satz 1 GG). Eine Verantwortlichkeit der Bundesrepublik Deutschland im Sinne eines Einstehenmüssens für etwaige aus ihrer Sicht rechts- oder verfassungswidrige Maßnahmen der deu-

第 1 篇　Land Reform in Japan (1945-1951) and in the former East Germany (1945-1949)

tschen Staatsgewalt in der sowjetische besatzten Zone bestand danach ebensowenig wie etwa gegenüber Maßnahmen ausländischer Staatsgewalten (vgl. zum letzteren BVerfGE 43,203 [209]). Im übrigen können die Enteignungsmaßnahmen größtenteils schon deshalb nicht am Grundgesetz gemessen werden, weil es zum Zeitpunkt dieser Maßnahmen noch gar nicht in Kraft war.[57]

(c) It is so admitted by German international confiscation law that the method of confiscation used by a foreign Government, including confiscation without compensation, shall be seen as effective as far as the object matter existed in the territory of foreign States. Then it is not possible to argue the result on constitutional grounds.

"Nach deutschem internationalem Enteignungsrecht werden *die Enteignungen eines fremden Staates einschließlich der entschädigungslosen 《Konfiskationen》 grundsätzlich als wirksam angesehen, soweit dieser Staat innerhalb der Grenzen seiner Macht geblieben ist.* Eine Enteigung entfaltet danach Wirkung innerhalb des Hoheitsgebiets des fremden Staates und erfaßt das Vermögen, das zum Zeitpunkt der Enteigung der Gebiethoheit des enteignenden Staates unterlag - Territorialitätprinzip - ."[58]

(d) The Joint Statement refered to the possibility of compensation in the future by Parliament for property which was confiscated by the occupation forces : "Sie [the Government of West Germany] ist der Auffassung, daß *einem künftigen gesamtdeutschen Parlement eine abschlißende Entscheidung über etwaige staatliche Ausgleichsleistungen vorbehalten bleiben muß*" (Joint Statement 1. Sentence 4).

There is, however, still no concrete regulation on compensation for the confiscation of 1945-49. The decision stated only the abstract responsibility of Parliament. That is : Art.3 (1) GG also orders that the lawmakers have the responsibility to enact a compensation regulation which applies to the confiscation by the occupation forces in a supplementary provision III no.1 of the Unification Treaty.[59]

V Conclusion

(1) It can be noticed that in Japan there were land regulations in the occupation period and also that a new *Agrarian Land Law* (*Oct.21,. 1952; No.229*) was enacted after the occupation. Even if there are some amendments added after its enactment, the Law has been effect until now.

The fundamental structure is as follows. First, an absentee landowner who does not reside within the administrative district of the city, town or village wherein the land is situated cannot obtain agrarian tenant land (Art.6-Art.17). In principle any person who owns agrarian lands must cultivate the land himself. Secondly, any transfer of agrarian lands requires permission of the Agricultural Land Commission of the city, town or village concerned (Art.3- Art.5). Thirdly, there are detailed regulations by which the rights of tenants are guaranteed (Art.18- Art.25 and Art.26- Art.32). But there is no longer a direct restriction on the amount of land which a person can obtain, as long as he cultivates the land [60].

Naturally, there no longer occurs the many compulsory purchases of land as was done during 1945-52 under the Occupation (compulsory purchase is still possible, Art.9, Art.33- Art.35, Art.36- Art.43, Art.44- Art.60, Art.61- Art.75 of Agrarian Land Law), but agrarian lands in Japan have escaped the danger of speculation after the war (1945) because of these strict restrictions of ownership as set by the Law, in contrast to other kind of lands, especially in residential areas. On the other hand, the latter suffers sometimes from speculations, and the land prices in the cities of Japan have become the highest in the world. But these restrictions on agrarian lands stem from the character of the agriculture law. This is the reason why the law has survived after 40 years. It contains no ideological character.

(2) It was a misfortune of the former East Germany that it persisted with socialistic ideology and did not develop and adopt an agrarian technical law. It is all the more unfortunate for West Germany that agrarian properties are not yet stable. The effect of the confiscation after 1949 were overturned. In addition,

第1篇 Land Reform in Japan (1945-1951) and in the former East Germany (1945-1949)

the effect of the confiscation during 1945-49 did not become stable until the decision of the court.

The material reasons for admitting the effectiveness and constitutionality of land reform under the occupation are similar, even if there remain some differences between the case in Japan and in East Germany; that is: by the US or by the USSR [61], with (small, sometimes nominal) compensation or without compensation, achieved in the area under the Japanese Constitution or outside the *Grundgesetz*. It is clear that even in the latter the effect of land reform cannot be totally upset. No constitution can guarantee the right of property retroactively and void the sovereignty of the former occupation forces. This resolution seems to serve to stabilize property rights and to provide investments in land [62].

There are some arguments regarding the decision of the Constitutional Court of Germany because it made much of the intention of the USSR at the time of unification. After unification the USSR collapsed, but this fact does not change the situation. It seems difficult to deny the results of the decision [63].

(1) Vgl. *Vertrag über die Schaffung einer Währungs-, Wirtschafts- und Sozialunion zwischen der Bundesrepublik Deutschland und der Deutschen Demokratischen Republik, May 18, 1990.* Art.1,2,10 and 11. Also c.f. Unification Treaty (Einigungsvertrag, August 31, 1990) Art.8,9.

　This paper is partly based on the authors's Japanese thesis on the German Reformation of Property (in Hitotsubashi University Research Series, Law & Politics, vol. 24, pp.3-120, 1993). The author is obliged to Mr. Ronald Siani for polishing the English in this article.

(2) Vgl. *Verordnung über die Anmeldung vermögensrechtlicher Ansprüche, Vermögensgesetz* (infra III) or *Treuhandgesetz* (*June 17, 1990*). About the property system in the former East Germany, vgl. *Rohde* (*hrsg.*), *Bodenrecht, 1976, Kap. 4 Die Entwicklung des Bodenrechts in der DDR* (*Schietsch*); *Westen und Schleider, Zivilrecht im Systemvergleich, 1984, S.300ff.*

　People's property (*Volkseigenes Vermögen*) was, as in other socialist countries, the fundamental form of ownership (Civil Code of the former East Germany, 1971, Art.17-, *das sozialistische Eigentum*). The provision which gave priority of public over individual ownership was eliminated, after the democratization of 1989, in June 28, 1990 (Gbl.I, S.524).

V Conclusion

Properties which are to be privately managed include not only the land or buildings but also other "usufrucht" rights or real rights to immovable, movable, industrial profits, and also credits or bonds. This paper will research only immovable assets, for the object of land reform in Japan, which was one part of the comparison, was limited only to agrarian lands. The reform did not include residential lands or forests, but it is not possible to deny that the land reform was one of the greatest reforms in Japanese history.

Vgl. Vermögensgesetz Art.2 (2): "Vermögenswerte im Sinne dieses Gesetzes sind bebaute und unbebaute *Grundstücke sowie rechtlich selbständige Gebäude und Baulichkeiten, Nutzungsrechte und dingliche Rechte an Grundstücken oder Gebäuden, bewegliche Sachen sowie gewerbliche Schutzrechte, Urheberrechte und verwandte Schutzrechte.* Vermögenswerte im Sinne dieses Gesetzes sind auch Kontoguthaben und sonstige auf Geldzahlungen gerichtete Forderungen sowie Eigentum/Beteiligungen an Unternehmen oder an Betriebsstätten/Zweigniederlassungen von Unternehmen mit Sitz außerhalb der Deutschen Demokratischen Republik."

(3) It is admitted by the Joint Statement of June 15, 1990 (*Gemeinsame Erklärung der Regierungen der Bundesrepublik Deutschland und der Deutschen Demokratischen Republik zur Regelung offener Vermögensfragen*) (Art.1 and 3). The Joint Statement became part of the Unification Treaty (Art.41 (1)).

(4) In March 1992 there were already more than 1,200,000 lawsuits (in 1993, 1,400,000). vgl.III 2.

(5) B*VerfG* (*Bundesverfassunggericht*) *Urteil* von April 23, 1991 (*E 84,90,I, S. 90-132*). The details in infra III 1. - 4.

(6) Infra II 4.

(7) The Land Reform (*die Bodenreform*) was originally based on the Potsdam Protocol and aimed to eliminate the *Nazisystem.* Consequentlly it served for the socialization of society. cf.infra III 1.

(8) There remains provisions also in the present Agrarian Land Law, which set limits to tenanted agrarian lands of an individual (cf.Art. 6-Art.17) and other restrictions on agrarian lands.

(9) There were 12 laws which authorized confiscation.

(10) For example the Application of Recovery of Property Law (*Verordnung über die Anmeldung vermögensrechtlicher Ansprüche, v. 11.7.1990*) and the Property Law (*Gesetz zur Regelung offener Vermögensfragen = Vermögensrecht, v. 29.9. 1990*).

(11) There were two amendments of the Law in 1991 (*Hemmnissebeseitigungsgesetz = Gesetz zur Beseitigung von Hemmnissen bei der Privatisierung von Unternehmen und zur Förderung von Investitionen vom 22.3.1991*) and *1992* (*Das zweite*

第1篇　Land Reform in Japan (1945-1951) and in the former East Germany (1945-1949)

　　Vermögensrechtsänderungsgesetz = Gesetz zur Änderung des Vermögensgesetzes und anderer Vorschriften vom 14.7.1992).

　　Vgl. Fieberg und Reichenbach, *Offene Vermögensfragen und Investitionen in den neuen Bundesländern*, NJW 1991, S.1977; Schmidt-Räntsch, *Die Novelle zum Vermögensrecht*, NJ 1992, S.444.

⑿　Infra III 1. and BVerfGE 84,90,I S,96ff.

⒀　Short descriptions on the history of Land Reform are given in many Japanese texts (e.g. Wagatsuma and Kato, *Nouchiho no kaisetsu* [*Commentary on the Agrarian Land Law*], 1947, pp.1-; Owada, *Nouchi kaikaku no kaisetsu* [*Commentary on the Agrarian Land Reform*], 1947, pp.1-; the same, in C.M. (infra note 15) [*Commentary on the Agrarian Land Reform*], 1982, pp. 9-; Kondo, *Nouchi kaikaku no shomondai* [*Problems of the Land Reform*], 1951, pp.1-; *Nouchi kaikaku kiroku iinkai* [*The Conference of the record on Land Reform*], *Nouchi kaikaku tenmatsu gaiyou* [*Documents on the Land Reform*], 1951, pp. 102-; Kato, Nougyoho [*Rural Law*], 1985, pp. 110-; the same, *Nouchi kaikaku* [*The Agrarian Land Reform*], 1953. etc.

　　In English: Hewes, Laurence, *Japanese Land Reform Program (GHQ, Supreme Commander for the Allied Powers, Natural Resources Section), Report Number 127, 1950* (extracted in C.M. (infra note 15), vol.14, pp.709-.

⒁　It is still the fundamental principle of the Agrarian Land Law that a person who has no address within the administrative district of the city, town or village wherein the lands are situated cannot own agricultural lands, and that even a person who owns agricultural lands and who cultivates the land thereon or whose relative or consort thereof living under the same roof with him cultivates the land ceases to have his address within the administrative district of the city, town or village wherein the lands are situated, he must lose the right to hold the land (Art. 6-Art.17). The presence of the address within the administrative district of the city, town or village wherein the lands are situated is still very important to this day.

　　The developement and the land-system in Japan in the pre War period is concisely and clearly introduced by Norman,E.H., *Japan's Emergence as a Modern State*, 1940, Chap.5.

⒂　*Collected Materials on Land Reform* (C.M. *Nouchi Kaikaku Shiryou Shusei*), vol.14, p.114-116. 3.a-c of the Memorundum.

⒃　Regarding the reformation before the War (1942-45), shortly, Kato, Nougyoho, op.cit. (note 13), pp. 98-109.

⒄　The traditional Japanese measure of "cho⁽ᵘ⁾" differs from time to time. But after the 17th century 1 chou equalled 0.99173 ha.

　　There were many amendments to the Agrarian Adjustment Law, even though

V Conclusion

the law functioned only between 1946 and 1952. The amendments are as follows. August 1, 1938 → January 31, 1946 (No.67); February 2, 1946 → September 10, 1946 (No.64); September 11, 1946 → November 21, 1946 (No.19); November 22, 1946 → December 25, 1947 (No.42); December 26, 1947 → May 31, 1949 (No. 240); June 1, 1949 → June 19, 1949 (No.155); June 20, 1949 → April 30, 1950 (No. 215); May 1, 1950 → February 25, 1951 (No.101); February 26, 1951 → March 30, 1951 (No.5); March 31, 1951 → May 31, 1951 (No.89); June 1, 1951 → September 30, 1951 (No.175); October 1, 1951 → October 20, 1951 (No.222); and it was abolished in October 21, 1952. (cf.details are given in *Wagatsuma (ed.), Kyu-horeishu*, 1968, p.633).

c.f. *Official Gazette, English edition* on the Law May 31, 1949 (O.G.extra 59) and the Law June 20, 1949 (O.G.extra no.84).

(18) The results of the First Agrarian Land Reform Program amounted to only 6.6 percent of the total land reform from 1946 to 1950. cf. graph in II 5., and C.M. vol. 11, p.726.

(19) C.M. vol.14,pp.171-. The first suggestion for land reform in GHQ began soon after the War by the *Atcheson-Frarey Memorandum in October 26, 1945*. (C.M. vol.14, pp.77-). But after November 1945 the *NRS (Natural Resources Section)* took the initiative for land reform in GHQ (C.M. vol.14, pp.96-).

The *Meeting of the Allied Counsul for Japan* discussed the problems of land reform five times (3rd,5th,6th,7th, and 8th Meetings). In the 5th Meeting the *Honorable M.Ball*, Representing the United Kingdom, Australia, New Zealand and India proposed a plan (1.*The average maximum area of land* which may be held by non-operating owners *should be reduced from 5 chou to 3 chou* or possibly less. 2.The method of arranging the transfer should be such as to protect the tenants' interests equally with those of the landlords. 3.The position of tenant farmers should be protected by legislation designed to enforce the following: Fair rents, payment of rents in cash if requested by the tenant, written tenancy contracts. etc.).Cf. ib. vol.14, pp.179-182. Except for point 1, there were no new points in the argument.

Lieutenant General Derevyanko, the member representing the Union of Soviet Socialist Republics made his own proposal. (Ib.,pp.183). The main points are interesting to compare with land reform in Germany and are as follows.

"1. The purchase of extra land in excess of the quota of 5 chou cannot result in the solution of the land program in Japan, as a great many land owners leasing the land, possess exactly from 3 to 5 chou. It will be recalled that in the original draft of the Rural Land Reform submitted by the Japanese Government to the Diet in December 1945, the land quota amounts *not to 5 chou, but to 3*. As is well known, the reactionary Diet turned down the proposal of the Government and in

第1篇　Land Reform in Japan (1945-1951) and in the former East Germany (1945-1949)

the interest of preserving landlord ownership, raised the average quota to 5 chou.

2. *The price of purchasing the land* according to the provisions of the draft is too high for the farmers whose indebtedness, according to the data of the Japanese Government, has decreased, but is far from being eliminated.

3.-4 (1) [ommitted]

4.(2) To effect the alienation and purchase of these lands and their transfer to *the Reserve Land Fund of the Rural Land Reform* on the following conditions: a) The value of the first 3 chou of alienable land should be fully paid at the rate fixed by the State. b) The value of the fourth, fifth, and sixth chou of alienable land should be paid to the owner at half of the rate fixed by the State. c) *All other alienable lands should be transferred to the Land Reserve Fund of the Rural Land Reform free of charge.* d) *All alienated uncultivated lands should be also transferred to the Reserve Land Fund of the Rural Land Reform free of charge.*

4. (3). 5. [ommitted]

6. All transactions concerning sales and purchases, as well as all transactions concerning the transfer of land ownership, by any other means effected by land owners after December 1, 1945, should be considered null and void, and the provisions of the Rural Land Reform should be extended to the land which was the object of such transaction.

7. The Rural Land Reform should be completed by January 1, 1948." (C.M. vol. 14,pp.183-.).

Some of the points which were proposed here are similar to the way land reform (*Bodenreform*) was carried out in East Germany.

At the 6th Meeting *M.Ball* made a detailed proposal on behalf of the British Commonwealth. The main points of the proposal were that the maximum average area of tenant cultivated land which any non-operating landowner may own *should be reduced to 1 chou* and the maximum area which any landowner may own *should be 3 chou* on the average for the islands of Honshu, Kyushu and Shikoku, and 12 chou for Hokkaido (Ib.,pp.186-).

At the 7th Meeting, which was a special Meeting for a discussion on Land Reform, the Chairman, the *Honorable George Atcheson,* Deputy for the Supreme Commander and member representing the United States attacked the Soviet proposal.

"I feel that before we proceed I should offer comment on one aspect of certain of the recommendations made by the Member for the Soviet Union. I feel called upon to offer this comment in order that the Japanese people, who take interest in our proceedings here, may not entertain any doubts whatsoever in regard to Allied policy as it may affect fundamental rights of property or theories of class discrimination. On page 17 of the Minutes of the Meeting of May 29, containing

V Conclusion

recommendations by the Soviet Member, it is recommended under 2 (b) that the owners of certain alienable land be given only half payment, and under (c) and (d) that owners of certain alienable lands *be given no payment*. I submit the opinion that *any suggestions for the expropriation of land or other property without due payment are not in accord with the principles of the Potsdam Declaration. These recommendations are not in accord with the principle of reviving and strengthening democratic tendencies among the Japanese people because they are not in accord with democratic principles. The primary purpose of any truly democratic system is to provide for and safeguard the fundamental human rights, among which is the right to acquire and to possess property*. It was when the peasants of England acquired the right of ownership of land that the dignity of the common man began to assume some semblance of reality. That certain men are rich in property is not justification for depriving them of property without compensation..." C.M. op.cit., pp.199-, pp.200-201.

We can clearly see here the difference in the occupation policy between the US and the USSR.

(20) Ib. p.221. At the 8th Meeting the proposal of the British Commonwealth was adopted after several amendments during the 6th,7th and 8th Meetings. This became the proposal of the Allied Council for Japan for rural land reform and the basis of MacArthur's decision (C.M. op.cit., pp.221-) and *Defacto Directive* to the Japanese Government on the Second Land Reform (ib., p.238).

(21) Ib., p.238.

(22) Ib., pp.385-.

(23) Ib., pp.443-,p.445.

(24) The distinction between Hokkaido and other areas comes from the reasoning that the northern island of Japan, Hokkaido, is relatively cool and not suitable for agriculture.

There were also many amendments of the Law concerning the Special Measure for the Establishment of Owner-Farmers between 1946 and 1952. The amendments are as follows. December 29, 1946 → December 25, 1947 (No.43); December 26, 1947 → May 31, 1949 (No.241); June 1, 1949 → June 19, 1949 (No.155); June 20, 1949 → March 30, 1951 (No.215); March 31, 1951 → May 31, 1951 (No.89); June 1, 1951 → October 20, 1952 (No.175); abolished October 21, 1952. (cf.details are given *in Kyu-horeishu*, op.cit., 1968, p.659).

(25) Cf. C.M. op.cit., vol.14, pp.556-. The land reform of reclaimable Lands was first proposed by a member of the Soviet Union at *the 5th Meeting of the Allied Council for Japan* (4-2 (d)). But there was no progress in the discussion. It was also proposed by the Japanese Ministry of Agriculture and Forestry and was recommended by the NRS in GHQ.

第1篇　Land Reform in Japan (1945-1951) and in the former East Germany (1945-1949)

(26)　There are some comments by GHQ on these lawsuits. cf. C.M. vol. 14,pp.575-.

(27)　This decision astonished GHQ and they worried about the possibility of many lawsuits until the ① decision of the Supreme Court which admitted the constitutionality of the land reform. cf. C.M., op.cit.,pp.575-, pp.581-.

　　On the one hand, land reform was an indispensable part of occupation policy. On the other hand, property right were also an inviolable idea under the new situation of the cold war, which had already begun (Churchill's famous Iron curtain Speech was given on March 3, 1946).

(28)　Also 12 decisions of district courts and 4 decisions of high courts were reported in *Gyousei saiban yoshishu* [Collects of Administrative Decisions, 1947, by the Agricultural and Forestry Department]. These decisions of the lower courts all admitted to the constitutionality of the land reform.

(29)　There are many Japanese comments on these decision of the Supreme Court, especially from the view point of Constitutional Law. The author will not go into detail regarding the technological interpretation of the Constitution but will mention some points in order to compare it with the German case.

(30)　From here there is another problem in that the concept of "public welfare" plays too great a part in our Constitutional Law. There is the danger of abuse of the concept because it is too abstract and wide ranging.

(31)　② S.C. December 23, 1953 SCD-Reports vol.7, no.13, p.1535. The opposite opinions to the decision insisted that the authority of GHQ ended after the Peace Treaty was signed, and that compulsory purchase from a landowner without just compensation was unconstitutional and at just compensation meant equivalent value as the market price (also the opinions of Justice *Mano* and *Saitou*).

　　The author can find a similar opinion in a decision of a lower court (e.g., Shizuoka Dist.Court December 14, 1948 in *Gyousei saiban yoshishu,* op.cit. (at note 28), p.208). This was a decision made during the occupation (in 1948). It admitted the effectiveness of the land reform, not only because the compulsory purchase by the Government was made upon just compensation, but it also strengthened the conclusion for the reason that the Land Reform Laws were enacted under the instructions of the occupation force and set on a super-constitutional basis, and that it was impossible to deny the effect by reason of the Constitution.

(32)　C.M. vol.11, p.35. It should to be noted that in Japan rice fields have far greater value than other kinds of lands because rice fields are irrigated and produce more.

(33)　Ib., p.38.

(34)　Ib., p.43.

(35)　Ib., p.726.

(36)　But no land reform was carried out in forest areas.

(37)　*Nippon, a Charted Survey of Japan, Japanese ed., 1992,* p.55.

V Conclusion

(38) Ib., p.171. & C.M (op.cit., at note (33)). The results are as follows. 28.5 percent of all farmers owned no land before land reform in 1944, but only 3.9 percent owned no land after land reform in 1955. The number of owner-farmers was 31.3 percent in 1944 but 69.6 percent after land reform. 40.2 percent of farmers cultivated their own land and also leased land, but after land reform only 26.5 percent did so (c. f. Bureau of Statistics,Office of the Prime Minister, Japan Statistical Yearbook, 1962, p.71).

(39) Mitteilung über die Dreimächtekonferenz von Berlin (Potsdamer Protokoll), III, A, Politische Grundsätze (Nr.1ff.), B, Wirtschaftliche Grundsätze (Nr.11ff.), in Rechtsstellung Deutschlands, 1989, S.21ff. (S.26); Gesamtdeutsches Institut - Bundesanstalt für gesamtdeutsche Aufgaben (hrsg.), Bestimmungen der DDR zu Eigentumsfragen und Enteignungen, 1971 ; Bundesministerium für gesamtdeutsche Fragen (hrsg.), Die Enteignungen in der sowjetischen Besatzungszone und die Verwaltung des Vermögens von nicht in der Sowjetzone ansässigen Personen, 1962; vgl. Bundesministerium für innerdeutsche Beziehungen, DDR Handbuch, 1985, S.16ff. There are considerable historical descriptions in BVerfGE 84,90,I (April 23, 1991,S.96ff.). Vgl. Sehrig, Innerdeutsche Rechtsbeziehung aus anwaltlicher Sicht, AnwBl 1990, S.299.

(40) Bestimmungen der DDR zu Eigentumsfragen und Enteignungen, a.a.O., S.3; vgl. Papier, Verfassungsrechtliche Probleme der Eigentumsregelung im Einigungsvertrag, NJW 1991, S.193 (194); Kimmnich, Eigentum, Enteignung, Entschädigung, 1976, S.108ff. S.177ff.

(41) The price of land (pro 1 ha.) was about 1,000 to 1,500 kg of rye. It was possible to pay in annual payments over 20 years. (Bestimmungen der DDR zu Eigentumsfragen und Enteignungen, a.a.O., S.22, S.25; Die Enteignungen in der sowjetischen Besatzungszone und die Verwaltung des Vermögens von nicht in der Sowjetzone ansässigen Personen, a.a.O., S.14-15).

(42) Industries (industrielle Betrieb) were about 3,000 (vgl.Steinberg, Die Verfassungsmäßigkeit des Restitutionsausschlusses sowjetzonaler Enteignungen im Einigungsvertrag, NJ 1991, S.1).

(43) 12 laws were enacted. E.g., July 17, 1952 (Vermögenssicherungsverordnung). There was no compensation for these confiscations, but the Supreme Court of the former East Germany admitted the effect (in February 19, 1953, vgl.Geckle/ Lehmann, DDR-Eigentum, 1991, 2.Aufl.,S.20). According to the Bestimmungen der DDR zu Eigentumsfragen und Enteignungen,a.a.O. (at note 39), S.3 says that in the former East Germany there was no judicial control over the administration.

(44) Many properties of citizens in West Germany were confiscated or came under state control, especially after the consolidation of the border area and the construction of Berlin Wall in 1961. (Dornberger, Das Gesetz zur Regelung offener

Vermögensfragen und das Gesetz über besondere Investitionen, DB 1990, S.3154). As a result the amount of confiscated land or land under state control rose from 500,000 to 1,000,000 cases.

In addition, much land was confiscated to build the Berlin Wall which stretched for 170 km. After unification some actions were instituted for the recovery of the land under the former Wall. The Administrative Court of Berlin judged in July 27, 1992 that the suits will be allowed depending on whether the land was compensated for by the East German Government or not. (Eilverfahren.*AZ.:VG 25 A 593-91. vgl.General-Anzeiger July 28, 1992, S.1).* Vgl. Vermögensgesetz, § 1 (1) (a)(b).

State control over the property of persons who escaped from East Germany was first abolished in November 11, 1989 (*Anordnung des Ministers der Finanzen*), which was applied retroactively to July 31, 1989.

(45) Fieberg und Reichenbach, a.a.O. NJW 1991, S.1977 (S.1978); *Geckle/Lehmann, a.a.O.,S.10.*

(46) *Jung und Vec, Einigungsvertrag und Eigentum in den fünf neuen Bundesländern, JuS 1991,714, S.719.*

(47) Concerning this restricion, cf.*Fieberg und Reichenbach, Zum Problem der offenen Vermögensfragen, NJW 1991, S.321 (S.322).*

(48) There are many works on the question of the constitutionality of the Laws and Treaties (also infra note 49).*Vgl. Papier, a.a.O. (at note 40), NJW 1991, S.193 (23.4.1991). Vgl. Böhmer, Verfassungsrechtliche Frage der Enteignung nach der Vereinigung der beiden deutschen Staaten, AnwaltsBl.1991, S.456-461; Steinberg, Die Verfassungsmäßigkeit des Restitutionsausschlusses sowjetzonaler Enteignungen im Einigungsvertrag,NJ 1991, S.1.*

(49) *BVerfGE 84,90,I,S.90-132.* by *Herzog, Grimm, Kühling, Henschel, Söllner, Seibert, Seidl, Dieterich. vgl.NJW 1991, S.1597; DB 1991, S.1007; JZ 1992, S. 200; DVBl 1991, S.575.* There exists some comments on this case. vgl. *Leisner, Das Bodenreform-Urteil des Bundesverfassungsgericht, NJW 1991, S.1569; Badura, Der Verfassungsauftrag der Eigentumsgarantie im wiedervereinigten Deutschland, DVBl.1990, S.1256; Schulze-Fielitz, Der Rechtsstaat und die Aufarbeitung der vor-rechtsstaatlichen Vergangenheit, DVBl.1991, S.893; Arndt, Die Eigentumsgarantie des Grundgesetzes und die eigentumsrechtlichen Regelungen im Einigungsvertrag,JuS 1991, S.73; Maurer, Die Eigentumsregelung im Einigungsvertrag, JZ 1992, S.183;* vgl. *Jung und Vec, a.a.O., JuS 1991, S.714.* This problem holds not only the jurists' but also the public's eye. *Scholz, Die Welt, 30.10.1990; Kilian, Die Welt, 9.5.1990.*

After this case there were more decisions on the assumption that the Unification-Treaty and Law on confiscation are effective. *vgl. BVerfGE 84,286*

V Conclusion

(July 9, 1991) about the interpretation of Vermögensgesetz (Art.5). Also *LG Berlin (7W 1908/91), April 26, 1991, NJ 1991, S.321; BVerfG (1 BvR 915/91),June 24, 1991, NJ 1991, S.507.*
(50) *BVerfGE. a,a,O., S.102-103.*
(51) Ib., S.103-108.
(52) Ib., S.108-111.
(53) Ib., S.114-115. Also S.127.
(54) vgl. Ib., S.109. The decision admitted these arguments. Ib., S.94-96; S.127-128.
(55) Ib., S. 117ff.
(56) *BVerfGE. 84,90,I, a,a,O., S.118ff.*
(57) Ib., S.120ff.,S.122f.
(58) Ib., S.123.
(59) Ib., S.128ff. (III) and S.121.
(60) But materially it is difficult to obtain large amounts of land, because a person who owns agricultural lands must cultivate that land and it is not possible to obtain large tract of land as a tenant.

Gradually after the short period of land reform, restrictions established by the Agrarian Land Law became more and more an obstacle to modernizing the agrarian sector, in terms of securing enough capital to enlarge the business and allowing entry of non-farmers. Establishment of a corporation (any juridical person) to engage in agriculture was also proscribed.

After 1962, amendments of the Law aimed at mitigating these faults (cf. Agricultural Cooperative Law, Art.72-3, Art.72-5). It became possible to establish a juridical person to engage in farming (only 3,700 in 1993). There still remain some restrictions. A limited corporation and an agricultural association can be established but not a joint-stock corporation (ib., Art.73). A juridical person can be established in principle by a person who owns agricultural lands and cultivates the land (ib., Art.,72-16). A juridical farming person can only engage in agricultural work or in an enterprise with agricultural-related work (ib., Art.,72-8). At least half of the company's executives must be persons engaged in agriculture. Other people who are not so engaged cannot invest more than 25 percent of the capital of the firm (ib.,Art.73). These restrictions aim to prevent large enterprises from controlling agriculture.

The Idea of excluding absentee landowners is still an important factor of agricultural policy.

Changing agrarian lands into non-agrarian lands is not allowed without the permission of the prefectural governor (Art.4, Art.83-2). This regulation also aims to protect agrarian lands and agriculture. At present it has become easier to obtain this permission.

第1篇　Land Reform in Japan (1945-1951) and in the former East Germany (1945-1949)

(61) If land reform had been excuted solely by western occupation forces, it would be completely possible to determine its effectiveness. *vgl. BVerfGE. a.a.O., S.111* "Der V. Zivilsenat habe zu der Frage Stellung genommen, ob *die Requisition eines Grundstücks durch die britische Besatzungsmacht* zur Unterbringung von Besatzungsangehörigen im Jahre 1946 oder die Untätigkeit einer deutschen Stelle zwecks Wiederbeseitigung einer solchen Requisition Enteignungen im Sinne des Art.14 GG gewesen seien. Er habe beide Fragen verneint, da der Schutz des Art 14 GG einen auf hoheitlichen Befugnissen beruhenden Eingriff einer deutschen Stelle in das Eigentum voraussetze."

(62) Anyone not sure of receiving the property rights will not invest in land, because investment in land is relatively long term and expensive.

(63) It is important to note that persons who have sought to overturn land reform sometimes base their effort on an aversion to socialistic works. Perhaps the US might have felt the necessity of land reform. (It is said that even the Nazis had a plan for land reform. vgl.*Leisner, Das Bodenreform-Urteil des Bundesverfassungsgericht,* NJW 1991, S.1569). These opinions were influenced by the presumptions of those who undertook the reform.

Vgl. BVerf. GE 94, 12 (Urt. v. 18.4.1996).

Appendix I

Composition of Farm Households

annual changes

	1935	1945	1955	1965	1975	1980
owner	1,732,086	1,728,529	4,199,550	4,538,480	4,160,262	4,028,920
ow-tenant	2,360,430	1,114,010	1,308,335	857,185	605,649	473,021
ten-owner		1,102,446	284,890	157,031	120,110	100,770
tenant	1,518,181	1,573,730	239,310	99,922	55,584	47,503

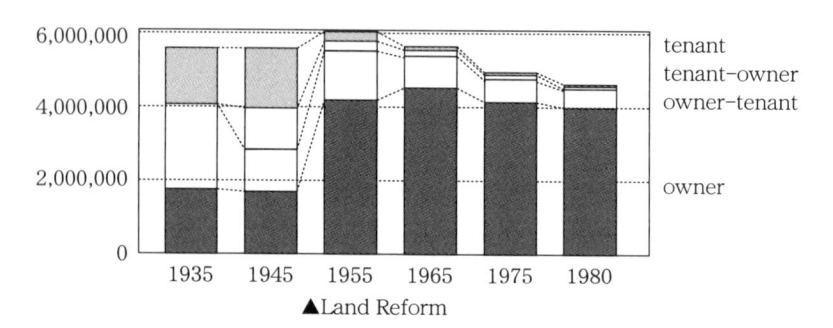

V Conclusion

Appendix II

Farm Households by degree of engamement

The term full-time refers to the households all the members of which were exclusively engaged in their own agriculture. Mainly farming refers to the households earning mainly from their own agriculture. Mainly other jobs, the households earning mainly from other jobs than agriculture.

(Data are generaly based on the Census of Agriculture and Forestry & Japan Statistical Yearbook 1965-2002) .

	1935	1944	1955	1965	1975	1990	2000
full-time	4,164,035	2,067,948	2,105,510	1,218,723	616,432	592,000	426,000
part-time	1,446,572	2,118,239	2,274,410	2,080,663	1,258,719	531,000	
other jobs		1,350,321	1,662,955	2,365,377	3,077,920	2,712,000	1,911,000

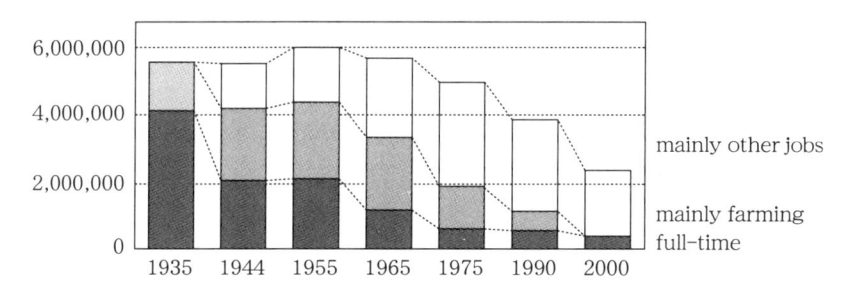

Recently most of the farm households get their income mainly other jobs than agriculture. The full-time households are only 426 000 in 2000.

第2篇　第2判決 (BVerfGE 94, 12 I (Nr.2) ; Urt. vom 18. April 1996)

　基本法143条1項の経過規定は，旧東ドイツ地域に関する法律が基本法の規定に適合していない場合でも，1992年12月31日まで基本法から逸脱することを認める（1項1文）。ただし，その場合でも，19条2項の規定に反してはならず，79条3項の原則と合致しなければならないとする（同項2文）。19条1項は，基本法によって基本権が法律により制限されることを認める規定であるが（Einschränkung von Grundrechten），19条2項は，基本権の本質（ein Grundrecht in seinem Wesensgehalt）が損なわれることを禁止している。また，79条3項は，基本法1条から20条の基本権の変更を禁じており，そのなかには，3条の法の下の平等，14条の財産権の保障が包含されている。

　問題となるのは，1945年から1949年のソ連占領地域における占領高権による収用について，返還の排除（Restitutionsausschluß）を規定する諸法規である。返還の排除規定の合憲性が，いちおう143条3項により担保されるとしても，さらに143条そのものの有効性と適用が問題となるのである。

　第2判決は，このような返還をしない扱いが憲法規範に反しないとして，同趣旨の1991年4月23日の第1判決を確認したものである（Bestätigung von BVerfGE 84, 90）。判決時の憲法裁判所第1部の裁判官は，Seidl, Grimm, Kühling, Seibert, Jaeger, Haas, Hömig, Steinerの8名であった（全員一致の見解）。

　東ドイツ地域の財産権返還の効果は，いわば折衷であって，完全な返還ではない。占領下の収用の効果は維持され，返還されるのは，東ドイツ国家成立後のものだけである。戦後の統治形態が，占領国による直接統治であり，当初から間接統治であった戦後のわがくにの場合とは異なることから，期間による区分が比較的明瞭であることにもよる。しかも，収用の量からすると，占領下のものが圧倒的に多い。他方，返還を求める期待が大きいことから，第2判決が必要となったのである。これに反し，旧社会主義諸国の私有化には，もともと返還を否定して，単純な私有化とする例が多い。技術的・量的に不可能な場合が多いからである。また，社会的な影響も大きく，いわばわが国の農地改革の成果を否定するような

ものだからである。〔本書第1部3篇参照。〕

判決は，37頁にもおよぶ大部なものなので，当事者の表示部分と，判決理由中の当事者の主張部分は，省略する (p.12-30)。

【S.12】 Nr.2 判決要旨である。

Der in Art. 143 Abs. 3 GG für bestandskräftig erklärte Restitutionsausschluß für die in den Jahren 1945 bis 1949 in der sowjetischen Besatzungzone auf besatzungsrechtlicher oder besatzungshoheitlicher Grundlage durchgeführten Enteignungen ist von Verfassungs wegen nicht zu beanstanden (Bestätigung von BVerfGE 84, 90).

Beschluß des Ersten Senats vom 18. April 1996
- I BVR 1452, 1459190 und 2031/94 -

(abgdrückt) 当事者の表示部分である（省略）。

ENTSCHEIDUNGSFORMEL

【S.14】

Die Verfassungsbeschwerden werden zurückgewiesen. 上告棄却

Gründe:

A. (abgedrückt) 当事者の主張部分である（省略）。

【S.30】

B.

Die Verfassungsbeschwerden sind zulässig. 上告受理

I.

Die Beschwerdeführerin des Verfahrens 1 BvR 1452/90 kann die Verfassungsbeschwerde ihres 1993 verstorbenen Vaters fortführen; denn diese dient der Durchsetzung vermögenswerter Ansprüche (vgl. BVerfGE 69, 188 [201]).

【S.31】

II.

Die Beschwerdeführer in den Verfahren 1 BvR 1452/90 und 1 BvR 1459/90 können das Zustimmungsgesetz zum Einigungsvertrag mit der Verfassungsbeschwerde unmittelbar angreifen.

1. Sie haben hinreichend dargelegt, daß sie von den angegriffenen Regelungen betroffen sind.

a) Der Begriff der „Enteignungen auf besatzungsrechtlicher bzw. besatzungshoheitlicher Grundlage", wie er in Nr. 1 Satz 1 der Gemeinsamen Erklärung vom 15. Juni 1990

(Anlage III des Einigungsvertrages) und - mit der Maßgabe des verbindenden „oder" - in § 1 Abs. 8 Buchst. a VermG verwendet und in Art. 143 Abs. 3 GG in Verbindung mit Art. 41 Abs. 1 EV in Bezug genommen wird, ist vom Bundesverfassungsgericht weit ausgelegt worden. Er umfaßt insbesondere auch Fälle, in denen Vermögenswerte zunächst aufgrund des Befehls Nr. 124 der SMAD sequestriert und nachfolgend von deutschen Stellen nach Vorschriften deutscher Rechtsetzungsorgane enteignet wurden. Bei diesen Enteignungsmaßnahmen handelt es sich um solche auf besatzungshoheitlicher Grundlage, weil sie durch Akte der sowjetischen Besatzungsmacht gezielt ermöglicht worden sind und maßgeblich auf deren Entscheidung beruht haben. Diese Einordnung wird weder dadurch ausgeschlossen, daß deutsche Stellen daran einverständlich mitgewirkt haben, noch steht ihr entgegen, daß die Enteignungen nicht zugunsten der Besatzungsmacht erfolgt sind. Selbst Enteignungsmaßnahmen, bei denen die einschlägigen Rechtsgrundlagen exzessiv ausgelegt oder nach rechtsstaatlichen Maßstäben willkürlich angewendet worden sind, beruhten auf besatzungshoheitlicher Grundlage, weil der Besatzungsmacht als nichtdeutscher Staatsgewalt in dieser Zeit noch die oberste Hoheitsgewalt zukam (vgl. BVerfGE 84, 90 [113ff.]).

Die Äußerung des sowjetischen Delegationsleiters bei den Zwei-plus-Vier-Verhandlungen Kwizinskij in seinem Gespräch mit Staatssekretär Dr. Kastrup am 13. August 1990, die Sowjetunion sei in der Enteignungsfrage lediglich mit Blick auf alliierte Entscheidungen besorgt, deutsche Beschlüsse interessierten in diesem Zusammenhang nicht, zwingt nicht zu einer anderen Beurteilung. Denn damit ist nicht gesagt, daß mit „deutschen Beschlüssen" auch diejenigen

【S.32】

Maßnahmen ausgegrenzt werden sollten, die von der Besatzungsmacht ausdrücklich bestätigt wurden (wie zum Beispiel die Industrieenteignungen im Gefolge des SMAD-Befehls Nr. 124 durch den Befehl Nr. 64), sonst ihrem generell oder im Einzelfall geäußerten Willen entsprachen oder von ihr jedenfalls geduldet wurden. Vielmehr sind unter „deutschen Beschlüssen" nur solche Enteignungsakte zu verstehen, die des maßgeblichen Zurechnungszusammenhangs zur Besatzungsmacht entbehrten, etwa deshalb, weil diese die Enteignung ihrer Art nach oder im Einzelfall ausdrücklich verboten hatte. Allein eine daran orientierte Abgrenzung von alliierten - sei es besatzungsrechtlichen, sei es besatzungshoheitlichen - Entscheidungen und deutschen Beschlüssen wird der Rechtswirklichkeit in der sowjetischen Besatzungszone und dem Begehren der Sowjetunion, die Rechtmäßigkeit ihrer Maßnahmen nicht in Frage zu stellen, gerecht.

b) Danach können die Beschwerdeführer von den angegriffenen Regelungen betroffen sein. Enteignungen im Zuge der Bodenreform beruhen ebenso wie Industrieenteignungen, die nach Beschlagnahme gemäß dem SMAD-Befehl Nr. 124 erfolgten und durch den SMAD-Befehl Nr. 64 bestätigt wurden, im dargelegten Sinne auf besatzungshoheitlicher Grundlage (vgl. BVerfGE 84, 90 [113ff.]).

2. Die Beschwerdeführer können - abgesehen von ihrem Vortrag, in ihren Fällen lägen jeweils auch Enteignungsexzesse vor, auf die die angegriffenen Regelungen nicht angewendet werden dürften - auch nicht darauf verwiesen werden, die aufgeworfenen verfassungsrechtlichen Fragen im Rechtsweg vor den Fachgerichten klären zu lassen. Sie haben in substantiierter Weise Gesichtspunkte angeführt, aus denen sie herleiten, das Bundesverfassungsgericht habe in dem Urteil vom 23. April 1991 auf einer unzutreffenden Tatsachengrundlage entschieden. Die Frage, ob dieses Urteil wegen neuer tatsächlicher Erkenntnisse überdacht werden muß, hat allgemeine Bedeutung im Sinne des insoweit entsprechend anwendbaren § 90 Abs. 2 Satz 2 BVerfGG (vgl. BVerfGE 84, 90 [116]).

Dies gilt allerdings nicht, soweit die Beschwerdeführer geltend machen, die Enteignungen beruhten in ihren Fällen auf einem exzessiven Vorgehen der handelnden deutschen Stellen in der sowjeti-

【S.33】

schen Besatzungszone (Verfahren 1 BvR 1459/90) oder dürften aus sonstigen, personenbezogenen Gründen nicht unter die angegriffenen Normen subsumiert werden (Verfahren 1 BvR 1452/90). Das Bundesverfassungsgericht hat in dem Urteil vom 23. April 1991 ausgeführt, daß auch Enteignungsmaßnahmen, bei denen die einschlägigen Rechtsgrundlagen exzessiv ausgelegt oder nach rechtsstaatlichen Maßstäben willkürlich angewendet worden sind, als Maßnahmen auf besatzungshoheitlicher Grundlage angesehen werden können, ohne daraus eine verfassungsrechtliche Beanstandung herzuleiten (vgl. BVerfGE 84, 90 [115]). Ob und inwieweit eine bestimmte Maßnahme unter die angegriffenen Regelungen fällt oder wegen fehlenden Zurechnungszusammenhangs zur Besatzungsmacht nicht von ihnen erfaßt wird, muß danach der Klärung durch die Fachgerichte vorbehalten bleiben. Das gleiche gilt, wenn geltend gemacht wird, das besondere Schicksal eines von den Folgen einer besatzungshoheitlichen Enteignung Betroffenen erfordere zu seinen Gunsten eine ausdehnende Anwendung von Vorschriften, die vergleichbare Lebenssachverhalte beträfen und für diese den Restitutionsausschluß durchbrächen. Insoweit kommt es maßgeblich auf die jeweils im fachgerichtlichen Verfahren zu prüfenden Umstände des Einzelfalls an.

C.

Die Verfassungsbeschwerden sind nicht begründet.

I.

Der Ausschluß der Rückgabe von Vermögenswerten, die in den Jahren 1945 bis 1949 in der sowjetisch besetzten Zone Deutschlands auf besatzungsrechtlicher oder besatzungshoheitlicher Grundlage enteignet wurden (Art. 41 Abs. 1 EV in Verbindung mit Nr. 1 Satz 1 der Gemeinsamen Erklärung vom 15. Juni 1990 [Anlage III des Einigungsvertrages] und § 1 Abs. 8 Buchst. a VermG), ist im Grundgesetz selbst für bestandskräftig erklärt worden. Der verfassungsändernde Gesetzgeber hat dies mit der erforderlichen Mehrheit von zwei Dritteln der Mitglieder des Bundestages und zwei Dritteln der Stimmen des Bundesrates (Art. 79 Abs. 2 GG) in

【S.34】

Art. 143 Abs.3 GG bestimmt. Das Bundesverfassungsricht kann folglich nur prüfen, ob dabei die Anforderungen gewahrt worden sind, die Art. 79 Abs. 3 GG an Verfassungsänderungen stellt. Nach dieser Vorschrift sind Änderungen unzulässig, durch die die in Art. 1 und Art. 20 GG niedergelegten Grundsätze „berührt" werden. Andere Prüfungsmaßstäbe kommen hier nicht in Betracht. Insbesondere scheiden Art. 3 Abs. 1 und Art. 14 GG als unmittelbar anwendbarer Maßstab aus. Sie können nur insoweit herangezogen werden, als Kernelemente dieser Grundrechte zu den in Art. 1 und Art. 20 GG niedergelegten Grundsätzen gehören und sich daher einer Verfassungsänderung entziehen (vgl. BVerfGE 84, 90 [120f.]).

II.

Die angegriffenen Regelungen verletzen nicht Grundelemente des Gleichheitssatzes, die nach Art. 79 Abs. 3 GG unantastbar sind.

1. Zu den grundlegenden Gerechtigkeitspostulaten, die der verfassungsändernde Gesetzgeber unter dem Blickwinkel der Art. 1 und 20 GG nicht außer acht lassen darf, gehören der Grundsatz der Rechtsgleichheit und das Willkürverbot (vgl. BVerfGE 84, 90 [120f.] m.w.N.). Da Art. 79 Abs. 3 GG jedoch nur verlangt, daß die genannten Grundsätze nicht berührt werden, hindert er den verfassungsändernden Gesetzgeber nicht, ihre positivrechtliche Ausprägung aus sachgerechten Gründen zu modifizieren (vgl. BVerfGE 84, 90 [121]).

Solche sachgerechten Gründe hatte der verfassungsändernde Gesetzgeber für die verfassungsrechtliche Absicherung des Restitutionsausschlusses in Art. 143 Abs. 3 GG. Die Gründe für die unterschiedliche Behandlung von Eigentümern, die Vermögenswerte vor 1949, und solchen, die sie nach 1949 durch Enteignungsmaßnahmen verloren haben, liegen in der Ermöglichung der Wiedervereinigung Deutschlands, die im Grundgesetz den Organen der Bundesrepublik Deutschland als anzustrebendes Ziel ihrer Politik verfassungsrechtlich vorgegeben war (vgl. BVerfGE 36, 1 [17]). Im Hinblick auf dieses Ziel und seine überragende Bedeutung durfte dem Restitutionsausschluß für die Enteignungen vor 1949, auch wenn dies von den Betroffenen als schweres Unrecht empfunden wird,

【S.35】

der Vorrang vor einer Gleichbehandlung aller Enteignungen eingeräumt werden. Das gilt um so mehr, als die Interessen der früheren Eigentümer bei einem Scheitern der Wiedervereinigung ebenfalls nicht hätten befriedigt werden können.

Die Einschätzung, ob die Wiedervereinigung in der Tat von der Zustimmung zum Restitutionsausschluß abhing, war Sache der Bundesregierung. Dieser steht im Bereich der Außenpolitik - Gleiches galt für die Deutschlandpolitik im Verhältnis zur Deutschen Demokratischen Republik (vgl. BVerfGE 36, 1 [17f.]) - ein breiter Raum politischen Ermessens zu. Das wirkt sich gerade beim Abschluß von Staatsverträgen aus, deren Inhalt nicht einseitig bestimmt werden kann, sondern von der Übereinstimmung der Verhandlungspartner abhängt. Die Ausübung dieses Ermessens bei der Einschätzung der Verhandlungssituation ist zwar nicht völlig unbegrenzt. Die Grenzen verlaufen aber erst dort, wo die Einschätzung der Bundesregierung nicht mehr als pflichtgemäß anzusehen ist (BVerfGE 84, 90 [127]). Davon kann indes nur dann die Rede sein, wenn sich der Bundesregierung bei den Verhandlungen aufdrängen muß, daß sie von falschen Voraussetzungen ausgeht.

Nur in diesem Umfang kann das Vorgehen der Bundesregierung bei Verhandlungen über Staatsverträge vom Bundesverfassungsgericht nachgeprüft werden. Dagegen ist das Bundesverfassungsgericht weder in der Lage noch befugt zu untersuchen, ob die Bundesregierung den objektiv zur Verfügung stehenden Verhandlungsrahmen richtig erkannt und das in jeder Hinsicht bestmögliche Verhandlungsergebnis erreicht hat. Noch weniger darf es seine eigene Lagebeurteilung an die Stelle derjenigen der Bundesregierung setzen (vgl. BVerfGE 66, 39 [61]). Das gilt auch für die Frage, ob die Bundesregierung im Verlauf der Verhandlungen zur Herstellung der deutschen Einheit durch unnachgiebiges Beharren auf bestimmten Verhandlungspositionen das verfassungsrechtlich verbindliche Ziel der Wiedervereinigung gefährdet hätte und ob sie deshalb mit Blick auf die überragende Bedeutung der deutschen Einheit von diesen Positionen abrücken durfte (vgl. BVerfGE 5, 85 [126ff.]; 12, 45 [51f.]; 36, 1 [17ff.]).

2. Die von der Bundesregierung vorgenommene und bis heute
【S.36】
aufrechterhaltene Einschätzung, sowohl die Deutsche Demokratische Republik als auch die Sowjetunion hätten ihre Zustimmung zur deutschen Wiedervereinigung von der Unumkehrbarkeit der besatzungsrechtlichen und besatzungshoheitlichen Enteignungen abhängig gemacht, kann nach wie vor nicht als pflichtwidrig angesehen werden. Die den Beschwerdeführern bekannten und von ihnen kritisch gewürdigten Erklärungen, die Bundesminister Dr. Kinkel, Ministerpräsident a.D. de Maizière und Staatssekretär Dr. Kastrup in der dem Urteil des Bundesverfassungsgerichts vom 23. April 1991 zugrunde liegenden mündlichen Verhandlung vom 22. Januar 1991 abgegeben haben, stützen weiterhin diese Beurteilung. Denn der Sachvortrag der Beschwerdeführer enthält kein schlüssiges Vorbringen, das den Aussagegehalt dieser Erklärungen erschüttern und zu der Annahme führen könnte, die Einschätzung der Verhandlungspositionen durch die Bundesregierung sei pflichtwidrig gewesen.

a) Dies gilt zunächst für die Verhandlungen mit der Deutschen Demokratischen Republik.

aa) Deren Vorstellungen konnte die Bundesregierung nicht übergehen. Die beiden deutschen Staaten hatten sich für den Weg des Beitritts nach Art. 23 Satz 2 GG alter Fassung sowie dafür entschieden, die Bedingungen des Beitritts vertraglich zu regeln. Wenn die Einheit in geordneter Form verwirklicht und von der Bevölkerung der Deutschen Demokratischen Republik als Ergebnis ihrer Selbstbestimmung akzeptiert werden sollte, mußte die Bundesregierung den Willen der erstmals demokratisch gewählten Volksvertretung und der von ihr gewählten Regierung bei den Verhandlungen ernst nehmen (vgl. BVerfGE 82, 316 [320f.]). Die Nichtberücksichtigung ihrer Vorstellungen hätte jedenfalls der Achtung, die die Bundesrepublik den Deutschen im Beitrittsgebiet schuldete (vgl. auch die beiden letzten Absätze der Präambel des Grundgesetzes in ihrer ursprünglichen Fassung) widersprochen und einen geordneten Einigungsprozeß erheblich gefährden können.

Dieser Beurteilung steht der wirtschaftliche und politische Zustand der Deutschen Demokratischen Republik im Zeitpunkt der Verhandlungen nicht entgegen. Die damals bestehenden Schwierigkeiten waren vielmehr eher geeignet, das Streben nach Durchse-
【S.37】
tzung einiger zentraler Forderungen durch die Vertreter der Deutschen Demokratischen Republik noch zu verstärken. Dafür sind die schwierigen Verhandlungen über

die Sicherung und Nutzung von Stasi-Unterlagen ein anschauliches Beispiel (vgl. dazu Schäuble, Der Vertrag, 1991, S. 277 ff.). Die Grundlagen für eine pflichtgemäße Einschätzung der Verhandlungslage durch die Bundesregierung, die unter großem Zeitdruck vorzunehmen war, werden deshalb durch nachträgliche Deutungen der politischen Verhältnisse, wie sie hier erörtert werden, nicht erschüttert.

Danach kam eine Wiedervereinigung durch bloßes Überleitungsgesetz und ohne vertragliche Festschreibung der Bodenreform, wie sie insbesondere die Beschwerdeführer im Verfahren 1 BvR 1459/90 unter Berufung auf Äußerungen des letzten Außenministers der Deutschen Demokratischen Republik Meckel für möglich zu halten scheinen, nicht in Betracht. Außenminister a.D. Meckel hat in seinen Äußerungen im übrigen ausdrücklich das Interesse der Deutschen Demokratischen Republik daran betont, eine solche Lösung zu vermeiden und die Anerkennung der Bodenreform vertraglich zu sichern.

bb) Die Bundesregierung brauchte auch nicht zu der Einschätzung zu gelangen, der Deutschen Demokratischen Republik sei es am Ende des innerdeutschen Einigungsprozesses nur noch um den Schutz redlich erworbener Eigentums- und Nutzungsrechte ihrer Bürger, nicht dagegen um eine Erhaltung von volkseigenem Vermögen gegangen. Wie Ministerpräsident a.D. de Maizière in der mündlichen Verhandlung vor dem Bundesverfassungsgericht am 22. Januar 1991 ausgeführt hat, hätte sich eine Revision der Eigentumsordnung in der Deutschen Demokratischen Republik zum sozialen Sprengstoff ersten Ranges entwickelt. Deshalb sei es das Ziel der von ihm geführten Regierungskoalition gewesen, nicht nur das sogenannte Bodenreformeigentum im Bereich der Landwirtschaft, sondern die Irreversibilität der Bodenreform insgesamt sicherzustellen. Dieses Ziel wurde, wie sich aus den Redebeiträgen in den Beratungen der Volkskammer ergibt, im Hinblick auf die zu diesem Zeitpunkt noch nicht erreichte vertragliche Absicherung auch dann noch verfolgt, als die Eckwerte in der Gemeinsamen Erklärung der

【S.38】

beiden deutschen Regierungen vom 15. Juni 1990 schon verabredet waren (vgl. Volkskammer, 10. Wahlperiode, 15. Tagung vom 17. Juni 1990, Prot. S. 551 [Abg. Holz]; 16. Tagung vom 21.Juni 1990,Prot. S. 579f.[Abg. Dr. Goepel]).

cc) Nichts anderes gilt für den Einwand, Ministerpräsident a.D. de Maizière sei es nach seiner Darstellung der Verhandlungsposition der Deutschen Demokratischen Republik nur um die Struktur der ostdeutschen Landwirtschaft, nicht dagegen um die Unantastbarkeit gewerblichen Eigentums und der von 1945 bis 1949 vorgenommenen

Industrieenteignungen gegangen. Seinem Redebeitrag vom 22. Januar 1991 ist hinreichend deutlich zu entnehmen, daß sein Anliegen die Festschreibung aller auf besatzungsrechtlicher oder besatzungshoheitlicher Grundlage durchgeführten Enteignungen war. Den Bereich der Landwirtschaft hat er lediglich besonders herausgestellt. Dies entspricht im übrigen auch der Diskussionslage in der Volkskammer der Deutschen Demokratischen Republik (vgl. etwa Volkskammer, 10.Wahlperiode, 4.Tagung vom 20.April 1990, Prot. S. 67 [Abg. Dr. Maleuda]; 16.Tagung vom 21.Juni 1990, Prot. S. 58lf., 584 [Abg. Dr. Ringstorff/Dr. Steinecke]).

dd) Nicht schlüssig dargetan ist auch der Vorwurf, für den Restitutionsausschluß seien ausschließlich fiskalische Interessen der Bundesrepublik Deutschland bestimmend gewesen. Er läßt sich insbesondere nicht mit dem Bericht im Nachrichtenmagazin „Der Spiegel" vom 5. März 1990 belegen. Zwar steht darin, eine Expertenrunde der Bundesregierung sei sich schon damals darüber einig gewesen, Enteignungen von Großgrundbesitz, Großindustrie und Bodenschätzen vor 1949 nicht wieder rückgängig zu machen und die früheren Eigentümer nicht zu entschädigen. In dem Bericht ist jedoch gleichzeitig ausgeführt, Bundeskanzler Kohl sei im Vorfeld der Volkskammerwahl vom 18. März 1990 noch keineswegs sicher gewesen, wie das Thema der Enteignungen im Gebiet der Deutschen Demokratischen Republik bei den Verhandlungen mit dieser angegangen werden solle. Aus dem Bericht kann daher nicht geschlossen werden, daß die Bundesregierung sich die dort wiedergegebene Expertenmeinung zu eigen gemacht hatte.

Auch aus Art. 26 Abs. 4 Satz 2 und Art. 27 Abs. 3 Satz 1 des Ver-
【S.39】
trages über die Schaffung einer Währungs-, Wirtschafts- und Sozialunion vom 18. Mai 1990 läßt sich für den Vorwurf nichts herleiten. Diese Vorschriften behandeln die künftige Verwendung von volkseigenem Vermögen und von Treuhandvermögen, sagen aber nichts darüber aus, daß ein Restitutionsausschluß mit dem Ziel einer solchen Verwendung der von dem Ausschluß betroffenen Vermögenswerte angestrebt und mit der Deutschen Demokratischen Republik dann auch verabredet wurde.

Das gleiche gilt für die Äußerung von Bundesfinanzminister Dr.Waigel bei der ersten Beratung des Gesetzes zu dem Staatsvertrag vom 18. Mai 1990, die Erlöse aus den möglichen Veräußerungen des von der Treuhandanstalt verwalteten Vermögens sollten zum Ausgleich staatlicher Verpflichtungen eingesetzt werden (vgl. Deutscher Bundestag, 11. Wahlperiode, 212. Sitzung vom 23. Mai 1990, StenBer S. 16670 B). Auch die Ausführungen des damaligen Bundesinnenministers Dr. Schäuble (Der Vertrag,

1991, S. 255), durch sein Insistieren habe bei den Schlußarbeiten an der Gemeinsamen Erklärung vom 15. Juni 1990 erreicht werden können, daß in (Nr. 1 Satz 4) dieser Erklärung der Begriff „Entschädigungen" durch den Begriff „Ausgleichsleistungen" ersetzt worden sei und dadurch dem Bundesfinanzminister erhebliche Mehrausgaben erspart geblieben seien, belegen nicht die Annahme, fiskalische Gründe seien das maßgebliche Motiv für den Restitutionsausschluß bei den Enteignungen auf besatzungsrechtlicher und besatzungshoheitlicher Grundlage gewesen. Die fragliche Formulierung betraf nicht mehr die Grundsatzentscheidung über das Ob eines Restitutionsausschlusses, sondern nur noch Folgemaßnahmen dieses Ausschlusses.

ee) Unbegründet ist schließlich der Einwand, die Deutsche Demokratische Republik habe die Forderung nach dem hier angegriffenen Restitutionsausschluß seit dem Inkrafttreten des Verfassungsgrundsätzegesetzes vom 17. Juni 1990 wegen des darin enthaltenen Bekenntnisses zur Rechtsstaatlichkeit und der damit verbundenen Geltung des Willkürverbots gar nicht mehr erheben dürfen. Aus der Sicht der ostdeutschen Verhandlungsführer konnte die besondere Behandlung der von 1945 bis 1949 auf besatzungsrechtlicher oder besatzungshoheitlicher Grundlage durchgeführten Enteignungen

【S.40】

nicht nur mit der dafür gegebenen Verantwortlichkeit der Sowjetunion, sondern auch damit gerechtfertigt werden, daß ohne eine Aufrechterhaltung dieser - nach Zahl, Umfang und Gewicht besonders bedeutsamen - Enteignungen der soziale Friede im Gebiet der Deutschen Demokratischen Republik nicht zu sichern gewesen wäre.

b) Auch in bezug auf die Verhandlungen mit der Sowjetunion liegen keine neuen Erkenntnisse vor, die die Einschätzung der Bundesregierung als pflichtwidrig erscheinen lassen.

Die Verhandlungsposition der Sowjetunion im Zwei-plus-Vier-Prozeß zur Enteignungsfrage war nach den von ihr dazu abgegebenen Erklärungen und den einschlägigen Verhandlungspapieren (vgl.oben A I 2 a) von Anfang an durch zwei Forderungen gekennzeichnet: Das vereinigte Deutschland müsse - erstens - die Gesetzlichkeit Rechtmäßigkeit oder Legitimität der von 1945 bis 1949 in der sowjetischen Besatzungszone durchgeführten Enteignungsmaßnahmen anerkennen. Die Rechtmäßigkeit der Beschlüsse dürfe - zweitens - nicht revidiert werden. Es ist verfassungsrechtlich nicht zu beanstanden, daß die Bundesregierung diese Verhandlungsziele dahin gedeutet hat, von der Sowjetunion werde auch die Unantastbarkeit und Unumkehrbarkeit der genannten Enteignungen gefordert.

aa) Dabei kommt es angesichts des weitreichenden Ermessens in Fragen der auswärtigen Politik nicht darauf an, ob die Deutung der Erklärungen und Verhandlungsunterlagen der Sowjetunion, von der die Bundesregierung ausgegangen ist, die einzig mögliche war. Es reicht vielmehr aus, daß diese Deutung in den Verhandlungsunterlagen eine plausible Stütze findet. Dies läßt sich ernsthaft nicht bezweifeln. Es ist im Gegenteil einleuchtend, wenn nicht naheliegend, die genannten Papiere so zu verstehen, daß die Sowjetunion eine Rückabwicklung der Enteignungen ablehnte, weil sie aus ihrer Sicht die Maßnahmen der sowjetischen Besatzungsmacht nachträglich als rechtswidrig hätte erscheinen lassen. Dafür spricht, daß als Grund für eine umfassende Rückgabe offenkundig nur die Rechtswidrigkeit der Enteignungsmaßnahmen in Betracht kommen konnte und daß deshalb mit einer Restitution Gesetzlichkeit, Rechtmäßigkeit und Legitimität der von der Sowjetunion durchgeführten oder ver-

【S.41】

antworteten Maßnahmen nicht nur im nachhinein implizit in Frage gestellt, sondern letztlich im Sinne der sowjetischen Verhandlungstexte auch revidiert worden wären. Damit aber wäre im Ergebnis gerade das eingetreten, was die Sowjetunion bei den Zwei-plus-Vier-Verhandlungen mit ihren Forderungen und Erklärungen zur Eigentumsfrage unstreitig verhindern wollte. Ihr Verlangen gegenüber der Bundesrepublik, die Gesetzlichkeit, Rechtmäßigkeit und Legitimität der von 1945 bis 1949 durchgeführten Enteignungen anzuerkennen und eine Überprüfung oder Revision durch deutsche Gerichte oder andere staatliche Stellen auszuschließen, kann daher mit guten Gründen so verstanden werden, daß alle Restitutionsmaßnahmen zu unterbleiben hätten, die einen nachträglichen Unrechtsvorwurf zum Ausdruck bringen könnten.

bb) Dem steht nicht entgegen, daß der Begriff der Unumkehrbarkeit nur in dem Positionspapier der Sowjetunion vom 9. Juni 1990 verwendet wurde. Zwar läßt sich im Hinblick auf den im allgemeinen sorgfältigen diplomatischen Sprachgebrauch die Auffassung vertreten, die Forderung nach Anerkennung und Nichtrevision von Gesetzlichkeit, Rechtmäßigkeit und Legitimität der Enteignungen schließe deren Unumkehrbarkeit nicht ein, weil dieser Begriff in den späteren Dokumenten nicht mehr verwendet wurde. Nicht minder einleuchtend ist aber die - vorstehend unter aa) erörterte Deutung der Bundesregierung, die vom materiellen Anliegen der Sowjetunion ausging. Dies gilt um so mehr, als seit der Einigung auf die Gemeinsame Erklärung vom 15. Juni 1990 zwischen den beiden deutschen Regierungen Einvernehmen über die Unumkehrbarkeit der fraglichen Enteignungsmaßnahmen bestand und die Sowjetunion daher von der ausdrücklichen Verwendung dieses Begriffs im Rahmen der weiteren Zwei-plus-Vier-Verhandlungen absehen konnte.

cc) Auch der Umstand, daß der Zwei-plus-Vier-Vertrag vom 12.September 1990 keine Regelung über den Restitutionsausschluß enthält, spricht nicht gegen eine pflichtgemäße Lageeinschätzung durch die Bundesregierung. Staatssekretär Dr. Kastrup hat dazu am 22. Januar 1991 vor dem Bundesverfassungsgericht ausgeführt, daß es der Bundesregierung in den Zwei-plus-Vier-Verhand-

【S.42】

lungen am Ende gelungen sei, sich mit ihrer beharrlich vertretenen Position durchzusetzen, die Enteignungsfrage nicht in einem völkerrechtlichen Vertrag zu regeln. Er hat aber ausdrücklich hinzugefügt, nach der ganzen Verhandlungsgeschichte unterliege es keinem Zweifel, daß ohne die zuvor im Einigungsvertrag im sowjetischen Sinne getroffene Regelung Moskau der Unterzeichnung der abschließenden Regelung im Zwei-plus-Vier-Vertrag nicht zugestimmt hätte. Das Fehlen einer Aussage über die Behandlung der besatzungsrechtlichen und besatzungshoheitlichen Enteignungen in diesem Vertrag beruht also maßgeblich darauf, daß im September 1990 der Restitutionsausschluß im Einigungsvertrag bereits vereinbart war und sich die Sowjetunion deshalb mit einer einseitigen förmlichen Mitteilung dieser Regelung in Gestalt des Gemeinsamen Briefes vom 12. September 1990 zufriedengeben konnte (ebenso Genscher, Erinnerungen, 1995, S. 857 f.). Selbst wenn das Angebot eines solchen Vorgehens im Zusammenhang mit dem Vertragsentwurf vom 1. September 1990 von der sowjetischen Seite unterbreitet worden sein sollte, folgt daraus nicht, daß die Sowjetunion damit, für die Bundesregierung erkennbar, auf die Erfüllung ihrer ursprünglich erhobenen Forderung nach Unumkehrbarkeit der Enteignungen verzichtet hat. Ein solches Entgegenkommen in formeller Hinsicht durfte die Bundesregierung damit erklären, daß der sowjetischen Position zur Enteignungsfrage bereits im Rahmen der Verhandlungen über den Einigungsvertrag materiell Rechnung getragen war. Unter diesen Umständen konnte die Bundesregierung davon ausgehen, daß der Gemeinsame Brief vom 12. September 1990 - namentlich im Hinblick auf das Erfordernis der Ratifizierung des Zwei-plus-Vier-Vertrags durch den Obersten Sowjet - für den sowjetischen Verhandlungspartner notwendig, aber auch ausreichend war. Ob und inwieweit diesem Brief eine völkerrechtliche Wirkung zukommt, ist für diese Einschätzung unerheblich.

dd) Daß die Bundesregierung Inhalt und Gewicht der sowjetischen Verhandlungsziele pflichtwidrig falsch eingeschätzt habe, kann auch nicht aus den Erklärungen gefolgert werden, die der sowjetische Verhandlungsführer Kwizinskij bei den Zwei-

plus-Vier-Verhandlungen ausweislich der Gesprächsnotiz vom 13.August
【S.43】
1990 gegenüber Staatssekretär Dr. Kastrup abgegeben hat. Die Äußerung, die Sowjetunion sei in der Eigentumsfrage nur im Blick auf alliierte Entscheidungen besorgt, deutsche Beschlüsse interessierten in diesem Zusammenhang nicht, steht der Annahme nicht entgegen, die Sowjetunion habe die Enteignungen auf besatzungshoheitlicher Grundlage im hier verstandenen Sinne (vgl. oben B II 1 a) in ihre Forderung einbeziehen wollen.

Nichts anderes ergibt sich aus der weiteren Bemerkung Kwizinskijs, Platz für Entscheidungen im Einzelfall wäre vorhanden, es gehe lediglich darum, die Entscheidungen nicht in toto für null und nichtig zu erklären. Diese Äußerung kann ohne weiteres dahin verstanden werden, daß es möglich sein sollte, die Opfer von Enteignungsmaßnahmen deutscher Stellen in Fällen zu „rehabilitieren", in denen die Maßnahmen der Besatzungsmacht nicht zugerechnet werden konnten. Die Anerkennung solcher Ausnahmen läßt die Forderung nach einem grundsätzlichen Restitutionsausschluß unberührt.

ee) Die Annahme einer pflichtgemäßen Einschätzung der Verhandlungslage durch die Bundesregierung wird schließlich nicht durch nachträgliche Äußerungen von Beteiligten an den Zwei-plus-Vier-Verhandlungen in Frage gestellt.

(1) Insbesondere ergeben sich aus den Äußerungen des früheren sowjetischen Staatspräsidenten Gorbatschow gegenüber dem britischen Historiker Norman Stone vom Juli 1994 (vgl. oben A I 2 b) insoweit keine neuen Gesichtspunkte. Aus diesen Äußerungen läßt sich mit hinreichender Sicherheit nur entnehmen, daß auf der Verhandlungsebene des Staatspräsidenten der Restitutionsausschluß keine Rolle gespielt hat. In späteren Erklärungen, unter anderem in seinem Beitrag für das Nachrichtenmagazin „Der Spiegel" vom 5. September 1994 (vgl. oben A I 2 b), hat Gorbatschow ergänzend ausgeführt, es hätten intensive Gespräche zwischen den Vertretern beider deutscher Staaten in engem Kontakt mit dem sowjetischen Außenministerium stattgefunden. Dieses habe dabei klar den sowjetischen Standpunkt vertreten. Ebenso hat er ausdrücklich erklärt, der sowjetischen Position sei in der Gemeinsamen Erklärung der beiden deutschen Staaten vom 15. Juni 1990 zur Regelung offe-
【S.44】
ner Vermögensfragen Rechnung getragen worden. Zwar hat Gorbatschow am Ende dieser - wie berichtet wird (vgl. Wasmuth, VIZ 1995, S. 489 [493]), von ihm nicht selbst formulierten, aber vor Veröffentlichung gebilligten - Stellungnahme auch davon

gesprochen, daß von einer Alternative „Restitutionsverbot oder Scheitern des Großen Vertrages" (gemeint ist der Zwei-plus-Vier-Vertrag) keine Rede habe sein können. Die Äußerung Gorbatschows kann aber unschwer dahin verstanden werden, daß es, nachdem der sowjetischen Forderung bereits in der deutsch-deutschen Erklärung vom 15. Juni 1990 Rechnung getragen und dies auch gegenüber der Sowjetunion in Gestalt des Gemeinsamen Briefes vom 12. September 1990 mitgeteilt worden war, einer von sowjetischen Verantwortlichen unterzeichneten Regelung darüber nicht mehr bedurfte.

(2) Zu einer anderen Beurteilung führt auch nicht die Äußerung des früheren sowjetischen Außenminsters Schewardnadse in dem in der Zeitung „Die Welt" vom 5. September 1994 wiedergegebenen „Spiegel TV"-Interview, die Sowjetunion habe ihre Zustimmung zur deutschen Wiedervereinigung nicht von der Garantie der Bodenreform abhängig gemacht, Vorbedingungen in bezug auf die Vereinigung seien nicht gestellt worden, und dieses Thema sei weder im Stab von Gorbatschow noch im Außenministerium erörtert worden (vgl. oben A I 2 b). Was mit dieser Äußerung im einzelnen gemeint war, kann dahingestellt bleiben. Sie muß jedenfalls nicht dahin verstanden werden, daß dieses Thema auf der Ebene der Außenminister nicht besprochen worden ist. Wie die Beschwerdeführer in den Verfahren 1 BvR 1452/90 und 1 BvR 1459/90 selbst vortragen, hat Schewardnadse am 5. und 23. Mai 1990 von Außenminister Genscher gefordert, das vereinte Deutschland dürfe die Legitimität der Maßnahmen der Vier Mächte nicht revidieren oder in Zweifel ziehen. Hierzu gehörten auch die Vergesellschaftung von Eigentum und insbesondere Grundbesitz betreffende Maßnahmen (vgl. dazu die oben A I 2 a angeführte Chronologie des Presse- und Informationsamtes der Bundesregierung, S. 3 f.).

3. Auch im übrigen sind keine Gesichtspunkte erkennbar, die dazu Anlaß geben könnten, von der Beurteilung des Bundesverfassungsgerichts vom 23. April 1991 abzurücken.

【S.45】

a) Das folgt für den Einwand, durch den Restitutionsausschluß werde den davon Betroffenen ein Sonderopfer auferlegt, das vor dem Prinzip der Lastengleichheit keinen Bestand haben könne (vgl.oben A I 3 a), schon aus dem bisher Gesagten. Die Ungleichbehandlung diente, wie dargelegt, der Herbeiführung der Wiedervereinigung und ist deshalb im Hinblick auf Art. 79 Abs. 3 GG nicht zu beanstanden.

b) Verfassungsrechtliche Bedenken gegen die in Art. 41 Abs. 1 EV in Verbindung mit Nr. 1 Satz 1 der Gemeinsamen Erklärung vom 15. Juni 1990 enthaltene Grundentscheidung zum Restitutionsausschluß lassen sich auch nicht aus § 1 Abs. 8 Buchst. a VermG 1992 herleiten. Zu Unrecht wird gegen die Anfügung des Halbsatzes 2 durch das Zweite Vermögensrechtsänderungsgesetz eingewandt, daß sie ohne sachlichen Grund den Restitutionsausschluß des Einigungsvertrages zugunsten der Anspruchsberechtigten nach § 1 Abs. 6 und 7 VermG durchbreche und damit den Ausschluß selbst in Frage stelle.

§ 1 Abs. 6 VermG bezweckt die dauerhafte und nachhaltige Wiedergutmachung von Vermögensverlusten, die den vom NS-Regime aus rassischen, politischen, religiösen oder weltanschaulichen Gründen Verfolgten zugefügt worden waren (s. BTDrucks 12/2480 S. 39). Es ist verfassungsrechtlich nicht zu beanstanden, daß der Gesetzgeber auf die Wiedergutmachung nationalsozialistischen Unrechts auch dann nicht verzichten wollte, wenn damit zugleich eine auf besatzungshoheitlicher Grundlage erfolgte weitere Enteignung rückgängig gemacht wird (vgl. BTDrucks 11/7831 S. 3 und 12/2480 S. 39). Da Anknüpfungspunkt des § 1 Abs. 6 VermG ausdrücklich die nationalsozialistischen Unrechtsmaßnahmen aus der Zeit vom 30. Januar 1933 bis zum 8. Mai 1945 sind, mußte der Gesetzgeber auch nicht besorgen, daß die Sowjetunion in dieser Regelung einen gegen sie gerichteten Unrechtsvorwurf sieht. Für die in § 1 Abs. 8 Buchst. a VermG 1992 enthaltene Ausnahmeregelung in bezug auf Absatz 7 (Rückgabe von Vermögenswerten im Zusammenhang mit der Aufhebung rechtsstaatswidriger straf-, ordnungsstraf- und verwaltungsrechtlicher Entscheidungen) gilt sinngemäß das gleiche. Auch hier steht die Wiedergutmachung von Unrecht anderer Art im Vordergrund.

【S.46】

4. Nicht gefolgt werden kann schließlich dem Einwand, § 1 Abs. 8 Buchst. a VermG gehe ohne sachlich rechtfertigenden Grund über den Restitutionsausschluß in Art. 41 Abs. 1 EV in Verbindung mit Nr. 1 Satz 1 der Gemeinsamen Erklärung vom 15.Juni 1990 weit hinaus und sei deshalb wegen Verstoßes gegen die Grundelemente des allgemeinen Gleichheitssatzes nichtig. Nr. 1 Satz 1 der Gemeinsamen Erklärung läßt vom Wortlaut her keinen Zweifel, daß die Enteignungen insgesamt und damit auch hinsichtlich aller der von ihnen betroffenen Einzelobjekte nicht mehr rückgängig zu machen sind. Das deckt sich mit Inhalt und Reichweite des § 1 Abs. 8 Buchst. a VermG und wird durch das „Gesamtgefüge" des Rückgabeausschlusses bestätigt. Danach dient § 1 Abs. 8 Buchst. a VermG im Sinne des Art. 143 Abs. 3 GG der Durchführung der in Art. 41 Abs. 1 EV in Verbindung mit Nr. 1 Satz 1 der Gemeinsamen Erklärung getroffenen Regelung. Diese wird in § 1 Abs. 8 Buchst. a VermG

inhaltsgleich wiederholt. Davon ist das Bundesverfassungsgericht schon in dem Urteil vom 23. April 1991 ausgegangen; dort ist ausgeführt, daß die angegriffenen weiteren Bestimmungen, darunter § 1 Abs. 8 Buchst. a VermG, neben der in erster Linie zur Prüfung gestellten Nr. 1 der Gemeinsamen Erklärung keine selbständige Beschwer enthalten (BVerfGE 84, 90 [132]). Einen Rückerwerb von im Einzelfall noch vorhandenem ehemaligem Eigentum hat es nur im Rahmen der Gewährung von Ausgleichsleistungen für möglich gehalten (BVerfGE 84, 90 [126f., 131]).

III.

Auch aus dem Eigentumsschutz, soweit er von Art. 79 Abs 3 GG umfaßt wird, ergeben sich gegen den Restitutionsausschluß für die Enteignungen der Jahre 1945 bis 1949 nach wie vor eine verfassungsrechtlichen Bedenken.

1. Völkerrechtliche Gesichtspunkte führen nicht zur Verfassungswidrigkeit der angegriffenen Regelungen. Insoweit wird vornehmlich geltend gemacht, daß die in Rede stehenden Enteignungen, soweit sie der Sowjetunion zuzurechnen sind, gegen die Haager Landkriegsordnung verstoßen hätten (vgl. oben A I 3 b aa). Eine Verletzung von Art. 46 Abs. 2 HLKO, wonach das Privateigentum vom
【S.47】
Besetzenden „nicht eingezogen" werden „darf", hätte indessen nur dann eine Rechtsposition begründen können, die von den angegriffenen Regelungen beeinträchtigt worden wäre, wenn die Enteignungsmaßnahmen im Falle des geltend gemachten Verstoßes als nichtig zu behandeln gewesen wären oder wenn sich daraus individuelle völkerrechtliche Ansprüche ergeben hätten, die durch die angegriffenen Regelungen beseitigt worden wären. Insofern ist jedoch schon zweifelhaft, ob und gegebenenfalls in welchem rechtlichen Gewand - unmittelbar kraft vertraglicher Verpflichtung oder im Wege völkergewohnheitsrechtlicher Inpflichtnahme - Art.46 Abs. 2 HLKO in dem hier maßgeblichen Zeitraum (1945 bis 1949) für die Sowjetunion Bindungen erzeugte (vgl. dazu BGH, LM Art. 53 HLKO Nr. 4, sowie neuerdings Gornig, VIZ 1993, S. 136 [138f.], und Gertner, VIZ 1995, S. 440 [443]). Zweifelhaft ist ebenso, ob ein Verstoß gegen die Haager Landkriegsordnung zur Nichtigkeit der fraglichen Maßnahmen geführt hätte (verneinend Schmidt-Jortzig, in: Verfassungsrecht im Wandel, hrsg. von J. Ipsen u.a., 1995, S. 207 [211]). Fraglich ist schließlich, ob Rückgabeansprüche gegen die sowjetische Besatzungsmacht in Betracht gekommen wären, in die durch den Restitutionsausschluß eingegriffen werden konnte. All dies bedarf jedoch hier keiner Entscheidung. Denn derartige Rechtspositionen wären auch ohne die angegriffenen Regelungen jedenfalls nicht durchsetzbar und damit praktisch

第2篇 第2判決（BVerfGE 94, 12 I (Nr.2)）

wertlos gewesen. Auch ohne Art. 143 Abs. 3 GG hätte der Gesetzgeber daher zur Herbeiführung der staatlichen Einheit Deutschlands einem Ausschluß derartiger Ansprüche zustimmen dürfen (vgl. BVerfGE 41, 126 [166ff.]; 84, 90 [124f.]).

2. Der Gesichtspunkt des ordre public (vgl. jetzt Art. 6 EGBGB) führt zu keinem anderen Ergebnis. Den Betroffenen standen vor der Wiedervereinigung keine durchsetzbaren Rechtspositionen zu (vgl.BVerfGE 84, 90 [123f.]). Daran hätte sich allenfalls durch die Wiedervereinigung etwas ändern können, die jedoch nach der verfassungsrechtlich nicht zu beanstandenden Einschätzung der Bundesregierung ohne den Restitutionsausschluß nicht zu erreichen gewesen wäre.

3.Wie unter dem Blickwinkel der Grundelemente des Gleich-
【S.48】
heitssatzes (vgl. vorstehend II 3 b) lassen sich auch unter dem Gesichtspunkt des Eigentumsschutzes aus der auf dem Zweiten Vermögensrechtsänderungsgesetz beruhenden Fassung des § 1 Abs. 8 Buchst. a Halbsatz 2 VermG 1992 keine verfassungsrechtlichen Bedenken herleiten. Soweit geltend gemacht wird, durch die Anfügung des Halbsatzes 2 seien für den Personenkreis des § 1 Abs. 6 VermG erstmals - bisher ausgeschlossen gewesene - Rückgabeansprüche begründet und damit die durch den Restitutionsausschluß in der früheren Fassung Begünstigten unter Verstoß gegen Art. 14 Abs. 3 GG enteignet worden, ist schon nicht ersichtlich, wie dieser Einwand, falls er durchgreifen würde, zu mehr als zur Nichtigkeit des Halbsatzes 2 führen könnte. Die Rückgangigmachung des Restitutionsausschlusses des § 1 Abs. 8 Buchst. a VermG und der Regelungen im Einigungsvertrag könnte auf diesem Wege nicht erreicht werden. Abgesehen davon hat der Gesetzgeber mit der Anfügung des Halbsatzes 2 nur klarstellen wollen, daß die in § I Abs. 6 VermG vorgesehenen Rückgabeansprüche der Opfer des Nationalsozialismus nicht deshalb entfallen, weil der zurückzugebende Vermögenswert während der Zeit der sowjetischen Besatzung erneut enteignet worden ist (vgl. BTDrucks 12/2480 S. 39). Verfassungsrechtliche Bedenken dagegen sind nicht erkennbar (vgl. BVerfGE 86, 15 [24]).

4. Nicht überzeugen kann schließlich der Einwand, daß es für die Beurteilung der Enteignungen auf Art. 153 WRV ankomme (vgl. oben A I 3 b aa). Zwar hat Art. 153 WRV nach dem Zusammenbruch des nationalsozialistischen Regimes als einfaches Reichsgesetz ohne Verfassungsrang fortgegolten (vgl. zu Art.153 Abs.2 WRV BVerfGE 2, 237 [248ff.]). Da die in Rede stehenden Enteignungen jedoch auf besatzungsrechtlicher oder besatzungshoheitlicher Grundlage vorgenommen wurden, waren sie von der sowjetischen Besatzungsmacht zu verantworten. Diese aber war nicht an Art. 153

WRV gebunden.

IV.

Aus Art. 79 Abs. 3 GG in Verbindung mit den nach dieser Vorschrift unantastbaren Kernelementen anderer Grundrechte ergeben
【S.49】
sich keine weiteren Bedenken, durch die die angegriffenen Regelungen in Frage gestellt werden.

Eine verfassungsrechtliche Prüfung ist schließlich entbehrlich, soweit die Beschwerdeführer in den Verfahren 1 BvR 1452/90 und 1 BvR 1459/90 weitere Vorschriften zum Gegenstand ihrer Verfassungsbeschwerden gemacht haben (vgl. oben A III 1). Es handelt sich dabei durchweg um Bestimmungen, die neben Art. 143 Abs. 3 GG in Verbindung mit Art. 41 Abs. 1 EV, Nr. 1 der Gemeinsamen Erklärung und § 1 Abs. 8 Buchst. a VermG keine selbständige Beschwer enthalten. Da die genannte Grundregelung verfassungsmäßig ist, braucht darauf nicht mehr eingegangen zu werden.

Diese Entscheidung ist einstimmig ergangen.

(gez.) Seidl   Grimm   Kühling
　　　　Seibert   Jaeger   Haas
　　　　　Hömig   Steiner

第3篇 Die Entwicklung des Vermögensrechts in Ostdeutschland - 2001/2002 -

Es gibt noch viele Probleme im Bereich der offenen Vermögensfragen in den neuen Bundesländern. Neue Entwicklung um die Jahrtausendwende bringt einige wichtige Regelungen des Gesetzes in Jahre 2001-2002 hervor, d.h. erstens Änderung des Vermögenszuordnungsgesetzes, zweitens Verkehrsflächenbereinigungsgesetz mit der Änderung des EGBGB und drittens Änderung des Schuldrechtsanpassungsgesetzes.

Die weit vorangeschrittene Erledigung der Vermögenszuordungsaufgabe wird eine Konzentration der Restaufgaben bei bestimmten Zuordungsbehörden erfordern. Die Zuordungsbehörden sollen ferner von nicht eigentlich die Zuordnungsaufgabe befördernden Tätigkeiten entlastet werden. Das Vermögenszuordnungsgesetz soll zugleich um überholte oder nicht praktisch gewordene Vorschriften bereinigt werden. (Änderung des Vermögenszuordnungsgesetzes).

In der ehemaligen DDR sind oftmals private Grundstücke für öffentliche Zweck gefordert worden, ohne dass eine förmliche Überführung des Grundstückes in Volkseigentum stattgefunden hätte oder die Nutzung des Grundstücks gegenüber dem Eigentümer auf eine rechtliche Grundlage gestellt worden wäre. Diese Grundstücke blieben noch heute in Privateigentum. In vielen Fällen besteht die öffentliche Nutzung, insbesondere Strassen und andere Verkehrsflächen, Gebäude, fort. Diese Fälle sind von der Sachenrechtsbereinigung nach dem Sachenrechtsbereinigungsgesetz (1994) ausgenommen. Sie haben durch Artikel 233 § 2a Abs.9 EGBGB eine vorläufige Regelung gefunden. Diese soll durch das Verkehrsflächenbereinigungsgesetz abgelöst werden. (Grundstücksrechtsbereinigugngsgesetz, Verkehrsflächenbereinigungsgesetz).

Im Juli 1999 erklärte das Bundesverfassungsgericht einige Bestimmungen des Schuldrechtsanpassungsgesetzes für verfassungswidrig bez. mit dem Grundgesetz unvereinbar. Das Gericht forderte Regelungen, die eine angemessene Beteiligung des Nutzers eines außerhalb von Kleingartenanlage kleingärtnerisch genutzten Grundstücks oder eines Erholungs- oder Freizeitgrundstücks (sog. Datschengrundstück) an den öffentlichen Lasten des Grundstücks sicherstellen, sowie die Einführung eines Teilkündigungsrechts für Eigentümer besonders großer Grundstücke. Daraufhin legte die Bundesregierung Anfang September 2001 einen Gesetzentwurf vor, mit dem der gesetzgeberische Auftrag des Verfassungsgerichts umgesetzt und hinsichtlichn der Vorschriften das Schuldrechtsanpassungsgesetz an die Rechtslage, wie sie sich nach der Entscheidung des Bundesverfassungsgerichts darstellt, angepasst werden soll. (Änderung des Schuldrechtsanpassungsgesetzes).

事項索引

〔あ〕

アウフラッスング（Auflassung） ……125
新たな連邦5州（東ドイツ） ………17,196
ＥＣ法……………………………………18,159
一部告知 …………………………………187
一部告知権 …………………………184,194
移転登記 ……………………………………61
ＥＵ委員会 ………………………………159
ＥＵ一審裁判所 …………………………169
インサイダー的私有化 …………………134
インフラ版の不良債権問題 ……………163
ウィークリーあるいはマンスリー・マ
　ンション ………………………………210
受け皿（私有化の） …………………25,145
運営費（賃貸借の） ……………………209
運営費込みの賃貸借 ……………………210
営業法………………………………………25
ＳＥＤ ………………………………25,31,174
ＳＭＡＤ ………………………………81,89
Stasi ……………………………………40,104
ＬＰＧ ……………………15,32,92,105
大きな私有化 ……………………………136
大阪市営住宅条例 ………………………268

〔か〕

解約告知権の制限 ………………………201
確定効果説 ………………………………278
課税台帳 ……………………………………53
家族法典 ……………………………………18
家庭の平安 ………………………………213
株式会社……………………………………25
株式会社への転換 …………39,41,128,136
株式会社への転換に関する法律…………25
株式の譲渡 ………………………………136

環境責任法 …………………………………4
環境保護 …………………200,205,213,216
環境問題 …………………………………162
鑑定委員会（賃料の） …………………189
緩慢な方法（私有化の） ………………162
基幹産業（私有化） ……………………144
企業の収用 …………………………………14
企業返還 ………………………………20,48
規制緩和 ……………………………133,161
基本法 ……………………………76,89,310,334
逆ざや現象（公租と賃料） …………219,229
休暇用の小土地 …………………………182,349
旧企業の私物化 …………………………141
救済法（補償法） ……………28,101,131,157
旧債務（Altschuld）の償還………………128
94条の類推適用 ……………………167,289
旧所有者 ……………………………………36
旧所有者の保護規定………………………60
教会財産の私物化 ………………………163
競合的立法領域 ……………………………18
行政財産 ……………………………………32
行政裁判所 …………………………111,128
行政実務の心理的影響……………………50
行政的な制限 ……………………………166
共同生活者 ………………………………211
共同相続……………………………………75
共同の書簡 ……………………………81,341
緊急的事務処理 ……………………………37
金銭的な補償 ……………………………150
金銭的な補償請求権に転化 ……………170
禁反言 ……………………………………290
近傍類似の農地の小作料 ………………220
経営ごとの譲渡 …………………………140
経済刑法 ……………………………203,206
経済事情の変動 ……………………219,230,233

350

事項索引

刑法	203, 207
契約の公証	69
ケルン	163
現況主義（農地の）	275, 281
現在の形式的処分権者	36
憲法裁判所	158, 182
憲法裁判所判決	76, 158, 177
憲法訴訟	95
減免請求権	227
権利の保持者	61
行為基礎の喪失	129
行為基礎論	209, 215
公営住宅法	261, 269, 271
公害問題	12
公共放送	162
抗告委員会	111, 128
公示主義	290
公証人	38
更新の埋め合わせとしての賃料	203
公信の原則	54
公信力	153, 167, 176
交通用の土地の整理法	177, 180, 348
公的資金	163
コール（首相，政権）	19, 53, 79, 98, 103, 104, 199, 314, 338
告知期間の保護	207
告知期間の伸長	124
小作料の減額勧告	221, 231, 235
小作料の増額請求	218, 229
小作料の標準額	235
個人的所有権	15, 27, 93
国家管理	16, 21, 22, 30, 33, 49, 69, 70, 115
ゴルバチョフ	6, 79, 149, 314, 342
混合型	141

〔さ〕

財産回復に関する法の比較・表	108
財産帰属（割当）法	173, 348
財産権回復の可能性・表	132
財産権回復の対比・表	132
財産権の金銭債権化	157
財産権の返還	133, 145
財産の譲渡，賃貸	57, 136
財産の返還	12, 46
財産法	28, 35, 45, 53, 112, 147, 171
財産法旧3a条（投資優先条項）	116
財産法3条（返還規定）	55, 97, 116
財産法整理法	154
財産法の統一	2
財産割当法	26, 61, 64, 348
財政財産	32
財務局長	61, 176
債務的利用関係の調整法	123, 153
債務法改正	198
債務法現代化	214
債務法調整法	172, 182, 349
先買権	120, 130, 136, 153
作業指針①（財産移転）	27, 32
作業指針②（財産権に関する）	44, 51
CIS諸国	134, 143
私企業の設立と活動および企業参加に関する法律	25
敷金，担保	203, 215
敷引	215
自己使用のための正当事由	209
自己投資	59, 74
事実的物権	130, 152, 190
自主管理社会主義	140
市場経済の導入	97, 161
事情変更	129
事情変更による小作料の増減請求権	220
失業問題	12, 19
失業率	55, 99
指標による賃貸借	207
事物の性質上（von der Natur der Sache her）	30, 48, 112

351

事項索引

司法の現代化 ……………………4,198
資本コストの増大 …………………206
社会資本の創設………………………66
社会主義的所有権……………………15
社会主義統一党（ＳＥＤ）……25,31,174
社会に相当な清算……………………30
借家法1条ノ2（借地借家法28条）
　……………………………………259,264
借地借家法 …………………………168
収益還元的方法 ……………………240
私有化………………………16,111,135
州の再建………………………28,175
私有化率 ……………………………134
従業員分与型 ………………………140
宗教改革 ……………………………163
自由選挙………………………………25
住宅の近代化 ………………………205
集団管理………………………………16
私有地の公的利用の解消 …………176
週末に旅行する者 …………………216
週末の別荘，家………54,123,182,349
収用（Enteignung）あるいは没収
　…………………………20,22,307,332
授権的立法領域………………………18
手工業者の自由な結合団体に関する法律
　………………………………………25
出資払戻禁止…………………………45
出費への賠償…………………………70
取得時効 ……………………………280
シュレーダー（首相，政権）……53,199
準物権的な効果…………………37,43
障害除去法 ……………51,55,115,149
障害のある賃借人 …………………214
使用価値と資産価値の齟齬 …233,236
上級財務局 …………………………175
上級財務局長 ………………………176
商業型 ………………………………137
商法や株式会社法………………32,145

ショック療法（私有化の）…………162
処分権の制限 …………………37,43
処分制限に対する違反………………43
処分の危険……………………………36
処分制限 ……………………………113
所有権 ………………………15,27,93
所有権の証明…………………………52
申請期間の徒過に関する要綱………43
申請の期限（返還の）………35,49,113
信託株式会社…………………………40
信託公社 ……………7,26,40,42,44,58,
　　　　　　　　　97,105,111,131,175
信託法 ………………………………39
人民・大衆所有型 …………………137
人民所有権……………………………15
人民所有の財産………………………27
心理的不安（投資への）…62,126,137,163
スロベニア …………………………141
制限期間（返還の）…………………143
生産共同体（ＬＰＧ）………………144
生産緑地地区への指定 ………235,236
製造物責任法…………………………4
政党および政治団体に関する法律…24
正当の事由にもとづく解約申入れ…259
折半の原則 ……122,157,168,172,181,190
善意者保護……………………………47
善意取得30,38,47,71,88,113,151,153,158
善意取得（in gutem Glauben）…47,129
善意取得（in redlicher Weise）…47,129
戦争結果法……………………………84
戦争損害賠償法………………………36
全体価値評価説 ……………………168
占領高権 …………………82,89,148,330
占領法規による財産の収用 ……29,47
相続人の賃貸権の援用 ……………216
相当性の原則…………………………60
属地主義………………………80,84
組織の所有権,財産………………59,71

事項索引

存続期間の大幅な延長 …………122	賃貸借法の改正 …………………198
〔た〕	賃貸借法の現代化 ………………204
	賃貸借法の骨子 …………………201
ダーチャ ……………………182,349	賃料制限法 ……100,105,199,204
第1次の財産法改正………………46	賃料増額の制限 …………………205
第1判決…………6,76,148,312,330	賃料の規制 ………………………202
第2次の財産法改正………………65,118	賃料の増額請求権 ………………202
第2判決 ………………5,149,330	通貨・経済・社会の統一体創設のため
対抗関係と物権的請求権 ………286	の条約 …………26,96,121,338
対抗関係類似の関係 ……………288	通貨交換………………………………19
対抗力 ……………………………201	通貨統合 ……………………26,173
大地主＝ユンカー…………………13	通常の額（賃料の） ……………185
宅地並み課税 ………………221,229	通常の利用料 ……………………188
建替え ……………………………265	ＺＧＢ（東ドイツ民法典）………18,179
建物と土地 ………………………179	定期賃貸借 …………………200,203,212
建物（あるいは造作）買取請求権……179,	停止条件説（時効の） …………278
181	抵当権償還法 ………………………70
建物収去・土地明渡しの義務 …………283	適格な賃貸借基準 ………………204
建物収去請求の相手方 …………282	ＤＤＲ（東ドイツ） ………17,196
建物所有権…………120,122,124,152,	デメジエール（東首相） …25,81,313,336
158,165,171,179	ドイツ国鉄（ＤＢ） ……………26,162
建物登記簿 ………………………179	ドイツの土地登記…………………53,195
建物保護法 ………………………168	ドイツ民法典（BGB） ……18,174,179
段階的な賃貸借 …………………207	ドイツ郵政 ……………………26,162
小さな私有化 ……………………135	統一価格（Einheitswert） ………131,151
チェコスロバキア ………………138	統一条約 …………12,28,109,145
知事に対する許可申請協力請求権の時	統一条約，共同宣言の有効性……76,314
効消滅 …………………………272	統一条約付則 ………………19,29
聴　聞………………………67,191	統一条約付則Ⅲ（共同宣言） ………29,78
超優先規定（Supervorfahrtsregelung）	統一までの諸改革…………………24
…………………………………57	同意法……………………………83
賃借権の物権化 ……………………3	東欧諸国……………………17,127
賃借人の変更 ……………………201	東欧の民主化…………………24,134
賃借人保護……………………30,201	登　記 ……………………………283
賃貸借の承継 ……………………211	登記中心主義 ……………………290
賃貸借法 ……………………100,185	登記簿…………31,50,51,52,53,166
賃貸借法の2001年改正……………198	登記簿の公信力……………………31,153
賃貸借法の改革 ……………………3	登記簿の公信力の回復 …………153

353

事項索引

登記簿の更正……………………62
東京都住宅条例………………259,270
東西ドイツの再統一………………1,12
東西ドイツと，アメリカ，ソ連，イギリス，フランスの旧占領4か国の間の条約
　………………………29,313,332
東西ドイツの基本条約……………34
東西ドイツの共同宣言………29,111,146
東西ドイツの人的交流……………24
東西ドイツの統一条約（統一条約）……12
投　資………………………58,109,199
投資・開発計画……………………68
投資意図の競合……………………68
投資クーポン………………………138
投資による処分……………………58
投資の安定…………………………58
投資の保護…………………………109
投資法……………35,55,63,98,129,147
投資目的……………………57,117,119
投資目的の拡大……………………66
投資優先……………………66,97,115,213
投資優先条項………………………116
投資優先法………56,66,73,113,116,
　　　　　　　　　　129,149,155
投資を優先する原則………………65
独自の継承権（賃貸借の）………216
都市計画法…………………………221
土地改革（Bodereform）……5,13,20,76,
　　　　　　　　　110,294,307,333
土地基金（Bodenfond）…………14,21
土地債務……………………………154
土地所有権概念の変更……………38
土地所有権の整理に関する法律…176
土地所有者の権利に関する法律…72
土地と建物の価値の統一的な把握…193
土地と建物の関係…………………178
土地取引の認可……………………38
土地取引法………………38,50,67,118

土地貸借の一部告知権…………184,187

〔な〕

ナチスによる収用…………………35
入　札……………………………68,138
認可（売買の）……………………50
農業経営での兼業形態…………226,329
農業の生産集合団体（ＬＰＧ）……15,32
農地改革………5,23,102,126,164,275,297
農地に対する公租…………………221
農地の私有化………………………144
農地の使用価値と財産的価値……233
農地の使用価値と財産的価値との乖離
　………………………………………224
農地の宅地化…………………221,276
農地売買……………………………272
農地法……………………………218,230
農地法旧23条（現21条）………220,230

〔は〕

廃棄物の収去費用の負担………291
場所的に通常の賃貸借……………204
早く買っておく（土地投機）……38
バリアフリー………………………214
ハンガリー…………………134,137,143
被害者救済法………………………101
比較による賃料の調整方法……204
東ドイツ・マルク…………………26
東ドイツ最高裁……………………21
東ドイツ地域の登記簿……………28
東ドイツの憲法…………………15,120
東ドイツの住宅………………19,33,119
東ドイツの賃料………………100,205
東ドイツの法律……………………18
東ドイツの補償法…………………87
東ドイツ法…………………………19
東ドイツ民法典（ＺＧＢ）…15,18,54,179
東ヨーロッパ諸国………………134,160

東ヨーロッパにおける私有化 ……… 133
庇護権（Asylrecht） …………… 104
秘密警察（Stasi） ……………… 40, 104
ピューリタン革命 ………………… 23
兵庫県・県営住宅設備管理条例 … 263, 268
標準小作料 ……………… 221, 224, 231
不確定効果説 ……………………… 278
附合の清算 ………………………… 179
負担の調整 ………………………… 93
物権行為の独自性 ……………… 44, 54
物権整理法 ………… 122, 152, 172, 190
物権的請求権の相手方 ………… 282, 284
物権的な効果 ……………………… 37
物権的利用権 ………… 22, 27, 30, 119
物権法定主義 ……… 122, 153, 180
不動産所有権の返還問題 ………… 12
不動産登記法 ……………………… 28
不法占拠者 ………………………… 287
フランス革命 ……………………… 23
ブルガリア ………………………… 139
ＰＤＳ ……………………………… 184
ＢＲＤ（西ドイツ） ……………… 17
ＢＧＢ（ドイツ民法典） ………… 18
ヘルツォーク（大統領） ………… 19
ベルリンの壁 ……………… 17, 21, 131
返還か価値補償か ………………… 142
返還から補償へ …………………… 157
返還申請の期間制限 …………… 35, 113
返還申請法 ………… 35, 42, 45, 112, 147
返還とその制限 …………………… 124
返還の原則（Rückgabe vor Entschädigung） …… 49, 65, 93, 97, 98, 115, 143, 156
返還の促進 ………………………… 69
返還の排除 ……………… 76, 114, 330
方式無効 …………………………… 69
法曹養成制度の改革 ……………… 4
暴利の禁止 ………………………… 203
ホーネッカー ……………… 71, 104

事項索引

ポーランド ……………… 134, 141, 143
補償法（救済法） ……… 130, 151, 157
ポツダム議定書 ……… 13, 20, 307
本質的構成部分 ……………… 153, 178

〔ま〕

未解決の財産問題 ……… 12, 17, 110
民営化 ………………… 125, 133, 161
民法94条2項 ……………… 167, 289
モドロウ法 …………………… 72, 75
モンテネグロ ……………………… 140

〔や〕

ユーゴスラヴィア ………………… 140

〔ら〕

ラウ（大統領） …………………… 19
離作料 ……………………… 226, 236
利用権の保護 …………… 119, 151, 193
利用権保護の後退 …………… 170, 190
利用者の保護 ……………………… 72
隣人紛争 …………………………… 213
連邦憲法裁判所
 …………… 52, 76, 114, 148, 158, 177, 182
連邦憲法裁判所・1991年4月23日判決
 （第1判決） ……………… 76, 114, 312
連邦憲法裁判所・1991年7月9日判決
 …………………………………… 87, 115
連邦小庭園法 ……………… 186, 349
連邦統一附加税 …………………… 19
連邦のみの立法領域 ……………… 18
労働の流動性 ……………… 208, 213
労働場所の確保 …………………… 66
労働問題 …………………………… 199
労働流動性 ………………………… 213
ロシア ……………………… 134, 140, 164

355

事項索引

〔わ〕

ワイツゼッカー（大統領）…………………19

〈著者紹介〉

小野秀誠（おの・しゅうせい）

1954年　東京に生まれる
1976年　一橋大学卒業
現　在　一橋大学法学部教授

〈主要著作〉

逐条民法特別法講座・契約Ⅰ（共著、ぎょうせい、1986年）、危険負担の研究（日本評論社、1995年）、反対給付論の展開（信山社、1996年）、給付障害と危険の法理（信山社、1996年）、債権総論（共著、弘文堂、1997年）、叢書民法総合判例研究・危険負担（一粒社、1999年）、利息制限法と公序良俗（信山社、1999年）、専門家の責任と権能（信山社、2000年）、大学と法曹養成制度〔信山社、2001年〕、「代金額の決定と司法的コントロール」好美清光先生古稀記念論文集・現代契約法の展開（2000年、経済法令研究会）所収、「銀行取引約定書の理論的課題・利息変更条項」銀行法務21,583号（2000年）、「ドイツの2001年債務法現代化法」国際商事法務29巻7号、8号（2001年）、「利息制限法理の新たな展開」判例評論519号、520号（2002年）、Die Gefahrtragung und der Gläubigerverzug, Hitotsubashi Journal of Law and Politics, vol. 19 (1991); Comparative Studies on the Law of Property and Obligations, ib., vol. 22 (1994); Comparative Law and the Civil Code of Japan, ib., vol. 24-25 (1996-97); The Law of Tort and the Japanese Civil Law, ib., vol. 26-27 (1998-99); Strict Liability in Japanese Tort Law, especially Automobile Liability, ib., vol. 28 (2000); Joint Unlawful Act in Japanese Tort Law, ib., vol. 29 (2001); Die Entwicklung des Leistungsstörungsrechts in Japan aus rechtsvergleichender Sicht, ib., vol. 30 (2002).

土地法の研究

2003年（平成15年）3月5日　初版第1刷発行

著　者	小野　秀誠	
発行者	今井　　貴	
	渡辺　左近	
発行所	信山社出版株式会社	
	〔〒113-0033〕東京都文京区本郷6-2-9-102	
	電話　03(3818)1019	
	ＦＡＸ　03(3818)0344	

Printed in Japan.

©小野秀誠, 2003.　　印刷・製本／東洋印刷・大三製本

ISBN 4-7972-2242-5　C3332